개정판
일본 철도의 역사와 발전

개정판
일본 철도의 역사와 발전

초판 1쇄 인쇄일	2017년 10월 13일
초판 1쇄 발행일	2017년 10월 20일

지은이	이용상 외
펴낸이	최길주

펴낸곳	도서출판 BG북갤러리
등록일자	2003년 11월 5일(제318-2003-000130호)
주소	서울시 영등포구 국회대로72길 6, 405호(여의도동, 아크로폴리스)
전화	02)761-7005(代)
팩스	02)761-7995
홈페이지	http://www.bookgallery.co.kr
E-mail	cgjpower@hanmail.net

ⓒ 이용상 외, 2017

ISBN 978-89-6495-105-7 93300

이 도서의 국립중앙도서관 출판시도서목록(CIP)은 e-CIP홈페이지(http://www.nl.go.kr/ecip)
와 국가자료공동목록시스템(http://www.nl.go.kr/kolisnet)에서 이용하실 수 있습니다.
(CIP제어번호 : CIP2017025797)

일본 철도의
역사와 발전

이용상 외 지음

BIG 북갤러리

일본 철도 140년을 이야기하였다

《일본 철도의 역사와 발전》 초판이 출간된 것이 2005년 9월이었다. 벌써 10년 이상의 시간이 흘렀다. 당시 필자는 일본 간사이대학에서의 연구 성과를 바탕으로 일본 최고의 철도 전문가들과 함께 이 책을 집필하였다.

분야별로는 와코대학의 하라다 가쓰마사(原田勝正) 선생님이 '일본 철도의 역사'를 집필해 주셨고, 긴키대학의 사이토 다카히코(斎藤峻彦) 선생님은 '철도 민영화 과정과 그 결과'를 상세하게 분석해 주셨다. 간사이대학의 아베 세이지(安部誠治) 선생님은 '일본 철도의 현황과 안전'에 대해 집필해 주셨다. 고베대학의 쇼지 겐이치(正司健一) 선생님은 일본 철도의 특징 중의 하나인 '사설철도의 현황과 특징'을 담당해 주셨다. 필자는 '일본의 교통정책과 신칸센을 중심으로 한 고속철도, 화물수송 그리고 철도관련 제도, 해외 진출 현황'을 맡았다.

전체적인 구성은 일본 철도의 발전과정과 교통정책의 변화, 철도 운영 및 계획, 관련 제도와 시설정비, 철도의 해외 진출과 일본을 통해 본 우리나라 철도의 발전 방향 순으로 나름대로 체계와 논리적인 일관성을 갖추려 노력하였다. 이 모든 것은 당시 1년여 간의 연구회를 거쳐 토론과 논의를 통해 출간할 수 있었다. 많은 시간이 흘렀지만 지금도 당시의 논의와 자료 수집은 필자에게 단단한 학문적 토양이 되었다.

이 책은 당시 필자가 근무하였던 한국철도기술연구원의 정책 총서로 출간되었다. 출간 후에 이 책은 체계적이며 종합적인 일본 철도를 설명한 저서로 평가받았다. 그 후 약 10년의 세월이 빠르게 흘렀다. 일본 철도에도 많은 변화가 있었다. 2005년에 홋카이도신칸센이 착공되어 2016년 3월에 개통되었다. 2006년에는 JR 도카이주식회사의 정부 보유 주식이 매각되어 민간회사가 되었다. 2007년에는 일본 신칸센이 타이완 고속철도에 수출되어 타이완고속철도가 개통되었다. 관광열차도 각지에서 개통되었는데 2013년 JR규슈주식회사에서 미토오카 에이지 선생님이 만든 나나쓰보시 관광열차가 개통되었다. 또 1964년에 개통된 도카이도신칸센이 2014년에 개통 50주년을 맞이하였고, 철도 문화를 대표하는 교토철도박물관이 2016년 4월 29일 개관하기도 했다.

이번 개정판의 구성은 초판과 더불어 지난 10년의 발자취를 통해 변화된 모습을 설명하려고 노력하였다.

먼저 개정판의 변화는 첫 번째, 제2장에 초판의 교통정책을 대신하여 철도정책을 추가하였다. 더불어 일본 철도네트워크의 발전과 기능, 공공철도정책, 철도 개혁으로 인한 화물 분리와 철도역의 르네상스 편을 새롭게 가필하였다. 두 번째로는 신칸센의 발전과 특징을 기술적인 측면과 함께 서술하면서 새롭게 집필하였다. 세 번째로는 초판에서 언급된 철도 안전과 철도 화물, 사설철도 등의 기존 내용을 대부분 수정하여 깊이 분석하고 대안을 제시하였다. 네 번째로는 제4장에 지역철도를 신설하여 추가하였다. 지역철도는 서민철도의 역할 강화와 부활이라는 측면에서 매우 시사적이라고 하겠다. 아울러 새로운 교통정책 기본법의 제정과 경량전철의 활성화 사례를 구체적으로 소개하였다.

필진에도 변화가 있었다. 철도 역사를 써주신 와코대학의 하라다 가쓰마사(原田勝正) 선생님이 타계하셨지만, 옥고는 그대로 살렸다. 추가적으로 지역철도는 간사이대학의 우쓰노미야(宇都宮) 교수가, 신칸센의 발전은 JR니시니혼철도연구소의 요시다(吉田) 박사님이 집필해 주셨다.

우리말 번역은 우송대학교의 정병현 교수와 같은 대학의 장우진 교수가 맡아서

해 주었다.

　일본은 세계적으로도 '철도 대국'이다. 여객의 수송분담률은 세계 최고수준이며, 고속철도를 최초로 개통하였으며, 모든 철도가 사철로 운영되는 나라이기도 하다. 대도시에서 도시철도의 분담률도 50% 이상을 기록하고 있어 철도가 삶의 일상에서 중요한 교통수단으로 자리매김하고 있다. 철도망은 28,000km이며, 207개의 철도사업자 그리고 자가용을 제외한 수송분담률에서 철도는 여객을 기준으로 78.7%를 차지하고 있다.

　우리나라와 일본, 중국, 타이완 등의 동아시아는 철도가 발전하기 좋은 지역적인 특성을 가지고 있다. 철도는 대량 수송이 가능하여 인구와 경제력이 밀집된 지역 간 수송에서 큰 효용을 발휘하고 있다. 필자는 동아시아의 이러한 지역적인 특성을 반영한 철도 모델을 '철도의 동아시아 모델'이라고 명명하였다. 이러한 동아시아 모델의 대표적인 사례 중의 하나가 바로 일본이다. 향후 우리나라의 철도 발전에도 일본이 주는 시사점은 매우 크다고 하겠다.

　이 자리를 빌려 함께 철도를 학문적으로 연구하고, 이를 응용하여 현실에 적용하는 많은 동학들에게 감사한 마음을 전하고자 한다. 1990년부터 시작한 철도연구는 이제 어언 30년을 맞이하고 있다. 시간이 지날수록 필자의 연구에서 '철도는 무엇인가', '동아시아에서 철도는 어떤 의미를 가지고 발전해 왔으며 각각의 특징은 무엇인가' 등의 의문이 더해가고 있다. 앞으로 남은 시간동안 동아시아 비교 철도연구를 더욱 깊이 있게 하여 학제 간 연구로 더욱 발전시켜보고 싶은 소망이 있다.

2017년 7월
여름 햇살이 정겨운 연구실에서
집필진을 대표하여 이용상

차례

제2장 :: 철도정책

제1장

철도의 발전과정

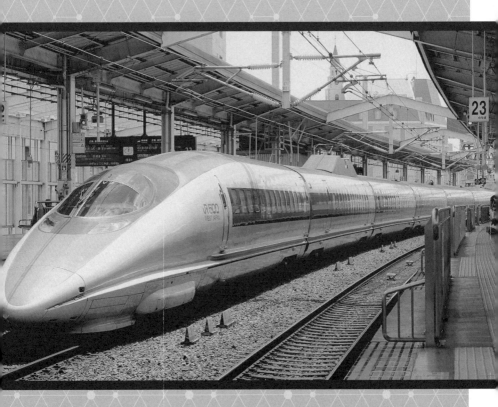

JR니시니혼신칸센 500계

제 **1** 절

일본 철도의 발전과정과 흐름

이용상
(우송대학교 철도경영학과 교수)

1. 초기 발달과 철도 국유화

일본은 메이지(明治)유신(1868년) 이후인 1872년에 철도를 부설하였다. 위로부터의 강제적인 근대화였던 메이지유신과 철도는 일본의 새로운 변화의 산물이었다. 당시 철도는 중앙집권과 부국강병을 위한 통치수단으로 부설되었다.

자금 부족으로 인해 외국자본 등을 포함한 모든 것을 정부 주도로 추진한 초기 일본의 철도는 외국자본으로도 부족하여 민간의 사설철도(이하 사철로 표기)가 함께 건설되었다. 정부에서 보조하는 민간철도회사인 일본철도회사가 1881년 설립되어 철도 부설이 더욱 적극적으로 추진되었다.

초기 사철은 주식 가격의 분할납부, 은행의 주식담보대출, 부분적인 분할주식의 상장 등으로 인해 외국자본에 크게 의존하지 않고 철도자금을 조달할 수 있었다. 일본철도주식회사는 수익보장을 조건으로 철도사업을 추진하였는데 산요(山陽)와 규슈(九州)지역의 철도건설도 민간이 담당하였다.

1886년 이후 금리인하와 수출 증가로 경기가 회복되었다. 그 영향으로 이른바 1885년~1892년까지 제1차 '철도 붐'이 일어나 철도건설이 급격하게 추진되었다. 1890년의 경제공황으로 인해 '철도건설 붐'은 일단 주춤하기도 했으나 1892년 철도부설법 제정 이후 중소 규모 철도를 중심으로 1894년~1897년에 걸쳐 제2차 '철도건설 붐'이 일어났다. 그러나 일본은 1897년 다시 경제공황을 맞이하였다.

초기 철도 발달의 특징은 외국 기술에 대한 의존과 산업화에 철도가 어느 정도 기여했다는 점이다. 당시 차량은 외국으로부터 전량을 수입하였다. 그리고 철도건설은 당시 산업화가 크게 진전되지 않아 중공업 등의 발달에는 큰 영향을 끼치지 못하였지만 초기 산업발달에는 적지 않게 기여하였다.

19세기 말 몇 번에 걸친 공황의 경험으로 철도건설을 안정적으로 추진하고 군사적 그리고 상업적인 목적에서 철도 국유화의 논의가 시작되었는데, 이는 어느 의미에서는 자본가 계급의 이익과 국가 이익의 대립이었다. 당시 철도 국유화를 주장한 철도국장 이노우에(井上)는 1891년 철도공채법안, 사설철도매수법안을 국회에 제출했으나 실패하였다. 그러나 1892년 다시 관련법을 상정하여 철도부설법이 제정됨으로써 정부 중심의 철도건설이 추진되었다. 그 후 1900년 철도영업법도 제정되었다.

당시 일본은 국유철도와 사유철도의 논쟁에서 국유철도가 우세하였다. 그 첫 번째는 경제적인 이유였다. 당시 철도는 일본 사회의 근대화에 기여하고 있었는데 이를 급속하게 추진하기 위한 상황에서 민간 운영의 경우 자본이 부족하였고, 경제공황으로 인해 이를 추진하기가 더욱 어려운 상황이었다. 이와 함께 많은 수출입 물량을 수송하기 위해서는 운임 등이 저렴해야 하는 이유도 작용하였다. 이에 따라 민간에서 국유화를 추진하는 건의문서를 제출하였는데, 1901년 도쿄상공회의소 소장인 시부사와(渋沢)의 문서가 바로 그것이다(이는 산업발달과 자본의 대륙에 대한 투자, 예를 들면 미쓰비시(三菱) 자금에 의한 조선의 소작경영 의도 등이 그러한 예로 민간자본이 자유롭게 조선에 진출할 수 있도록 정부가 관여해야 한다고 주장하였다). 그 두 번째는 정치적인 이유로, 군부에서 철도 국유화를 지원하였다. 1894년 청일전쟁에서 철도의 유용성을 발견한 군부는 과잉 경쟁에 의해서는 철도의 폐해가 발생해 멸망할 수 있어 선박

아카마쓰 린(赤松麟)의 '밤기차(夜汽車)', 1901년

과 철도를 통합 운영한다면 그 효율이 높아질 것이라고 주장하였다. 또한 러일전쟁 승리 후 조선과 중국을 연결하는 철도망의 필요성에 의해 철도 국유화는, 이른바 전쟁 후 경영의 일환으로 추진되었다.

철도 국유화 이후 1906년 제국철도회계법이 제정되어, 철도 국유화에 의한 건전 재정, 비공채주의, 일반회계에서 독립한 독립회계제도 등이 성립되었다.

1907년 철도작업국이 제국철도청으로 조직이 변경되고, 1908년 철도원으로 다시 변경되었다. 당시 국유철도에서 운임 인하와 장거리 체감제가 도입되었는데, 예를 들면 1913년 만주와 조선의 철도 연결을 통해 면직물 운송은 약 22%의 운임이 인하되어 수출이 촉진되었다.

2. 철도 국유화로부터 제2차 세계대전까지

철도 국유화 이후 철도의 경영 규모가 확대되었다. 국유화 이후 논쟁의 하나는 표준궤(1,435mm)와 협궤(1,076mm)에 대한 것이었는데, 철도국장 이노우에(井上)는 군부의 표준궤 철도 부설 주장에 반대하였으며, 이에 결국 군부는 철도의 표준궤론을 포기하였다.

국유화 직후인 1907년~1908년에 경제공황이 있었고, 1918년 쌀 파동이 있었으나, 1914년~1918년의 제1차 세계대전의 여파로 어느 정도 경기가 활성화되어 중공업이 발전하는 계기가 되었다.

1910년에는 경편철도법(輕便鉄道法, 협궤보다도 작은 철도)이 공포되었고, 1911년 경편철도보조법을 당시 집권정당인 정우회가 추진하였다. 이는 지방철도의 부설을 위해 정당이 앞장 선 사례이다. 지방철도에 지역상인과 지주층이 투자하여 철도 네트워크가 확대되었다.

1911년에는 압록강철교가 만들어져 조선철도가 만주철도와 연결되었으며, 조선과 만주에 특약운임을 적용해 저렴한 운임으로 화물운송이 가능하게 되어 조선의 많은 물자가 일본으로 반출되었다.

국유화 이후 사철도 발달하여 교통에 있어서 자본주의체제가 본격적으로 성립되기 시작하였다. 1912년에는 기관차의 국산화가 이루어졌다. 1914년에는 철도건설 7개년 계획이 수립되었는데, 이는 제국철도회계법에 의한 다년간의 예산지원으로 철도건설을 가능하게 하는 획기적인 조치였다.

1919년에는 지방철도법(사설철도법과 경편철도법은 폐지)이 공포되어 정부가 지방철도에 투자하게 되었으며, 이후 1922년 철도부설법의 개정을 통해 정부가 지방철도에 직접 투자하게 되었다. 그 결과 신선 건설이 증가하였지만 이용수요가 적은, 이른바 정치적인 철도가 건설되었다. 이에 따라 철도건설을 둘러싼 정치인과 철도관료의 싸움이 치열하였으나, 철도망이 전국으로 확대되는 계기가 되었다. 1921년에는 국유철도건설규정이 제정되었다. 당시 철도는 정치의 주요한 쟁점이었다. 정우회와 헌정회의 2대 정당제로 정국이 운영되었던 당시 정우회는 지방선 건설을 주장하였으며, 헌정회는 도시 근교를 중심으로 한 철도 개량을 주장하였다. 1918년 정우회의 내각이 구성되어 자당의 이익을 위해 개량보다 건설우선(建主改從)과 협궤를 주장하였고 (1920년 발표), 이를 강행하여 일본 국내에 협궤철도의 부설이 계속되었다. 이러한 협궤철도는 아직까지도 일본 철도의 문제점으로 남아있다.

한편, 1920년대에는 도시교통에서 노면전차의 역할이 컸다. 당시 사철의 노선건설은 정우회와 민정당 양당의 정치공작으로 신선 건설 시 지방철도보조법에 의해 정부로부터 보조금을 받을 수 있었기 때문이었다.

1927년 도쿄에 지하철이 도입되었는데, 민간자본으로 건설하고 이익을 배당할 수 있었던 것은 당시에 감가상각이 제도화되지 않았기 때문에 가능하였다. 오사카 지하철의 경우는 수익자 부담으로 지하철이 건설되었다.

1차 세계대전 중에는 군부의 요청으로 열차가 운행되었으며, 1차 대전 후 다시 철도 건설 붐이 일어났다. 1919년 국철은 전철화조사위원회를 설치하여 전국에 수천 km의 전철화를 추진하였다. 그러나 1930년 철도망의 확장추진으로 전철화는 주춤하였으며, 급구배의 완화와 터널건설에 힘을 기울였다.

당시는 철도 노조 문제도 또 하나의 큰 쟁점으로, 1919년 정부 보조금과 재계의 기부금으로 노사관계협조회가 창설되었고, 그 후 1930년에는 노조(좌익)의 활동이 활발하게 전개되었다.

제1차 세계대전 후, 즉 1920년 이후 경기가 악화되었으며, 1923년에는 간토대지진으로 인해 철도가 큰 피해를 입었다. 1927년 금융공황과 1929년 뉴욕의 경제공황(1930년~1932년)을 계기로 정부의 통제정책이 발효되기 시작하였다. 공황의 영향으로 농업생산물 가격이 폭락하고 화물량과 여객수송량이 감소하였다. 그러나 도시화의 추진으로 도시권 수송수단인 사철이나 정기권 수송은 감소하지 않았다.

한편, 철도원은 1908년 조직 개편이 있었으며, 1920년에 철도성으로 승격되었다. 이후 1928년 칙령 267호에 의해 철도성 관제가 개정되었다. 철도성의 권한 강화로 철도대신이 자동차 등 육상 운송을 총괄하게 되었다.

1931년에 만주사변이 발발하였고, 같은 해 '자동차교통사업법'으로 정기자동차노선면허에도 철도대신의 인가가 필요하게 되었으며, 철도교통이 국가의 교통행정을 담당하게 되었다.

그 후 경기불황으로 인해 사철 수입이 감소하였다. 이후 합병 등이 추진되었지만 1937년 중일전쟁으로 사철 수송량은 다시 증가하였다. 당시 자동차교통은 1925년 공황 전후에 급증하였으며, 버스의 증가도 사철에 영향을 미쳤다. 아울러 트럭의 증가로 철도 화물운송이 타격을 받기도 하였다.

또한 국철의 도시권 수송 확대로 사철업계는 큰 타격을 입었고, 이에 사철은 경영을 다각화하는 방향으로 전략을 수정하였다. 즉, 버스와의 통합과 철도역에 백화점을 운영하여 수요를 유발시켰다. 이 결과 경쟁의 격화로 교통통제 문제가 대두되었다.

수송량 추이를 보면 1929년에서 1932년까지 4년간 수송실적이 감소하였으며, 그 후 1933년부터 다시 군비 증강에 의해 경기가 회복되어 수송량이 증가하였다. 1937년 중일전쟁으로 인해 수송량이 다시 증가되었는데, 이같은 수송량의 증가로 인해 고속 열차를 통한 여객수송이 가능한 탄환열차 계획이 수립되었다.

1938년에는 '육상교통사업조정법'(버스와 사철을 대상으로 합병 가능)이 제정되었다. 조정법은 당시의 상황을 반영한 매우 일본적인 성격을 가지고 있는데, 그 실시에 있어서 소비자의 교통수단 선택의 폭을 제한하고, 공정경쟁을 저해했다는 비판을 받고 있다. 또한 동아시아의 국제철도건설과 전시상황과는 무관하지 않은 것으로 평가받고 있다. 그 후 제2차 세계대전으로 인해 1941년~1945년 사이에 철도 수송량이 증가하였다.

3. 전후에서 21세기 초반까지(1945년~2003년)

전후의 교통정책은 자원을 합리적이고 효율적이며, 공평하게 배분하는 것을 목표로 추진되었다. 경제 성장과정을 시기적으로 살펴보면 부흥 5개년 계획(1948년~1952년), 고도성장기(1955년~1965년), 그리고 1960년의 국민소득 증가계획 수립, 1965년까지 기술혁신, 1965년 이후 경제 안정기를 거치게 되었다. 전후에는 전쟁 전의 군사 우선의 집권적 통제시스템에서 경쟁적인 시장원리를 기본으로 하는 교통정책으로 변화되었다.

이와 같이 전후 경제성장으로 인해 철도에 의한 여객과 물동량이 증가하여 1955년 국철 상임이사회에서 도카이도(東海道) 본선의 수송력 증가 필요성이 제기되었다. 정부는 1957년 이후 운수성에 '국유철도간선조사회'를 설치하였고, 1958년 국유철도간선조사회에서 신칸센의 건설 필요성을 제기하였다. 신칸센은 세계 철도를 부흥시키는 계기가 되었고, 도시간 고속철도의 효시였다. 1970년에는 '전국신칸센정비촉진법'이 제정되어 전국의 주요 도시간 신칸센 건설을 추진하였는데, 자금조달의 문제로 여러 가지 어려움을 겪으면서 진행되었다.

한편, 도시교통의 경우 사회 인프라의 정비가 늦어 혼잡이 가중되었는데, 도시에서 노면전차의 철거, 버스의 정체와 개인교통수단의 증가 등 여러 가지 문제점이 발생하였다. 1955년에는 도시교통심의회를 통해 도쿄에 10개 노선 257km의 지하철건설계획이 수립되었다.

사철은 1965년 이후 공급량이 수요보다 증가하여 혼잡이 완화되었다. 이는 1957년부터 수송량 증강계획이 실시되었기 때문이다. 사철 보조제도로는 철도건설·운수시설정비지원기구(철도건설 담당기구)에 의해 사철건설 장기·저리자금과 할부신용대부, 신도시철도건설에 대한 보조, 개발융자제도 등이 있으며, 각각의 제도는 사철 발달에 도움을 주었다. 1970년 후반 이후 사철의 차량은 신형 차량으로 대체(에너지 절약형)되었다.

한편, 지방철도는 전쟁 전에는 지방철도보조법이 큰 역할을 하였으나, 전후 지방철도 궤도정비법으로 개정되었음에도 보조액은 그리 많지 않았다. 1960년대 후반부터 개인 자동차의 급증과 오일쇼크 등에도 불구하고 자동차제조업체는 연비 개량과 소형차 개발을 통해 오일쇼크 이후에도 견고한 위치를 견지하게 되어 그 결과 지방의 공공교통수단이 어려움을 겪게 되었다. 이에 대한 지방철도의 대책으로 1953년에 선별 경영 개선계획이 수립되었으나 수요 감소로 실패하였다. 1968년에는 83개 선 2,590km의 폐지(국철자문위원회)를 계획했으나 이 또한 정치인들에 의해 좌절되었다. 1970년부터 간선과 지방교통선의 구분회계가 시작되어 국철 적자의 3분의 1이 지방 교통선에서 발생한 것을 알게 되었다.

그 사이 1949년 국유철도법에 의해 국철은 일본국유철도(공기업)로 경영체계가 바뀌어 기업성과 공공성을 동시에 추구하는 체제로 변화되었다. 1955년 국철 전철화조사위원회에서 향후 10년간 3,300km를 전철화한다는 계획을 수립하고 집행하였다. 이러한 수송량 증강계획은 이후 1차 5개년 계획(1957년~1961년) 중에 복선화, 급구배구간의 해소, 선로의 중량화를 추진하였고, 계속하여 2차 5개년 계획(1961년~1965년)과 3차 5개년 계획(1965년~1971년)기간 중에도 추진되었다. 하지만 과잉투자와 이에 따른 차입금 증가로 경영은 어려움을 겪게 되었다. 그리고 자동차의 발달에 따른 철도 수요 감소로 국철은 경영 재건을 위해 여러 계획을 수립하고 집행하게 되었다.

앞에서 추진한 3차 계획은 '국철 재정 재건 촉진특별법'으로 흡수되어 새로운 계획으로 변경되었다. 즉, 재정재건계획은 1차 계획(1969년~1972년), 2차 계획(1973년~1975년), 3차 계획(1976년~1979년), 4차 계획(1980년~1985년)으로 추진되었다. 특히 4차 계획에는 지방 적자선의 폐지, 야드화물의 폐지 등 축소 경영을 지향하는 내용을 담고 있다. 그러나 이러한 계획은 주로 투자계획에 머물러, 경비절감이나 서비스 향상 등에 중점을 두지 않아 소기의 목적을 충분히 달성하지는 못했다. 이러한 문제점을 현실적으로 직시하기 시작한 것은 4차 계획인데 이는 시기적으로 매우 늦은 감이 있었다. 1980년에는 '일본국유철도경영재건촉진특별조치법'(국철재건법)이 만들어져 국철 재정 파탄을 타개하려 하였으나 결국 실패하고, 이후 국철 개혁이 본격화되었다.

철도 경영이 대폭 악화된 것은 오일쇼크 이후인데 민간기업은 오일쇼크 이후 감량경영 등으로 대처하였으나, 국철은 그렇지 못했다. 그 후 국철 개혁이 본격적으로 추진되어 1980년 '임시행정조사회'가 설치되었다. 기업은 증세 없는 재정 재건을 요구(법인세 인상 반대)하였고, 그 후 1983년 '국철재건감리위원회설치법'이 제정되었다. 국철 개혁과정에서 국철은 민영화와 분할을 반대하였는데 정치권도 함께 개입되어 있었다. 1985년 국철은 경영 개혁을 위한 기본방침을 처음으로 발표(분할에는 반대)하였고, '국철감리위원회'는 국철 개혁에 대한 의견을 제시하였다. 이러한 과정을 겪으면서 1987년 국철은 지역별로 분할 민영화되었다. 국철 개혁의 문제점으로는 아직도 남아있는 장기채무, 미취업 잉여인력, 경영이 좋지 않은 3개 도서 회사(北海道, 四国, 九州) 등이 거론되고 있다.

4. 철도 발전의 특징

철도 투자액의 추이를 보면 초기인 1868년~1912년에 7.3억 엔이 투자되었으며, 그 후 계속적으로 확대되어 왔다. 1965년에는 3,287억 엔이 철도에 투자되었다.

〈표 1-1〉 철도 투자 추이(1868년~1965년)

(단위 : 억 엔)

내용 연도	1868~1912	1912~1926	1926~1945	1945~1955	1956	1960	1965
투자액	7.3	1.7	52	3,152	580	1,108	3,287

*자료 : 운수성(運輸省)의 《운수경제통계요람(運輸經濟統計要覽)》(1969)을 참조하여 작성

1970년 이후에도 철도에 대한 투자가 증가하다가 1980년대 중반에는 감소하였다. 그러다가 민영화 이후에는 다시 증가하는 추세를 보이고 있다.

〈표 1-2〉 철도 투자 추이(1970년~2002년)

(단위 : 억 엔)

	1970	1975	1980	1985	1990	1995	2000	2002
국철(JR)	3,687	7,067	10,070	4,268	5,283	5,799	5,123	5,817
철도건설공단	778	2,710	3,990	2,176	1,733	4,599	4,953	4,924
합계	4,465	9,777	14,060	6,444	7,016	10,388	10,076	10,741

*자료 : 국토교통성의 《숫자로 보는 철도(数字をみる鉄道)》(각 연도)를 참조하여 작성

한편, 철도 투자와 도로 투자를 비교해 보면, 1945년 이전에는 철도에 대한 투자가 많다가 1945년 이후부터 도로부문 투자가 많아지기 시작하였다. 1950년대에는 미국 교통정책의 영향으로 도로교통이 발달하기 시작하였으며, 경제성장기에는 간선 위주로, 그 후에는 지방 위주로 도로 과잉 공급 현상을 띠게 되었다. 그간 도로보다 자동차의 증가율이 앞서갔으며, 도로는 1970년대 이후 선행 투자의 성격을 지니게 되었다.

일본의 도로건설은 1954년의 제1차 5개년 계획 수립을 시작으로, 1956년 '도로정비특별조치법', 1958년 '도로정비긴급조치법', '도로정비특별회계법'이 각각 마련되어 본격적으로 추진되었다. 현재는 휘발유세를 재원으로 하는 도로특정재원제도(도로정

비특별회계)가 주된 도로건설의 재원이 되고 있는데, 이는 재원이 도로에만 투자되는 문제점과 자동차 이용자 부담원칙으로 추진된 제도가 이미 자동차가 보편화된 현재에는 그 의미가 없다는 비판을 함께 받고 있다. 아울러 도로의 사회적인 비용이 계상되지 않았고 지역별로도 역차별되고 있으며, 전국적으로 일원화된 요금제도로 인한 내부 보조로 지방네트워크를 유지하는 기능을 갖고 있다는 비판을 함께 받고 있다.

또한 지방자치단체는 지방공항이나 정비신칸센 건설의 경우 건설비의 3분의 1을 부담하고 있으나, 도로건설의 경우에는 지방 부담이 없어 지방에서 이를 적극적으로 추진하고 있다. 2000년도 도로정비특별회계의 세출예산은 4조 3,784억 엔에 이르고 있다.

한편, 일본 철도의 또 하나의 특징은 철도 애호가가 많다는 것이다. 일본에는 약 50만~60만 명 정도로 추산되는 철도 애호가가 있는데, 이들은 철도 발전에 기여하고 있다. 그 중 약 5만~7만 명 정도의 애호가들은 철도와 관련된 책을 항상 구입하는, 이른바 애독자 층을 형성하고 있다.

한편, 일본 철도는 현재 많은 성장과 발전을 하였지만, 아울러 여러 문제점도 안고 있다. 이를 정리해 보면 다음과 같다.

먼저 1960년대부터 종합교통정책의 부재로 철도 발전은 어려움을 겪고 있다. 1960년 국철 총재였던 소고(十河) 총재는 종합교통체계 내에서 철도를 건설할 것을 제안했지만, 자동차 사회의 급격한 발달과 반발로 실패하였다. 즉, 종합교통계획이 부재하였던 이유로는 먼저 도로건설에 따른 이권을 들 수 있으며, 여기에 정부의 구체적인 교통정책의 부재가 있었다.

두 번째로 전쟁 전에 만들어진 협궤궤간(1,067mm)이 신칸센의 표준궤간(1,435mm)과 상호운전이 불가능한 것을 들 수 있는데, 아직 이 문제는 기술적으로 해결되지 않고 있다.

세 번째로 1970년대 이후 철도 화물이 급격히 감소하는 현상을 보이고 있는 점을 들 수 있다.

네 번째로 철도의 경우 전국 균일의 요금제도와 사업평가제도의 획일성이다.

다섯 번째로 신칸센의 대부료 조정(JR도카이신칸센은 비싸게 하고, 이를 JR히가시니혼(東日本)과 JR니시니혼(西日本)신칸센에 싸게 대부)과 경영이 좋지 않은 회사에 대한 경영안정기금보조제도 등이 있는데 즉, 일본 산업정책 특유의 협조주의적인 발상이 작용하고 있다는 점이다.

초기 신바시역 앞 전경

마지막으로 철도정비제도에 있어서 개발이익의 환원제도가 정착되지 않고 있으며, 환경평가 등도 적절하게 시행되고 있지 않다는 것이다. 경영 면에서는 전쟁 전에 건설된 지방선의 증가로 인해 지금도 이 지방선의 경영 문제가 계속 제기되고 있다는 것과 교통조정법의 영향 등으로 그간 철도사업에 많은 규제가 작용하였다는 것 등을 들 수 있다.

철도사업의 현황과 경영형태의 변천

아베 세이지

(간사이대학 교수)

1. 일본 철도사업의 현황

일본은 2016년 4월 1일 현재 JR과 민영철도 등 158개의 보통철도사업자와 12개의 화물철도사업자가 철도사업을 운영하고 있다. 이 외에도 모노레일(4개 사업자)과 신교통시스템(9개 사업자), 강삭 철도(22개 사업자) 및 무궤도 전차(1개 사업자)를 포함하여 철도사업자는 총 207개로, 이러한 철도사업자에 의해 약 2만 8,000km의 철도망을 유지하고 있다. 그밖에도 37개의 사업자가 궤도 사업을 운영 중이다.[1]

자동차 교통이 발전한 일본에서 철도는 현재에도 중요한 역할을 수행하고 있다. 즉, 자가용 자동차를 제외한 여객수송기관 중에서 철도는 인 기준으로 78.7%, 인·km 기준으로 71.9%의 분담률을 차지하고 있다(2014년도 현재, 〈표 1-3〉 참조).[2]

---

1. 일본 국토교통성 '철궤도사업자 일람'(http://www.mlit.go.jp/common/001137390.pdf)
2. 연도는 재정년으로 4월 1일부터 다음해의 3월 31일까지를 말한다. 예를 들면 2015년도란 2015년 4월 1일부터 2016년 3월 31일까지이다. 일본에서는 관공청, 회사, 학교 등 대부분의 사회조직에서 이렇게 이용되고 있다.

〈표 1-3〉 일본의 수송기관별 분담률(2014년도)

	여객		화물	
	수송인원 %	인·km %	수송·톤 %	톤·km %
철도	78.7	71.9	0.9	5.1
영업용 자동차	20.7	12.6	91.3	50.6
항공	0.3	15.0	0.0	0.3
선박	0.3	0.5	7.8	44.1

*주 : 영업용 자가용은 자가용 자동차를 제외한 버스, 택시, 트럭을 말함.
*자료 : 국토교통성 철도국 감수, 《숫자로 보는 철도 2016》, 운수종합연구소, 2016년

 일본의 철도 여객수송량은 〈표 1-4〉에 나타난 바와 같이 선진국 중에서도 높은 수치를 보이고 있는데, 특히 도시간의 여객수송 및 대도시권 내의 통근·통학 수송에 대해 철도의 역할이 상당히 크다. 일본에서는 매일 약 6,500만 명의 사람들이 철도를 이용하고 있다.

 한편, 화물수송 시장에 있어서의 철도의 지위는 낮다. 철도 화물수송분담률(2014년도)은 톤 기준으로 불과 0.9%, 톤·km 기준에서도 5.1%에 지나지 않는다.

〈표 1-4〉 각국의 철도 수송량 및 수송분담률

		여객		화물	
		억 인·km	분담률 %	억 톤·km	분담률 %
일본	2000년	3,845	32	222	4
	2009년	3,938	36	206	4
영국	2000년	470	6	181	7
	2009년	610	8	191	9
독일	2000년	754	7	827	16
	2009년	822	7	958	16
프랑스	2000년	807	10	577	16
	2009년	992	11	321	9
미국	2000년	487	1	24,886	36
	2009년	583	1	25,461	37

*주 : 자가용 자동차를 포함한 분담률
*자료 : 국토교통성 철도국 감수, 《숫자로 보는 철도 2016》, 운수종합연구소, 2016년

앞서 언급한 바와 같이 일본에는 200개가 넘는 철도사업자가 존재하고 있지만, 수송 시장에 있어서의 중요한 역할을 하는 것은 보통철도사업자이다. 일찍이 보통철도사업자는 국철(국유철도)과 사철(사유철도, 민영철도로 불리는 경우도 있다) 2개로 구분되고 있었지만, 현재는 JR과 대기업민간철도, 준 대기업민간철도, 공영철도, 중소민간철도 등 5개로 분류되고 있다.

이러한 5종의 철도사업자에 대해 살펴보도록 하겠다.

JR니시니혼(西日本)의 500계 신칸센(新幹線)

(1) JR

JR은 1987년 일본국철의 분할 민영화에 의해 탄생한 철도회사이다. JR에는 JR히가시니혼여객철도주식회사 등 6개의 여객회사와 1개의 화물회사(JR화물 = 일본화물철도주식회사)가 있다. 여객회사는 일본 전국을 6개로 분할하여 각각의 지역을 경영하고 있으며, 영업거리는 20,022km, 연간 여객수송 인원은 90억 8,800만 명이다(2014년도 기준, 이하 동일함).

한편, JR화물은 전국을 영업지역으로 하고 있지만, 선로시설을 소유하지 못해 여객회사의 선로시설을 빌려서 화물운송사업을 하고 있다.

(2) 대기업(大手)민간철도

도쿄, 오사카, 나고야, 후쿠오카 등의 대도시권 여객수송을 담당하고 있는 규모가 큰 민간철도회사를 대기업(大手)민간철도라고 하며, 여기에는 16개 회사가 있다. 대기업민간철도 중 가장 넓은 지역의 영업을 전개하고 있는 것이 긴키니혼철도(近畿日本鉄道, 본사 오사카시)로, 그 영업거리는 508km에 이른다. 반대로 영업거리가 짧은 회사는 약 36km의 사가미철도(相模鉄道, 본사는 히로시마시(広島市)에 있다)이다. 대기업민간철도 전체 영업거리는 2,912km, 연간 수송인원은 JR보다 많은 99억 9,100만 명이다. 대기업민간철도는 대도시권의 통근·통학에 있어서 매우 중요한 역할을 하고 있으며, 대도시권에 이른바 라이프라인(Life Line)[3]을 구성하고 있다. 아울러 대기업민간철도의 특징으로 부동산이나 임대사업, 유통사업, 호텔, 레저사업 등 넓은 범위의 부대사업을 운영하고 있다는 점을 들 수 있다. 이 때문에 대기업민간철도 각사의 사업 수입에서 부대사업으로부터 발생하는 수입의 비율이 매우 높다. 즉, 대기업민간철도 평균으로 볼 때 전 사업수입의 40%를 부대사업부문이 차지하고 있으며, 그 중에는 60%~80%나 되는 사업자도 존재하고 있다.[4]

(3) 준 대기업(準大手)민간철도

대도시의 주변을 중심으로 여객철도사업을 하고 있는 5개 중규모 민간철도회사를 준 대기업민간철도라고 부른다. 준 대기업민간철도의 영업거리는 그리 길지는 않은데, 5개 회사의 영업거리는 110km이다. 이 중 가장 긴 노선을 가지고 있는 것이 산요

---

3. 라이프라인은 도시기능을 유지하는 체계로 전력·가스·수도 등의 공급체계, 도로·철도·항만·공항 등의 교통체계, 전화 등의 통신체계 그리고 하수도 등의 처리체계 등으로 구성되어 있다.

4. 정부와 도쿄도가 주식을 소유하는 특수회사인 도쿄메트로도 대기업민간철도로 분류되고 있다. 도쿄메트로는 도쿄에서 도에이지하철과 함께 지하철 사업을 영위하고 있는, 1941년에 설립된 사업체로서 2004년의 민영화까지는 영단(데이토고속도교통영단)으로 불리고 있었다. 현재의 정식 명칭은 도쿄지하철주식회사로서, 9개 노선 195.1km(2016년 3월 말 현재)의 지하철 네트워크를 보유하고 있으며, 1일 평균 수송인원은 707만 명(2015년도)이다.

게이한 통근열차

나고야철도(名古屋鉄道)의 공항연결철도

(山陽)전기철도(본사는 고베시)로 63km이다. 또한 가장 짧은 노선을 가진 회사는 기타오사카한큐전철(北大阪阪急電鉄, 본사는 오사카 도요나카시(豊中市))로, 그 영업거리는 6km이다. 준 대기업민간철도 전체의 연간 여객수송 인원은 3억 6,200만 명이다.

(4) 공영철도

지방자치단체가 지방공기업 형태로 경영하고 있는 철도사업체로는 지하철사업을

운영하는 보통철도사업자 9개사, 즉
삿포로시교통국(札幌市交通局), 센다
이시교통국(仙台市交通局), 도쿄도교
통국(東京都交通局), 요코하마시교통
국(橫浜市交通局), 나고야시교통국(名
古屋市交通局), 교토시교통국(京都市
交通局), 오사카시교통국(大阪市交通
局), 고베시교통국(神戸市交通局), 후
쿠오카시교통국(福岡市交通局)과 노

사철과 지하철의 상호운전(1960년 12월). 도쿄도영(東京都營)
지하철과 게이세이(京成)전철

면전차를 운영하는 궤도사업자 3개사(하코다테시교통국(函館市交通局), 구마모토
시교통국(熊本市交通局), 가고시마시교통국(鹿兒島市交通局)이 있다.

또한 도쿄도교통국과 삿포로시교통국 등 2개 사업자는 노선전차사업을 함께 운영
하고 있다. 따라서 일본에서는 공영노면전차사업은 하코다테시, 구마모토시, 가고시
마시를 포함하여 도쿄도와 삿포로시 등 5개 도시에서 운영되고 있다. 이 밖에도 12개
도시에서 사철이 노면전차사업을 시행하고 있다. 전국 공영지하철의 총 영업거리는
749km, 하루 수송인원은 1,609만 명이다. 노선전차는 예전에 '도시교통의 꽃'으로 불
리며 1960년에는 전국의 공영노면전차의 영업거리가 773km였지만, 그 후 노선의 축
소와 폐지가 계속되어 현재에는 5개 사업자로 모두 57km까지 줄어들었다. 공영노면
전차의 1년간의 수송인원은 5,147만 명이다.

(5) 중소민간철도

지방도시에서 철도사업을 운영하고 있는 민간철도회사를 중소민간철도라고 부르
는데, 전국에는 총 71개사가 있다. 중소민간철도 중에는 산리쿠철도(三陸鉄道, 본사
모리오카시)나 기타킨키단고철도(北近畿タンゴ鉄道, 본사 교토시) 등과 같이 영업 노
선이 100km를 넘는 철도 회사도 존재하고 있지만, 명칭 그대로 소규모 혹은 중규모의

철도회사로, 영업거리는 10km~60km 정도의 회사가 대부분이다.

중소민간철도 가운데 약 40여 개 회사는 지방자치단체와 민간섹터가 공동으로 출자, 설립한 제3섹터철도이다. 제3섹터철도의 대부분은 1980년대에 국철이 경영합리화를 위해서 폐지한 특정지방교통선(이른바 적자 로컬선)을 승계하여 설립된 것이다. 중소민간철도를 포함한 지방철도의 총 영업거리는 3,961km, 연간 수송인원은 8억 9,000만 명이다.

2. 철도사업의 경영형태의 변천

(1) 간선철도의 국유화 과정

1867년의 도쿠가와(德川) 막부(幕府)의 붕괴와 다음해인 1868년의 메이지(明治) 신정부 수립에 의한 일본 정치체제의 대변혁을 메이지(明治)유신이라고 부르는데, 이를 계기로 일본은 근대국가로 발전하기 시작하였다.

일본의 철도사업은 메이지 신정부 수립 직후인 1872년 10월 도쿄 신바시(新橋)~요코

한큐 사설철도

하마(橫浜) 구간의 29km를
개통해서 그 막이 올랐다.
그 후 철도는 일본 근대화의
주요한 수단으로 그 역할이
기대되어 정비가 급속하게
추진되었다. 즉, 1889년 7월
에 가장 먼저 일본의 2대 도
시권인 도쿄와 오사카를 연

제3섹터 지방철도 호쿠에쓰(北越)의 급행 모습

결하는 도카이도선(東海道線, 신바시(新橋)~고베(神戸)), 그리고 1891년 9월에는 도
쿄와 도호쿠선(東北)지방을 연결하는 도호쿠선(東北線, 우에노(上野)~아오모리(靑
森))이 각각 개통되었다.

당초 철도 정비는 정부 주도(관설철도)로 진행되었는데, 정부 재원이 부족하여
1890년대 이후에는 민간자본의 도입이 적극적으로 추진되었다. 이리하여 앞에 언급
한 도호쿠선(東北線)이나 산요선(山陽線, 고베(神戸)~시노모세키(下関)) 등 주요 간
선의 많은 부분이 민간자본에 의해 건설되었다.

그러나 그 후 국가기반의 확립과 함께 군사적인 요청에 의해 간선철도에 대해서는
사유철도의 국유화에 대한 논의를 통해 1906년 3월에 공포된 국유철도법에 기초한 사
유철도의 국유화가 단행되었다. 철도 국유화에 의해 매수되고 관설철도망에 편입된
사유철도회사는 17개사(총연장 4,834km)에 이르게 되었다.

이 철도 국유화에 의해 규모가 현저하게 확대된 관설철도는 이후 제국철도 혹은 국
철(국유철도)이라고 부르게 되었다. 철도 국유화를 전후하는 1905년도와 1907년도를
비교해 보면 국철의 영업거리는 32.0%에서 90.9%, 수송 인·km는 37.7%에서 83.3%
로, 또한 수송 톤·km는 29.4%에서 91.4%로 각각 증대하였고, 국철은 육상교통시장
에서 독점적인 지위를 차지하게 되었다.[5]

---

5. 野田正穂他,《日本の鉄道―成立と展開―》, 일본경제평론사, 1986년, p.121

한편, 철도 국유화에 의해 사유철도가 없어진 것은 아니다. 철도 국유화는 어디까지나 도시간을 연결하는 간선철도를 대상으로 한 것이어서 영업거리가 짧은 지역 내 수송의 대부분은 계속해서 민간자본에 의해 철도가 운영되었다.

1906년의 철도 국유화에 의해 확립된 '간선국유주의'라는 정책방침은 그 후 국철의 분할 민영화(1987년 4월)에 의해 그 기조가 바뀔 때까지 80여 년에 걸쳐 일본 철도정책의 기본방침으로 계속되어 왔다.

〈표 1-5〉 일본의 철도 영업거리(연도 말) 추이

	국철	사철
1872년	29.0km	-
1880년	123.0km	61.4km
1890년	885.9km	1,365.3km
1900년	1,528.3km	4,674.5km
1910년	7,836.3km	철도 823.7km / 궤도 1,318.6km
1920년	10,427.9km	철도 3,520.1km / 궤도 2,125.1km
1930년	14,574.9km	철도 7,018.1km / 궤도 2,711.5km
1940년	18,400.0km	철도 6,698.9km / 궤도 2,208.2km
1950년	19,786.4km	철도 5,943.6km / 궤도 1,621.6km
1960년	20,481.9km	7,428.6km
1970년	20,890.4km	6,213.9km
1980년	21,321.7km	5,593.6km

*원자료 : '明治40年度鉄道局年報', 《日本鉄道史》(上), '鉄道統計年報'(각 연도)
*자료 : 野田正穂他, 《日本の鉄道-成立と展開-》, 일본경제평론사, 1986년, pp.396~397
*주 1) 1920년 이전의 수치는 원자료의 마일을 km로 환산
　　2) 1900년 이전의 수치 중 사철에 관한 것은 궤도를 포함하지 않음.
　　3) 1960년 이후에는 지방철도와 궤도의 합계

(2) 국철 경영형태의 변천

일본국철의 경영형태는 1949년을 경계로 크게 두 가지로 나누어진다. 즉, 1949년 이전에는 행정조직이 현업으로서 직접 철도사업을 경영하였지만, 1949년 6월 공사화

에 의해 국철은 공기업으로서 행정조직으로부터 분리, 독립되어 국철공사(공공기업체 일본국유철도라고 부른다)로 변화되었다.

이어서 국철 경영형태의 변천에 대해 개관해 보고자 한다.

일본에서 최초로 철도 경영을 시작한 행정조직은 1870년 4월에 메이지(明治) 신정부의 민부·대장성(民部·大藏省)에 설치된 철도괘(鉄道掛)였다. 민부·대장성(民部·大藏省)의 철도괘(鉄道掛)는 그 후 같은 해 8월에 민부·대장성(民部·大藏省)으로부터 분리되어 민부성(民部省)에 속하게 되었고, 같은 해 12월 그 소속은 공부성(工部省)으로 변경되었다. 다음해인 1871년 9월에 공부성(工部省)이 폐지되는 대신에 공부성 철도료(工部省鉄道寮)가 설치되었다. 초기 관설철도의 경영은 이 철도괘 혹은 철도료가 담당하였다.

다음으로 국유철도의 경영조직이 크게 변한 것은 철도괘가 폐지되고 공부성에 철도국이 신설되던 1877년 1월이었다. 신설된 철도국은 관설철도의 경영과 민간철도의 감독행정을 담당하는 역할을 하고, 1890년 9월에는 철도국이 철도청으로 조직이 변경되었다. 이어서 다음해 10월에는 철도청 소속이 변경되어 철도청은 내무성(內務省)으로 편입되었다.

이처럼 관설철도의 경영조직은 빈번하게 조직이 변경되어 소속 변경을 반복했지만, 1882년 7월에는 큰 조직 변경이 있었다. 즉, 철도청은 내무성으로부터 우정사업이나 전기통신사업 등을 관장하는 통신성(通信省)으로 소속이 변경되었다. 그래서 통신성 산하로 1893년 11월에 철도청은 외국 조직으로부터 내국 조직으로 철도국 조직이 변경되고, 이어서 1897년 8월에는 철도작업국으로 명칭이 변경되었다. 그 후 10년간은 통신성 철도작업국이 간선철도의 경영을 담당하였지만, 1907년 4월에는 통신성에 제국철도청이 설치되어 제국철도청이 경영을 담당하게 되었다. 제국철도청은 1906년 철도 국유화에 의해 국철의 규모가 현저하게 팽창한 것에 대응하기 위해 신설된 조직이다. 그러나 제국철도청도 1년밖에 존속하지 못하였다. 그 후 1920년 5월 철도성이 설치되기까지 철도원(내각의 외국으로서1908년 설립)에 의해 국철의 경영이 존속되었다.

1949년 이전의 국철의 경영형태를 고찰해 보면, 1920년 5월에 설치된 철도성이 가장 중요한 조직이었다. 철도성은 국철사업의 규모 확대 그리고 민간철도에 대한 감독행정의 충실 필요성 등에 따라 설치된 조직으로 전임의 대신이 관장하는 독립된 성(省) 조직이었다.[6] 철도성은 전시체제의 일환으로 1943년 11월에 운수통신성이 설치되기까지 23년간에 걸쳐 일본국철의 경영을 담당한 거대한 행정조직이었다.

태평양전쟁 중인 1943년 11월에 설치된 운수통신성은 철도사업과 통신사업을 총괄하는 거대한 관청이었기 때문에 업무수행의 효율화를 위해 1945년 5월에 통신부문과 우정성으로 분리되었다. 남은 철도부문은 운수성(運輸省)으로 개칭되었다. 운수성은 국철의 경영을 담당하는 현업관청인 동시에 민간철도에 대해서 감독업무를 수행한 행정관청이었다.[7] 이 운수성 산하에서 일본국철은 패전을 맞이하게 되었다.[8]

1949년 6월 운수성의 직영사업이었던 국철은 그 경영형태가 공사(공공기업체)로 전환되어, 국철공사(Japan National Railway)가 탄생하였다. 관설철도 시대를 포함하여 국철은 메이지(明治)의 창업기 이래 일관되게 정부에 의한 직영형태로 운영되어왔다. 정부조직으로부터 분리, 독립한 공기업에 의해 국철 경영은 철도사에 있어서 최초의 일이었다.

국철의 공사 이행은 정치적으로는 당시 일본을 점령, 관리한 연합국 최고사령관인 맥아더가 이미 시행된 공무법의 개정을 요구하여 아시다(芦田) 수상 앞으로 보낸 서한(1948년 7월 22일)을 계기로 한 것이었지만, 이념적으로는 정부의 감독과 규제를 최소한으로 하며 국철 경영의 자주성을 부여하는 것으로, 능률적인 철도 경영을 하는 것을 의도한 조치였다. 그러나 투자계획의 책정 권한이나 운임의 자주적인 결정권, 직원 임금수준의 결정권 등 경영의 자주성을 담보하는 권한은 국철공사에 주어지지 않았다.

---

6. 일본의 성(省)은 한국의 부(部)에 해당한다. 결국 철도성은 철도부라고 할 수 있다.
7. 野田正穂他, 앞의 책, pp.388~390
8. 1945년 8월 15일, 일본은 포츠담선언을 받아들여 미국을 주축으로 한 연합군에 항복했다. 이렇게 하여 태평양전쟁은 종결되었다. 1945년 8월 16일 이후 현재에 이르기까지의 시기를 일본에서는 일반적으로 전후라고 부른다.

한편으로 정부나 국회, 정치가로부터 국철에 대하여 경영합리성을 저해하는 과도한 요구가 계속되었다. 이 때문에 국철은 1960년대 후반부터 계속해서 적자를 증가시켰고, 결국 그 액수는 1조 엔을 넘게 되었다. 이러한 와중에서 국철 경영의 근본적인 개혁을 목적으로 실행된 것이 1987년 4월의 국철 분할 민영화였다. 국철의 분할 민영화에 의해 38년간 계속된 국철공사는 해체되어 JR 각사가 탄생되었다.

(3) JR체제

국철의 분할 민영화에 의해 국철이 수행하던 제반사업은 기능적이고 동시에 지역적으로 분할되어, 7개의 JR사를 포함한 11개의 승계 법인에 인계되었다. 즉, 우선 국철의 수송사업(철도, 버스, 연락선) 가운데 여객수송과 화물수송 사업이 분리되고, 동시에 여객수송에 대해 6개의 지역 단위로 분할되었다. 이렇게 탄생한 것이 홋카이도, 히가시니혼, 도카이, 니시니혼, 시코쿠, 규슈의 여객철도회사와 JR화물이다. 다음으로 혼슈의 3개 여객철도회사(JR히가시니혼, JR도카이, JR니시니혼)의 수익력 조정을 도모하기 위해서 당시 4개의 신칸센(도카이도, 산요, 도호쿠, 조에쓰)의 시설을 일괄 보유하고 혼슈 3사에 임대해 주는 신칸센철도보유기구가 설립되었다(이 기구는 1991년에 폐지되어 각 신칸센은 혼슈 각각의 여객회사로 이관되었다). 게다가 철도사업의 지원 사업인 통신이나 정보처리 부문이 분리되어 철도통신주식회사 및 철도정보시스템주식회사가 설립되었다. 마지막으로 국철의 연구개발 부문을 승계하여 철도종합기술연구소가 신설되었다.

그런데 국철의 분할에 의해서 탄생한 11개의 승계 법인 가운데 신칸센보유기구와 철도종합기술연구소를 제외한 9개의 법인은 모두 주식회사로서 발족했다. 다만, 주식회사는 민간섹터에 있어서의 통상적인 형태의 주식회사가 아니라 주식을 공적으로 소유하는 특별한 주식회사였다. 이러한 공적인 특별한 주식회사를 일본에서는 특수회사라고 부른다.

이상과 같이 JR 각사는 당초 전체 주식이 공적으로 소유된 특수회사로서 발족하였다. 그러나 조건이 갖추어지는 대로 각사의 전체 주식을 민간에게 매각하여 각사를 순수한 민간회사로 전환한다는 것이 분할 민영화 시기의 원래 정부의 기본방침이었다. 이것을 '완전 민영화'라고 한다. 그 후 2002년 6월에 JR히가시니혼, 2004년 3월에 JR 니시니혼, 2006년 4월에 JR도카이 그리고 2016년 10월에 JR규슈의 전체 주식이 민간 에 매각되었다. 그 결과 이 4개사는 공적인 특수회사로부터 통상의 주식회사로 경영 형태를 변경하여 완전 민영화되었다. 그러나 나머지 JR홋카이도, JR시코쿠, JR화물에 대해서는 경영상태가 취약하고, 주식 매각의 기준에 도달하지 못하였기 때문에 '주식 매각 = 완전 민영화'의 목표는 끝나지 않았다.

이렇게 하여 분할 민영화로부터 30년이 지나고 국철을 모체로 한 일본의 간선철도 는, 혼슈와 규슈는 민간회사로 경영 주체가 이전되고, 홋카이도와 시코쿠의 간선철도 및 전국적인 화물 철도는 공적인 소유 하에 있는 특수회사의 경영이라는 상황에 이르 고 있다.

일본 철도의 특성과
그 발달(1872년~민영화 이전)

하라다 가쓰마사
(와코대학 명예교수)

1. 130년 역사의 일본 철도

일본 철도는 130년이 넘는 역사를 통해 일본의 근대화를 추진하는 큰 역할을 수행해 왔다. 원래 철도라는 교통수단이 자본주의체제의 성립기에 공업원료나 제품을 고속으로 대량 수송하기 위해서 만들어진 것이다. 그러나 일본에 있어서는 그러한 조건이 성립하기 전에 사회 전체의 후진성을 극복하기 위한 '이기(利器)'로서 도입되었다. 따라서 도입 당시부터 서구 근대문명의 섭취, 모방을 축으로 하는, 이른바 '문명개화'의 추진기능을 기대하고 시작된 일본 철도는 결과적으로 다분히 표면적인 '문명개화'에 머무르지 않고 사회시스템의 변혁과 이용자의 의식 변화를 유도하는 근대화를 추진하였다. 더욱이 철도의 수송기능은 자본주의 경제체제의 정착이라는, 그것도 도입 당시에는 예측하지 못한 효과를 가져왔다.

이와 같은 일본 철도의 특징으로는 먼저 '근대화의 견인차'라는 것을 들 수 있다. 실제로 철도 도입 당시 일본의 상황이나 도입 후 1세기를 넘는 흐름 속에서 철도의 역할을 보면 일반적인 철도의 개념 규정이 합당하지 않은 면이 몇 가지 발견된다.

이러한 일본의 철도는 유럽 선진제국, 특히 영국의 경우와 완전하게 다른 동기로 출발하여 그 사명이나 역할은 단순히 경제적인 역할에 머무르지 않고, 시민사회의 성립이라는 넓은 범위에까지 미치고 있다. 더구나 일본은 철도 도입 후 약 30년 만에 선로와 기관차를 자국에서 제작하는 등 기술 자립을 달성하였다. 더욱이 그때까지 서구 선진제국의 철도가 가지고 있었던 역할, 자본주의의 요청에 의해 국경을 초월한 경제지배권 확대 등 이른바 제국주의체제의 성립에도 기여하였다.

따라서 일본 철도사를 단순히 '근대화의 견인차'로서의 역할에 머무르지 않고, 철도부설 30년 전후로부터 이른바 선진국과 어깨를 나란히 할 수 있을 정도의 방향성과 그로 인해 생겨난 문제를 거론할 필요가 있다. 그 중 첫 번째 '근대화의 견인차'를 일본 철도의 특징으로 자리매김하고 검토의 대상으로 다루는 것이 가능하다. 하지만 두 번째의 선진제국과 어깨를 나란히 하는 단계에 대해서는 그 특징을 어떻게 추출해야 하는지 검토가 필요하다. 앞의 두 가지 문제의 검토를 주제로 서술하도록 한다.

2. 철도의 도입과 수송기능

(1) 철도건설의 동기

일본에서 철도건설이 결정된 직접적인 동기는 1868년에 성립된, 이른바 메이지 정부가 그때까지의 에도(江戶)막부를 대신하여 권력체제를 구축하는 데 있어 강력한 중앙집권체제를 조속히 확립하지 않으면 안 된다는 절박감에서 찾을 수 있다. 메이지 정부가 성립된 다음해인 1869년까지 새 정부는 구 막부·제번(幕府·諸藩) 등에 의한 반정부 무장저항을 진압하였다. 그러나 종래의 막번(幕藩)체제 기초 하에 계속 이어져 내려온 농민의 소작료 감면을 요구하는, 이른바 농민 반란이 막부 말기인 1866년 이후 급증하였고, 여기에 막부와 제번에 세금 감면을 요구하는 운동이 막부

체제의 기반을 동요시키게 되었다. 이는 경제적인 요구에 그친 종래의 농민 반란을 뛰어 넘어 정치체제의 변혁을 요구하는 운동으로 변질된 것인데, 사람들은 이를 '요나오시잇키'(世直しの一揆, 농민 등에 의한 지배계층에 대한 반란)라고 부르고, 이 민중운동이 막부의 붕괴를 가져온 큰 요인으로 작용하게 되었다.

그러나 세상을 바꾸기 위한 반란은 메이지 정부가 성립한 후에도 종식되지 않았다. 1867년 막부는 이 반란 앞에 무너질 수밖에 없는 상황이 닥쳤을 때, 막부 붕괴를 목표로 한 서남웅번(西南雄藩) — 조슈(長州, 야마구치(山口)현), 사쓰마(薩摩, 가고시마(鹿兒島)현), 도사(土佐, 고치(高知)현), 히젠(肥前, 사가(佐賀)현), 나가사키(長崎)현 등 각 번(藩)의 총칭 — 의 중하급 무사 활동가들은 이 운동이 번체제 전체를 붕괴시킬 것이라는 위기감도 가지고 있었다. 신정부를 만들고 유지하려는 무사로서 신분의식을 강하게 가지고 있었던 그들은 농민 등에 의한 지배계층에 대한 반란 에너지를 확산시키기 위해 18세기 이후 60년에 한 번씩 반복되어 온 민중의 이세(伊勢)신궁(神宮) 참배의 집단행동 '오카게마이리'(お陰まいり, 서민, 특히 상인 중심의 신사참배)를 유발하는 책략을 만들어냈다. 그들은 나고야(名古屋)를 비롯하여 거리 곳곳에 이세신궁의 내궁 부적을 배포하는 행동을 취하였다. 사람들은 하늘로부터 온 부적을 가지려고 서로 싸우고, 그대로 누군가가 노래를 시작한 '에자나이카'(ええじゃないか, 뭐, 어때 상관없잖아, 지배계급에 대한 저항 노래와 춤)라는 가사의 노래를 반복하면서 무질서한 군중이 되어 거리에서 춤을 추는가 하면, 어떤 사람은 이세신궁을 향하고, 어떤 사람은 도중에 술에 취해서 쓰러지는 등 사회는 수습이 어려운 상황으로 빠져들게 되었다.

1868년 1월 3일에 실행된 교토(京都) 조정(朝廷)에 의한 신정부 수립 선언(왕정복구의 대명령)은 이러한 상황을 배경으로 하여 서남웅번의 하급무사들이 일부 승려와 손을 잡아 주도권을 잡으며 새로운 정권을 수립한 것이다. 따라서 정권의 주도권을 잡은 것은 앞에서 서술한 서남웅번의 하급무사와 그들과 연결된 교토 조정의 왕실인데, 이들은 15세의 나이로 왕위를 승계한 메이지 천황(天皇)을 정점으로 하고, 그리고 그 천황의 권위를 기초로 하여 정당성을 주장하였다.

이러한 경위를 거쳐 성립된 정권이 긴급하게 필요한 것은 일본 전 국토를 통일적으

당시의 궤도마차의 모습(일본, 1882년 6월 개통)

로 지배할 수 있는 중앙집권권력을 확립하는 것이었다.

한편, 1869년까지 신정부에 대항한 동북지방 몇 곳의 번과 하코다테(函館)에 있었던 구 막부 해군의 병력은 신정부의 군대에 의해 진압되었으며, 각 번주(藩主)는 그때까지 막부에게 맡겨진 형태로 지배해온 영토를 신정부에 넘겨주었다(版籍奉還).

이같은 과정을 통하여 정부는 드디어 중앙집권적 권력체제의 구축을 진행시킬 수 있게 되었다. 그러나 그때 일단 진정되었던 민중의 행동이 다시 정부를 위협하게 되었다. 민중은 신정부의 성립으로 인해 막부지배 때부터 계속된 가혹한 수탈, 즉 수확한 쌀의 반(五公五民)이나 그 이상(六公四民)을 공납하지 않으면 안 되는 제도가 소멸될 것이라는 기대를 가지고 있었다. 그런데 신정부는 민중의 기대에 부응하는 대책을 수립하지 못하였으며, 수탈체제 역시 종래 그대로였다.

이리하여 다시 세상의 변화를 원하는 민중의 반란이 점점 더 퍼져가게 되었는데, 이는 한 번 잘못하면 정부가 전복될지도 모른다는 심각한 위기를 의미하게 되었다. 이러한 상황 속에서 정부는 때마침 철도건설이라는 과제에 몰두하게 된 것이다.

원래 철도건설은 1855년 개항 이래 프랑스, 미국 등 각국의 개인과 기업이 계획을 수립, 막부에 반복하여 신청하였다. 예를 들면 1866년 프랑스 주재 막부 대표로 임명된 플레리 헤럴드(Fleury Herald)의 건의, 1867년 요코하마(橫浜) 주재 미국인 C.L. 웨스트우드(C.L. Westwood)의 청원, 그리고 1867년부터 다음해에 걸친 주일미국공사관의 서기관 A.L.C. 포트만(A.L.C. Portman)의 청원이 있다. 이 중 포트만의 청원은 1868년 1월 3일의 '왕정복구선언' 14일 후인 1월 17일에 막부를 총괄하는 집사(幕府老中) 오가사와라(小笠原長行, 외국사무총재) 명의의 면허로 이어지게 되어, 이후 막부를 대신하여 권력을 갖게 되는 메이지 정부와 미국 사이에 분쟁이 발생하게 되었다. 하지만 막부는 영국에 접근하여 1869년 5월 미국 측의 요청을 거부하였다.

이 외에도 1868년 신정부가 성립된 후 몇 건의 철도건설 청원이 제기되었지만, 정부는 어느 것도 인정하지 않았다. 더욱이 1869년 5월 포트만의 요청을 거부한 후 정부 내부에 정부의 손으로 독자적으로 철도를 건설해야 한다는 의견이 강하게 제기되었다. 여기에는 앞에서 서술한 영국의 급격한 접근이 작용하였다.

주일 영국공사 해리 스미스 팍스(Sir Harry Smith Parkes)는 당시 영국이 전개한 자유무역주의에 의한 외교정책을 일본에도 전개하려고 하였다. 즉, 군사력에 의한 1850년대 초반의 외교정책의 전환을 대일 외교에서 실시한 것이다. 이같은 입장에서 팍스는 1868년 영국 정부가 가장 먼저 메이지 정부를 승인하도록 조치하고, 적극적으로 일본 경제 진출 정책을 전개하였다. 이같은 대일 접근정책의 일환으로 그는 철도건설을 정부에 건의한 것이다.

여기서부터 철도건설의 기운이 급속하게 퍼져가게 되었다. 1869년 4월부터 10월에 걸쳐 정부 내부에서는 철도건설을 둘러싸고 논의가 활발하게 진행되었다. 이러한 논의를 추진한 사람은 1869년 8월에 설치된 민부성, 대장성(같은 해 9월에 합병, 1870년 9월에 분리, 1871년 민부성은 폐지)의 젊은 관료들이었다. 그 가운데에 민부·대장대보(大藏大輔, 성의 차관급)인 오쿠마 시게노부(大隈重信, 滋賀藩 출신)와 민부·대장소보(大藏少輔, 성의 국장급)인 이토 히로부미(伊藤博文, 長州藩 출신)는 이 문제에 적극적으로 개입하였다.

오쿠마는 외국에 나가서 철도를 본 경험이 없지만, 1855년 시가(滋賀)의 작은 기계류 공장이 증기기관차의 모형을 제작하고 구내에서 시운전을 했을 때 이를 견학했다. 1838년 생이었던 오쿠마(大隈)가 17세 때였다. 조슈(長州) 번사(藩士)였던 이토 히로부미는 1863년 6월 다른 4인의 번사와 함께 런던으로 건너갔다가 1864년 귀국하였는데, 아마 당시 영국에서 철도를 보거나 열차를 타는 경험을 했을 것으로 추측된다.

이와 같이 철도에 대한 경험이 있던 두 사람은 서남웅번의 하급무사 출신의 관료로서 메이지 정부의 내치행정을 추진하는 중심 자리에 취임하게 되었는데, 이는 1869년에 오쿠마 31세, 이토 28세 때였다. 오쿠마와 이토는 어느 날 밤 정부의 진로에 대한 격론을 주고받았다. 그들은 막번체제의 여러 번(藩)이 분할된 이후 '군현 하에서는 전국을 통일할 필요가 있고', 동시에 '봉건적 분할의 사상을 타파하기 위해서는 어느 정도 사람의 마음을 놀라게 하는 사업이 필요하다'고 결론을 내고(1862년 제국철도협회 제5회 총회에서 행해진 오쿠마의 회고연설, 〈제국철도협회회보〉 제3권 7호), 중앙집권체제의 확립과 민중의 의식 전환이라는 관점에서 철도건설을 결정하였다.

이 해 5월 등대를 건설하기 위해 고용된 외국인 기사 리처드 헨리 브런튼(Richard Henry Brunton)은 외국관(外国官, 후에 외무성) 당국으로부터 철도건설에 대해서 의견을 요청 받아 철도의 필요성과 건설비, 운영을 위한 경비·이익의 개요 등을 정리, 보고했다. 이를 받아들인 외무성은 11월 14일 철도건설이 시급하다는 것을 태정관(太政官, 후에 내각)에게 보고하였다.

오쿠마와 이토의 결의는 이러한 움직임과 함께 했다고 추측할 수 있다. 하지만 한 해 전인 1868년 가을 이래 동북지방의 남부에서 에치고(越後, 지금의 니가타(新潟)현)에 걸쳐 넓게 퍼진 — 사회의 개혁을 목표로 농민이 주축이 된 — 각지의 농민 반란도 시급한 결정을 촉진시키는 계기가 되었다고 추측할 수 있다. 사회를 개혁하는 내용이 1866년의 경우 확실하게 나타난 것은 없었다고 전해지지만, 당시 메이지 정부로서는 큰 위협이었다고 한다. 이때 메이지 정부의 중추였던 조슈 번 출신의 참의(參議, 대신급) 기도 다카요시(木戸孝允, 1833년 생으로 오쿠마보다 5년 연상)가 민중의 관심을 돌리기 위해 조선 출병을 두 번에 걸쳐서 건의한(기도 다카요시 일기《木戸孝允日記》 제1권, 제3권) 것은 일본 근대화에 있어서 조선침략론의 효시가 되었다.

오쿠마·이토는 이러한 민중의 동향에 대해 무엇인가 대책을 세울 필요가 있었을 것으로 추측된다. 이전의 연설에는 직접 언급되어 있지 않지만, 그들은 세상을 변혁시키는 반란을 통해 위기를 타개하기 위하여, 즉 '사람들을 놀라게 하는 사업이 필요하다'고 생각하여 철도건설을 결의했다고 보는 것이 가능하다.

결국 철도건설 결정의 직접적인 동기는 메이지 정부가 존립의 위기를 회피하려는 정치적인 요인이 작용했을 것이라 추측할 수 있다. 더욱이 위기의 모면 이외에 오쿠마는 앞에 인용한 연설에서 언급한 것처럼 중앙집권국가의 건설이라는 정치적인 목표가 이 안에 확실하게 담겨져 있었다. 이같은 점이 일본 철도건설의 큰 특징이라고 할 수 있다. 그때까지 철도는 서적이라는 지식적인 형태로 도입되거나 유학생 등의 견문을 통해 유포되었다. 예를 들면 서구의 문화를 소개한 후쿠자와 유키치(福澤諭吉)의 《서양사정(西洋事情)》(1866년 간행)에는 그 메커니즘에서 수송의 효과에 이르기까지 상세한 설명이 실려있어 많은 사람들이 점점 철도에 대한 지식을 갖게 되었다. 철도는 이렇게 먼저 지식으로서 도입되었으며, 이를 실제 수송기관으로 건설하는 것은 당시로서는 꿈이었다.

이러한 꿈을 실현시키기 위해 사람들 앞에 출현한 동기는 경제적인 요인보다는 지금까지 설명한 것처럼 성립 직후의 메이지 정부가 직면한 정치적인 위기를 모면하기 위함이었다. 영국 등과 같이 고전적 자본주의체제 국가와는 다른 조건이 일본에 작용하였던 것이다.

그래서 영국으로부터 차관과 자재의 도입, 기술자의 고용에 의한 지도라는 체제를 갖추고 철도건설이 결정되었다. 1869년 12월 7일 정부 수뇌와 팍스 공사와의 비공식 회담을 거쳐 12월 12일 도쿄(東京)·교토(京都)·오사카(大阪)·효고(兵庫) 사이의 나카센도(中山道) 간선과 도쿄(東京)·요코하마(橫浜)와 비와코(琵琶湖)·쓰루가(敦賀) 간의 지선 건설을 결정한 정부는 다음해인 1870년 4월 17일 도쿄~가나가와(神奈川) 구간의 측량 명령과 함께 4월 19일 철도조직을 민부·대장성에 설치하였다. 결국 일본 철도는 4월 25일 외국인 기사장으로 일본에 들어온 에드먼드 모렐(Edmund Morell)의 손에 의해 시오토메(汐留)에서 요코하마까지 측량을 개시하는 수준에까지 도달하게 되었다.

그러나 여기에는 큰 장애가 기다리고 있었다. 팍스와 오쿠마 등을 중개하고 있었던 영국인의 존재였다. 즉, 100만 파운드의 자금을 개인적으로 조달하는 것처럼 보였지만, 금리 9%의 공채를 일본 정부에는 언급하지 않은 채 런던에서 모집하고, 일본 정부에 대해서는 연리 12%의 차관 100만 파운드로 알려 금리 차액의 3%의 이익을 꾀하도록 계획하여 일본 정부와 계약을 체결(1869년 12월)한 호레시오 넬슨 레이(Horatio Nelson Lay)라는 인물이 있었다. 오쿠마와 이토는 이 인물을 넬슨이라는 이름만으로, 즉 1805년 트라팔가 해전에서 프랑스와 스페인의 연합함대에 승리를 거두고 전사한 영국 해군의 영웅 호레시오 넬슨(1758년~1805년) 가문의 사람이라 믿고 신뢰했던 것이다.

원래 레이는 아편전쟁 전후 중국에서 활약한 외교관의 아들로, 중국에 건너와 청국 정부의 세관관할 관리로서 일한 경력을 갖고 있는데, 청국 정부로부터 그 직을 파면 당한 후 일본에 건너와 일본 정부와 관계를 갖게 되었다.

레이의 불신행위를 몰랐던 메이지 정부는 레이가 구입한 자재와 계약한 기술자를 받아들여 1870년 4월 25일 신바시(新橋)~요코하마(橫浜) 구간의 철도공사에 들어갔다. 그 후 5월 18일 레이의 공채공모를 런던으로부터 1개월에 걸쳐 운반된 신문을 통해 알게 된 메이지 정부의 오쿠마와 이토는 큰 충격을 받았으며, 레이와의 계약을 파기하고 영국 오리엔탈은행과 계약 승계를 위한 교섭을 시작하였다. 결국 1870년 12월 레이와의 계약 파기는 실현되었으며, 그 와중에도 정부는 철도건설 사업을 계속하였다.

(2) 신바시(新橋)~요코하마(橫浜) 사이의 철도 개업

이같은 배경에는 오쿠마와 이토 등의 철도건설 추진에 대한 강한 의지와 이를 지탱해준 또 한 사람의 외국인 기술자의 노력이 있었다. 1870년 4월 착공 때 일본에 건너온 외국인 기술자인데, 그는 이 철도가 일본의 근대화에 필요 불가결한 수송기관이라는 인식을 가지고 철도건설을 적극적으로 추진하였다. 바로 그가 레이의 소개로 기사장에 취임한 에드먼드 모렐(1840년~1871년)이다. 오쿠마보다 2살 적고, 이토와 거의 동년배인 그는 연령에서 알 수 있듯이 오쿠마 등과 의사소통이 쉬웠을지도 모른다. 그뿐만 아니라 모렐은 식민지에서의 철도, 광산건설과 개발 작업에 이미 10여 년의 경험을 가지고 있었다.

런던에서 출생한 그는 병약하여 킹스대학(Kings College) 재학중 결석이 잦았다고 한다. 졸업 여부는 불분명하며, 독일과 프랑스에서 토목에 대한 전문지식을 배웠다고 알려져 있다. 또 그는 영국 육군기술장교의 자격을 취득하기 위해 울위치(Woolwich)라는 양성기관(Royal Military Academy)에 다닌 적이 있는데, 그 이상의 상세한 것은 알려져 있지 않다. 그는 18세 때 당시 영국의 식민지였던 뉴질랜드 그리고 호주, 북부 보르네오에서 광산개발과 철도건설 작업에 종사하였으며, 1870년 레이의 소개로 일본 철도건설의 기사장으로 일본에 입국하게 되었다.

모렐은 그때까지 일본 정부 당국자와 접촉한 외국인과는 전혀 다른 자세를 보였다. 즉, 철도건설을 둘러싸고 나타나는 현상을 일본의 입장에서 생각하고 있었다는 점이다. 1870년 4월 12일 모렐과 오쿠마가 만난 것으로 알려지는데, 그때 오쿠마가 "어떤 철도를 만드는가?"라고 물었더니 모렐은 "궤간은 어떻게 할까요?"라고 반문했다고 한다. 오쿠마는 궤간이라는 말을 들어도 무엇을 의미하는지 알지 못했다. 그래서 "궤간은 무엇인가?"라고 다시 물었다. 모렐의 입장에서 보면 이 사람들이 궤간과 같이 철도에 있어서 가장 기본적인 요소도 모르고 철도를 건설하는가 하고 놀랐을 것이다. 그러나 모렐은 궤간을 설명하였고, 오쿠마도 점차 철도시스템에 대한 이해를 높여갔다. 이 이야기는 나중에 오쿠마가 말하는 일화 중에 나오는 것으로, 일본 철도가 협궤인 1,067mm를 채택한 경위를 나타내는 유일한 자료이다(〈제국철도협회회보(帝国鉄道協会会報)〉 제21권 제7호, 1920년 7월).

이는 일본 정부 당국자가 그때까지 레이나 팍스로부터 철도의 시스템에 대해 설명을 듣거나, 또는 그들에게 설명을 요구한 적이 없었다는 것을 의미한다.

한편, 모렐은 다시 궤간 방식에 대해 일본 측의 주체적인 선택의 자세를 요구하였다. 이것은 레이나 팍스가 가지고 있지 않았던 자세였다. 모렐은 철도를 건설하는 주체가 누구인가를 오쿠마 등에게 인식시켰다고 할 수 있다. 오쿠마는 "원래 빈곤한 국가이므로 궤간이 좁은 편이 적절할 것이다. 다른 나라에 그런 것이 있는지 물어보았더니 작년에 호주에서 만들어졌고 평판 또한 좋은 것으로 알려져 있다. 그렇다면 호주의 것을 모방하여 만드는 것이 적절하다고 생각되어 그것으로 결정했다"(〈제국철도협회

회보〉 제21권 제7호, 1920년 7월).

이렇게 해서 궤간은 결정되었다. 이미 레일은 협궤로 건설하는 것으로 결정하고 모렐도 그러한 설명을 했을 것으로 추측된다. 그러나 모렐은 일본 당국자에게 다시 확인하는 절차를 밟았던 것이다.

이상과 같이 처음 메이지 정부 당국자와 만났을 때부터 모렐의 입장은 철도를 건설하는 측의 이해를 우선했다. 오쿠마는 앞에서 인용한 글에서 "그때부터 여러 설명을 들었다"고 서술하였는데, 이처럼 모렐은 그들에게 철도시스템을 설명했던 것이다. 측량하기 직전 일본 측 당국자에게 이 사업이 앞으로 어떻게 진행되는가에 대한 설명을 한 것이다.

모렐은 그 후 연말까지 레이와 일본 측의 분규의 경위를 몰랐을 것으로는 생각되지 않지만, 계속해서 건설작업에 몰두하였다. 4월 19일 모렐은 이토에게 도쿄(東京)·요코하마(横浜) 사이의 철도공사 작업공정을 제시하고, 같은 달 25일 측량 개시를 준비하였다. 아울러 5월 28일 철도를 비롯해 도로, 항만, 광산 등 각 분야에 걸쳐서 건설에 종사하는 인재양성을 급선무로 하여 17세~18세의 소년에게 기술교육을 실시하기 위한 교육기관의 설치가 필요하다는 것과 이러한 건설공사를 총괄하는 정부기관의 설치가 시급하다는 문서를 이토에게 보냈다. 이 문서는 앞서 소개한 1902년 제국철도협회 제5회 총회 석상의 이토 연설 내용에서 소개가 되기도 하였다(〈제국철도협회회보〉 제3권 제7호, 1902년 7월). 이토는 "모렐이 일본의 장래를 고려한 철도건설 제안과 인재를 함께 양성하려는 의도는 의견서 내용에 명백하다. 이것은 그가 점점 일본에 충실해져가고 있다는 의미이며, 우리는 사람을 얻었다"고 이야기하고 있다.

모렐은 철도건설을 추진하면서 발생하는 여러 가지 문제에 대하여 항상 이용자의 입장에서 경비절감을 꾀하고 일본 측에 그것의 실행을 요구하였다. 예를 들면 모렐은 일본에 목재침목의 채택을 건의하였다. 그것은 모렐이 구입하여 부설한 쌍두레일인데, 이는 위 아래가 같은 형태의 레일을 고정하는 장치를 가진 침목으로, 영국에서는 일반적으로 사용하고 있는 것이었다. 모렐은 습도가 높은 일본에서 철재침목을 사용하면 빨리 녹이 슬어 사용이 어렵기 때문에 목재침목에 쌍두레일을 장치하는 방법을 사용하여 철재침목의 사용을 피하도록 건의하였다. 그 외에도 그는 건설비를 절약하도록 지도하였다. 일본 철도기술의 자립이 신속하게 진행될 수 있었던 것은 앞에서 서술한 모렐의 인재양성 제언과 자재의 자급체제의 추진이 있었기에 가능했다고 볼 수 있다.

그때까지 추진되어 온 식민지지배 방식을 일본의 철도건설에서도 찾을 수 있다고 볼 때, 그 추진의 중심에 모렐이라는 기술자가 있어 일본 측은 주체성 발휘가 가능했던 것이다. 이것은 일본 철도의 출발점에 있어서 큰 특징이라고 할 수 있는 부분이다.

이처럼 일본 철도사업의 자립과정에 모렐이라는 기술자의 존재는 결정적인 의미를 가졌다고 판단된다. 모렐은 애석하게도 결핵으로 1871년 11월 7일 사망하였다. 본래대로라면 후진국에서 이익을 거두고 돌아가는 것이 그 당시 선진국 사람들의 상식이었지만, 모렐은 그러한 상식을 깬 인물이었다. 거기에는 기술 이전에 대한 기술자로서의 양심이 작용했던 것이다. 양심에 기초한 그의 작업으로 인해 일본 철도는 기초를 튼튼하게 닦을 수 있었던 것이다.

한편, 모렐이 죽은 후 그의 뒤를 어떻게 승계하느냐가 큰 과제였다. 그런 와중에 당시 그 임무를 수행할 수 있는 인물이 정부 쪽에서 육성되고 있었다. 조슈(長州)번(藩) 출신의 이노우에 마사루(井上勝, 1843년~1910년)가 바로 그 사람이다. 이노우에는 1863년 같은 지역 출신의 이토 히로부미(伊藤博文), 이노우에 가오루(井上馨), 엔도 긴스케(遠藤謹助), 야마오 요조(山尾庸三) 등 5명과 함께 런던으로 밀항하여 런던대학에서 채광, 토목기술 등을 수학하였다. 이노우에 마사루는 이토와 이노우에 가오루가 1864년 4개국 연합함대에 의해 시모노세키(下関)가 공격당한 사건을 계기로 귀국한 후에도 유학을 계속하여 대학을 졸업하고, 1869년 1월을 전후해 귀국했다. 5년 동안의 유학을 통해 습득한 지식을 업무에 활용하는 것이 가능하다고 판단하여 조슈번 우부(長州藩 宇部)의 탄광관리직에 그를 파견하였으며, 다시 기도 다카요시(木戸孝允)의 알선으로 상경, 조폐·광산 등의 업무를 배정받았다. 그 후 그는 1869년 가을 모렐과 이토 사이의 철도건설업 교섭의 통역을 담당한 것을 기회로 철도건설에 관여하게 되었다. 그는 1870년 12월 공부성이 설치된 후 권대승(權大丞)이라는 4등관에 보임되었다. 그리고 이노우에 마사루는 다음해 9월 공부성에 철도관할관청이 정비되고 철도료(鉄道寮)라는 명칭으로 공부성 내에 하나의 국으로 그 체제가 정비된 후 그 장관(鉄道頭 3등관, 각 성의 국장에 준한다)에 임명되었다. 그때는 아직 광산의 업무도 겸임하는 형태였지만, 직책상 철도건설사업을 총괄, 지휘하는 입장에 있었다. 더욱이 다음해 철도의 최고 경영자(鉄道頭)로 전임된 그는 1893년까지 철도업무의 장관으로서 활약, 일본의 철도 발전에 온 힘을 기울였다.

이노우에가 모렐과 어떻게 협력했는가에 대한 자료는 눈에 띄지 않는다. 그러나 이노우에의 철도 최고 경영자 취임 이후 모렐과 이노우에의 관계는 철도건설업무의 책임자로서 동지로 발전했다고 보아도 좋을 것이다. 다만 앞에서 서술한 바와 같이 모렐은 11월 7일에 사망했기 때문에 공동작업의 기간은 짧았다고 생각된다. 그렇지만 이노우에가 이미 런던대학에서 완성시킨 전문분야의 기초를 충분하게 활용해 가며 이미 고용된 외국인 기술자·노동자를 지휘하는 것은 가능했을 것이다. 1년 만에 귀국해 영어를 구사하는 것이 충분하지 못했던 이토에 비해 이노우에는 회화가 자유스러웠다. 이것은 모렐과 이토와의 회담을 그가 통역했다는 앞의 일화로부터도 추측이 가능하다.

이노우에가 지휘자로서 임무를 수행한 가운데 외국인들은 자신들 마음대로 행동하지 못했다. 이노우에는 그의 전기인《이노우에마사루전기집(子爵井上勝君小傳)》에서 "런던에서 배운 예절을 통해 고용된 외국인들의 교만을 능숙하게 제압했다"(같은 책 p.17, 1915년)고 기술하고 있다. 이는 종래의 메이지 정부 당국자에게는 불가능한 것으로, 유학을 통해 단순히 지식 습득에 머무르는 것이 아니라 풍속, 습관, 인간관계의 방법을 배우는 것도 의미가 있다는 것을 보여주는 대목이다.

이노우에는 이러한 점에서 충분히 모렐의 후계자로서 자질을 가지고 있었다. 이렇게 리더십을 계속해서 확립함으로써 건설작업은 계속되었고, 1872년 10월 14일 신바시(新橋)~요코하마(橫浜) 구간 29km의 철도는 개업을 할 수 있었다(이전 6월 12일부터 시나가와(品川)~요코하마(橫浜) 구간 가영업, 1일 6차례 왕복).

개업 당일의 신바시(新橋)역 (1872년 10월 14일), 히로시게(広重) 작품

(3) 철도의 수송기능과 그 영향

이와 같은 일본의 철도는 수송기관으로서 그 업무를 담당하였다. 도쿄(東京)와 요코하마(橫浜) 사이 약 29km의 철도는 당시 1일 9회 왕복, 1개 열차 8량~9량 편성, 그리고 객차(2개 축차) 1량의 정원은 1등 객차가 10명~18명, 2등 객차가 20명~22명, 3등 객차가 30명~36명 등으로 추측된다. 편성에 대한 기록이 없어 정확한 정원은 확실하지 않다. 1등차 1량, 2등차 2량, 3등차 5량 그리고 화물차로 구성되어 있으며, 각각의 최대 정원은 1등석 18명, 2등석 44명, 3등석 180명 등 모두 242명이었다. 열차는 1일 9회 왕복 18개 열차로 편성되어 있으며, 수송력은 최대 4,356명이어서 1일 약 4,400명의 수송이 가능하였다. 이 구간의 중간 역은 시나가와(品川), 가와사키(川崎), 쓰루미(鶴見), 가나가와(神奈川)의 4개이며, 운전시간은 53분, 표정 속도는 약 33km/h였다.

수송인원 수와 열차의 속도는 획기적이었다. 도쿄와 요코하마를 연결하는 교통기관은 원래 그 구간이 경(京, 근세까지의 수도, 근대에 들어서 교토(京都)로 개칭)과 에도(江戶, 근세 막부 소재지, 지금의 도쿄)를 연결하는 도카이도(東海道)의 일부로 사람이나 화물의 왕래는 비교적 빈번했지만, 충분한 발달이 이루어지지 못했다. 근세 막부는 민중의 무장을 금지했을 뿐만 아니라 수송수단으로서의 차량을 인력·가축을 통해 견인하는 것을 불문하고 전면적으로 금지하였다. 해상 교통수단도 500석(약 140m²) 이상의 적재 선박 건조와 사용을 금지했기 때문에 수송력이 극히 미약해졌다. 이 외에도 주요 하천에 가교설치를 금지했기 때문에 대형 화물수송은 이 점에서 제약을 받았다. 또한 세키쇼(関所, 검문소)에 의한 통행자의 여행인증증서 소지점검도 이동의 자유를 방해하였다. 앞에서 서술한 지배계급에 대한 저항 노래와 춤은 그 제약에 대한 저항이라고 할 수 있다.

이러한 제약은 막부 말기에 들어 점차 완화되어 갔으며, 결국 유신 이듬해인 1869년 세키쇼 제약이 폐지되어 이동의 자유가 실현되었다. 이어서 1869년 이후 도쿄를 중심으로 전신사업이 개시되었으며, 1871년부터는 우편사업도 시작되어 통신의 근대화의 막을 열게 되었다.

철도의 개통은 이 무렵 개시된 교통·통신의 근대화를 한꺼번에 추진하는 디딤돌이 되었다. 철도 수송의 특징은 말할 것도 없이 대량, 고속, 안전의 3가지인데, 최초의 단계에서 이용자에게 가장 좋은 인상을 준 것은 고속이라는 점이었다. 도쿄와 요코하마 구간을 1시간도 걸리지 않게 이동이 가능했던 속도는 종래의 이 구간 이동에 7시간~8시간이 걸린 보행자 입장에서 보면 7배~8배의 빠른 속도였다. 이전에 아침 일찍 도쿄를 출발한 성인 남성의 경우 저녁 때 가나가와(神奈川)나 그 근처의 호도가야(程ヶ谷)에 숙박하는 것이 상식이었다. 물론 성인 여성의 경우는 호도가야까지의 도착도 무리였다. 그런데 열차를 이용하면 남녀 공히 4시간도 안 돼서 출장지에서의 용건을 마치고 돌아오는 것이 가능하게 된 것이다. 당시의 잡지는 요코하마에 사는 주부가 어린아이를 재우고, 열차로 시나가와에 가서 볼 일을 보고 3시간 후 돌아와 보니 아직 어린아이가 잠에서 깨어나지 않았다는 기사를 소개하고 있다(〈신문잡지(新聞雜誌)〉 제104호, 1873년 6월호).

이러한 이동시간의 단축은 먼저 이용자 증가와 함께 운임에 따른, 이른바 비즈니스 승객을 유발하였다. 당시의 신바시~요코하마 구간의 운임은 아래와 같이 당시 물가와 비교해 볼 때 매우 비싼 편이었다(현재의 물가 수준은 당시의 약 1만 배로 보고 있으므로, 1등 12,000엔, 2등 8,000엔, 3등 4,000엔 정도가 된다).

<표 1-6>
신바시(新橋)~요코하마(橫浜) 구간의
운임표 하행(1872년 10월)

新橋	상등(1등)	중등(2등)	하등(3등)
品川	18전75	12전5	6전25
川崎	56전25	37전5	18전75
鶴見	75전	50전	25전
神奈川	93전75	62전5	31전25
橫浜	1엔12전5	75전	37전5

<표 1-7>
신바시(新橋)~요코하마(橫浜) 구간의
운임표 상행(1872년 10월)

橫浜	상등(1등)	중등(2등)	하등(3등)
神奈川	18전75	12전5	6전25
鶴見	37전5	25전	12전5
川崎	56전25	37전5	18전5
品川	93전75	62전5	31전25
新橋	1엔12전5	75전	37전5

*자료 : 철도국 편, 《일본철도사》 상편, 1921년, p.67
*주 : 새 화폐제도는 1871년 6월 27일에 발효되었으나, 아직까지 구 화폐제도가 많이 유통되고 있었다.

한편, 일반 여행자와는 또 다르게 출장비로 이용하는, 이른바 비즈니스여객은 시간이 승부이기 때문에 그들은 열차만을 이용했다. 1872년 6월 12일 신바시~요코하마 구간의 가영업에서 같은 해 말까지 203일간의 승차인원은 총 49만 4,570명, 1일 평균 2,436명이었다. 이 해의 열차운행 횟수는 2,612회로 추정된다. 따라서 1열차당 승차인원은 189명, 앞에서 설명한 1개 열차의 정원이 242명이라면 승차율은 평균 78.1%가 된다. 개통 직후의 승차율로는 매우 높은 편이라고 볼 수 있다.

앞서 서술한 바와 같이 이 구간은 나카센도(中山道)를 경유하는 도쿄~교토 구간의 지선으로 건설되어 본격적인 간선건설에 선행하는, 다분히 시험적인 의미를 가지고 있었다. 그러나 개업 후 여객의 수송수요는 매우 높은 것으로 판명되었다. 화물의 수송 개시는 거의 1년 후인 1873년 9월 15일에 이루어졌는데, 이때는 아직 여객을 위한 영업이었으며, 후에 비즈니스여객 이외에 개인 비용으로 이용하는 일반여객도 증가하였다. 그 배경에는 당시의 다른 수송수단의 이용비용이 비싼 것에서 기인한다. 즉, 도쿄~요코하마 구간의 운임은 증기선이 1등 1주 = 31전2리5모, 1869년에 실용화된 인력거는 2보 2주 = 62전5였다(공부성의 태정관(太政官) 앞으로 시나가와~요코하마 구간 운임 신청, 1872년 3월 25일 〈철도료사무부(鉄道寮事務簿)〉 제3). 당시 철도 요금은 이 금액을 기준으로 시나가와~요코하마 구간의 운임을 결정하였는데, 지금 설명한 인력거의 2보 2주는 2등 운임, 증기선의 1등 1주는 3등 운임에 해당한다고 하겠다. 또 증기선과 인력거 이용의 경우에는 식사 대금과 팁 등의 부가지출이 동반된다. 이를 고려할 경우 도달시간의 단축과 그에 대한 부가지출이 필요 없는 철도운임은 오히려 낮은 운임이라고 할 수 있다. 또한 열차 이용의 경우 팁을 둘러싼 배려를 할 필요가 없다는 심리적인 해방감도 있었다. 철도라는 근대 교통기관을 이용할 경우 신분, 빈부 등 여러 요소로부터 해방되어, 즉 이동서비스에 대한 대가만을 지불하면 된다는 시민사회의 원칙을 나타내고 있다고 바꿔 말할 수도 있다.

이러한 점들이 철도 이용이 일반화·보편화되는 요소로 작용하였다.

한편, 연간 이용자수를 1873년부터 5년 간격으로 보면 다음과 같다(〈표 1-8〉).

〈표 1-8〉 수송인원과 운임 수입의 추이

	수송인원	운임 수입
1873년 1~12월	1,412,601명	419,284엔
1878년 1~12월	1,605,055명	367,408엔
1883년 1~12월	2,116,690명	470,418엔
1888년 4월~ 1889년 3월	2,448,022명	486,483엔

*자료 : 《일본제국통계연감》 제2편~제9편
*주 : 1878년의 경우 1873년에 비해 이용객이 급증함에도 불구하고 수입이 감소한 것은 1874년에 전체적으로 12%~20%의 운임 인하를 단행한 것이 그 원인이다.

〈표 1-8〉에서 알 수 있듯이 15년간의 이용자는 1.73배, 수입은 1.16배 증가하였다. 이용자 증가에 수입 증가가 수반되지 않은 것은 이 구간의 운임을 전체적으로 인하하고 대신 이용자를 늘렸기 때문이다. 또한 다른 구간을 통해 이익금을 증가시킨다는 계획과 그 실행이 있었기 때문이다.

이렇게 신바시~요코하마 구간의 철도는 많은 이용자를 불러 모았으며, 이는 사람들의 생활과도 밀착되었다.

여기서 철도노선 연장에 의해 철도 발전이 급격히 진행되기 이전에 철도가 사람들의 생활이나 생활의식에 가져온 영향에 대해 서술해 보고자 한다.

앞에서 언급한 시나가와~요코하마 구간의 가영업 개시 3일 전인 1872년 6월 9일 태정관은 '철도약칙(鉄道略則)'(태정관 포고 제61호·1872년 4월 4일 공포)을 실시했다. 이는 모두 25개조였는데, 이것은 함께 6월 9일 공포된 '철도범죄벌령(鉄道犯罪罰令)'(태정관 포고 제147호)과 함께 이후 철도 이용의 기초가 되는 근본 규칙이 되었다. 이 '약칙'은 제1조에서 열차를 이용할 때에는 먼저 운임을 지불하고 승차권을 구입한다는 것을 정했다(제1조). 이 경우 승차권 구입은 여행하는 모든 사람을 대상으로 하고 있다. 이 규칙은 몇 사람에 한하지 않고 '누구나가'라는 표현을 쓰고 있는데, 이것은 중요한 의미를 가지는 것이다. 즉, 철도 이용자의 경우 예외를 인정하지 않는 입장에 주의할 필요가 있다. 근대 국가의 입헌군주제에 있어서 군주와 그 직계가 그 의무를 부담해야 하는가에 대하여 법리상의 논의가 나뉘고 있지만, 아무튼 정부 공무원이나 의회의원 등 공무의 경우 공적 기관에 의해 운임이 지불되는 부담을 포함, 이동을 위해서는 모든 승차권·승차증을 입수해 휴대하지 않으면 안 되었다. 이것이 근대 시민사회에 있어서 철도에 의한 이동의 기본 규칙이었다.

'철도약칙'의 공포, 시행은 메이지유신 직후의 일본 사회에 근대 시민사회의 이동의 기본 규칙을 정하고 있다. 이 승차권은 근세의 여행문서에 비하면 아주 다른 성격을 포함하고 있었는데, 여행증명서에 기재되었던 여행자의 성명, 주소 등이 기재되어 있지 않았다. 즉, 승차권은 시민사회의 대량 이동을 수반하는 여행자의 불특정성을 반영해 승차구간, 등급, 운임, 발행기일, 운용기간, 발권번호만이 기재되어 있었다. 정기승차권 등과 같이 사용자의 이름을 특정할 필요가 있는 것을 제외하면, 사용자를 특정하는 경우는 없었다. 그리고 접어서 호주머니에 넣어도 끝이 나오는 정도의 크기였던 여행증명서에 비하면 6cm×4cm 정도 크기의 작은 조각이었다. 그때까지는 증명서라는 명칭은 통용되지 않았고 우표라는 명칭이 생겨났다. 하지만 이것은 우편에 사용되어 철도에서는 차표라는 용어로 변경, 정착되었다.

이 차표는 철도 이용의 증명서인 동시에 운임 지불의 완료를 뜻하는 유가증권으로서의 성격을 가지고 있다. 즉, 법제상으로는 무기명 유가증권인 것이다. 당시 일본인들은 이 차표를 일본 옷 호주머니에 넣으면 쉽게 없어지기 때문에 허리띠에 끼워 넣거나 지갑에 넣고 다녔다. 그렇지 않으면 마음이 불안했기 때문이다. 이렇게 하여 이 차표는 양복 주머니(남성)나 핸드백(여성)으로 휴대장소가 정해지게 되었다. 승차권을 구입하고 열차에 승차하여 표 확인을 받았다. 즉, 정당한 승차권을 소지한 여행자라는 것을 역무원에게 제시하고, 역무원은 가위로 승차권의 끝을 잘랐다. 이렇게 가위로 승차권의 끝을 자르는 것은 인정의 증명이 되었다(동 규칙 제2조). 도중 역으로부터 승차하는 경우 정원승차가 정해져 있어(제3조) 승차권 소지자 전부를 승차시킬 여유가 없을 경우에는 먼저 가장 먼 역까지 가는 승객을 우선하였다. 그 중에서도 같은 역까지 가는 사람이 많아 정원을 초과하는 경우에는 승차권의 번호순으로 승차시키는 결정을 하였다. 승차권의 번호는 지금도 인쇄되고 있지만, 당시에는 승차의 우선순위를 판별하는 데 사용되었다. 철도규칙에는 이것과 제4조 이하에 부정승차의 금지, 운전 중의 승차, 객실 이외 승차금지(제5조), 흡연, 음주, 불량행위, 철도시설에의 침입과 파손 등, 이른바 공중의 안정을 저해하는 것과 철도시설 침입 금지 등을 정하고 있었다.

열차를 이용하는 사람들은 먼저 누구나 지장 없이 출입할 수 있도록 된 정거장의 방식을 통해 그때까지의 건물 출입의 통념과는 다르다는 것을 알게 되었고, 이 객차에 승차하는 경우 신발을 신은 채로 승차하는 것에도 놀랐다. 그 가운데는 신발을 승강장에서 벗은 채 객차에 탄 사람도 있었다. 이렇게 철도 이용자는 철도에 대해 '공공의 장소' 방식을 인식하게 되었다. 사람들은 철도를 이용하는 것을 통해 공공의 시설과 자신과의 관계를 하나씩 몸에 익히게 되었던 것이다.

하나 더 새로운 것이 시간인식이었다. 그때까지는 계절에 의해 변화하는 부정시법(不定時法)에 의한 1일 12분할의 '각(刻)'을 최소 단위로 해서 12지(子, 丑, 寅 등)로 표시하는 시각 표시였다. 이에 비해 철도는 1년 중 변화 없는 정시법(定時法)에 의해 1일을 24시로 구분하고, 그 아래를 분과 초로 구분하는 근대 유럽의 시각을 사용했다. 이것은 말할 것도 없이 지구의 자전과 공전을 기준으로 만들어진 시간인식에 의한 것으로, 우주와 지구의 관계를 생활의 기준으로 응용한 자연과학의 성과이기도

하다.

　근대의 여러 가지 사회시스템은 이러한 자연인식에 기초하여 시간, 시각의 제도에 의하지 않으면 합리적인 운용이 불가능하게 되었다. 철도와 같이 어떤 지점에서 다른 지점으로 이동, 수송하는 시스템은 시간의 요소를 무시하는 것이 불가능하다. 철도의 탄생은 이러한 시간인식의 합리적인 변혁을 전제로 하지 않으면 실현되지 않았을 것이다.

　이러한 철도를 일본이 도입하게 되자, 그때까지의 부정시법이나 2시간 단위의 '각' 제도는 전혀 운용될 수 없었다. 즉, 당시 사용했던 태양태음력은 사용할 수 없게 되었다. 그때까지의 최소 시간단위는 '각'(약 2시간)의 반인 '반각'(半刻, 약 1시간)을 더욱 반으로 나눈 '소반각'(小半刻, 약 30분)이었다. 더욱이 이를 30분의 1까지 분할하지 않으면 철도는 이용이 불가능했다. 시각표에는 1일 24시간의 정시법에 의한 표시, 예를 들면 '8자 35분'이라는 태양력에 의한 시각을 태양태음력에 의한 시나 각과 혼동하지 않기 위해 자로 표시하고(후에 서술하는 태양력 채용의 경우부터 시로 바꾸었다), 이를 60등분한 분을 그 밑의 단위로 표시하였다. 더욱이 24등분한 시각은 태양이 남중하는 시각을 경계로 2개의 12등분의 시각으로 하는 구미의 시각 표시에 맞추고, 이 시각이 부정시법의 오후에 해당하는 것이기에 정오라고 부르고, 그 이전을 오전, 이후를 오후로 각각 불렀다(저녁 0시는 자정이라고 하였다).

　이렇게 표시된 시각표가 철도의 가영업 때 공시되었다. 최초의 것은 1871년 12월 19일 유럽사절단(이와쿠라 도모미(岩倉具視) 단장)이 출발할 때의 것으로, 시운전중인 열차에 일행을 승차시켰을 때의 시각표(미공개)에 '시나가와(品川)특별열차 11시 20분 출발'이라고 기술되어 있었다. 이 해 9월부터 시운전이 개시되었는데, 이때부터 정시법에 의한 시각제도가 사용된 것이다(《사료철도시각표(史料鉄道時刻表)》대정출판, 1861년). 일반 이용자는 이 가영업 때부터 1일 24시간제, 정시법의 시간인식을 하게 되었다. 당시 사람들은 시계를 통해 시각을 아는 관습을 가지고 있지 않았다. 절의 범종이나 시중의 시종에 의해 그것도 오전 6시와 오후 6시의 두 번뿐이며, 특히 여름과 겨울에는 일출과 일몰이 1시간 이상 변화하여 그 차이 또한 많았지만, 그 나름대로 자연의 운행에 따르는 생활을 해 왔다. 그러한 생활이 정시법에 의해 1년 중 동일 시제에 의해 규제되어 분으로부터, 장소에 따라서는 초까지 세분화되는 생활의 변화를 겪지 않으면 안 되었던 것이다. 철도가 가져온 생활의 큰 변화라고 할 수 있는 대목이다.

여기서 알 수 있듯이 철도의 이용에 따르는 규칙이나 예절 그리고 시간인식의 변화 등 사람들의 생활이나 인식은 철도 이용을 통해 크게 변화되었다. 근대 사회에 있어서 사람들이 이동이나 수송을 기본적인 권리의 하나로서 누리는 체제가 여기서부터 출발한 것이다. '근대화의 견인차'라고 하는 일본 철도의 특징은 바로 이러한 점에서 규정되었다.

3. 철도의 발달과 그 역할

(1) 자본주의의 성립과 철도의 대응

일본의 자본주의는 19세기 후반 무렵까지 누에·생사·견직물이나 술·된장·간장 등의 기호품, 조미료 등의 가내수공업이 발달하였다. 그러나 동력의 변경을 가져오는 산업혁명이 실현되지 않았기 때문에 그 자본투자는 미약하였다. 이에 따라 확대 재생산을 위한 자본의 축적은 전혀 진전되지 않았으며, 노동력의 재편성도 정체된 채 방치되었다. 이같은 상황에서 메이지(明治)유신이라는 개혁이 일어나 새로운 정권이 성립되었는데, 신 정권이 인식한 것은 일본의 후진성과 외압의 위협이라는 두 가지 사태였다.

이 두 가지 사태를 극복하기 위해 신정부는 먼저 소총·대포·군함 등 군비의 근대화를 추진하고, 정부 자금으로 병기와 함선을 중심으로 한 군수산업의 기반을 구축하였다. 근대 사회의 기반이라 할 수 있는 자본투자와 노동력의 집적을 전제로 한 산업시스템은 도외시한 채 군사공업의 발전이 진행되었던 것이다.

메이지 정부가 내건 '부국강병' 정책은 이러한 경제체제의 실태를 보였다. 그 부국강병의 실현을 위해서 보다 견고한 경제력을 가지는 것이 요청되어 '식산흥업(殖産興業)'

이 슬로건으로 부상되었다. 이러한 식산흥업은 구체적으로 병기를 중심으로 하는 중공업제품의 수입에 상응하는 수출품의 생산을 당면 목표로 정하고, 그때부터 누에·생사·견직물 생산이 부가되어, 차 생산도 유효한 수출품으로 장려되었다. 여기에 면직물이 추가되어 1880년대에 들어서면서 앞에서 서술한 생산부문이 수출산업의 중추를 이루게 되었다. 이 중 대량 생산체제를 갖추고 아시아시장에 보내기 쉬웠던 상품인 면직물에 대한 투자가 진전되었다. 특히 1880년대 중반 서남(西南)전쟁 후 디플레이션 정책에 의해 경기가 침체되었고, 농촌의 계층분화가 진행되었다. 그리고 자작농의 몰락이 진전되어 도시로 유입하는 사람들이 증가하였고, 이러한 사람들이 노동자계층을 형성하였다. 동시에 미쓰이(三井), 미쓰비시(三菱), 스미토모(住友) 등 재벌자본에 의한 자본축적이 진행되어 방적부문 등 경공업에 대한 자본투자가 진행되었다.

이러한 자본축적과 노동력이라는 양면을 갖추게 되어 자본주의체제의 길이 활짝 열리게 되었다. 이에 따라 축적된 부문의 생산량은 점점 수입량을 능가해 국내 시장만이 아니라 중국, 인도 시장까지 진출하게 되었다. 이러한 상황에서 철도는 상황의 기초로 자본주의체제의 형성에 큰 역할을 담당하였던 것이다.

철도의 화물수송은 앞서 서술한 바와 같이 1873년에 개시되어 1874년의 수송량은 17,701톤(1일 평균 48.5톤) 정도였으며, 1879년 163,216톤(1일 평균 447.2톤), 1884년 314,810톤(1일 평균 860.8톤)으로 급속하게 증가하였다. 1884년 사설철도인 일본철도주식회사가 도쿄에서 다카사키(高崎)까지 선로를 완성하여 1884년 36,723톤, 1886년 130,692톤, 1888년 253,517톤, 1890년 300,721톤, 1891년(우에노(上野)~아오모리(青森) 구간 전 구간 개통) 450,550톤으로 수송 톤수만으로 보면 1884년의 약 12배에 달하였다.

이러한 화물의 증가에는 군마(群馬)와 나가노(長野)에서 생산된 누에와 생사 등의 수송이 큰 비중을 차지하였다. 이 지역의 가내수공업은 막부 말기까지 매우 발달하였다. 하지만 1850년대 후반 개국에 의해 생사와 면직물이 수출품으로 거래되자 그 출발항인 요코하마(橫浜)까지 수송하는 것이 필수 조건이 되었다. 이 경우 육상수송은 도로에 의존할 수밖에 없어 집산지인 다카사키에서 요코하마까지는 그 거리가

130km~140km로, 약 5일~6일의 시일이 소요되었던 것이다. 이로 인해 상품 파손이 꽤 많았고 또한 시장의 상황 변화에 신속하게 대응하지 못하는 불리한 결과를 야기시켰다. 따라서 수송 일수의 단축은 어떻게 해서라도 해결해야 할 과제였다. 그래서 도로 대신 다카사키의 남부 구라가노(倉賀野)의 도네가와(利根川) 수운(水運)을 통한 수송 방법이 채택되었다. 수운 수송으로 인해 수송 일수는 2일~3일 단축되었지만, 그래도 충분한 결과를 얻을 수는 없었다. 그 이유는 마차에서 배로 환적(換積)하는 경우 10%~20% 정도의 손실이 발생하였기 때문이다.

이때 일본철도가 우에노에서 다카사키 구간에 노선을 개설하였다. 원래 이 철도는 막부에 이어서 신정부의 부지(扶持, 쌀로 주는 급여, 유신 후에는 화폐로 지급)가 1876년 지급 중단됨에 따라 그들의 생활 지원을 위해 무사(1871년에 신분 개편에 의해 화족, 호족으로 되었다)에게 지급된 금록공채증서(金祿公債証書)를 기초로 철도 투자를 하고, 영업이익금을 분배하는 계획에 의해 설립된 기업이었다.

우여곡절 끝에 1881년 이와쿠라 도모미(岩倉具視) 등이 중심이 되어 회사가 설립되었고, 건설공사는 공무부의 철도국(1887년 철도료(鉄道寮)를 개편, 국장 이노우에(井上))이 담당하고, 우에노~다카사키 구간의 건설을 시작하였다.

이때까지의 철도는 정부가 건설과 운영을 담당하는 관설관영이었지만 자본 부족으로 1874년 오사카(大阪)~고베(神戸) 구간을 개통한 후 공사는 느리게 진행되었다. 1877년 교토(京都)까지, 1880년 오쓰(大津)까지는 어떻게 개업을 했지만 최초 계획인 도쿄와 교토의 연결은 현실적으로 어려움이 많았다. 여기에 정부는 일본철도회사(당초 이와쿠라에서 규슈까지 철도망을 전부 연결하는 구상에서 이러한 회사명을 사용하였다)에서 추진이 부진하였던 도쿄~교토 구간의 건설을 실현시키도록 하는 것과 이 간선이 나카센도(中山道)를 경유하기 위해 도쿄에서 다카사키를 향해 건설했던 것이다. 그래서 도쿄터미널역은 막부의 절이 있었던 우에노 간에지(寛永寺)의 부속사원이 설치된 우에노 산 밑에 건설되었다.

이 철도의 형태는 사설철도였지만 실제로는 철도국이 공사를 담당하였고, 개업 후 열차운전 등도 철도국이 담당하여 완전한 사설철도로서의 요건을 구비하지 못하였다.

여기서 사설철도의 자립이 곤란했던 당시의 상황을 추측해 볼 수 있다. 또한 당시 일본철도가 누에와 생사 등 생산단지의 기업 경영자의 출자에 의해 설립되고 운영된 것이 아니라, 정부의 간선건설의 일환으로 설립되었다는 사실을 알 수 있다.

그러나 이 노선은 일본철도의 수송기능을 크게 변화시켰다. 1885년 신바시(新橋)~요코하마(横浜) 구간 철도는 시나가와(品川)에서 분기하여 도쿄의 서부를 북진, 그 노선과 아카바네(赤羽)에서 접속하는 지선 — 그 후 JR야마노테센(山手線) 시나가와~이케부쿠로(池袋) 구간, 아카바네센(赤羽線)의 아카바네~이케부쿠로 구간 — 을 개통할 수 있었다. 이리하여 일본철도의 우에노~다카사키 구간 — 후에 국철·JR다카사키센(高崎) 오미야(大宮)~다카사키 구간과 도호쿠 본선(東北本線) 우에노~오미야 구간 —에서 관설철도 신바시~요코하마(현재 사쿠라기초(櫻木町) 구간)를 직통하는 화물열차 운전이 개시되었다.

이같은 직통운전 덕분에 다카사키에서 실린 누에, 생사 등의 견직물은 도중에 환적(換積) 없이 직송이 가능하게 되었다. 다카사키에서 요코하마까지 화물열차의 도달시간을 직접 표시한 시각표는 발견되지 않았지만 관련 구간의 시각표 — 예를 들면 1885년 우에노~다카사키 구간의 화물열차, '공부성 기록(工部省記錄)' 제39-1, 7에 수록 — 의 아카바네~다카사키 구간이 4시간 21분, 그리고 시나가와~아카바네 구간이 1시간 7분(앞의 책, 다만 여객열차)이었다. 이때 시각 개정에 의해 시나가와~요코하마 구간의 도달시간이 45분(다만 여객열차, '공부성 기록' 제35-6)이라는 자료에 근거해서 보면, 운전시간은 6시간 13분, 여기에 도중역 정차시간, 특히 시나가와에서는 역방향 운전이 되었기 때문에 기관차 교체에 10분이 소요되었고, 이 외에 정차역에서의 정차시간 25분을 더하면 약 35분이 되기 때문에 총 6시간 48분이 된다. 결국 다카사키에서 요코하마까지는 7시간 전후로 운전이 되었다고 보면 좋을 것이다.

이 도달시간은 종래의 도로 수송이나 도네가와의 수운에 비해 획기적인 것으로 보아도 될 정도로 단축된 것이다. 이렇게 단시간 수송이 가능하게 되자 요코하마 시장에서 가격 변동을 전보로 받고 열차에 화물을 실어 다음날까지 대응하는 것이 가능하게 되었다. 철도 수송은 이러한 단계에서 경제적인 조건을 전제로 하는 수송수단으로써의 지위를 확립하게 된 것이다.

상품수송과 함께 당시 본격적으로 개시된 석탄수송에 대해서도 살펴볼 필요가 있다.

기타규슈(北九州, 福岡県)의 이른바 지쿠호(筑豊) 지구는 풍부한 석탄매장지대로 막부 말 개국 이후 당시 등장한 증기선의 연료로 많이 이용되었다. 이때 석탄은 탄광에서 채굴된 것을 지쿠호 지구를 북으로 흐르는 도카가와(遠賀川)에 '히라타'라는 4톤~5톤 정도 적재하는 배를 띄워, 사공이 강의 흐름에 따라 대나무 노를 젓는 방식으로 운반하였다. 메이지유신 후에는 5, 6척에서 20척 정도의 그룹을 만들어 그룹단위로 운송하는 방식을 띠었다. 명치 초기에는 약 800척 정도, 1886년에 히라타 동업조합이 결성되었을 때에는 지쿠호 지대에 약 5,500척의 히라타가 있었다고 한다.

이때부터 방직업이 급속도로 발전했다. 이에 따라 공장 동력의 원료인 석탄의 수요가 증가하였고, 지쿠호 석탄의 출하량은 연간 50만~60만 톤에 달할 정도였다. 이렇듯 출하가 늘자 하천에 의한 대응이 불가능하게 되었고 철도에 의한 수송이 고려되기 시작하였다. 1888년 모지(門司)~구마모토(熊本) 구간의 건설을 구상하는 발기인에게 면허장이 교부되었고, 지쿠호 지구의 석탄 경영자 등을 중심으로 지쿠호흥업철도회사(그 후에 지쿠호철도회사)의 설립 계획이 추진되었다. 같은 해 6월 출원하고 7월 30일에 가면허를 받아 사업은 본궤도에 오르게 되었다.

건설구간은 와카마쓰(若松)에서 나오카타(直方)까지의 25km였다. 나오카타에 석탄이 집중되면 도카가와(遠賀川) 들을 따라 부설된 노선에 의해 한번에 와카마쓰에 수송되고, 여기서 선적된 석탄을 오사카(大阪)와 기타 수요자에게 보내는 노선을 구상했던 것이다. 이 노선은 나오카타 부근에 지선을 포함한 건설이 진행되어 1891년 8월 와카마쓰와 나오카타 구간이 개업하였다. 석탄을 운반하는 이 노선의 화차는 당초 130량이었으나 그 후 150량으로 증가하였다. 수운의 경우 배의 정체 등으로 불편하였고, 석탄은 수송효율을 한꺼번에 높였기 때문에 석탄수송은 철도로 이전되기 시작하였다. 1897년에는 철도 수송이 60%~70%를 차지하였고, 1907년에는 83%로 상승하였다. 당시까지 5,000척의 배가 수송에 참가했다고 알려져 있는데 그 후 급속히 감소하였다고 한다.

이렇게 하여 석탄수송은 철도로 전환하였다. 이 철도를 경영한 지쿠호철도(1901년 규슈철도에 합병)는 일본에서 처음으로 수송효율 향상을 위해 관계 기업 자본가가 자본을 모아 철도회사를 창립한 예로서 획기적인 의미를 가지고 있다. 영국 등에서 성립한 고전적인 철도기업 창립의 패턴이 일본에서 생겨난 것이다. 지쿠호철도는 이러한 의미에서 자본주의 경제체제가 만들어낸 철도라 평가받고 있다.

이같은 철도는 1890년에 들어와서 다른 곳에서도 설립되었다. 군마(群馬)와 도치기(栃木)현을 연결하는 료모(両毛)철도가 그 대표적인 예다. '료모(両毛)'라는 것은 고대에서 근세에 이르기까지 — 上手野(가미쓰케누) → 上手(고쓰케), 下手野(시모쓰케누) → 下野(시모쓰케, 근대에 들어서는 전자가 군마현, 후자는 도치기현이 되었다) — 양쪽의 '모(毛)' 지방을 달리는 철도라는 의미에서 이름이 붙여진 것이다.

1884년 5월 앞에서 서술한 일본철도의 우에노~다카사키 구간의 선로가 마에바시(前橋, 군마현의 현청 소재지)까지 연장되어 료모철도와 연결되었다. 또한 이 일본철도의 선로는 도중에 사이타마(埼玉)현의 오미야에서 분기하여 장차 아오모리(青森)까지의 종단간선을 건설하려는 의도를 가지고, 먼저 우쓰노미야(宇都宮, 1884년부터 현청 소재지)까지의 노선이 건설되었고, 1885년 7월 개통되었다. 마에바시(前橋)까지의 노선 사이를 연결하는 형태로 료모철도가 건설되었다. 이로써 도쿄에서 약 100km의 간토(関東)평야 북부를 연결하는 철도가 완성된 것이다.

이 료모철도는 1886년 11월 자유주의 경제의 입장에서 보호무역론이나 당시 정부의 경제관리체제를 비판해 온 경제학자 다구치 우키치(田口卯吉, 1855년~1905년) 등이 중심이 되어 설립하였다. 료모철도 — 자본금 150만 엔, 사장 다구치 우키치, 본사는 도치기현 아시카가(足利), 후에 아시카가초, 아시카가시 — 는 마에바시에서 오미야와 우쓰노미야의 중간에 있는 오야마(小山) 사이에 노선을 건설하였으며, 1889년 11월 29km를 개통하였다.

이 공사는 거의 동시에 실시된 오야마~도모베(友部)~미토(水戸) 구간의 미토철도(1889년 1월 개통)와 함께 관설철도에 위탁했다. 이것은 양선 모두 일본철도의 지선으로서의 위치에 있었기 때문에 정부는 이것을 인정했던 것이다. 료모철도의 이러한 공사 위탁 배경에는 연변지역의 누에·생사 생산지와 이세사키(伊勢崎), 기류(桐生), 아시카가 등의 견직물 생산지에서 출하된 제품을 요코하마(橫浜)에 수송하기 위해서 일본철도와 관설철도의 연계를 서두르지 않으면 안 되었고, 노선간에 의존과 협력관계를 확보할 필요가 있었기 때문이었다.

이와 함께 다구치 사장은 보다 큰 꿈을 계획하고 있었다. 1887년 5월 회사를 발족함에 있어 그는 도치기현 아소(安蘇)군 사노(佐野)정(현재 佐野시) 가라사와야마(唐澤山)의 중세 성터에서 관계자들에게 다음과 같은 연설을 하였다.

"내 생각에 기류, 아시카가, 사노 등은 영국의 맨체스터와 같이…. 불행히도 료모 지방은 항만을 접하고 있지 않아 아주 조금 도네(利根)강의 수운과 말에 의존해 화물을 운반하고…… 생각건대 료모철도는 이러한 어려움에 있어서 약간의 힘을 불어넣고 있다. 예전의 영국 상업사를 보았더니 영국 최초의 철도는 맨체스터와 리버플 구간에 가설된 것이며, 이 철도는 세계 최초의 철도이기도 하다. 즉, 장래 영국의 맨처스터와 같은 역할을 지향하는 료모 지방에는 어찌 철도가 하나밖에 없단 말인가."《다구치 우키치 전집(鼎軒 田口卯吉 全集)》제4권, 1929년)

이 대목에 당시 사설철도의 대표적인 이상형이 그려져 있음을 알 수 있다. 이는 경제정책의 이론가로서 당시 제1인자였던 다구치가 그 이론적인 활동에 그치지 않고 철도 경영에 진출했다는 점에서 일본철도가 창업 20년도 되지 않아 육상교통수단의 중심으로서 지위를 확립한 사실을 상징하고 있는 것이다. 단순히 다구치뿐만이 아니었다. 1886년 제국대학 공업학부(후에 도쿄대학 공학부)를 졸업한 사와케 도시카즈(佐分利一嗣, 1864년~1924년)는 1891년 3월 '미래의 철도'라는 논문을 〈공학회지〉(제111권, 속편 제113권)에 발표하고 일본 철도망의 방향을 논함과 함께 장래 철도는 민간자본의 경영에 의해야 한다고 주장하였다.

1880년대 후반, 앞서 서술한 바와 같이 일본철도와 지쿠호철도의 활동을 통해 철도는 드디어 그 존재 이유를 인정받게 되었다. 그러나 그 이전부터 철도기업을 계획하고 주식을 발행하여 어느 정도 주식을 매각하면 기업활동을 중단하는, 이른바 포말기업이 많이 나타났으며, 기업의 발기에 비하여 실제로 성립되는 숫자는 극히 적었던 것으로 나타났다. 이 시기에 성립된 기업으로 일본철도와 여기에 관련된 료모·미토철도, 더욱이 석탄수송을 위해 지쿠호흥업철도회사나 홋카이도의 석탄수송을 담당하는 홋카이도탄광철도, 또한 산요(山陽), 규슈(九州)로 연결되는 국토종관철도가 있다. 이 외에 간사이(関西)철도, 나고야(名古屋)·오사카(大阪) 등 도시를 연결하는 철도 등과 같이 여러 가지 패턴으로 성립되었다. 이때 미쓰이, 미쓰비시 등의 재벌자본도 철도의 투자가 유리하다고 판단하여 이러한 철도에 자본을 투자하기 시작하였다.

이러한 사설철도는 1880년대 말 영업거리를 연장해, 1889년에는 관과 사설철도를 합해서 1,000마일(약 1,600km)을 넘었다. 다음해 3월에는 관설철도는 551마일 27체인(1체인 약 20.12m), 사설철도는 586마일 39체인으로, 사설철도의 영업거리가 관설철도를 상회하였다(《메이지 22년도 철도국연보(鉄道局年報)》).

철도 창업 20년을 맞이하는 단계에서 일본철도는 레일, 기관차, 열차 다이아의 제작 이외의 기술은 대부분 자립하는 단계에 이르렀고, 1910년대 초반에는 완전히 자립하게 되었다. 이는 자본주의 경제의 성립과 상호 연동해서 진행된 사업 성과로 볼 수 있다.

(2) 일본의 진로와 식민지 철도의 지배

1890년대 초반 자본주의의 형성기에 있어 철도의 역할은 증가하여 간선철도를 중심으로 하는 네트워크가 급격하게 확대되었다. 1889년 7월 신바시(新橋)~고베(神戸) 구간에 관설철도가 개통되었고 1895년에 관설철도의 선로 명칭이 정해져 이 구간은 도카이도(東海道)선이라는 이름이 붙여졌다. 창업 후에 최초로 계획된 간선은 20년도 되지 않아 개통되었다. 1891년에는 규슈(九州)철도의 모지(門司, 현재 모지항)~구마모토(熊本) 구간, 1891년 9월에는 일본철도의 우에노(上野)~아오모리(青森) 구간, 1894년까지는 산요(山陽)철도의 고베~히로시마(廣島) 구간이 개통 — 시모노세키(下関)까지의 전체 개통은 1901년 — 되어 홋카이도(北海道)의 오타루(小樽), 삿포로(札幌) 주변을 포함하여 관설과 사철에 의한 간선철도가 그 노선을 연장하였다.

이러한 철도 발전에 대하여 1891년 7월 철도청장관 이노우에 마사루(井上勝)는 '철도전략에 관한 의견'을 내각총리대신에게 제출하였으며, 여기서 정부가 주요 철도노선망 확장과 조정에 대한 주도권을 가져야 한다고 하였다. 그리고 그는 이러한 건설에 필요한 독립된 법률을 제정하고, 특히 그 중에서 6개선 1,300km는 제1기선으로 하고 7개년 계획으로 건설해야 한다고 주장하였다. 즉, 철도정책의 확실한 실행을 위해 먼저 정부가 건설계획을 수립하여 노선 조사를 실행하고, 두 번째로 정부가 이러한 노선 중에서 건설해야 하는 노선을 선정, 착공하고, 세 번째로는 사철철도를 매수한다는 세 가지를 주장하였다. 철도창업기에는 자금 부족 때문에 도무지 진행되지 않았으며, 겨우 약간의 건설이 가능한 상태였다. 이때 이노우에는 철도국장(1877년~1885년, 공부성 소관), 철도국장관(1885년~1890년, 내각 소속), 철도청장관(1890년~1893년, 내무성 소속)을 역임하였는데, 1871년 철도의 최고 경영자로 취임 이래 20년 동안 철도 관할 부서 장관의 경력을 통해 1마일이라도 철도노선망을 충실히 확장하기 위해 전력을 기울였다.

　그 결과 어느 정도의 전망이 보이기 시작했을 때까지 '1마일이라도 연장'에 매진한 이노우에는 철도망 확장이 어느 정도의 성과를 거두고 있다는 것을 인식하고 이를 급속하게 완성시키는 것을 긴급 과제로 실행할 필요성을 느끼게 되었다. 이 경우 철도 국유화를 목표로 내세운 이유로 그는 '사설 반대 혹은 사철 불필요론자'라는 시각도 존재하였다. 그러나 당시 이노우에는 기술관료로서의 경험과 그 축적에 따른 정부 주도의 철도와 사철의 운영시스템을 상당하게 객관적으로 파악하는 힘을 가지고 있었다고 판단된다. 그러한 전제에서 전국 철도의 운영효율을 높이기 위해서는 통일적인 운영주체가 필요하다는 시각이 생겨났다. 이미 독일은 비스마르크 수상에 의해 고전적인 운용 형태의 사설사영방식과는 다른 통일적인 운영이 시작되었다.

　이러한 사태를 어떻게 보고 이노우에가 철도 국유화를 구상했는가는 불명확하지만, 그 후 10년 정도 경과한 후 일본은 철도 국유화를 시행하였다. 1892년에는 그의 제안으로 철도부설법이 공포되었다. 정부는 철도노선 건설에 대한 주도권을 가지게 되었고, 이노우에는 다음해 관직을 떠났다. 따라서 1906년의 철도 국유화는 이노우에와 직접적인 관련은 없지만, 그의 주장이 이노우에 자신도 예상하지 못했던 철도 국유화 실현을 촉진하는 요인으로 작용한 것으로 추측할 수 있다.

다음으로 1906년까지의 일본 철도의 진로에 대해 알아보도록 한다.

그간 철도가 직면한 새로운 조건은 철도의 군사적인 이용이었다. 철도는 경제·사회적 이용뿐 아니라 군사적인 이용이 19세기 중반, 예를 들면 크리미아전쟁 때부터 시작되었다. 1877년 가고시마(鹿兒島) 토족의 반란인 서남전쟁 때 신바시(新橋)~요코하마(橫浜) 구간을 운행하고 있었던 열차를 일본은 병력수송에 활용했다. 이로써 일본은 요코하마와 규슈 사이를 기존의 선박을 이용하는 것보다 효율적으로 병력수송이 가능하였다.

그때까지 군부는 철도 수송의 효과를 충분히 인식하지 못하고 있었다. 하지만 앞의 경험을 통해 군부는 더욱 철도에 대한 관심을 갖게 되었고, 더욱이 일본 육군이 독일 육군을 모범으로 하는 군비 정비에 착수하였다. 그들은 1871년 프로이센과 프랑스의 전쟁에서 프로이센군의 철도를 이용한 수송에서 많은 시사점을 얻었던 것이다.

1890년 중반에 들어 철도에 대하여 군부, 특히 육군의 관심을 높이는 사건이 동아시아, 그 가운데에서도 중국과 일본에서 갑자기 진행되었다. 즉, 중국에서 1884년~1885년 베트남을 침략한 프랑스와의 전쟁으로 인해 북경이 프랑스군에 점령되고 베트남을 비롯한 인도차이나 3국이 프랑스의 식민지로 전락하고 만 것이다.

막부 말의 시기부터 청조 정권의 강력한 위력에 대한 우려와 영국, 미국, 프랑스와 마찬가지로 청국으로부터의 공격을 예상한 일본 군부는 이 전쟁을 계기로 중국에 대한 적극적인 지배권 획득 방법을 모색하기 시작하였다. 여담일 수도 있지만 그때까지 태평양 쪽의 해안을 통해 침략군이 상륙하는 것을 우려하여 도쿄(東京)와 교토(京都) 사이의 간선이 나카센도(中仙道)를 경유하도록 한 것을 1886년 이노우에 철도국장은 선로의 조건, 개통 후의 운용을 고려하여 나카센도보다 도카이도선(東海道線)이 한층 더 유리하다고 판단, 이를 수상인 이토 히로부미(伊藤博文)에게 건의했다. 이토는 같은 조슈(長州)번 출신의 참모본부장 야마가타 아리토모(山縣有朋)와 상의했는데, 그때까지 나카센도 경유의 노선을 지지하는 입장을 가진 야마가타는 확실하게 루트 변경에 응했다. 그 배경에는 육군의 전략이 방위전략으로부터 외국출정전략으로 전환되었다는 해석이 있다.

일본의 군부는 이즈음부터 청국과의 전쟁준비를 시작하여 육해군과 함께 군비의 확장을 진행시켰다. 1890년 3월~4월 군부는 나고야(名古屋)지방을 중심으로 육해군의 연합 대훈련을 실시하였는데, 동원 병력은 3만 명, 참가 함정은 29척의 규모였다. 특히 육군이 내란진압을 목적으로 하는 부대편성과 장비로부터 야전 중심의 사단으로 편성을 개편한 후 2년이 지난 시점에서 그 성과를 실증한 것이었다. 특히 군사수송에 있어 큰 성과를 보여, 병력 동원과 전선의 집중에 당시의 철도가 충분히 그 기능을 발휘할 수 있다는 것이 판명되었다(참모본부 육군부《육해군대연습기사(陸海軍大練習記事)》 1890년 12월). 당시 참모본부는 철도 수송력 조사를 기초로 1888년 3월에《철도론(鉄道論)》을 정리, 군사수송의 기준사항을 대부분 정리하는 수준까지 도달했다. 그리고 대훈련의 수송에서 증명된 것을 토대로, 전시 수송 준비가 진행되었던 것이다.

그 결과 1894년 앞에 서술한 종관간선 중 아오모리(青森)에서 히로시마(広島)까지 개통되었으며, 군부는 히로시마의 우지나(宇品)항을 군대의 출항지로 정하고 우지나까지 병력의 집중수송체제를 만들었다. 이 해에 개시된 청국과의 전쟁(청일전쟁)은 이같은 수송체계를 기초로 수행된 것이다.

이와 같이 군사수송수단으로서의 기능을 구비하게 된 일본 철도는 1904년~1905년의 러일전쟁 때 아사히카와(旭川)에서 구마모토(熊本)까지의 종관간선을 통하여 약 100만 명의 병력동원 수송이 가능하였다.

이러한 수송기능과 함께 무시할 수 없는 것은 청일전쟁을 계기로 본격화된 식민지 지배에 철도가 깊이 관여했다는 것이다. 근세까지 홋카이도(北海道)의 남부와 혼슈(本州)·시코쿠(四国)·규슈(九州)를 영역으로 한 일본은 메이지유신과 함께 홋카이도·지시마(千島) 열도·오키나와(沖縄)를 지배지역으로 포함시키고, 그 주변인 조선과 대만에까지 흥미를 갖기 시작하였다. 그때까지 '에조치(蝦夷家)'라고 불리던 명칭은 홋카이도로 바꾸었고, 이시카리(石狩)·유바리(夕張) 탄광지역의 개발을 통한 농산물·석탄의 수송을 위해 철도를 건설, 운영하기 시작하였다.

이와 함께 육군은 1880년대 후반 앞에 서술한 바와 같이 외국 원정전략을 채택하고, 조선에 대한 침략전략을 수립하였다. 1890년 12월 초반에 열린 제국회의에서 내각총리대신의 직책에 있었던 야마가타 아리토모(당시 육군대장)는 시정방침연설에서 이 같은 구상을 밝혔다.

"국가는 먼저 국경을 정함으로 인해 그 영역이 고정된다. 이것을 전략상 주권선이라고 부르고, 국가의 독립을 유지하기 위해서는 주권선의 방위가 절대조건이 된다. 그러한 주권선의 방위를 위해서는 그 주변지역에 일정한 영향력을 미치도록 하는 정책을 수립, 그 영향력이 평상시에도 기능하도록 하지 않으면 안 된다. 그러한 지역을 이익선이라고 부르고, 그 주권선과 이익선을 둘러싼 전략이 국가독립의 기본조건이 된다. 일본은 조선을 이익선으로 설정하고, 그 확보를 장래의 과제로 해야 한다."

이러한 요지가 당시 그 내용이었다.

이 시정방침 연설은 처음으로 일본의 동북아시아대륙 침공을 공공연하게 나타낸 것이며, 청일전쟁 전략은 그 구상에 따른 것이었다. 이를 위해 청일전쟁 개전이 있었던 1894년 8월 20일 일본 정부는 조선 정부와 잠정합동조약을 맺고 일본에 의한 경인과 경부철도 부설을 강요하였다. 즉, '이익선'을 종관(종적으로 관통)하는 철도건설을 일본의 지배 하에서 실시하고, 장래 만주(중국 동부) 지배구상을 포함하는 침략의 범위 확대를 위해 중요한 열쇠가 된다고 인식하였던 것이다.

이렇게 해서 지배권의 확장과 강화는 먼저 철도 지배라는 형태로 진행되었다. 이것은 당시의 세계적인 동향으로, 구미자본주의제국은 아시아, 아메리카, 그리고 이른바 중근동제국에서 지배권 강화와 지배지역의 확대를 꾀하며, 철도 부설권 획득경쟁에 돌입하였다. 이른바 '철도제국주의'의 시대였다(Davis, Clarence B & Wilburn, Kenneth E 'Railway Imperialism', 1991).

19세기 후반부터 20세기 초반에 걸쳐, 특히 미국과 스페인의 전쟁, 중국 의화단사건, 남아프리카의 이른바 보아전쟁, 러일전쟁, 그리고 1914년~1919년의 제1차 세계대전 등 약 20년간의 '제국주의체제'를 둘러싼 국제적인 대립의 한 가운데에서 철도는 그 '첨병' 역할을 담당했다.

철도는 이 단계에 들어가면서 각국의 국내 노선망이나 그 운영 방향에 머무르지 않고 국경을 넘어선 네트워크 차원의 문제가 되었다. 이러한 시대의 흐름 속에서 일본은 1900년 9월 경인과 경부철도에 대해 '외국에 철도를 부설하는 제국회사에 관한 법률'(법률 제87호)과 관련 칙령을 공포하였는데, 이를 통해 외국에 일본의 철도회사가 철도를 건설, 운영하는 법적 근거가 마련되었다. 그때까지 일본은 조선(1897년 10월 이후 대한제국으로 국가 명을 변경하고, 이하는 한국으로 표기)을 둘러싼 프랑스, 러시아, 미국의 철도 부설권 획득경쟁에 참가하였다. 서울과 인천 간의 철도 부설권을 획득한 미국인이 철도공사의 자금 부족으로 그 추진이 지체되자 일본은 경인철도인수조합을 결성하고, 1898년 5월 이를 인수하여 1900년 7월에 완성시켰다. 또한 이들은 서울과 부산 구간의 종관선에 대한 독점을 꾀하며 앞에서 설명한 법률과 칙령에 의해 경부철도주식회사를 조직하였다. 이 회사는 경인철도인수조합이 조직을 변경해 설립한 경인철도합자회사를 1903년 11월에 합병하는 등 한국의 철도를 독점 지배하는 태세를 공고히 하였다.

이러한 침략체제는 청일전쟁 후 각 분야에서 지배의 확대·강화와 함께 한국의 식민지화를 추진하였다. 이것은 앞에서 설명한 바와 같이 '주권선, 이익선'의 전략을 구체화하는 방향으로 추진한 것이었다. 청일전쟁의 개시와 함께 일본은 한국에 중국 동북(만주)을 통하는 군대 통로로서의 역할을 강요하였다. 전쟁 개전 전인 1903년 12월 28일 일본 정부는 '경부철도속성'의 칙령을 공포하고 서울~부산 구간의 공사를 독려했다. 개전 직후 일본 육군은 서울~신의주(중국과의 국경) 구간의 군용철도인 경의선을 건설하기 위한 임시군용철도감부를 조직하였다.

이들 구간의 철도 궤간은 4피트 8.5인치(1,435mm)로 하였다. 원래 한국 철도는 한국 정부가 이 궤간의 채용을 결정하였지만, 러시아가 부설권을 손에 넣으려고 했을 때는 5피트(1,520mm)를 채용하려고 하였다. 또한 일본의 군부가 서울 이북의 철도건설에 착수했을 때 일본 국내와 같은 3피트 6인치(1,067mm)를 채용해야 한다는 의견이 육군 내부에서는 나왔다. 그러나 경부철도주식회사 사장 가사이 아이지로(笠井愛次郎)는 이 철도는 단순히 식민지철도로서의 역할만이 아니라 장래 중국에서 유럽 대륙의 철도와 연결시켜 세계 교통의 간선으로서 사명을 가져야 하기 때문에 어렵더라도 국제 표준궤간을 채용해야 한다고 주장하였다. 이 회사의 회장인 시부사와 에이이치(渋沢栄一)도 이러한 논의에 동의하였고, 일본 군부와 철도 당국의 양해를 얻어 국제 표준궤간의 채용을 결정하였다(조선총독부,《조선철도사(朝鮮鉄道史)》제1권 창시시대(創始時代), 1937년).

이러한 방침에 근거해 건설된 종관간선은 서울~부산 구간이 1905년 1월, 서울~신의주 구간이 1906년 4월 군용철도로 개통되어 한국 내 종관선은 전 구간이 개통되었다. 그 후 러일전쟁 종결 후인 1905년 11월 17일 서울로 향한 이토 히로부미(伊藤博文)와 한국 정부와의 사이에 제2차 한일협약(을사늑약)이 조인되었다. 일본은 1906년 2월 1일 한국에 통감부를 설치하였고, 이토를 통감에 취임시켰다. 그리고 3월 31일 일본의 철도국유법이 공포됨과 동시에 경부철도매수법이 공포되어 7월 1일 통감부 철도국이 설치되었고, 경부철도는 이 조직에 편입되었다. 더욱이 같은 해 9월 1일 경의철도와 1905년 5월에 개통한 마산포~삼랑진 구간의 철도도 철도국의 철도가 되었다. 이리하여 한국 전체 국토의 철도는 일본의 지배 하에 들어가게 되었다.

더욱이 1910년 8월 22일 한국이 일본의 식민지가 된 이듬해 11월 압록강철교가 완성돼 한국의 신의주와 중국 동북부의 안동이 연결되어 열차의 직통운전이 개시되었다. 중국 동북의 철도는 러일전쟁에 의해 일본이 러시아 동청철도 지선의 장춘 이남을 양도받아 설립한 남만주철도의 노선이었다.

이 노선은 러일전쟁 때 요동반도에 상륙한 일본군이 러시아 구간을 일본 국내와 같은 협궤로 개량하여 사용, 러일전쟁이 끝날 때에는 심양의 북쪽까지 진출해 있었다. 일본은 이 구간의 철도를 전후 일본이 지배하기 위한 구상을 하며 강화회의에 임하였다. 러시아와의 강화조약은 장춘에서 남쪽 대련(1905년 2월 11일 그때까지 러시아로, 다루니라고 불린 것을 개칭)까지의 구간과 전시 중에 일본군의 야전철도제리부가 봉천, 안동 구간에 건설한 궤간 762mm의 군용경편철도를 일본의 지배 하에 두는 것이다. 이 경편철도에 대해 청국 정부가 격렬하게 항의했지만, 일본은 이 항의에 반론을 제기하여 결국 장춘~대련 구간과 봉천~안동 구간의 노선을 경영하는 철도회사를 설립하였다. 같은 해 12월 청나라 정부는 이러한 노선의 경영(경변철도의 개량을 포함)과 무순, 연태 등의 탄광 경영에 대해 일본과 청일만주전후조약을 체결하였다. 그리고 1906년 6월 남만주철도주식회사 설립 칙령을 공포한 일본은 11월 26일 설립총회를 통해 이 회사를 발족하였다.

자본금 2억 엔이라는 당시 일본 최대의 자본금을 기초로 한 이 기업은 정부가 시설, 기타 현물출자금 1억 엔을 낸 정부반액출자의 기업이었다. 그리고 이 회사의 초대 총재에 취임한 고토 신페이(後藤新平)는 대만총독부 민정장관을 역임한 인물이었다. 그는 청일전쟁을 통해 청국으로부터 근대 일본이 최초로 획득한 식민지 대만에서 식민지 경영에 대한 경험을 축적하고 있었다. 고토가 이 남만주철도주식회사에서 구상한 경영방침은 중국 동북에서 철도를 간선으로 하는 종합적인 식민지 경영이었다. 그것은 영국이 인도를 식민지로 지배했을 때 동인도회사와 같은 역할을 이 남만주철도주식회사에 부여하는 것이었다.

위에서 서술한 바와 같이 일본은 1895년 대만을 식민지화한 후 남북으로 종관하는 철도건설을 개시하였다. 이 철도는 1908년 4월 종관선으로 완성될 때까지 계속 진행되었다.

이상과 같이 청일전쟁 종료 후 일본은 이 외에도 사할린의 북위 50도 이남까지 손에 넣고, 식민지 지배 경영의 확장과 함께 각 지역의 철도 지배를 한꺼번에 확장하였다.

4. 국유화체제 하의 철도

(1) 국유화체제의 성립과 철도의 편성 변화

러일전쟁 종료 후 동아시아에서 일본의 위치와 그 진로는 크게 변화하였다. 일본은 구미 선진제국과 어깨를 나란히 하는 '제국주의국가'가 되었고, 동아시아에서 그 지배권을 강화하였다. 중국의 동북에 대해서는 러시아와 남북으로 분할 지배하는 협정을 체결하고, 한국에 대해서는 1910년까지 식민지화를 추진하였다.

한편, 일본 국내에서는 중공업의 발전에 의한 자본주의체제의 고도화를 진전시켜 대량 생산, 대량 소비의 경제체제를 구축하고, 이 경제체제는 동시에 사람들의 도시 집중을 불러와 대중화사회라는 새로운 사회 환경으로의 이행을 촉진시켰다.

이러한 변화는 철도에도 큰 영향을 끼쳤다. 즉, 중국 동북지역에서는 남만주철도주식회사가 주요 지역을 대부분 지배하였다. 또 한국에서는 1906년 경부철도주식회사가 일본의 지배기관인 한국통감부 철도로 편성이 변경되었고, 1910년 한국의 식민지화로 인해 조선총독부 철도국의 철도로 변화하였다.

일본 국내 철도는 1906년 3월 31일 공포된 국유철도법(법률 제17호)에 의해, 국유를 원칙으로 하는 법제가 성립되어 지역의 '지방' 철도만이 사설철도로서 건설을 인정할 수 있는 원칙이 성립되었다. 그래서 그때까지의 사설철도 중 주요 17개사의 노선이 1907년까지 국유화되었다. 매수 가격은 4억 6,737만 엔, 영업거리는 약 4,834km(미 개업선을 포함), 기관차 1,118량, 객차 3,067량, 화차 20,884량, 직원 48,409명이 국유철도로 이관되었던 것이다. 국유철도의 분담률은 1907년 말까지 영업 km는 약 91%, 수송 인·km(수송인원에 이동거리를 곱한 것)는 약 84%, 수송 톤·km(수송 톤에 이동거리를 곱한 것)는 약 91%, 종업원은 약 88%가 되었다. 그리고 그때까지 사설철도에 대비해서 붙여진 명칭인 관설철도 대신에 국유철도라고 부르게 되었다.

이렇게 해서 국유철도는 일본 국내 철도의 중심에 서게 되었다. 그 관리기구는 그때까지 통신성에 소속된 철도국과 그 현업기관인 철도작업국을 1907년에 통합하여 제국철도청으로 하고, 1908년 12월 이를 내각 직속으로 이관하여 철도원으로 개칭하였다. 이 철도원은 철도 행정에 있어서 독자성을 강화하여 국내 철도와 궤도는 물론 남만주철도에 대한 관리권한을 갖는 ─ 1908년부터 1910년까지 한국의 철도를 관리 ─ 등 철도 전반에 걸쳐 관리권한을 갖는 기관이 되었다.

이 철도원은 1920년 5월 철도성으로 승격되었으며, 철도성은 그 후 육상교통기관(특히 자동차)도 그 관할대상으로 포함시켰다. 즉, 철도원은 실질적인 육상교통성으로서의 성격을 가지게 되었다.

이상과 같이 일본은 철도에 대한 국가의 관할, 운용체제가 성립되었다. 이러한 체제와 시기를 같이하여 1910년대에 들어서부터 경제·사회정세의 변화에 의한 수송수요는 급격히 증가하였다. 예를 들면 1908년도와 1913년도의 5년간의 수송량 지수를 보면, 여객은 국철 136.1, 사철 188.1 수준으로 성장하였다. 이를 다시 5년 연장하여 1908년도와 1918년도를 비교해 보면 여객은 국철 233.8, 사철 402.3, 화물은 국철 226.6, 사철 447.5로 그 수송량이 눈에 띄게 신장하였다. 이 시기에는 제1차 세계대전(1914년~1918년) 때 큰 수송수요가 유발되었다고 할 수 있다.

이 시기에 일어난 이같은 변화는 각각의 숫자에서 알 수 있듯이 수송량의 증가만이 아니었다. 먼저 수송 내용의 다양화가 눈에 띄게 진전되었으며, 또한 수송수단의 기능화, 효율화라는 주목할 만한 변화가 일어났다. 예를 들어 여객의 경우 통근·통학 등 일상생활의 정기적인 승차와 함께 상대적으로 비일상적이라 할 수 있는 명소순례, 신사나 절의 참배 등의 여행이 활성화되었다는 점이다. 그리고 수송수단의 경우도 증기기관차 견인의 여객열차와 1895년에 등장한 대도시의 노면전차(궤도), 그리고 그것이 대도시 근교로 노선을 연장하여 시가지 확대에 수반되는 수송수요의 확산에 대응하였다. 더욱이 이러한 교외전차가 수송수요의 증가에 부응하기 위해 궤도를 철도로 변환시켜 전용노선에 몇 량의 차량을 연결, 운행하는 전차방식을 취하게 되었다. 이러한 변화는 먼저 도쿄나 오사카 등의 대도시를 비롯하여, 극히 일부 — 도쿄(東京)~요코하마(橫浜) 구간의 국철 게이힌선(京浜線) 등 — 를 제외하고는 대부분이 이른바 사철기업에 의해 운영되었고, 그 수송량은 매년 눈에 띄게 증가하였다.

법제상으로는 국유철도에 의해 국유를 전제로 하는 방식이 취해져서 그러한 입장에서 1919년에 지방철도법이 공포, 시행되었으며, 1887년에 공포된 사철철도 조례와 1900년에 개정, 공포된 사설철도법은 폐지되었다. 또한 1890년에 공포된 궤도 조례도 1921년에 궤도법으로 개정되었고, 철도 국유화체제 하에서 법 정비가 완성되었다. 그러나 지방철도법이나 궤도법이 대상인 도시 근교의 전기철도나 시가지 전기철도는 그 수송량으로 보면 극히 큰 비중을 차지하여 철도 국유화의 원칙에 모순이 나타나기 시작하였다.

이와 함께 철도와 연관되는 또 하나의 큰 문제가 발생하였다. 그것은 철도정책과 관련되는 이권의 문제이다. 이권은 주로 철도노선의 건설과 관련하여 발생하는 것으로 초창기 증기기관차에서 배출되는 연기에 포함된 불씨로 인한 화재, 그리고 기존의 유통체계나 공동체질서의 파괴 등을 염려한 일부지역의 건설 반대 움직임이 일어났다. 그러나 1890년대에 들어 철도가 가져오는 경제적인 효과가 알려지고, 이에 수반하여 철도가 다니고, 정차장이 설치되어 있는 시정촌(市町村) 주민의 주거지와 출신지에 대한 지위의식이 생겨났다. 이로 인해 우리 지역(My Town)이 도쿄와 선로로 연결되고 있다는 중앙 지향을 포함한 국가와의 연계를 통한 지위서열을 더욱 상승시키려는 의식 조작이 넓게 행해지게 되었던 것이다. 이러한 의식 조작을 포함해서 이권 획득의 경쟁은 더욱 치열해져 갔다.

1900년 무렵부터 종래의 서남웅번(西南雄藩) 이래 번벌(藩閥)체제에 대해서 제국의회(그 중 중의원)에서 의결되는 결정방식이 정부 여당 입장에서는 정당의 강화를 촉진시켰고, 여기에서 이른바 정당정치가 시작되었다. 이권 획득의 경쟁은 이러한 정

기관차의 자동연결기 교체 작업(1925년 7월)

당정치의 이행에 의해 중의원 의원의 선거기반을 강화하는 목적에서 생겨난 것이다. 즉, 선거구에서 유권자의 지지를 공고히 하기 위해서는 어느 정도의 이익을 제공할 필요성이 생겨났던 것이다. 그리고 철도는 그러한 이익을 대표할 수 있는 내용을 갖추고 있었다. 1910년대부터 1920년대에 걸쳐서 정당의 권력체제에서 이러한 비중이 높아져, 특히 1918년에 성립된 입헌정우회 총재 하라 다카시(原敬)를 수반한 내각은 군부와 외무대신 이외에 같은 당 소속의 당원으로 내각을 구성, 사실상의 정당 내각이라는 체제를 갖추었다. 이 내각은 주로 지주층을 기반으로 하며, 정우회가 중의원의 절대 다수의 의석을 차지하고 있는 것을 배경으로 군비충실, 교육진흥, 산업의 장려, 그리고 교통기관의 충실을 정강정책으로 내세워 농촌에 있는 유권자(남자만이 유권자, 1917년 약 142만 명, 1920년에는 제한 완화가 되어 약 306만 명, 당시 인구는 약 5,400만 명)의 지지를 얻었다. 교통기관의 충실은 철도노선망 확충에 중점을 두었다. 1922년에는 1892년에 공포된 철도부설법을 전면적으로 개정, 전국에 공사 예정으로 149선구(약 1,800km)를 지정하였다. 이 예정선은 1892년 철도부설법이 간선망으로 계획된 것이었는데 어느 정도 추진되었다. 그렇기 때문에 지선망을 의도한 것은 반드시 경제

특급 '쓰바메(燕)'의 전망차(1930년 10월 1일 운전 개시)

적인 요청을 검토한 것으로 한정하였다기보다 당세 확장을 의도한 노선이 중시되었다고 보는 경향이 강하다.

이러한 노선 건설에 정당의 기반 강화라는 목표가 세워져 의원의 이권이 이에 포함되는 문제가 생기게 되었다.

이에 대해 이 시기에 수송력의 강화가 큰 과제로 거론되었다. 노선망의 충실을 주장하는 입장을 '건주개종'이라고 부르고, 수송력의 강화를 위한 개량공사를 주장하는 입장을 '개주건종'이라고 부른다. 국유철도의 운영은 1910년 후반부터 1930년 초반까지 이 두 입장이 항상 대립되었다.

개량 계획의 가장 기본적인 요소는 궤간을 국제 표준궤간으로 개량하는 것으로, 이 계획은 1900년대부터 1910년대에 걸쳐서 진행되었다. 하지만 '건주개종'의 기치를 내건 하라 내각은 이 계획을 부인하였다. 그때부터 협궤궤간으로 국제 표준궤간과 같은 수송력을 확보해야 하는 과제를 국철 기술자가 짊어지게 되었다. 1930년대에는 이러한 과제를 포함, 많은 개량사업이 실시되었다. 개량사업은 간선에 있어서 열차운행 횟수 증가와 속도 향상, 객화차의 용량 증대와 객차의 접객시설 개량, 역 구내의 기능적 설비의 정비에 의한 여객의 안전 확보와 구내 동선의 합리화, 화물수송에 있어서 신속성과 화차 용량의 증대, 수송에 있어서의 화물 파손·부패 방지 등 많은 성과를 거두었다. 그러나 협궤가 가지고 있었던 한계는 여러 곳에서 나타났으며, 이를 극복하는 것은 어려웠다. 이 협궤 문제는 이후 1964년 도쿄(東京)~신오사카(新大阪) 구간이 개통된 신칸센의 국제 표준궤간 채용으로 인해 해결에 대한 첫 걸음을 내딛게 되었다. 그 후 재래선과의 직통 여부를 둘러싼 궤간 가변차량의 가능성을 추구하는 기술과제로 구체화되었다. 그러나 재래선의 궤간 개량은 극히 일부의 예외를 제외하고는 실현되지 않은 것이 현실이다.

한편, 대도시에서는 인구 집중과 활발한 기업활동으로 통근·통학수송이 증가하여 노면전차에 의한 대응이 불가능한 지경에 이르게 되었다. 도심부에서는 이를 대신해서 지하철도에 전차가 등장하였다. 또한 국철의 이른바 철도성 소속의 전차가 수송을 지원했는데, 어느 경우도 노선망은 불충분하였다. 버스, 택시 등의 자동차도 충분한 기능을 발휘할 수 없는 상황이었다. 계속 확대되는 도시 주변부의 전기철도(국철, 사철)는 주로 도심 주변부의 터미널 — 도쿄, 오사카의 경우는 쓰루하시(鶴橋), 덴노지(天王寺) 등 — 에서 시가지 노선과 접속했지만, 도심부의 직통은 도쿄의 게이힌도호쿠센(京浜東北線), 요코스카센(橫須賀線), 주오센(中央線), 소부센(總武線) 등 국철 노선에 한정되어 있었다.

이러한 상태를 타개하기 위해서 대도시에서 도심부, 주변부를 통해 국철과 사철의 기업 재편을 추구하는 움직임이 일어났다. 구미 여러 도시에서도 비슷한 움직임이 보였는데, 1920년대 말 경제공황을 계기로 그 움직임이 가속화되었다. 그러나 이것은 자본주의 시장경제의 원칙을 다분히 수정하는 내용으로 추진되었다는 것을 의미한다. 교통부문뿐만이 아니라 각 분야에 있어서 자본주의의 궤도 수정이 불가피하였다. 특히 미국이 공황으로 인해 심각한 타격을 입고 경제 재건정책이라는 새로운 정책을 출현시켰는데, 당시 일본의 경우도 동일하였다.

(2) 총력전체제에서의 철도

1929년 미국 뉴욕시장에서 일어난 경제공황은 세계 경제에 파급되어 일본 경제에도 심각한 타격을 입혔다. 이 공황의 극복과정에서 고전적인 자본주의 경제가 일부 수정되었다. 예를 들면 일정 계획 하에서 생산·유통을 규제하는 체제, 이른바 계획경제 혹은 통제경제의 방식이 도입되었다. 러시아혁명에 의해 성립된 연방소비에트사회주의공화국의 사회주의 경제체제는 계획 혹은 통제경제의 전형을 나타내고 있었는데, 각국에서는 이러한 사회주의국가와 다른 경제적 기반 앞에서 새로운 경제체제로의 방향을 모색하였다. 이 체제는 제1차 세계대전에서 경험한 정치·경제·사회의 각 분야에 있어서 전쟁수행능력을 요구하는, 이른바 총력전체제였다.

일본도 1915년 중국 지배를 지향하는, 이른바 21개 조건을 요구한 이래 중국에서는 항일운동이 높아지고, 1919년의 이른바 5·4운동으로 일본의 지배를 배척하는 민족운동이 전개되었다. 5·4운동이 있기 2개월 전인 3월 1일에는 일본의 식민지였던

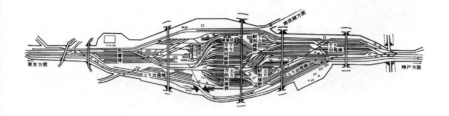

신쓰루미(新鶴見) 조차장 구내도(1929년 8월 사용 개시)

한국에서 독립만세운동이 일어났다. 앞에서 서술한 바와 같이 1910년 8월 일본은 한국을 식민지화했는데, 식민지로부터의 독립 요구가 큰 민족운동으로 폭발한 것이다. 이처럼 동아시아에서는 제1차 세계대전 중 일본의 지배에 대한 민족운동이 급격하게 증가했다. 일본은 이러한 동향에 대해 러일전쟁으로 획득한 중국 동북(만주)지역의 지배권을 강화했다. 특히 신해혁명에 의해 성립된 중화민국의 권력이 여기까지 미치는 것을 방지하기 위해 육군을 중심으로 '만몽 분리' 방침 — 만주는 소련이 지배권을 행사하고 있고, 몽골은 중국이 지배권을 행사하고 있어 일본이 한꺼번에 두 곳을 지배하는 것은 어려워 전략적으로 분리 — 을 추진하였다. 이는 동부 시베리아를 포함하여 소련과의 대결을 의도한 것이었다.

이러한 동아시아에서의 전략과 함께 미국과의 대결이 심각해졌다. 러일전쟁 후 일본은 중국 동북지역의 철도 이권을 얻으려고 했으며, 미국은 일본과의 대결 자세를 더욱 강화하였다. 이것은 1922년의 워싱턴체제, 더욱이 1941년의 태평양전쟁으로 연결되었는데 일본은 동아시아에서의 대결과 함께 태평양에서의 미국과의 대결이라는 두 개의 대결을 축으로 하는 총력전체제를 구축하였던 것이다.

이 총력전체제에서의 철도의 기능은 1931년 9월에 일어난 중국 동북부 심양 교외에서 있었던 관동군에 의한 철도노선 폭파사건 — 중국과 전쟁의 빌미를 만들기 위해 일본의 관동군이 만주철도를 폭파하고 이를 중국 정부가 폭파했다고 하여 전쟁을 촉발시킨 사건 — 에서 시작되었다. 일본군의 군사행동을 실행시키기 위해 철도 수송은 중국 동북의 남만주철도뿐만 아니라, 당시 조선을 지배하고 있었던 조선총독부 철도국

초기 센다이역

의 철도, 그리고 일본 국내 각각의 주둔지에서 중국 동북부를 향해 출발하는 병력의 수송을 담당하는 국내 철도가 군용열차로 동원되었다.

이 수송체제는 1937년 7월에 개전된 중일전쟁의 경우보다 대규모였다. 철도성 운수국이 1937년 11월에 작성한 지나 사건의 군사수송 실적과 그 운전에 미치는 영향에 대한 내용에 1937년 7월부터 1938년 8월까지의 수송병력은 107만 4,195명, 말은 311,733마리라는 숫자가 기록되어 있다. 군용화물의 발송 톤수에 대해서는 1937년에 약 193만 톤, 1938년도에 약 212만 톤이라고 기록되어 있다(일본국유철도,《일본국유철도백년사》).

병력·말·화물 등과 함께 여기서는 본격적인 전쟁체제의 규모가 보인다. 철도는 그때부터 총력전체제의 기초에 놓여져 있었다. 그리고 그 총력전체제 하에서 일본의 철도는 조선, 중국 동북, 중국의 점령지역과 상호 연락수송체계의 주요한 역할을 하였다.

이미 일본 정부와 군부는 1916년 8월 7일 각의(閣議, 내각회의)와 제국의회에서도 비밀리에 '국책의 기준'을 결정, '남방해양(동남아시아)'에 대한 진출을 결정하였다. 그리고 같은 해 6월 군부가 결정한 '제국국방방침' 제3차 개정에서 소련, 영국, 미국의 순으로 가상의 적을 상정하였다('제국국방방침'에 부수하는 '제국국방대강'). 이런 차원에서 보면 중국에 대한 침략전쟁은 이 전략으로부터의 결정적인 일탈로, 이것을 미봉책으로 하기 위해 조급하게 동아시아의 통일지배권을 추구하였다는 비판을 받았다.

철도에 대한 요청은 여기서부터 생겨난 것이다. 이러한 요청에 응하는 의미를 가진 시설로서는 시모노세키(下関)~부산 구간의 건설이 계획된 조선해협터널을 들 수 있다. 이 터널은 1938년 4월에 준비를 개시, 일본은 1940년과 1941년에 육지 통과지점의 지질조사와 함께 혼슈(本州)와 이키(壹岐) 구간의 해저부 지하조사를 실시하였다. 동시에 노선조사가 진행되어 모지(門司)~후쿠오카(福岡)~이키(壹岐)~쓰시마(對馬), 쓰시마~부산, 쓰시마~홍도~거제도~마산 등의 비교노선 개요가 정리되었다. 이 터널은 전체 길이가 240km로, 완성하는 데 약 20년, 만약 완성된다면 일본 철도는 조선 철도와 직결되어 열차의 직통이 가능해지는 것이다.

물론 일본의 철도 궤간은 협궤였기 때문에 그대로 열차가 직통하는 것은 불가능하다. 그러나 1939년 철도성은 도쿄~시노모세키 구간의 '광궤신칸센' 구상을 수립하고, 이를 예산에 반영하여 1940년부터 15년에 걸친 건설이 계획되었다. 이 노선은 국제 표준궤간(1,435mm)을 채용하여 최고 속도 200km/h의 기관차견인방식의 열차를 운행해 도쿄~시모노세키 구간을 약 9시간에 도달하는 구상을 가지고 있었다.

이러한 계획은 1941년 12월에 개시된 태평양전쟁으로 인해, 정확히는 전쟁의 정국이 일본에 결정적으로 불리하게 된 1943년부터 1944년에 걸쳐 중지되었다. 하지만 원래 이러한 계획은 총력전체제를 기초로 일본 정부와 군부가 전력 강화를 목표로 해서 수립했다고 하는 성격을 완전히 부정할 수는 없다. 광궤신칸센 계획의 경우 국내의 철도 수송력 강화라는 평시의 필요성도 인정되고 있지만, 한편으로 아시아대륙과의 연락수송의 강화라는 요청도 작용하고 있었다. 더욱이 조선해협터널의 경우 일본이 동아시아에서 중심이 되어야 한다는 사명감 등이 작용하여, 당시 일본이 동아시아에 있어서 '맹주'의식을 갖고 있었던 것으로 볼 수 있다.

일본 국내의 철도를 보면 국유철도는 여객, 화물과 함께 계획수송체제의 확립을 추구하였다. 이것은 직접전력으로서 군대수송부터 시작되었다. 전쟁수행에 필요한 군수품의 생산, 수송체제의 강화로부터 식량, 의류 등 일체의 물자가 모두 전쟁수행과 관련된 총력전 특유의 체제로 규정되었던 것이다. 이는 결국 자유로운 이동과 수송이 부정되는 상황에 기초한 체제였다.

이러한 계획수송체계는 1943년 전후부터 급속히 강화되었으며, 1944년 4월 이후 더욱 강화되었다. 예를 들면 100km 이상 여행의 경우 '여행통제관'이라는 관헌의 허가가 필요한 제도가 실시되었다. 1869년 검문소 폐지 이래로 처음으로 여행과 이동의 규제가 있었다. 이러한 비상조치를 취해도 수송량을 유지, 증가하는 것은 불가능하였다. 여객의 경우는 수송인원, 수송 인·km 모두 1945년부터, 화물의 경우는 수송 톤수, 톤·km 모두 1944년부터 하락하기 시작하였다. 이는 이같은 수송태세의 유지가 불가능하게 되었다는 것을 입증해 주는 것이다.

게다가 1944년 6월 이후 연합국 공군에 의한 본토 공습이 개시되었다. 이 공습은 초기에는 주로 군수생산시설의 파괴를 목표로 하는 전략폭격이었지만, 1945년 2월부터는 미 해군 기동부대의 함재기에 의한 일본군 기지의 전술폭격이었다. 3월 이후에는 전략폭격으로 대도시에 대한 무차별 폭격이 시작되었다. 이 무차별 폭격으로 도쿄와 오사카 등의 대도시로부터 각 지방의 현청 소재지 정도의 중간 규모의 도시까지 목표에 포함되었다. 이 공습으로 인한 철도의 피해는 국철의 경우 건설 180만 평방미터(20%), 전신전화기 13,000대(12%), 기관차 891대(14%), 객차 2,228량(19%), 전차 563량(26%), 화차 9,557량(8%), 연락선 8만 톤(65%) 등으로, 그 복구는 당분간 불가능할 정도로 심각한 것이었다. 공습의 피해를 입지 않아도 레일, 침목 등은 노후로 인해 연간 레일 5만 톤, 침목 470만 개 정도의 교체가 필요하였다. 하지만 1940년대에 들어서도 교체는 지연되었는데 1945년 레일 7,000톤, 침목 100만 개로, 평시의 15%~20% 정도로 감소하였다. 사철의 경우도 마찬가지였다. 특히 대도시 주변의 전기철도는 차고의 피해로 보유차량의 대부분이 손실되는 사태가 발생하여 각 회사는 그 운영에 큰 장애가 일어나게 되었다.

5. 제2차 세계대전 후의 철도

(1) 점령체제 하의 개혁

1945년 8월 말부터 연합군에 의한 일본 점령이 개시되었으며, 9월 2일의 항복문서 조인에 의해 연합군의 군사점령체제가 발족되었다. 이 점령체제는 사실상 미국에 의한 단독점령이었기 때문에 점령정책은 거의 미국의 방침에 의해 구체화되었다.

점령군이 구성하는 연합군 총사령부는 일본의 민주화의 하나로 정부의 성 조직에 의해 운영되어 왔던 국유철도를 독립채산제로 하는 공공기업체로 개편하여(1949년 6월 발족) 그때까지 관의 경영에 민이 참가하는 체제를 성립시키는 것을 추구하였다. 그러나 발족된 공공기업체 일본국유철도는 정부의 강력한 감독 하에 놓이게 되어 자주적인 경영의 실현은 큰 제약을 받았다. 그러나 그러한 당사자의 능력 결함에도 불구하고 독립채산제에 의한 재정 자립이 추구되는 모순은 국유철도의 경영을 압박하였다. 이것은 결국 1980년대 후반 거액의 누적 적자가 경영을 압박하여 조직의 해체를 불러오는 결과로 작용하였다.

어찌되었든 1940년 후반 점령정책에 의해 개혁이 추진된 당시 일본 철도는 일본의 국가 재건을 위해 큰 역할을 담당했다. 이것은 1906년 후의 철도 국유화 실시 이래의 큰 개혁을 의미한다. 즉, 1906년의 철도 국유화 당시 철도는 근대화의 견인차로서 역할을 수행하였으며, 중공업화에 의해 자본주의체제의 기초를 더욱 공고히 하기 위해 대량, 고속이라는 철도의 특성을 비약적으로 추진하지 않으면 안 되었다. 그 결과 철도가 각각의 수송 요청에 대응하는 기능의 분화와 분담을 추진하는 것으로 되었다. 즉, 철도 수송은 간선 수송과 국지선 수송을 기초로 하여 이것이 도시 시가지와 교외 수송이라는 독자적인 분야를 만들었다. 이러한 각 분야의 수송 요청에 응한 경영체가 조직되었다. 국유철도는 간선과 국지선 전체를 포괄적으로 분담, 일부에서는 고속전차를 통한 대도시 시내 진출과 근교 수송을 함께 꾀하였다.

이에 대해 각지의 지선을 경영하는, 이른바 사철은 지방철도로서 법제화되어 국유철도의 수송체계의 보조수송수단화를 추진하였다. 또한 도시의 시가지 수송수단으로서 발달한 궤도, 특히 전기철도 중 근교노선을 연장해서 그 수송단위를 크게 한 경우에도 궤도에서 철도로 변경해 갔다. 하지만 시가지를 달리는 경우 그러한 발전이 불가능하여 자동차와 지하철도, 고속전차에 주도권을 계속 빼앗겼다. 그러한 상황에서 도시 근교의 노선망을 전부 둘러싼 전기철도의 일부 중 궤도로부터 전환하는 것이 나왔다. 또한 이것은 도시권 구간의 증기차를 전기화한 것이 있었으며, 지방철도 교통의 일환으로 형성되어 있었다.

이러한 법제상의 국유철도, 지방철도, 궤도라는 분류와 현실과의 사이에 매우 큰 괴리가 계속 발생하고 있었던 것이 당시의 상황이었다. 이러한 격차를 그대로 두고 철도는 국가 재건을 위해 수송 임무를 당당하고 있었다.

1950년 6월 이후 한반도에서 전쟁이 일어나자 미국은 전면적으로 출동태세에 들어가 철도는 미군의 수송을 담당했다. 중일전쟁과 태평양전쟁 당시의 군사수송보다도 더 집중도가 높고 대규모였다. 6월 25일부터 2주간 미국의 군용임시열차 2,458대, 사용차량 객차 7,324량, 화차 208량이 사용되는 등 국철 군사수송 사상최고를 기록했다(일본국유철도 편, 《철도전후처리사(鐵道戰後處理史)》, 1957년, p.262).

(2) 국철 개편과 그 문제

이 군사수송은 1953년 휴전까지 계속되었는데, 그 사이 국내 생산력은 급속하게 회복되었다. 1953년도에 이르러 국철은 수송의 내용에 있어서도 열차의 종류(특급, 급행 등), 차량의 종류(2·3등급, 침대차, 식당차 등) 등의 정비가 급속도로 진행되어 제2차 세계대전 전의 수준으로 회복되었다.

이러한 동향은 지방철도, 궤도와 함께 1952년 4월 연합국과의 강화조약 발효 전후로부터 국철을 포함한 일본 철도는 경제 부흥을 지원하는 수송기관으로서 활약하였다. 전쟁 종결 후 점령체제의 기초로 철도의 재편은 국철의 기구 개혁을 중심으로 추진되었다. 이러한 개혁에 의해 국유철도는 정부의 성 조직으로부터 분리되어 1929년의 세계 공황 후 미국에서 설립된 공공기업체(Public Corporation)의 방식에 의해 정부 기관이지만 공공성이 강한 사업을 경영하기 위한 독립법인격의 기업으로 발족하였다. 국철은 1949년 6월 1일 일본국유철도 명칭의 공공기업체로서 조직이 설립되어 그때까지의 운수성 철도국에서 조직이 공공기업체로 이행하였다. 이때까지 전매공사, 전신공사, 국유철도 등 3개의 공공기업체가 있었다. 하지만 2개의 회사가 공사라는 정식 명칭을 사용했지만 국유철도만은 정식 명칭에 공사라는 명칭을 사용하지 않았다.

공공기업체로 변신한 국유철도는 독립채산제에 의한 수지 자립을 추구했음에도 불구하고, 그 경영에 있어서는 정부의 엄격한 감독 하에 놓였다. 그래서 재정의 자립을 실현하려고 해도 독자 경영체제에 의한 운영이 불가능한 모순을 보였다. 이 기본적인 모순이 결국은 국철 자체의 해체로 몰아가는 요인이 되었다.

이러한 문제가 있음에도 불구하고 1952년 4월 샌프란시스코조약 발효에 의해 연합군의 점령이 종결되었다. 미일안보방위조약에 의해 미군기지의 존속과 미국의 주둔은 점령 당시 그대로 유지되었지만, 그러한 제약 속에서도 경제계에서는 자립을 지향하는 움직임이 활발하게 진행되었다. 철도는 이러한 움직임을 지원하는 힘으로써 소임을 다하였다.

국철 경영의 변천과 분할 정책의 전개과정

사이토 다카히코
(긴키대학 명예교수)

1. 국철 경영과 분할 민영화

　1987년 4월에 실시된 일본국유철도(이하 국철)의 분할 민영화에 의해 국철은 115
년의 역사를 마감하였다. 국철 개혁 이전에 연간 2조 엔 규모에 달하는 영업손실은 국
철 해체 후에는 영업 흑자로 전환하였다. 새롭게 출범한 JR그룹체제 하에서 JR여객회
사는 독립된 철도기업으로서 경영 노력을 경주하여, 이제는 사철이 무색할 정도의 효
율적인 철도 경영을 실현하고 있다. 이 회사는 전통적인 사철형의 경영방식을 도입해
적극적인 부대사업 전개와 그룹기업 형성에도 성과를 거두고 있다. 일본의 국철 민영
화정책이 성공을 거둔 것은 항공 수송과의 경쟁에서 승리한 신칸센 수송의 성과와 함
께 선진제국의 철도정책에 적지 않은 영향을 미쳤다.

　이렇게 일본의 경제와 사회의 발전에 큰 발자취를 남긴 국철을 해체해 분할 민영화
를 추진한 혁신적인 국철 개혁은 하루아침에 생긴 것이 아니다. 국철 개혁이 결단되
기까지는 우여곡절이 많았으며, 개혁에 반대하는 세력이나 개혁에 대한 여론의 저항

포크리프트에 의한 컨데이너 상하역 작업. 도쿄(東京, 1959년 이후)

도 강했다. 개혁의 결단이 좀 더 빨랐더라면 국철에 남겨진 장기채무는 상당히 줄어들었을 것이라는 의견도 있는데, 이는 결과론에 불과하다. 국철 운영의 어려움은 일본의 철도 발전사에 있어 중대한 사건이었을 뿐만 아니라 제2차 세계대전 후 일본 정부가 당면한 최대의 어려운 과제로 자리매김하고 있었다고 할 수 있다.

여기서는 국철 분할 민영화정책에 초점을 맞추어 전후 JR철도 수송과 철도 경영, 이를 둘러싼 철도정책이 걸어온 역사를 개관해 보고자 한다.

2. 공공기업체·국철 탄생으로부터 경영 안정기(1950년~1960년대 후반)

1949년 이전의 국철은 행정관청 중 하나의 조직이었으며, 철도 수송은 관영으로 운영되었다. 종전 직후 연합국의 점령체제 하에서 국철의 새로운 경영체제는 독립채산제를 전제로 한 공공기업체였다. 이는 국철 경영의 자주성을 부여하고, 또한 관영의 비효율성으로부터의 탈피를 목표로 하였다. 다만 공공기업체라는 경영형태의 선택은 점령군의 총사령국(특히 미국)의 의향이 강하게 반영된 것이다. 당시 일본은 전통적인 관료통제가 강하였고, 패전 직후의 혼란기에 구미형의 공기업에 대한 사회의 이해가 약했다고 할 수 있다.

국철 115년의 역사 중 공공기업체로서의 국철의 역사는 38년에 불과하다. 관기업도 사기업도 아닌 공기업이라는 중간적인 경영형태의 도입은 후에 국철 누적 부채 문제와 깊은 연관을 가지게 되었다. 전후 국철은 필요한 공적 부담을 실시하지 않고, 누적 부채의 증대를 장기간에 걸쳐 방치하는 무책임한 운영을 하였는데, 이러한 국철 운영은 일본의 여론에 수용되지 않았다.

패전 후 혼란기를 탈출한 국철 경영은 1950년대부터 1960년 전반까지 순조롭게 경영 안정기를 맞았다. 국철이 흑자경영을 달성한 것은 1950년, 1952년, 1957년~1963년의 9년간으로, 경영이 안정되어 있었다. 이는 1930년대의 국철 경영을 재현하는 것으로 보였다. 전후 철도를 중시하는 교통정책의 영향으로 1950년대~1960년대 일본의 도로 사정은 매우 열악하였다. 그 때문에 전후 국철은 용이하게 국내 수송에 있어서 독점적인 지위를 회복했다. 뿐만 아니라 한국전쟁을 계기로 일본 경제가 급속히 회복하여 수송량이나 영업 수입이 증가하였고, 국철의 건전 경영도 조기에 실현되었다.

수송수요의 급증 현상은 국철 수송력의 현저한 공급 부족으로 인해, 특히 화물수송에는 대량 화물의 정체현상을 초래하였다. 더욱이 1950년대부터 1960년 전반에 걸쳐 다수의 희생자가 포함된 중대 철도사고가 연이어 발생하였다. 이로 인해 국철은 대규모 수송력 증강이나 시설의 근대화를 목적으로 한 적극적인 설비투자가 불가피해졌다. 국철은 1957년부터 대규모의 설비투자사업(제1차~제3차)에 착수하였으며, 1959년에는 신칸센 건설을 개시하였다. 1965년에 시작된 제3차 장기계획은 예산 약 3조 엔 규모로, 7년에 걸친 대규모 설비투자계획이었다.

3. 대규모의 근대화 투자와 적자경영의 시작(1960년대 후반)

국철이 적자경영으로 전락된 것은 도카이도(東海道)신칸센이 개업한 1964년이었다. 1960년대 전반적인 국철 수송량은 지방 적자 노선을 제외하고는 대개 순조롭게 증가하였다. 하지만 이후 발생한 적자의 원인은 국철 수송의 부진이라기보다 대규모 투자가 가지고 온 많은 액수의 차입금 때문이었다. 이와 함께 당시 일본 경제는 고도성장의 중심에서 국내 수송량은 매년 지속적으로 증가하였다. 하지만 자동차의 급격한 증가와 국내 항공 승객의 급증 등 교통에 있어서 경쟁시대가 도래하였다. 이 무렵 일본 사회는 대학분쟁이 빈발하여 정세가 시끄러웠으나, 한편으로는 구미제국의 '황금의 60년대' 영향을 받아 낙관적인 미래론도 대두하였다. 1966년 전국을 신칸센망으로 연결하려는 20년 후의 국철 비전이나 10년간 10조 엔을 투입하는 대규모 투자계획을 발표한 국철은 이듬해인 1967년 전국 간선고속철도망과 수도권 통근 고속철도망계획 (주요 통근 노선의 복복선화)을 수립하였다.

낙관적인 장래 예측을 기초로 한 철도 수송의 장래에 관한 '장밋빛 꿈'을 그린 1960년대 후반의 국철은 모든 면에서 낙관적인 미래 예측만을 할 수는 없었다.

1968년 국철자문위원회가 83개 노선 2,600km의 지방선을 버스 수송으로 전환하려고 하는 의견서를 정부에 제출한 것은 — 간선의 이익에 의존하고 내부 보조를 근거로 한 — 지방 적자 노선을 운영하는 것이 이미 어려운 지경에 빠져있었다는 것을 보여주고 있다.

이렇게 당시 정부의 국철정책은 경쟁시대를 준비하여 국철 경영의 환경조건을 정리하는 것이었다. 하지만 지방 적자선의 버스 전환방침에 정치가 개입하여 이를 포기시켰을 뿐만 아니라, 1966년 공공요금 억제정책을 통하여 국철 운임 요금의 인상을 억제하는 등의 거시경제정책이 국철 경영에 공공연하게 개입하기 시작하였다. 국철의 설비투자에 대하여 정부 지원은 실시되었지만, 지방선의 적자와 운임 억제에 대한 공적보조정책은 전혀 시행되지 않았다. 당시의 국철에 대한 경제적 규제는 철도의 독점을 전제로 설계된 전통적인 자연 독점형 규제체계를 기본으로 하였으며, 총괄 원가주의에 기초한 국철 운임 규제는 엄격하였다. 이것은 전국 일률 운임과 등급제 운임제(1등급, 2등급 등)를 전제로 하는 독점시대의 운임규제정책을 강하게 반영한 것이었다.

국철은 흑자경영으로의 복귀를 목표로 1969년 '국철 재정 재건 10개년 계획'을 수립하였다. 이 계획은 국철이 실시한 최초의 경영 재건계획으로, 낙관적인 장래수요 예측과 함께 10만 명의 인원 삭감계획을 포함하는 등 다가오는 경쟁시대를 준비하는 내용을 담고 있었다.

4. 국철 이용의 감소현황과 경영 개선계획의 실패(1970년대 전반)

1970년대 들어 일본의 교통은 본격적인 경쟁시대를 맞이하였다. 더욱이 두 차례에 (1973년, 1978년) 걸친 석유 위기가 일본을 직격해 일본 경제의 고도성장이 끝나는 등 국철 경영을 둘러싼 상황은 크게 악화되었다. 1971년도에 국철 화물수송량은 감소 기조로 들어섰고, 다음해인 1972년의 국철 경영은 감가상각 이전에 적자라는 구조적인 적자경영에 빠지게 되었다. 1975년에는 산요(山陽)신칸센이 하카타(博多)까지의 전 구간을 개통했음에도 불구하고 국철 경영의 골격을 이루고 있는 여객수송량은 전후 처음으로 축소기조로 전환되었다.

앞에서 서술한 1969년에 시작한 국철 재정 재건계획은 당초의 예상을 넘어선 경영 악화로 수정하게 되어 1973년 제2차 계획으로서 새롭게 시작되었다. 1975년에는 다시 같은 이유로 제3차 계획으로 수정되기도 했다. 그 3차 계획도 2년이 지난 1977년에는 5만 명의 직원 감소를 목표로 한 '국철 경영 개선계획'으로 변경되는 등 국철 경영의 병적 증상은 서서히 급성으로 나타나기 시작하였다. 이것은 〈표 1-9〉에 나타난 바와 같이 1970년대의 국철 영업손실 1,549억 엔이 1975년에 9,235억 엔으로 급증한 현상으로 알 수 있다.

국철 경영과 국철 재정의 급격한 악화에도 불구하고 당시 국철을 둘러싼 내외의 상황은 문제해결의 방향과는 거리가 있었다. 국철노동조합의 대표적인 존재인 국철노동조합과 동력차노동조합의 노동운동은 정치적 이데올로기의 길을 걸었고, 대규모 파업은 연중행사처럼 반복되었다. 1974년 4월 파업은 6일간에 걸쳐 계속되어 국철 수송의 신뢰성을 크게 손상시켰다. 그뿐만 아니라 당시의 국철 직원의 연령 구성은 40세 이상

〈표 1-9〉 국철·JR의 수송량과 경영수지의 추이

연도	여객 (인·km) 백만	화물 (톤·km) 백만	영업 수입 (억 엔)	영업 경비 (억 엔)	영업 손익 (억 엔)	공적 부담 (억 엔)	이월 결손금 (억 엔)	장기부채 합계 (억 엔)
1949	69,665	29,875	1,117	1,152	-36		-	
1950	69,106	33,309	1,432	1,401	31	1949년 -1967년 140억 엔	-	
1955	91,239	42,564	2,630	2,814	-184		-	
1960	123,983	53,592	4,075	3,993	82			3,620
1965	174,014	56,408	6,341	7,571	-1,230			11,102
1970	189,726	62,435	11,457	13,006	-1,549	122	-5,654	26,037
1975	215,289	46,577	18,209	27,444	-9,235	2,679	-31,610	67,793
1980	193,143	36,960	29,637	39,643	-10,006	6,761	-11,788	90.770
1985	197,463	21,625	35,528	55,728	-20,201	6,011	-88,011	182,409
1986	198,299	20,145	36,051	53,052	-17,001	3,752	-101,621	197,451
이하 JR 7개사 합계						기금 수입	경상이익	
1987	204,677	20,026	35,531	32,083	3,448	933	1,518	
1990	237,657	26,728	42,260	37,554	4,705	931	3,880	국철 청산사 업단이 부채 일부 승계
1995	248,998	24,702	43,712	35,581	8,131	700	2,099	
2000	240,659	21,855	42,312	36,140	6,172	558	2,108	

*자료 : 이시카와 다쓰지로(石川達二郎), 《국철-기능과 재정의 구조(国鉄-機能と財政の構造)》, 1975년, 교통일본사 (交通日本社)
《일본국유철도, 민영화에 이르는 15년(日本国有鉄道, 民営化に至る15年)》, 2000년, 성산당(成山堂)
《연감 일본의 철도(年鑑 日本の鉄道)》(각 연도), 철도저널사(鉄道ジャーナル社)
《운수경제통계요람(運輸経済統計要覧)》(각 연도)

이 60%를 점하는 고령화가 되어,[9] 국철 이용의 감소에 의한 노동생산성의 저하와 높은 수준의 임금지불액이 국철 경영의 큰 압박요인이 되었다.

〈표 1-10〉은 국철·JR의 영업거리와 종업원 수의 추이를 나타낸 것인데, 이 통계는 이 시기에 지방 적자선의 폐지나 종업원의 감소가 좀처럼 진행되고 있지 않음을 나타내고 있다.

---

9. 1974년에는 국철 직원의 60%가 40세 이상, 45세 이상은 44%, 50세 이상은 16%를 점하였다.

〈표 1-10〉 국철·JR의 영업거리와 종업원 수 추이

연도	여객 영업 km	종업원 수(명)	연도	여객 영업 km	종업원 수(명)
1949	19,765	490,727	1985	20,789	276,774
1950	19,786	473,473	1986	19,639	223,947
1955	20,093	442,512	JR		
1960	20,482	448,390	1987	21,189	164,671
1965	20,754	462,436	1990	19,840	169,163
1970	20,890	459,677	1995	20,013	165,813
1975	21,272	430,051	2000	20,051	147,150
1980	21,322	413,594			

*자료 : 《일본국유철도, 민영화에 이르는 15년》, 2000년, 성산당, 《연감 일본의 철도》(각 연도), 철도저널사

　지방선의 승객 감소가 현저했던 이 시기에 정치 개입으로 인해 지방 적자선의 버스 전환정책의 추진은 쉽지 않았다. 국철이 계속해서 주장한 지방 적자선의 버스 전환방침은 1972년 정부가 지방 적자선의 폐지에 대해 '지방의 동의'가 필요하다는 조건을 붙임으로 인해 사실상 보류되었던 것이다. 정부는 더욱이 석유 위기 후의 높은 물가상승 — '광란물가'라고 불리고 있다 — 에 대한 대항수단으로 국철 운임에 대하여 공공요금 억제책을 더욱 강화하여 여객운임은 1969년부터 1974년까지, 화물운임은 1966년부터 1974년까지 장기간에 걸쳐 그 인상이 동결되었다. 운임 인상이 가장 필요한 인플레이션기에 운임 인상이 불가능하게 되어 앞에서 언급한 영업손실의 급증현상을 초래하였다.

　1970년대 전반은 도래된 경쟁시대에 대응하여 국철 운영이나 국철정책을 크게 변화시켜야 했던 시기였다. 그러나 그 큰 전환점의 시기를 국철 자신이나 국철정책 관계자가 충분하게 자각하지 않았던 것이 후에 국철 해체로 연결되었다. 이 시기의 국철 문제를 포함한 정치나 학회의 논의의 중심 테마는 '종합교통체계론'이었다. 국철의 수요를 재전환시키기 위해서 관념적인 수요조정론(모달 시프트론)이 논의의 주가 되어, 국철 적자를 줄이기 위한 구체적인 정책논의는 거의 없었다. 국철정책을 둘러싼 당시의 논의와 현실 — 경영난의 진행 — 과의 큰 격차는 공공기업체라는 경영형태의 본질을 숨기는 수단으로서의 임금 문제, 지방 적자선 문제, 운임 억제정책에 대한 보조정책

의 도입 등 국철 경영난에 대한 구체적인 대응이라는 어려운 문제가 모두 연기된 현상이라고 할 수 있었다.

5. 국철 경영난의 가중과 기업조직의 붕괴(1970년대 후반)

1970년대 후반 들어 국철 문제 — 운영난, 재정난 — 는 심각한 상태를 나타내기 시작하였다. 일본의 교통은 본격적인 경쟁시대에 돌입하였고 여러 차례에 걸친 국철 재정 재건계획은 계속하여 파탄하였다(그때 계획을 부득이하게 수정하게 되었다는 것은 앞에서 설명하였다). 공공요금 억제책의 반동으로 1974년 이후 국철 운임은 거의 매년 인상되었지만, 운임 인상이 수입 증가로 연결되는 시대는 이미 과거의 것이 되고 말았다. 이에 1976년에 실시된 여객·화물 운임의 50%를 넘는 운임 인상은 큰 수입 증가효과를 가져오지 못하였고 오히려 여객이나 화물의 국철 이용을 감소시키고 말았다. 이 시기의 국철 경영 적자는 운임 인상의 효과로 인해 표면적으로는 소강상태에 머물렀지만, 국철의 장기채무 잔고는 계속 증가하였다. 1970년대 후반 5조 엔 전후였던 장기채무 잔고는 1979년에 10조 엔을 넘어버려 국철 경영을 근본부터 무너뜨리는 징조가 보이기 시작하였다(〈표 1-9〉 참조).

1974년의 제1차 석유 위기를 계기로 일본의 교통은 크게 변하였지만, 교통 경쟁시대의 본격적인 도래가 사회에 느껴지게 된 것은 1970년대 후반 이후였다. 예를 들면 석유 위기를 계기로 국철 여객수송량은 1975년부터 연속해서 8년간에 걸쳐 축소기조를 유지하게 되는데, 같은 시기에 자가용차의 수송실적은 거꾸로 계속 증가하였다. 1975년의 국철 파업은 파업권 획득을 둘러싸고 실시된 사상 최장의 8일간에 걸친 노동쟁의였으나, 화물열차의 전면 운행정지로 인해 국민생활에 대한 영향은 크지 않았다. 이는 이미 트럭 수송이 국민의 소비생활을 지탱하고 있었기 때문이었다. 이로 인해 정치적인 이데올로기를 내건 파업을 상투적으로 수반한 국철 노동운동은 투쟁방법에서 근본적인 수정을 하지 않으면 안 되었다.

1970년대 후반은 국철 문제를 둘러싼 각종 움직임이 표면화되었다. 국철은 1975년 국철의 현상을 호소하는 — 대폭적인 운임 인상에 대해 국민들의 이해를 구하는 — 광고를 주요 신문에 게재하였다. 그리고 정부의 국철정책도 시기는 늦었지만 경쟁원리나 구체적인 시책을 중시하게 되었다. 경영 부진이 계속되고 화물수송에 관해서도 정부는 드디어 국철 화물수송의 패배를 인정, 1976년부터 화물수송의 대규모 축소·합리화를 진행시키는 방침으로 정책을 전환하였다. 1976년 정부는 3조 엔이 넘는 이월결손금 가운데 2조 5,404억 엔분을 특별계정으로 넘기고 장기채무의 지불을 연기하였다.

1977년대 말에는 국철운임법 개정안이 가결되었다. 이로 인해 국철 운임은 법정제 — 개정에는 국회의 의결을 요한다 — 로부터 사철 운임에 준하는 인가제로 변경되었고 국철 운임 개정에 대한 정치 개입의 여지를 축소시켰다. 1979년에는 지방 적자선 약 5,000km를 버스로 전환하기 위한 논의가 정부에 의해 개시되었다. 이러한 일련의 움직임의 영향을 받은 국철은 1977년 '국철 경영 개선계획'을 수립하고 1980년까지 종업원 5만 명을 감축시켜 35만 명 체제를 실시하고, 화물수송의 축소·합리화를 진행함과 동시에 화물수송에 있어서 등급제 운임의 철폐와 고속직행 수송으로의 전환 등을 꾀하는 계획을 발표하였다. 공사비 부담금 등 국철에 대한 공적 조성도 1976년부터 소폭으로 증액되었으나, 적자의 감액에는 '언 발에 오줌누기'라는 아주 적은 효과밖에 가져오지 못하였다.

6. 경영 파탄과 국철 민영화의 결단(1980년대)

1980년 들어 국철 경영이 파탄에 가깝다는 것은 일반인도 쉽게 알 수 있는 일이었다. 1980년의 영업손실은 1조 엔대를 넘었고, 같은 해 정부는 장기채무에 관한 두 번째의 보류(2조 8,220억 엔)조치를 실시하였다. 그리고 1981년에는 장기채무 잔고가 단기간에 10조 엔에 이르게 되었다. 그 후 1985년의 영업손실은 2조 엔대로, 장기채무 잔고는 18조 엔 — 연기분을 합하면 23.5조 엔 — 을 넘게 되어, 말하자면 일종의 파국적인 상황에 이르고 말았다.

1982년 5월 임시행정조사회 제4부회는 국철의 분할 민영화를 제언하고 9월에 정부가 국철 재건에 관한 비상사태를 선언하는 등 국철 개혁을 둘러싼 움직임이 급속하게 분주해졌다. 당초 국철 분할 민영화에 대해서 신중한 자세를 취하였던 언론은 1982년부터 국철 직원의 도덕적 해이를 지탄하는 캠페인 기사를 연일 게재하였다. 이러한 언론의 기사는 체제 옹호파의 국철 직원들에게 충격을 주었을 뿐만 아니라 국철 문제의 심각한 상황에 대하여 사회의 관심을 높이는 효과를 가져왔다. 1981년에는 특정지방교통선(지방 적자선)의 폐지계획이 확정되었고(실제로는 1983년부터), 1983년에는 경영 부진이 한도에 다다른 야드계 화물수송의 폐지를 예정보다 앞당겨 실시하는 등 국철 자신에 의한 근대화를 분주하게 진행하였다. 하지만 이러한 노력은 경영 파탄이 가속되는 재정 상황을 막는 효과는 거두지 못하였다. 1983년 8월 국철재건감리위원회는 정부와 국철 쌍방에 대하여 조직의 재편, 신규 설비투자의 중지, 지역 격차 운임의 도입 등을 요구하는 긴급 제언을 하였다.

1984년 5월 국철 당국은 종업원 35만 명 체제를 목표로 한 국철 경영 개선계획(1981년 개시)의 목표를 32만 명으로 수정하고, 수지 예측을 비관적으로(당초보다 적은 규모) 수정하는 등 계획의 수정안을 운수대신에게 제출했다. 그러나 재건감리위원회는 이것을 경영 개선계획의 사실상의 좌절로 평가하고, 이제는 경영형태의 변경을 수반하지 않는 국철 개혁은 있을 수 없다고 단언하였다. 그리고 8월에 국철 분할 민영화의 방침을 명확히 제시한 제2차 긴급 제언을 하였으며, 10월에는 운수성이 이것을 찬성하는 입장을 표명하였다. 국철은 1986년 1월 민영·비분할을 내용으로 하는 '경영개혁을 위한 기본방침'을 재건감리위원회에 제출하였다. 그 내용은 현재의 상황을 제대로 파악하지 못하는 것으로 평가되어 재건감리위원회와 운수성뿐만 아니라 국민이나 언론의 비판을 받는 결과가 되었다.

1984년에는 그동안의 국철 여객운임의 전국 일률운임제도가 폐지되고 간선, 지방교통선, 대도시권(2종류)으로 나누어진 운임제도가 실시되었다. 현장에서는 영업 개선이나 경비절감 노력이 계속되어 분할 민영화 직전 국철의 영업성적은 그 이전에 비해 개선되었으며, 1986년의 여객 수입은 1980년에 비해 35% 증가하였다. 수요동향에 맞게 수송체제의 정비도 급속하게 진전되어 여객열차는 1982년 11월 열차 다이아 개정 전의 18,607회가 1986년 11월 개정 시점 때 21,651회로 16% 이상 증가하였고, 화물열차는 같은 시기에 3,744회에서 846회로 5분의 1 가까이 감소하였다. 이처럼 '민영화'의 의미가 현장에 서서히 침투하기 시작하였던 것이다.

1984년 이후의 이자채무비용은 1조 엔을 넘었고, 국철이 보유하고 있는 거액의 장기차입금은 최후까지 국철의 경영수지와 재정을 파탄시키는 요인으로 작용하였다. 1985년도의 영업손실은 2조 엔, 장기채무 잔고는 18.2조 엔, 연기분을 합하면 누적 장기채무는 실제로 23.5조 엔을 각각 넘어 철도 적자는 어느 항목을 보더라도 천문학적인 수준으로 늘었으며, 1986년도에는 25.4조 엔이 되었다.

1985년 6월 분할 민영화에 소극적이었던 국철 총재가 경질되고, 개혁에 적극적인 새로운 총재가 취임하였다. 이는 당시 나카소네(中曾根) 내각의 국철 개혁에 대한 리더십이 발휘되는 모습이었다. 7월에는 재건감리위원회의 최종 답신이 제출되었고 개혁에 적극적인 새로운 총재의 국철 내부에 '재건실시추진본부'가 설치되었다. 최종 답신에 의해 분할 민영화의 실현을 향한 기초가 만들어지기 시작한 것이다. 이듬해인 1986년에는 그룹의 편성과 새로운 회사조직체제가 결정되었고, 11월에는 국철 개혁 관련 8개 법안이 가결·성립되었다. 결국 국철은 1987년 3월 31일을 기해 폐지되었다.

7. JR체제의 출발과 신체제의 지지기구(1986년 체제)

1987년 4월 JR그룹(여객 6개사, 화물 1개사)이 출범하였다. 구 국철의 여객수송부문은 JR홋카이도(北海道), JR히가시니혼(東日本), JR도카이(東海), JR니시니혼(西日本), JR시코쿠(四国), JR규슈(九州)의 6개 회사로 분할되었고, 화물수송부문은 일본화물철도주식회사(JR화물)가 전국을 하나의 체제로 운영하게 되었다.

기업명	영업거리(km)	종업원 수(명)	기업명	영업거리(km)	종업원 수(명)
JR홋카이도	2,499.8	9,705	JR시코쿠	855.8	2,537
JR히가시니혼	7,538.1	60,832	JR규슈	2,101.1	8,401
JR도카이	1,983.5	20,915	JR화물	9,606.4	9,486
JR니시니혼	5,078	38,107			

*자료 : 《연감 일본의 철도》(각 연도), 철도저널사

또한 신칸센철도보유기구가 신칸센 4선의 시설을 보유하고 혼슈(本州) 3개사(JR히가시니혼, JR도카이, JR니시니혼)에 임대하는 방식으로, 그리고 JR화물은 여객 6개 회사가 보유하는 노선을 임대하여 화물수송을 수행하는 방식이 도입되었다. 쌍방 모두 상하분리방식의 도입이었다. 새로운 체제 하에서 발족한 것은 JR그룹 7개사 등 전부 11개 회사였는데, 이와는 별도로 국철청산사업단이 국철 과거 채무의 처리(국철 용지의 매각, 주식매각 등)와 구 국철 잉여인원의 재취업 등의 문제를 취급하는 조직으로 설립되었다.

신체제의 출범과 함께 철도사업에 적용된 법제도 새롭게 되어 국철 관련 일련의 법률은 폐지되었다. 1986년 제정된 철도사업법은 1919년 제정된 지방철도법(국철 이외의 철도사업에 적용)에 기초한 신법이며, 이것이 JR, 사철, 공영 등의 모든 철도사업에 적용되었다. 이 법은 철도사업을 제1종~제3종으로 구분하고 철도의 상하분리방식에 대응하는 법제도를 각각 규정하고 있다. 즉, 도로의 부설을 원칙으로 하며 궤도사업에 적용된 궤도법(1921년 제정)은 철도사업으로 통합되지 않고 그대로 남아있게 되었다.

JR그룹 7개 회사에 대한 운영 원칙은 혼슈(本州) 3개사의 자립채산 원칙, 3개 섬 회사(北海道, 四国, 九州)의 수지균형 원칙, JR화물의 회피가능비용 원칙의 3종류로 나누어졌다. 수송시장 환경이 좋지 않은 3개의 섬 회사에 대해서는 1.3조 엔의 경영안정기금이 준비되어 기금의 운용 이익에 의해 3개 회사의 영업손실을 보전하고 수지균형을 실현하는 원칙이 도입되었다. JR화물의 회피가능비용 원칙은, 여객 6개사에 지불하는 선로 사용료는 회피가능비용 규칙이 설정되어 영업 수입으로 선로 사용료와 영

업비를 조달하면 된다는 등 JR그룹 7개 회사 중 부담이 가장 적은(선로 사용료를 가능하면 싸게 하여 운영 부담을 줄임) 운영 원칙을 나타내고 있다.

국철 분할 민영화에 수반하여 새로운 체제로의 이행이 가져온 채무액 합계는 결국 37.1조 엔으로, 그 내역을 보면 ① 국철 장기채무 25.4조 엔, ② 철도건설공단·본사공단(本四公団) 채무 5.1억 엔(조에쓰(上越)신칸센 건설비 1.8조 엔, 세이칸(靑函)터널 건설비 1.1조 엔, 세토오하시(瀨戸大橋) 건설비 부담 0.6조 엔 등), ③ 경영안정기금 1.3조 엔, ④ 고용대책비 0.3조 엔, ⑤ 연금 부담 등 5.0조 엔이다. 또한 37.1조 엔의 분담 책임은 ① 청산사업단 할당분 25.5조 엔(국철 용지의 매각 수입 7.7조 엔, JR주식 매각 수입 1.2조 엔, 신칸센보유기구에 대한 채권 2.9조 엔, 국민 부담 13.8조 엔), ② 신칸센 보유기구의 자산 승계분 5.7조 엔(그 중 2.9조 엔은 청산사업단이 지불), ③ JR혼슈(本州) 3개 회사의 분담분 5.9조 엔과 같이 3개로 분할되었다.

8. JR체제의 정착과 혼슈(本州) 3개 회사의 완전 민영화(1990년대에서 21세기로)

새로운 체제로 출범한 1987년의 JR그룹 7개 회사의 경영성적 합계는 흑자로 좋은 출발을 보였다. JR그룹 전체의 흑자기조는 그 후에도 계속되어 2004년 현재까지 이르고 있다. 당초 흑자계상은 국철 개혁정책이 만든 공정대로의 결과라는 평가도 있지만 국철시대 말기에 당시 연간 2조 엔이 넘었던 거액의 영업손실이 해소된 성과는 대단한 것이다.

자립 채산을 운영원칙으로 하는 혼슈(本州) 3개 회사가 첫해부터 흑자경영을 실현해 그 후에도 건전 경영이 계속되었다는 것은 국철 개혁의 성공을 인상 깊게 하는 결과를 가져왔다. 특히 혼슈 3사의 경우 민영화 전에는 매년 반복되어 온 운임 인상이, 민영화 후에는 18년에 걸쳐 실시되지 않았으며(소비세 관련의 운임 개정을 제외) 지금까지 좋은 경영성적을 유지하고 있다.

3개 섬 회사(北海道, 四国, 九州)의 경우 새로운 체제의 발족 직후 JR홋카이도가 경영 적자가 되는 등 불안정한 현상을 보였지만, 경영안정기금 운용 수익의 투입으로 인해 영업손실을 보전하여 경상이익을 나타내는 운영방식이 점차 정착되었다. 대량 고밀도 운송시장의 혜택을 입지 못하는 3개 섬 회사의 경우 일본 경제의 버블현상이 붕괴된 1990년대에 흑자경영 달성이 곤란한 사태에 직면하게 되어 1996년에 운임 개정을 실시하였다(운임 인상률은 각 회사마다 다르다). JR화물의 경영은 그룹 가운데에서도 가장 어려웠는데 회피가능비용 원칙이라는 운영원칙에도 불구하고, 거품경제가 붕괴된 1990년에는 영업수익이 감소하였고, 흑자경영 달성은 어렵게 되었다.[10]

국철 분할 직후라는 얄궂은 운명이었지만 1988년 봄 세이칸(青函)터널해협선과 세토오하시(瀬戸大橋)가 완성되어 일본열도는 철도로 상호 연결되었다. 홋카이도, 혼슈, 시코쿠, 규슈를 연결하는 JR그룹의 상호 직통체계가 완성된 것이다.

또한 다음해인 1989년에는 7년간에 걸쳐 추진되어 온 특정지방교통선의 폐지가 마무리되었다. 폐지된 83개 노선 3,158km의 지방선 중 38개 노선은 제3섹터사업 등으로 양도되어 지방철도로서 다시 출발하였다. JR 발족 직후부터 표면화된 철도정책 초점의 하나는 신칸센 리스방식을 둘러싼 문제였다. 혼슈 3개 회사는 신칸센 자산을 보유하고 있지 않고 감가상각비의 비계상으로 기업 내부에 자산 축적이 불가능한 점을 들어 문제를 제기하였다. 이에 정부 측은 신칸센 매각 수입을 이용한 국철 채무를 상환하거나 철도 정비에 저리로 융자하는 기금제도를 만드는 것을 기획하였다. 1991년에는 신칸센 4개 노선(東海, 山陽, 東北, 上越)이 혼슈 3개 회사에 매각되어 그 매각 수입 9.2조 엔을 이용, 철도정비기금이 설립되었다.[11]

국철시대에 규제로 제한되었던 부대사업의 전개와 그룹 전개 등 사철업과 같은 다각적인 사업 전개가 JR 각 회사에 의해 급속하게 전개된 것은 국철 민영화가 가져온

---

10. JR화물은 1987년~1992년도의 5년에 걸쳐 흑자경영을 계속하였지만, 1993년~1997년에는 적자를 기록하였다. 그 후 경비절감 효과가 발휘되어 2000년도 이후에는 흑자를 계속 기록하고 있다

11. 철도정비기금은 1997년에 선박정비공단과 합병하여 '운수시설정비사업단'으로 조직을 개편하였고, 더욱이 2003년에는 일본철도건설공단과 합병하여 독립행정법인인 '철도건설 시설정비지원기구'로 다시 개편되었다. 즉, 국철청산사업단도 현재까지 국철청산사업본부로서 이 기구에 속하여 있다.

큰 변화였다. JR 각 회사는 주식 공개를 통한 민영화(민유화)가 실시되기 이전에 경영 면에서 사기업화에 적극적으로 변화하였다. 현재 여행업, 호텔업, 역 빌딩업, 터미널을 이용한 대규모의 소매업, 부동산업, 정보산업 등 여러 분야에 진출한 JR여객회사의 그룹 회사 수는 2004년을 기준으로 JR히가시니혼의 경우 100개 회사 이상, JR니시니혼의 경우 60개 회사 이상, JR도카이의 경우 약 30개 회사의 규모까지 확대되어 있다.

그런데 JR 본사 3개 회사가 소유 면에서 민영화(민유화)를 개시한 것은 JR히가시니혼의 주식이 상장된 1993년이다. 이 회사의 공개주식 매출 가격이 38만 엔이었는데, 시장에서는 60만 엔으로 자리매김한 것이다. 1996년에는 JR니시니혼의 주식 상장이, 1997년에는 JR도카이의 주식 상장이 각각 실시되었다. 그리고 JR히가시니혼의 완전 민영화는 2002년 6월에, JR니시니혼의 완전 민영화는 3월에 달성되었다.

9. 부의 유산으로부터의 탈피와 규제 완화의 시대 도래(2000년 이후)

JR여객회사의 순조로운 경영이 국철 개혁의 밝은 부분이라면 국철의 과거 채무와 잉여인원 문제는 어두운 부분이라고 할 수 있을 것이다. 과거의 채무는 거액의 차입금에서 발생한 것으로, 경제 버블기에 구 국철 용지를 고가로 매각하는 것을 정부가 제한하여(토지 가격의 상승을 더욱 유도할 가능성이 있었음) 채무 삭감의 절호의 기회를 놓쳤다. 뿐만 아니라 철도정비기금도 정비신칸센 등 대규모 투자에 대한 자금융자로 인해 국철 채무의 감액은 별로 진척되지 않았다.

1997년 채무 잔고가 28조 1,000억 엔에 달하자 정부는 JR회사 — JR여객 7개사 — 에 대하여 국철 과거 채무 3,600억 엔의 추가 부담을 요구하는 방침을 결정했다. 이 추가 부담 안을 둘러싼 JR 각사와 정부가 대립하여 1999년 JR도카이·JR히가시니혼이 반액으로 압축된 추가 부담을 받아들이기까지 1년 이상이 소요되었다. 국철 개혁과 관련한 여러 가지 정책 국면 중에서 가장 해결이 늦은 것이 바로 국철의 과거 채무 문제였다.

국철시대에 심각하게 대립한 노사분쟁이나 노노(노동조합간)분쟁이 함께 관련된 잉여인원 문제는 조합간의 이데올로기의 대립 문제가 많이 포함되어 있어 재고용에 관한 판단을 사법부의 판단에 맡기는 경우도 발생하였다. 분쟁의 대부분은 JR측의 승소로 결말이 났으며, 일본 사회에 있어서 사회주의 이데올로기의 후퇴현상과 분쟁 당사자들의 고령화로 인해 문제는 많이 잠잠해졌다.

이상과 같이 일본 정부가 실시한 전후 최대급의 개혁정책이라고 불리는 국철 개혁은 ① 관료적 경영으로부터의 해방, ② 정치적 개입으로부터의 해방, ③ 과거 채무로부터의 해방을 내걸고 국철 해체라는 가장 강력한 정책수단을 사용하며 실시되었다.

또한 이는 JR그룹의 흑자 전환이라는 큰 성과를 거두었기 때문에 1990년대 이후 여러 외국의 철도정책에 직·간접적인 영향을 미쳤다. JR여객회사의 운영을 상하 분리 방식이 아닌 상하 일체방식으로 추진한 점에 큰 특색이 있다. 상하 일체방식의 선택은 일본 철도 여객수송이 대량 고밀도 수송의 환경에 있다는 것을 반영하고 있으나, 다만 상하 일체적 운영 하에서 독립채산을 달성하는 것이 곤란한 3개 섬 회사(北海道, 四国, 九州)나 JR화물회사의 경우는 채산 달성을 위해서 독자의 규칙이 적용되는 점에 유의해야 한다.

21세기를 맞이하여 일본의 교통정책은 본격적으로 규제 완화의 시대를 맞이하였다. 2000년 3월 철도여객사업에 관한 진입 규제의 완화(면허제로부터 허가제), 운임요금 규제의 완화(허가제로부터 상한 인가제와 사전 신고제), 퇴출 규제의 완화(허가제로부터 사전 신고제로)가 실시되었고, 철도 화물사업에 대해서도 2003년 4월 거의 같은 내용의 규제 완화가 실시되었다. 수급조정 규제라고 불리는 수량 규제형(자연 독점형) 진입 규제의 철폐는 교통산업 전체에 걸쳐 실시되었으며, 운임과 요금 및 퇴출 규제도 이전에 비교해서 대폭 완화되었다.

규제 완화에 의해 JR여객회사는 국내 항공 수송이나 고속버스 수송과 유연한 경쟁 전략을 수립하는 것이 가능하게 되었다. 그러나 한편으로 대도시권의 통근수송에 관해서는 병행하여 운영되는 사철노선과의 수요 획득 경쟁이 격화되어 사철기업의 승객 감소를 유발하는 등 도시교통정책상의 새로운 문제를 가져왔다.

다카야마(高山)와 나고야(名古屋)를 연결하는 JR도카이(東海) 특급열차, 시라가와구치(白川口)역

10. 국철 운영난의 내부 요인 - 무엇을 고쳐야 했는가?

국철은 1872년 창설 이래 일본 사회의 근대화나 일본 경제의 발전에 큰 발자취를 남겼다. 하지만 제2차 세계대전 후 국철이 채산을 달성한 것은 앞에서 서술한 바와 같이 단기간에 불과하며, 심각한 경영상황과 천문학적인 수치의 누적 채무를 발생한 채 1987년 국철은 해산되었다.

그 경위와 국철 개혁을 둘러싼 정책적인 논점은 이상에서 살펴보았는데, 여기서는 마지막으로 '국철이 왜 경영난에 빠지게 되어 돌이킬 수 없는 상태로 되었는가?'에 대한 원인과 이유를 조명해 보고자 한다.

국철 경영난과 재정난에는 몇 가지 원인과 요인이 지적되고 있는데, 이는 외적 요인과 내적 요인으로 나눌 수 있다(물론 양자간에는 상호 작용이 있다).

그동안 ① 인건비 문제, ② 지방선 문제, ③ 화물수송의 부진, ④ 차입금의 의존 등 4가지가 지적되어 왔다.

① 인건비 문제는 국철 직원의 임금 수준이 사철 등에 비해 높은 것이 원인이 아

니었다. 국철 운영난이 진행된 시기의 국철 직원의 평균 연령이 매우 높았다는 것과 수송의 국철 이용 감소로 인해 업무량이 감소했다는 것이 노동생산성 감소의 핵심이었다.

〈표 1-12〉는 국철과 민철 사이에 노동생산성 격차가 얼마나 큰가를 보여주는 자료이다. 자료는 양자의 격차가 크다는 것을 보여주고 있을 뿐만 아니라 국철 개혁 후의 격차가 급격하게 축소되고 있음을 보여주고 있다.

〈표 1-12〉 국철과 민철의 직원 1인당 생산성의 추이

연도	국철(JR)			민철(사철, 공영철도 등)		
	수송량 인·톤·km(억)	직원 수 (천명)	직원 1인당 인·톤·km(만)	수송량 인·톤·km(억)	직원 수 (천명)	직원 1인당 인·톤·km(만)
1970	2,518	460	547	1,001	115	870
1975	2,616	430	608	1,093	106	1,031
1980	2,298	414	555	1,221	101	1,209
1985	2,189	277	790	1,331	100	1,331
1990	2,644	193	1,370	1,503	103	1,459

*자료 : 가쿠모토 료헤이(角本良平), 《철도와 자동차-21세기를 향한 제언(鉄道と自動車-21世紀への提言)》, 1994, p.92

〈표 1-13〉 국철 경영에 있어서 지방선과 간선의 격차(1985년도)

구분	영업거리 (km)	수송량 (억 인·톤·km)	수입 (억 엔)	경비 (억 엔)	손실 (억 엔)	평균 수송밀도 (인·일·km)	인·톤 ·km당 손실 (엔)
지방선	9,545 (42%)	85 (4%)	1,980 (5%)	8,028 (15%)	6,048 (34%)	2,303	71.13
간선	13,410 (58%)	2,113 (96%)	34,907 (95%)	46,753 (85%)	11,846 (66%)	39,983	5.61

*자료 : 《일본국유철도감사보고서(日本国有鉄道監査報告書)》(1985년도)

② 지방선은 1983년 이전에는 국철 영업거리의 거의 반을 차지하였고, 간선으로서 내부 보조에 의해 유지되어 왔다. 1983년부터 지방선의 폐지가 급격하게 진행되었지만, 〈표 1-13〉의 자료에서 알 수 있듯이 지방선은 영업거리가 장거리임에도 불구하고 국철 수송량의 4%를 차지하는 것에 불과한데 국철 적자의 34%의 원인을 차지하고 있다.

정부는 1976년부터 지방선에 대한 공적 보조를 개시했지만, 보조액은 손실액 수준에 크게 못 미쳤다.[12]

지방선의 많은 부분은 원래 적자 발생이 불가피한 노선으로 국철 경영난이 진행된 단계에서 폐지의 자유를 국철에 부여하든가, 아니면 존속을 전제로 하는 경우 적자 보전을 위해 공적 보조가 행해질 필요가 있었다. 1968년 이래 국철이 세 번에 걸쳐 제안한 지방 적자선의 폐지 계획은 정치시스템 주도로 저지되었다. 그럼에도 불구하고 충분한 적자 보전을 위한 조치를 강구하지 않은 책임은 정부 측에 있었다.

③ 화물수송의 부진은 손실 발생액의 크기에서 보면 가장 큰 적자 요인이었다. 전후의 국철 화물수송은 수송력 부족을 원인으로 하는 대량의 체화 발생 → 대규모 설비투자에 의해 수송력 부족의 경감 → 경쟁시대의 도래(화주의 국철 이용 감소) → 화물수송 근대화의 지체(야드 수송방식의 고집, 파업에 대한 신뢰성 감소) → 국철 화물수송의 붕괴라는 과정을 거쳤다.

④ 1960년대 후반에 국내 화물수송(톤·km 기준)의 30% 이상을 담당하는 해운에 이어 제2의 수송을 분담한 국철 화물수송이 1985년도에는 겨우 5% 수준에 머물렀다. 이 원인은 일본의 산업구조에 있어서 공업구조의 변화(중후하고 장대한 형으로부터 경박 단소로)라는 외부적인 요인과 관계가 있지만 그것 이상으로 국철 자신이 수송서비스의 고품질화의 중요성을 낮게 평가하였고, 또한 매년 반복된 파업에 의한 화물열차의 운휴가 주요 화물운송을 트럭으로의 전환을 가속화시켰다.

국철은 직송 운송방식과 비교하여 품질이 열악(화물수송의 대부분이 도착일시가 불분명)하여 비용이 4배에 가깝게 드는 야드계 수송방식을 장기에 걸쳐서 계속하였다. 〈표 1-14〉의 자료에서 알 수 있듯이 1985년의 국철 화물수송은 개별비를 기초로 하여 보면 비용이 수입의 2배에 가깝고, 총원가 기준으로서는 비용이 수입의 4배가 넘는 어려운 현실에 있었다.

---

12. 1970년부터 지방교통선특별교부금이 개시되었는데, 1976년~1986년도의 지방교통선 적자액 총액 규모가 4조 3,750억 엔인데 비해 11년간 교부된 보조금 총액은 8,576억 엔으로, 적자액의 19.6% 수준에 머무르고 있다.

시모노세키(下関)역의 생선수송

〈표 1-14〉 국철 경영에서 화물수송의 위치(1985년)

(단위: 억 엔)

구분	수입	원가			손익		영업계수	
		개별비	공통비	총원가	개별비	공통비	개별비	총원가
화물	1,983	3,635	4,387	8,022	-1,652	- 6,039	183	404
여객	30,313	25,322	14,283	39,605	4,991	- 9,292	84	131
신칸센	12,490	10,079	104	10,183	2,411	2,307	81	82
재래선	17,823	15,243	14,179	29,422	2,580	-11,599	86	165
철도 합계	32,296	28,957	18,670	47,627	3,339	-15,331	90	147
국철 합계	37,346			55,824		-18,478		149

*자료 : 《일본국유철도, 민영화에 이르는 15년(日本 国有鉄道, 民営化に至る15年)》, 2000년, 성산당, p.46

차입금 의존 체질은 국철 문제 최대의 본질적인 부분을 나타내고 있다. 국철의 적자액이 아무리 크더라도 국철의 운영이 '(수입 + 공적 조정) ≧ 지출'의 기본 원칙을 지켰다면 국철 경영이 파탄에 이르지는 않았을 것이다. 그러나 실제로 국철 경영은 수입과 공적 조성금으로는 충당이 불가능한 손실액을 차입금으로 보전하고, 차입금과 지불 이자를 포함한 결손액을 다음 연도로 다시 이월시키고, 여기에 다음 연도의 영업손실을 가산한 손실액을 다시 차입금으로 충당하는 방식인 이른바 '자전거 조업'을 계속하였다.

원래대로 보자면 1960년~1970년대의 대규모 설비투자계획이나 1970년~1980년의 수차에 걸친 국철 재정 재건계획의 실패가 국철 적자를 증가시켜 장기채무의 누적을 불러오는 원인이 되었지만, 이것만으로 국철 말기에 나타난 상식을 벗어난 채무의 잔고까지는 이르지 않았을 것이다. 종업원의 급여(국가 공무원에 준한다)를 차입금에 의존해 지불한 사례에서 알 수 있듯이 말기의 국철은 기업으로서의 당사자 능력을 상실하고 있었다. 또 당사자 능력을 상실한 국철에 자금제공을 계속한 금융기관 등 융자 측의 행동도 거대한 누적 채무를 가속시키는 원인이었다.

도산의 경우 차입으로 인해 파산에 이르는 사기업과는 달리 공공기업체의 경우 최종적으로 정부가 책임을 지는 채무는 국민 부담에 의해 보전된다는 안전 신화가 돈을 빌리는 측과 빌려준 측 쌍방에 함께 인식되었던 것이다. 일본에서는 이를 안전 신화(아무리 예산을 쓰더라도 정부가 최종 책임을 지고 뒷받침한다는 안이한 사고방식)라고 부른다. 차입금에 대한 의존 체질은 이러한 종류의 일본 문화와 관련이 있다.

11. 국철 운영난의 외부 요인 – 누가 국철 경영 재건을 방해했는가?

몇 가지의 외부 요인도 국철의 경영 파탄현상과 밀접한 관련을 가지고 있다. 이는 ① 급격한 시장경쟁의 진전(시장적인 요인), ② 규제정책이 가져온 내부 보조 의존(행정적인 요인), ③ 공공기업체를 둘러싼 일본적인 환경(정치·문화적인 요인)의 3가지가 중요하다.

①의 시장적인 요인은 1960년 후반부터 시작된 일본 교통시스템의 급격한 구조 변화 현상과 깊은 관련이 있다. 교통의 경제적인 현상은 선진제국이 같은 경험을 가지고 있는데, 일본의 경우 경쟁화현상의 시작은 늦었지만 변화의 속도가 빨랐다는 특징이 있다. 일본의 교통시스템은 1980년 초반에는 완전히 경쟁형으로 바뀌어, 1960년~1970년대의 국철 수송의 장래 예측이나 수요 예측은 큰 오차를 발생시켜 이에 기초한 과대한 설비투자계획과 재정 재건계획은 예상을 크게 빗나갔다. 이러한 원인의 하나로 교통시스템의 변화 정도가 컸다는 점과 또한 변화의 속도가 매우 빨랐다는 것을

들 수 있다.

②의 행정적인 요인은 전후 일본의 운수정책이 전통적인 자연 독점형 규제체계에 의존해서 실시되어 왔다는 것을 나타내고 있다. 교통산업에 대해서 엄격한 경제적인 규제를 실시해 교통기업에 대해서는 내부 보조에 기초한 운영원칙을 중시한 운수정책이 결과적으로 국철 경영에 대한 역풍으로 작용한 것이다. 내부 보조 중시의 운수정책은 지방 적자선의 버스 전환이나 국철 화물수송의 축소·합리화를 늦추었을 뿐만 아니라 더욱이 비채산부문에 대한 공적인 지원조치를 불충분하게 머무르게 하는 요인으로도 작용했다. 이러한 점에서 선진제국의 교통정책이 경쟁의 진전에 수반하여 조기에 내부 보조를 억제하고 기업과 공적 부문간의 책임분담, 비용분담규칙을 명확히 한 것과는 명백하게 대조적이었다.

내부 보조에 기초한 교통기업 경영은 공공교통의 경쟁력을 감소시켰지만, 일본에서는 오늘날에 있어서도 내부 보조에 관용적인 운수정책이 계속되고 있고, 규제 완화가 실시된 현재에도 복지 목적이나 통학 정기운임 등 공공할인 운임에 대해서는 공적인 보조는 거의 실시하고 있지 않다.

③의 정치·문화적 요인은 공공기업체를 둘러싼 일본의 문화·정치적인 풍토의 요인을 들 수 있다. 전후의 국철이 관업뿐만 아니라 독립채산제를 전제로 하는 공공기업체로서 발족했음에도 불구하고 일본의 정치나 행정은 국철에 여러 가지로 개입해 국철에 대해 기업으로서의 당사자 능력을 빼앗고, 관업이었다면 아마 실시하지 않으면 안 되었던 재정지원과 공적인 보조를 태만하게 하여 국철 재정을 파멸로 이끈 원인을 제공하였다.

국민도 또한 그러한 무책임한 상황을 엄격하게 감시하지 않았을 뿐만 아니라 지방 적자선의 폐지계획을 포기하게 하거나, 필요한 운임 인상을 인위적으로 억제하려고 하는 정치적인 개입을 오히려 지지하는 측에 서서 국철 경영 개선이라는 어려운 문제를 방치하는 데 일조하였다.

어려운 문제를 연기시켜 파탄의 직전까지 문제를 방치시킨 현상은 일본의 문화적인 풍토와 깊은 관련이 있다. 종전 직후 점령 하에 있었다고 말할 수는 있지만 관업도, 사기업도 아닌 공공기업체라는 경영 형태를 국철에서 도입한 결과 공공기업체가 발휘해야하는 장점 — 공공성과 기업성의 양립 — 이 거의 실현되지 않았고, 반대로 관업과 사기업에서도 일어날 수 없는 최악의 경영 파탄을 가져오고 말았다. 이는 일본의 정치나 행정이 국철에 대해서 여러 가지 불가능한 것을 강요한 결과이며 국철의 당사자 능력을 서서히 빼앗았을 뿐만 아니라, 어려운 문제를 미루어 무책임한 체제를 장기간에 걸쳐 방치한 현상을 초래하였다. 이 무책임한 체제는 오늘날에 있어서도 국철의 과거 채무 처리를 미루는 현상으로 계속되고 있으며, 이 문제에 대한 국민의 감시 소홀의 상황 또한 계속되고 있다.

제2장

철도정책

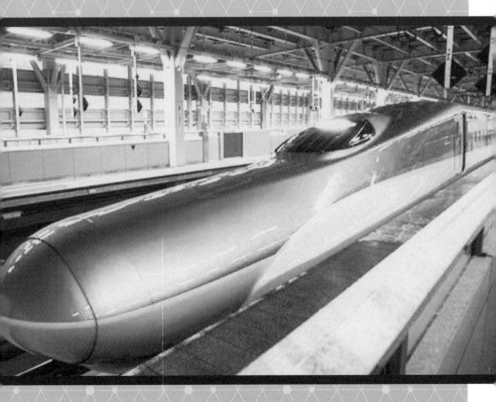

홋카이도 정비신칸센(2016년 3월 26일 개통)

철도네트워크의 발전과 기능

이용상

1. 초기 철도정책과 변화

일본 철도는 140년이 넘는 역사를 통하여 근대화를 추진하는 큰 역할을 수행해 왔다. 원래 철도 교통수단은 자본주의체제의 성립기에 공업원료나 제품의 대량 고속수송을 위해서 만들어진 것이다. 그러나 일본에 있어서 그러한 조건이 성립하기 전에 사회 전체의 후진성을 극복하기 위한 '이기(利器)'로써 도입되었다.

따라서 일본 철도는 그 도입 당시부터 서구 근대문명의 흡수와 모방을 축으로 하는, 이른바 '문명개화'의 추진기능을 기대하였으나 결과는 이에 머무르지 않고, 사회시스템의 변혁과 이용자의 의식을 크게 변화시켰다. 더욱이 철도의 수송기능은 자본주의 경제체제의 정착이라는 도입 당시에는 예측하지 못한 큰 효과를 가져왔다.

일본 철도의 특징은 먼저 '근대화의 견인차'라는 것을 들 수 있다. 실제로 철도 도입 당시 일본의 상황이나 도입 후 1세기가 넘는 흐름 속에서 철도의 역할을 보면 다양한 기능을 수행한 것을 알 수 있다.

일본 철도는 유럽 선진제국 중 특히 영국의 경우와 완전하게 다른 동기로부터 출발하여 그 사명이나 역할은 단순히 경제적인 역할에 머무르지 않고, 시민사회의 성립이라는 넓은 범위까지 영향을 미쳤다.

더구나 일본은 철도 도입으로부터 약 30년 만에 레일이나 기관차의 완전한 자급 환경을 실현해서 기술을 자립화하였다. 더욱이 일본 철도는 그때까지 서구 선진제국의 철도가 가지고 있었던 역할과 국경을 초월한 경제지배권의 확대, 이른바 제국주의체제 성립을 촉진하는 역할을 함께 담당하였다.

이러한 철도는 부설 초기부터 1945년까지 그 골격이 이루어졌는데 이를 정리해 보면 다음과 같다.

철도건설이 활성화된 창시기부터 1945년까지의 시기를 구분해 보면 창시기와 철도국유화기, 철도 확장기, 전쟁 시기 등으로 크게 구분할 수 있다.

일본 철도의 체계적인 이해를 위해 다음과 같은 틀로 정리해 보았다. 철도는 국가산업이며 역사적인 특성상 정치과정 및 국가정책과 밀접한 관련이 있다. 또한 이러한 환경적인 요인과 철도정책, 관료의 성격에 따라 상호 연관을 가지게 된다. 이러한 철도정책의 산물로 법과 제도, 조직, 경영형태, 기술과 문화 등으로 성격이 규정되며 결과적으로 경영성적과 수송량으로 나타나게 된다. 이를 정리해 보면 다음과 같다.

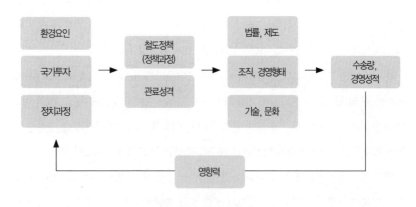

〈그림 2-1〉 일본 철도의 설명 틀

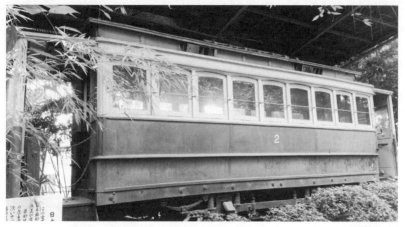

교토 최초의 전차

도쿄역(1914년 완공)

이러한 설명 틀에 따라 시기적으로 일본의 철도를 분석해 보면 먼저 시기별 환경적인 요인과 정부정책, 철도정책을 〈표 2-1〉에서 살펴보고, 두 번째로는 설명요인으로 변화내용을 〈표 2-2〉에서 설명하였다.

먼저 철도와 관련된 환경 변화와 정부정책을 보면 1890년에서 1899년까지는 청일 전쟁 시에 군사수송을 위해 철도가 이용되었다. 일본 정부는 중앙집권과 근대화를 철

	창시기~1889년	1890년~1899년	1900년~1912년
환경적 요인	1868년 메이지유신	1894년 청일전쟁	1902년 영일동맹 조약체결 1904년 러일전쟁(1904년~ 1906년 철도의 군사수송) 1904년 철도군사공용령 공포 1910년 한일합방
정부정책	중앙집권, 근대화	군사수송 개시	1900년 경부철도 부설 명령서 (1901년 경부철도주식회사 설립) 1903년 경부, 경인 양 철도회사 합병 1906년 경부철도 매수법 1911년 신의주~안동 간 개통 (조선철도와 만주철도의 직통 운전 개시)
철도정책	근대화 촉진 1872년 신바시~요코하마 개통 1880년 공무성 가마이시(釜石)철도 개통 1880년 관영 호로나이(幌内)철도 개통 1881년 최초 일본 사철 창설	사철건설	전쟁에 기여 철도 국유화
영업거리	150km(국철 1880년)	국철 984km, 사철 1,305km (1890년)	국철 7,838km, 사철 823km (1910년)

	1913년~1926년	1927년~1934년	1935년~1944년
환경적 요인	1919년 제1차 세계대전 종전 1923년 관동대지진에 의해 철도 피해	1931년 만주사변 1936년 2·26사건(청년군에 의한 반란)	1941년 태평양전쟁 개전
정부정책	철도 확장 1918년 정우회	1927년 시베리아철도를 경유해서 유럽국제철도운송 부활 1934년 만철, 대련~신경 간 아시아호 운전 개시	산업용 철도를 중심으로 군사적 목적으로 사용, 전시 매수 사철 지정(1941년)에 의한 국철도 군사 목적으로 사용(1941년 개정 육운통제법)
철도정책	정치(정당정치)에 의한 철도 노선 결정 수송량 확장(건주개종) 개주건종(개량을 건설보다 우선)	사철 발전 1927년 도쿄지하철 개통	1940년 육운통제령 공포
영업연장	국철 10,436km, 사철 3,209km (1920년)	국철 14,575km, 사철 7,018km (1930년)	국철 18,400km, 사철 6,888km (1940년)

<표 2-2> 일본의 철도(변화 내용)

		창시기~1889년	1890년~1898년	1900년~1912년
철도 책임자 출신		해외유학 후 관료	해외유학 후 관료	정치가, 관료
설명 요인 (1)	법률	1887년 사철철도 조례 공포	1892년 철도부설법 공포	1900년 철도영업법 1906년 국유철도법 1910년 경편철도법 1911년 경편철도보조법 1912년 신바시~시모노세키 특별열차
	제도	1872년 철도약칙 공포	1892년 철도청 내무성으로부터 통신성으로 이관 1893년 철도청의 철도국으로 개칭, 통신성의 내국으로 위치	1908년 철도원 설립
	사철	1887년 사철철도 조례		1907년 철도국유법에 의해 사철의 국유화 완료
설명 요인 (2)	운용	관설, 사설		국유, 사철
	조직	1877년 공무성에 의해 철도건설(철도료 폐지)		1907년 제국철도청 설치 1908년 철도원 설치
	문화	여행		철도역 개발
	기술	1875년 고베공장에서 객화차 조립, 제작(영국으로부터 수입)	1895년 교토전기철도 개업(최초의 전기철도이며 노면전차)	1904년 오사카시 전철, 2층 차량 등장 1904년 자동신호기 1912년 영국으로부터 수입한 8700형, 독일로부터 수입한 8800, 8850형 개시, 미국으로부터 수입한 8900형 기관차 운행 개시
	영향력	1889년 도카이도선 신바시~고베 개통. 농업, 상업	1891년 우에노~아오모리 도호쿠 전선 개통(일본철도주식회사)	1913년 도카이도 본선 전체 복선화. 문화, 농업, 상업

철도 책임자 출신		1913년~1926년	1927년~1934년	1935년~1944년
		관료, 정치가	관료, 정치가	관료, 정치가, 군인
설명 요인 (1)	법률	1919년 지방철도법(사철철도법과 경편철도법 통합)	1930년 철도영업 메타법 도입, 육군통제법 공포	1938년 사유철도, 버스회사 통합 '육상교통사업조정법' 제정
	제도	1921년 국유철도건설규정	1928년 철도성 관제 개정 (육군감독권을 철도성에 이관)	1939년 철도간선조사위원회 설치
	사철	1919년 사철철도법과 경편철도법 통합		사철 합병 후 국철로 매수
설명 요인 (2)	운용			
	조직	1920년 철도성 설치	1930년 철도성 국제관공국 관제	1943년 운수통신성 설치 (철도성, 체신성 폐지)
	문화	여가활동	역의 기능 강화	전쟁
	기술	1924년 건널목 경보기 1925년 객차의 자동연결기 부착	1927년 지하철 ATS 사용 1929년 디젤 기관차 시운전	1936년 남해철도에서 냉방차 등장
	영향력	1923년 도쿄~시모노세키 3등특급열차. 인구 변화	1934년 단나터널 완성. 도시발전	1938년 조선해협터널 지질조사 개시. 기술

도를 통해 추진하였다. 1890년에서 1912년까지는 1904년 러일전쟁 그리고 1906년의 철도국유화와 함께 철도의 성격이 제국주의의 수단으로 변화하였다. 1906년 남만철도주식회사의 설립과 같은 해에 경부철도를 국유화하였다. 1913년에서 1926년 사이에 제1차 세계대전이 있었고, 1923년 간토대지진의 피해와 다이쇼민주주의 시대에 정우회의 지방철도 부설정책으로 인해 철도망이 확장되었다. 1919년 지방철도법 제정 이후 1931년 만주사변으로 1932년 만주국이 설립되었고, 철도망이 확장되는 시기였다. 1935년에서 1944년 일본 철도는 중일전쟁과 제2차 세계대전으로 1941년 육운통제령이 공포되었다(〈표 2-1〉 참조).

법과 제도의 변화를 보면 1872년 철도약칙 공포, 1887년 사설철도 조례 제정 그리고 정부의 자금 부족으로 사설철도가 1881년 부설되었다. 1881년 사설철도 붐, 그 후 1892년 철도부설법이 제정되었으며, 1906년 철도국유화법에 의해 1910년에 전국 철도의 90%가 국유철도에 흡수되었다. 1919년에 지방철도법, 1921년에 궤도법이 각각 만들어졌다. 1938년에 사유철도와 버스회사를 통합한 '육상교통사업조정법'을 제정하

였고, 1939년에 철도간선조사위
원회를 설치하여 탄환열차계획
을 수립하였다.

조직의 변화를 보면 1877년
공무성에 의해 철도가 건설되었
고, 1907년에 제국철도청, 1908
년에 철도원이 설치되었다. 이어
1920년에 철도성이 출범하였고,
1943년에 운수통신성으로 통합
되었다.

도쿄역 준공(1914년)

기술의 발전을 보면 1875년 고베공장에서 영국에서 수입한 객화차를 조립·제작하
였다. 1895년에 교토전기철도가 개업되어 최초로 노면전차가 운행되었다.

1904년에 오사카시 전철이 운영되기 시작하였고, 2층 차량이 개발되었다. 점차 기
술발전으로 차량이 국산화되었고, 자동화된 신호기 등이 등장하였다.

철도가 가져온 변화로는 철도를 통해 역 개발과 여행이 활성화되었다는 점이다. 아
울러 사설철도도 함께 발전하여 터미널 개발, 유원지 개발 등 새로운 사설철도 모델이
생기게 되었다. 철도네트워크의 향상과 속도 향상으로 이동시간이 짧아지면서 역 중

〈표 2-3〉 일본에서의 철도 영업거리의 증가 상황

(단위 : km, %)

	국철	사철	합계	증가	
				km	비율
	km	km	km	km	%
1910년 3월 말	7,442.2(1)	814.0(1)	8,256.2		
1925년 3월 말	12,147.8	4,595	16,742.8	8,486.6	102.8
1930년 3월 말	14,151.9	6,513	20,664.9	3,922.1	23.4
1935년 3월 말	16,535.1	7,088	23,623.1	2,958.2	14.3
1940년 3월 말	18,297.5	5,775	24,072.5	449.4	1.9
1945년 3월 말	20,056.3(2.69)	5,608(6.89)	25,664.3	1,591.8	6.6

*자료 : 선교회(1986), 《조선교통사》, p.92

<표 2-4> 수송량

(단위 : 백만 인, 천 톤)

연도	여객수송량	화물수송량	비고
1904	196	19,562	1904~1905
1905	248	21,875	러일전쟁
1906	295	25,141	
1907	345	23,892	
1908	389	26,832	
1909	443	27,016	
1910	532	29,013	한일합방
1911	659	35,032	
1912	700	38,373	
1913	781	42,443	
1914	815	42,247	
1915	862	43,589	1914~1918
1916	915	52,216	제1차 세계
1917	1,167	61,235	대전
1918	1,358	67,284	
1919	1,694	76,141	
1920	1,794	72,116	
1921	1,979	73,118	
1922	2,214	82,483	
1923	2,315	84,054	
1924	2,556	91,589	
1925	2,631	93,967	
1926	2,744	105,437	
1927	2,675	112,274	
1928	2,809	115,532	
1929	2,985	113,595	세계 공황
1930	2,943	95,503	
1931	2,774	89,720	만주사변
1932	2,675	90,963	
1933	2,809	104,444	
1934	2,985	114,090	
1935	3,125	119,705	
1936	3,335	129,675	
1937	3,630	140,896	중일전쟁
1938	4,221	155,363	
1939	5,096	173,895	
1940	5,985	191,725	
1941	6,882	199,305	제2차 세계
1942	7,319	208,858	대전
1943	8,237	228,313	
1944	8,653	196,563	

*출처 : 일본 <철도통계연보> 참조

심의 삶의 패턴 정착과 각종 산업과 상업이 발전하였다. 철도선로 중심으로 인구가 증가하였고, 1938년에는 조선해협터널 지질조사를 실시하였다(⟨표 2-2⟩ 참조).

이에 따른 철도 영업거리와 수송량의 변화를 보면 철도망이 1910년~1925년 사이에 2배로 확장된 것을 알 수 있다. 이는 앞에서 설명한 지방철도법과 철도성의 설립 등으로 적극적인 철도정책에서 기인한 것이었다. 수송량과 화물의 경우 환경적인 요인에 많이 좌우되어 1929년의 경제공황의 경우에는 수송량이 감소하고, 전쟁 수행 시에는 수송량이 증가하는 양상을 보였다. 여객의 경우도 1910년~1925년 그리고 1930년 중반 이후 크게 증가한 것을 알 수 있다. 이는 철도망의 확장과 전쟁 등의 요인에서 기인한 것이다(⟨표 2-4⟩ 참조).

2. 철도망의 변화

일본의 철도노선은 사철의 발달과 철도 국유화 그리고 지방철도의 발전과 전국을 고속철도망으로 연결하는 정비신칸센 건설 정책에 의해 확장되어 왔다. 이를 시기별로 철도망의 변화를 보면 다음과 같다.

먼저 1880년의 경우 4개 구간의 국철과 사철이 상호 독립적으로 발달하였다

1900년의 경우 사설철도 붐과 함께 철도부설법으로 간선철도망이 완성되었다. 5대 간선사철과 관설철도가 부설되어 일본의 철도망은 어느 정도 골격을 갖추게 되었다. 1900년의 국철은 1,528.3km, 사철은 4,674.5km로 운영되었다.

1920년의 경우 지방철도법의 제정 등으로 전국적으로 철도망이 확대되었다.

1920년 철도망은 국철이 10,427.9km, 사철은 5,645.2km(궤도 포함)로 큰 폭으로 증가하였다.

1940년의 경우 철도망이 더욱 확장되어 간선과 지선의 역할체계가 분명해졌다.

1960년의 경우에는 철도네트워크에서 지방철도망이 더 많이 부설되었고, 도시권의 수요가 적은 사철이 폐지되었다. 1960년에는 국철이 20,481.9km, 사철이 7,420km의

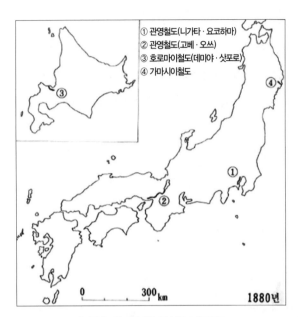

① 관영철도(니가타·요코하마)
② 관영철도(고베·오쓰)
③ 호로마이철도(데미야·삿포로)
④ 가마시이철도

0   300 km

1880년

〈그림 2-2〉 1880년 일본 철도네트워크

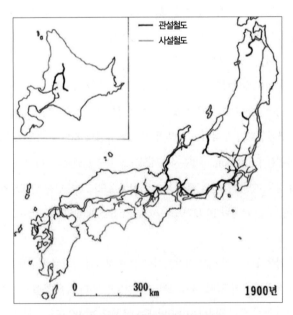

━━ 관설철도
━━ 사설철도

0   300 km

1900년

〈그림 2-3〉 1900년 일본 철도네트워크

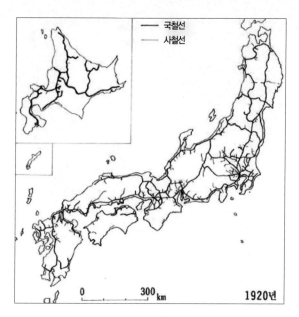

〈그림 2-4〉 1920년 일본 철도네트워크

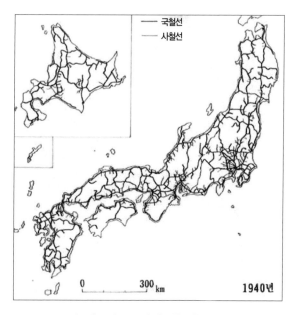

〈그림 2-5〉 1940년 일본 철도네트워크

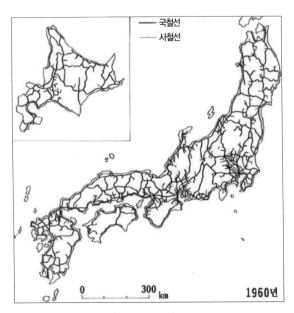

〈그림 2-6〉 1960년 일본 철도네트워크

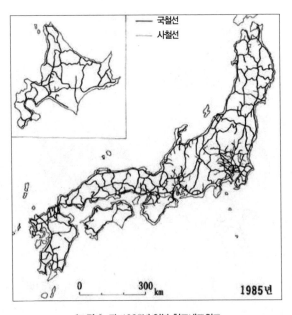

〈그림 2-7〉 1985년 일본 철도네트워크

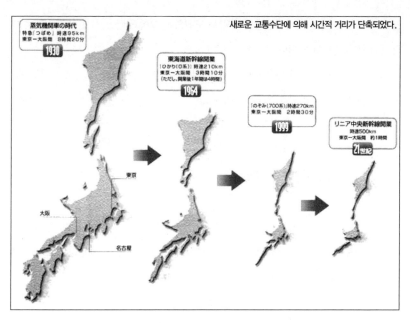

<그림 2-8> 속도 향상에 따른 국토의 변화

<표 2-5> 1950년대 이후 철도망의 변화

	국철(km)	사철(km)	합계(km)
1950년	19,786	7,616	27,401
1960년	20,482	7,420	27,902
1970년	20,890	6,214	27,104
1980년	21,322	5,594	26,916
1986년	19,639	6,143	25,782
2013년	20,127(JR 6개사)	6,635(사철 149개사)	26,762

철도망을 보유하였다.

1985년의 경우 지방철도의 경영 악화로 영업이 정지되는 노선이 증가되었다. 국철의 영업거리는 큰 증가가 없었다. 1985년에 국철 영업거리는 20,789km였다.

일본 철도의 네트워크 확장과 함께 열차운행속도가 증가하여 국토는 〈그림 2-8〉과 같이 축소되었다. 교통학에서는 이를 시간-공간지도(Time Space Map)라고 하는데

2027년 개통 예정인 리니어신칸센의 경우 도쿄와 나고야 구간을 시속 500km로 주행하면 40분에 도달하게 된다.

1950년 이후의 철도망 확장의 변화에서 주목해야 할 것은 신칸센의 건설이다. 1964년 신칸센 개통과 정비신칸센의 건설이다.

3. 철도정책과 철도의 기능

일본 철도의 특징은 철도망의 건설과 함께 산업발전, 관광, 지역균형개발 등의 기능을 수행하였다. 또한 역사적으로 철도가 군사적인 목적으로 많이 사용되었고, 세계에서 찾아볼 수 없을 정도로 사철이 발달하였다는 것이다.

이러한 철도의 다양한 기능은 일본의 철도정책에서 잘 나타나고 있다.

일본 철도정책의 변화과정을 살펴보면 다음과 같다.

철도 도입기부터 1910년까지 철도는 근대화와 중앙집권을 위한 수단으로 자리 잡았다. 1910년~1940년 사이에는 철도 국유화와 간선철도망의 완성, 전쟁 수행 그리고 지방철도가 만들어지면서 간선과 연결되어 철도망이 전국적으로 확산되었다. 1960년대~1970년대에는 지역으로 철도가 확산되어 철도네트워크의 전성기를 맞이하면서 한편으로 지방철도의 경영이 어려워지는 시기가 도래하였다. 1970년대 이후에는 신칸센이 본격적으로 부설되고 지역균형발전 개념의 도입으로 정비신칸센이 도입되었다.

〈표 2-6〉 일본의 철도정책 변화과정

연대	철도정책
19세기 후반~1910년	근대화와 중앙집권을 위한 수단
1910년~1940년대	철도 국유화, 간선철도 완성, 전쟁 수행, 간선과 지방철도 연결
1960년~1970년대	철도를 통한 국가 개조의 철학, 지방철도 확산
1970년대 이후	정비신칸센 건설로 전국적으로 고속철도망 확대
1987년 이후	철도 민영화, 관광 상품 등 다양한 개념의 철도 등장

에노시마전철

철도망의 부설과정을 보면 1870년에 사철 4개 선과 1892년 철도부설법으로 3,219km로 확장되었고, 1923년 제2차 철도망 계획이 지선의 확장 중심으로 149개 노선 10,218km, 1936년 17,422km로 철도망이 확장되었다. 그리고 8개 횡방향 본선도 만들어졌는데 도쿄와 교토, 나고야를 연결하는 도카이도 본선이 그 중심에 있었다. 주요

〈표 2-7〉 철도노선의 건설배경

구간	건설 시기	배경
도쿄~요코하마	1872년	도쿄~교토 간의 지선으로 간선 건설의 시험적인 의미, 수도와 인접 항구
우에노~다카사키		도쿄~교토 간의 간선의 지선
오사카~고베	1874년	
오사카~교토	1877년	
와카마쓰~나오카타(25km)		석탄수송
군마와 도치기현 연결 료모철도	1890년대	생산된 견직물을 요코하마로 연결
홋카이도 탄광철도		
산요철도, 규슈철도		국토 종관철도
간사이철도(오사카 연결)		도시연결철도
대부분 지방철도노선	1920년대	지방철도망 확충
신칸센	1964년 이후	간선
정비신칸센	1970년대	간선과 지역균형발전
리니어신칸센(도쿄~나고야)	2027년 완공	재해를 대비한 복수노선(신칸센) 기술개발, 지역개발

한 노선의 건설배경은 〈표 2-7〉과 같이 초기에는 석탄수송, 점차 도시간 연결과 지방의 연결, 1970년 이후에는 지역균형발전을 염두에 두고 노선이 확장되었다.

한편, 철도의 역사를 새롭게 바꿀 2027년 개통을 목표로 하고 있는 리어니신칸센의 건설은 기존 도카이도신칸센이 포화되어 새로운 노선이 필요하게 되었다. 이는 신칸센이 재해를 입을 경우 안전을 위한 또 하나의 철도망으로 기능하며, 신칸센의 노후화에 대비한 새로운 기술의 실현 그리고 중부지역을 통과하기 때문에 지역균형개발을 배경으로 하고 있다.

〈표 2-8〉 초기 산업수송철도의 예

구간	연도	산업과 관련된 사항
와카마쓰~나오카타(25km)		석탄수송
군마와 도치기현 연결		
료모철도	1890년대	견직물 생산을 요코하마로 연결
홋카이도 탄광철도		석탄수송

리니어신칸센(2027년 도쿄~나고야 개통 예정)

규슈지역의 관광철도

　이를 실현시키기 위해 통과지역의 지역 간 협의회를 통해 꾸준하게 추진해 왔다. 리니어신칸센의 시작은 1964년 12월로 신칸센이 개통된 후 바로 연구가 시작되어 꾸준한 기술개발로 2027년 도쿄~나고야 구간의 상용화를 앞두고 있다.

　또한 철도는 산업발전에도 기여하였다. 초기 원료수송과 관광철도가 여기에 해당된다. 초기 산업철도는 원료수송에 사용되었다.

　또한 소득이 증가하면서 관광철도가 활성화되었는데 주로 주요 관광지를 연결하는 철도가 여기에 해당된다. 이는 지방의 활성화와도 연결되는데 규슈지역, 시코쿠지역, 도호쿠지역, 홋카이도지역이 이에 관련된다. 최근에는 지방선을 관광선으로 발전시키고 있다. 성공한 사례를 보면 사가노 관광철도를 들 수 있다. 1989년 JR니시니혼(西日本)은 복선전화(複線電化) 강화로 인해 계곡을 달리는 우마보리(馬堀)~사가노(嵯峨野) 간의 폐선을 결정했다.

　그러나 아름다운 호즈쿄(保津峽)를 따라 달리는 이 구간의 폐선을 안타까워하는 목소리가 높아져 JR니시니혼(西日本)의 후원 하에 불과 8명의 종업원으로 1990년 '사가노(嵯峨野)관광철도주식회사'가 발족되었다.

폐선으로 인해 방치되었던 노선을 적은 예산을 마련하여 다시 재정비해 선로 주변에 벚나무와 단풍 묘목을 심고, 1991년 4월에는 사가노(嵯峨野) 토롯코1번 열차를 운행하기에 이르렀다.

승객은 당초 연간 20만 명을 예상하고 있었지만 벚꽃과 단풍나무의 성장과 함께 관광객이 증가하여 2014년에는 연간 이용자 100만 명을 달성했다. 지금은 교토(京都) 관광 시 고객 유치 상품으로 관광산업으로까지 발전하고 있다.

일본 철도의 특징 중의 하나는 역사적으로 군사적 목적에 사용되었다는 것이다. 철도는 전시와 평상시에 병력과 물자수송에 사용되었다. 이러한 군사적 목적에도 사용되는 것을 규정한 군사공용령은 국철과 지방철도에 적용되는 수송의 의미, 방법, 시설의 공용과 요금을 정한 칙령에 근거하고 있다. 이 칙령의 역사는 1894년 우리나라 동학혁명 때 임시군용화물철도 수송 절차를 정하고 같은 해 8월에 청일전쟁에서 국철, 사철인 일본철도와 산요철도를 통해 군사수송에 있어 병력, 화물, 말 등의 운임 할인방법을 정하는 것에서 비롯되었다.

물론 이것은 군사수송규정이 불완전하여 대규모의 수송에는 부적합하였다. 러일전쟁을 통해 양국 간의 형세가 긴박해지자 1904년에 칙령 제12호로 공포되었다. 전체 18조로 되어 있는 이 칙령의 적용범위는 당시의 사설철도회사(현재의 지방철도)를 위주로 정하고 그 군사수송에 적용되어 당시의 관설철도(현재의 국철)에 대해서는 벌칙 이외의 규정이 준용되었다.

"군사수송의 의무를 보면 철도는 육해군의 요구에 따라 군사수송을 해야 한다. 또한 수송 요구가 있는 경우 정당한 사유가 있는 경우를 제외하고는 토지, 건물, 차량 또는 재료의 제공을 거절할 수가 없다. 이 경우에 비용을 보상받는다. 또한 다른 철도로부터 군사 수송상 필요한 도움의 요청이 있는 경우 지장이 없는 한 도움을 주어야 한다. 군용열차는 부득이한 상황 또는 군으로부터 요구가 있는 경우를 제외하고는 직통운전을 해야 하며, 또한 군용열차에는 다른 물품의 적재를 하지 못하지만 군의 승인이 있는 경우에는 우편물을 적재하고, 또한 우편열차를 연결하는 것이 가능하다. 요금의 경우 객차에 대해서는 등급별로 정해져 있지만 협의에 의해 할인이 가능하다."

이와 같이 규정하고 있는 이 군사 공용령은 1945년 12월에, 철도군사수송규정은 1946년 1월에 각각 폐지되었다.

〈표 2-9〉 군사적 목적으로 이용된 철도

1894년 청일전쟁	1931년 만주사변
1904년~1905년 러일전쟁	1937년 중일전쟁
1914년~1919년 제1차 세계대전	1939년~1944년 제2차 세계대전

한편, 철도 국유화 이전의 사철은 경제적인 합리성 이외에 지역공동체로서의 의미가 컸다. 초기의 여객수송이 활발하게 되었는데 지방도시의 경제·문화적 세력권과 철도를 연결하는 도시발달사적인 측면도 강하였다.

철도를 통해 지역이 발전하였다. 1918년 정우회에 의한 정당정치의 발달로 지방철도 건설을 위주로 추진하였고, 1919년에 사설철도법과 경편철도법이 통합되어 지방철도법이 만들어졌다.

정비신칸센의 경우 다음과 같은 발전과정을 거쳤다.

〈표 2-10〉 정비신칸센의 주요 추진경위

1970년 5월 정비신칸센 철도정비법 제정	1994년 12월 연립여당 합의
1972년 6월 기본계획 결정	1997년 10월 호쿠리쿠신칸센 다카사키~나가노 개통
1973년 11월 정비계획 결정	2002년 12월 도호쿠신칸센 연장선 개통
1988년~1990년 정부와 여당 합의	2004년 3월 규슈신칸센 개통
1991년 10월 철도정비기금 설립	2009년 12월 정비신칸센 문제 검토회의

기본방향은 주요 도시를 3시간 이내 도달이 가능하고, 재래선 구간에서 120km 이상, 신선 구간에서 200km 이상의 속도(최고속도 260km)로 운행하는 것으로 되어 있

다. 재원은 대략 중앙정부 3분의 1(신칸센 양도수입금, 공공사업비에서 부담), 지방정부 3분의 1(지방교부세에서 부담), 운영 회사에서 사용료로서 3분의 1이 되고 있는데, 정비신칸센의 경제성은 지역개발 효과 등을 감안하여 B/C 2.4~2.6에 이르고 있다. 주요 추진지역은 홋카이도지역, 규슈지역, 동북지역 등이 대상이 되고 있다.

공습 후 도쿄역(1945년 5월 25일)

4. 맺는 말

일본의 철도네트워크 구축과정이 우리나라에 주는 시사점은 다음과 같다.

첫 번째로는 철도망의 확장 노력이며 철도를 단순한 네트워크가 아닌 철도의 다양한 기능과 영향력에 주목하여 추진하였다는 점이다. 초기 근대화 이후에는 산업발전 등에 주목하였고, 1964년 이후에는 신칸센을 통한 여객수송에 중점을 두었다. 그간 일본의 철도는 군사적인 목적, 산업철도, 관광철도, 대도시철도 등에서 많은 역할을 감당해 왔다.

두 번째로는 간선과 지선을 계층적으로 연결하는 노력이 있었다. 이를 통해 국민들에게 전국 어디든지 갈 수 있는 철도의 이용권을 확대시켜 주었다.

세 번째로는 1970년 정비신칸센법처럼 간선네트워크 구축을 위한 법적인 장치가 있다는 점이다. 정부의 보조제도로는 지방철도에 대한 보조제도가 있으며, 경영안정기금은 수요가 적은 지역의 철도에 보조금을 지급하고 있다.

그간 우리나라 철도망의 성격을 분석해 보면 다음과 같다.

첫째, 최초의 철도인 노량진~인천 간은 인천의 성격과 깊은 관련이 있다. 인천은 서울의 외항이며 무역항으로 그리고 일본인들이 많이 거주하였기 때문에 최초로 부설되었다.

둘째, 경부선과 경의선의 경우는 한반도의 종관철도로 대륙과의 연결을 염두에 두고 건설된 노선이다. 그 후 만들어진 호남선과 경원선의 경우도 남과 북을 연결하고, 이 또한 대륙과도 연결되는 노선이다.

셋째, 기타 동서를 연결하는 경전선 그리고 간선과 연결되는 간선연결형 지선의 예를 들면 충북선, 경북선, 장항선 등은 간선연결형 철도였다.

넷째, 산업선으로 태백선, 영동선, 중앙선은 해방 이후 경제성장기에 산업발전에 크게 기여하였다. 마지막으로 폐선된 금강산선 등은 관광철도로 기능하였다.

따라서 향후 우리나라의 경우에도 철도망 구축에 있어 대륙을 연결하는 국제철도, 간선철도, 산업철도, 관광철도 등 다양한 개념의 철도망이 필요할 것이다.

일본국철 민영화의 성과와
JR 기업집단의 30년 연혁

사이토 다카히코

1. 들어가며

1987년 4월 일본국유철도(이하, 국철)의 분할 민영화(국철 개혁)가 시행되어 국철은 115년 역사의 장막을 내렸다. 이것으로 국철을 모체로 한 JR 기업집단(여객 6개사, 화물 1개사)이 탄생했고, 2017년 4월에는 30주년을 맞았다. 국철 개혁 직전에 연간 2조 엔이라는 방대한 적자를 안았던 국철이었지만 JR로 새롭게 출범한 직후에 JR 기업집단 전 사가 흑자경영으로 전환했다. 특히 일본의 핵심지역을 담당하는 혼슈 3개사인 JR히가시혼, JR도카이, JR니시니혼의 각사 경영성과는 대단히 좋아져서 2001년에서 2006년에 걸쳐 완전 민영화를 달성했다.

한편, 혼슈 이외의 일본 본토의 섬을 영업구역으로 설정하고 있는 3도(島) 회사 중 2016년 가을에 전 주식이 상장된 JR규슈와 경영환경의 악화로 어려움에 직면하고 있는 JR홋카이도, JR시코쿠 두 회사와는 큰 격차가 벌어졌다. 2013년도부터 두 회사에 대한 일본 정부의 지원이 강화되고 있다. JR화물의 철도 수송도 경영실적으로 보면 순조롭다고 말하기 어렵지만 상하분리방식의 효용과 경영다각화를 통해 회사경영을 비교적 안정적으로 운영하고 있다고 볼 수 있다.

여기서는 1987년 4월에 시행한 국철 분할 민영화 개요와 국철 해체에 이른 경위에 대해 설명하고 JR체제 이후 JR 각사의 수송 및 경영 상황, 국철 분할 민영화가 초래한 성과와 문제점에 대해서 서술해 본다.

2. 국철 분할 민영화에 이른 경위와 개혁 골자

(1) 공기업이 된 국철의 경영과 정부와의 관계

1987년 4월 국철 분할 민영화는 일본의 철도 발전사에 있어 가장 중대한 사건의 하나이자 제2차 세계대전 이후의 일본 사회가 당면한 최대급 난제에 대한 도전을 의미했다. 1949년 이전의 국철은 운수성의 직속 하부조직으로 국철의 수송사업은 관업으로 수행되어 왔다. 1949년 5월 연합국 점령체제 하에서 국철은 운수성에서 분리되었고, 새로운 국철은 독립채산을 전제로 하는 공사로 새롭게 출범했다. 이 변화를 통해 경영의 자주성 부여와 관업의 비효율에서 탈각(脫却)할 것이라는 기대가 컸지만 철도사업을 수행하는 공기업이란 경영형태는 점령군 총사령국(GHQ, 미국 주도)의 의향을 크게 반영한 것으로 당시 서구식 공기업에 대한 일본 사회의 이해도는 충분치 않았다.

국철 115년 역사 중에서 공기업으로서 국철의 역사는 38년에 지나지 않는다. 정부기관에 의한 관업도 민간기업도 아닌 공기업이라는 중간적인 경영형태는 일본 사회에 그다지 정착되지 못해 도리어 거대한 국철 채무 누적을 초래한 원인이 되었다고도 볼 수 있다. 국철이 관업인 채로 있었다면 경영 비효율 문제는 계속 존재했겠지만 채무 누적을 장기간에 걸쳐 방치하는 무책임한 상황에까지 이르지 않았을 것이다. 패전 후 혼란기를 벗어난 국철은 1950년대에서 1960년대 전반에 순조로운 경영활동이 이뤄져 1930년대의 안정된 국철 경영으로 되돌아 올 것으로 예상했다. 당시 일본 도로사정은 열악해 국철은 손쉽게 수송하여 독점적인 지위를 획득할 수 있었을 뿐만 아니라 한국전쟁을 계기로 한 일본 경제의 급속한 회복이 철도 수송을 증대시켰다. 수송수요가 급속히 확대되자 화물수송에서는 대량의 체화현상이 발생하고 여객수송에서는 중대한 안전사고가 자주 발생했다. 이 때문에 국철은 1950년대 후반부터 대규모 수송력 증강과 인프라 현대화 등을 추진하는 등 적극적인 투자활동을 개시했다. 그 대표적인 사례로 1959년에 도카이도신칸센 건설에 착수했다. 또한 1965년에 개시된 장기투자계획은 약 3조 엔대의 자금을 투입하여 7년간에 걸쳐 철도 현대화를 추진하려는 대규모 투자사업이었다.

　국철이 다시 적자경영으로 떨어진 것은 모순되게도 도카이도신칸센이 개업한 1964년이었다. 당시 적자의 원인은 국철 수송의 부진이 아니라 대규모 투자가 초래한 거대한 차입금이었다. 1960년대 일본은 고도의 경제성장기간에 있었기에 국철 수송량은 계속 증가하고 있었다. 하지만 이 시기부터 육상과 공중에서 모터리제이션(자동차로의 교통수단 선택 변화)이 시작되고, 국내 항공 이용자가 급증하는 등 교통 경쟁시대가 시작된 시기와 겹치고 있었다. 국철은 1968년에 신칸센으로 전국을 연결시키고자 4,500km의 신칸센 네트워크계획을 수립하는 한편, 같은 해에 국철자문위원회는 적자액이 큰 83개 노선 약 2,600km의 지방노선에 대한 버스 수송으로의 전환을 권고하는 의견서를 정부에 제출했다. 하지만 국철에 대한 당시 일본 정부의 대응은 경쟁시대를 대비하여 국철 경영의 환경조건을 정비하는 것에 거의 관심을 두지 않았다. 지방 적자 노선에 대한 버스 수송으로의 전환에는 정치적인 힘이 개입돼 추진을 중단시켰을 뿐만 아니라 1960년대 후반에는 거시경제정책의 일환으로 국철 운임요금의 인상 억제를 추진하려는 공공요금 억제정책이 개시되어 국철의 누적 적자 감축에 필요한 운임 개정은 정치적인 힘 때문에 저지되었다. 그 후에도 국철 투자사업에 대한 정부 지원은 지속되었지만 지방노선의 적자 해결 문제와 운임 인상 억제에 대한 공적 보전 해결책은 시행되지 않았다. 국철은 흑자경영 복귀를 목표로 1969년에 '국철 재정 재건 10개년 계획'을 세워 강력한 행정력으로 장래 수요예측을 수행하면서도 약 10만 명의 인원 삭감계획을 책정하는 등 다가올 교통경쟁시대를 대비하려는 경영 재건책을 수립하기도 했다.

(2) 경쟁의 진전과 경영 개선계획의 좌절

1970년대 일본 사회의 교통수단은 경쟁시대에 돌입했다. 1973년과 1978년 석유 위기로 일본의 고도 경제성장이 끝나자 국철 경영을 둘러싼 상황은 크게 변화했다. 1971년 국철 화물수송량은 감소로 전환됐고, 1972년 국철 적자는 감가상각 이전의 적자로 떨어졌다. 1975년에는 산요신칸센이 규슈에 도달했음에도 불구하고 국철 경영의 주 수익원의 최고 중요 항목인 총여객수송량이 축소되는 상황이 발생하자 국철의 경영난을 초래하는 가장 큰 원인은 교통수단간의 경쟁시대 도래라는 것이 더욱 명확하게 인식되었다.

1960년에 세운 '국철 재정 재건계획'은 경영난의 진행이 예상을 넘는 속도로 빠르게 진행되어 자주 수정을 가해야 했다. 1967년에 3번째 계획 수정이 진행되어 장래 수요에 대한 낙관적인 전망은 모두 사라지고 5만 명의 직원 삭감 등을 내세우는 수정안으로, 이른바 축소합리화 시행에 중점을 둔 계획으로 변경됐다. 하지만 국철 경영난은 더욱 빠르게 악화되며 1970년도 1,549억 엔이었던 영업 손실은 5년 후인 1975년에 9,235억 엔으로 불어났다.

국철 문제가 더욱 심각해지고 있음에도 당시 국철을 둘러싼 내외 상황은 문제해결 방향으로 가지 못했다. 국철의 대표적인 노동조합인 '국철노동조합'과 '동력차노동조합'의 활동은 정치 쟁점화를 만드는 구실로 사용되었고, 대규모의 노사분규가 연중행사처럼 발생했다. 1974년 4월 노사분규는 6일간 이어졌고, 국철 수송에 대한 일본 사회의 신뢰성을 현저하게 저하시켰다. 당시 국철 직원의 연령 구성은 40세 이상이 60%를 점하고 있어서 임금 고수준화도 국철 경영을 악화시키는 데 일조했다.

이에 대해 일본 정부는 무대책으로 대응, 더욱 국철 경영의 악화를 초래한 장본인이기도 했다. 석유 위기 이후 급격한 물가상승의 대항조치로 정부는 국철에 대한 공공요금 억제책을 한층 강화시키고 국철 여객운임을 1969년부터 1974년까지, 또 화물운임을 1966년부터 1974년까지 장기간에 걸쳐 동결시켰다. 운임 개정이 가장 필요했던 인플레이션 시기의 운임 개정은 정치적인 논리에 의해 좌절되고, 국철 적자를 더욱 가중시켰다. 1972년 정부는 국철에 지방 적자 노선의 폐지에 대해 '지역사회의 동의'가 필요하다는 조건을 의무화하여 지방 적자 노선 폐지계획에 정치적인 압력이 되어 사실상 시행하지 못하게 했다.

1970년대 전반은 교통수단끼리의 경쟁이 진전돼 국철은 운영방안을 크게 전환해야 하는 시기였다. 하지만 당시 국철 문제를 둘러싼 논의의 중심 테마는 '종합교통체계론'과 같은 교통조정론이 대세였기 때문에 국철의 경영 재건에는 철도 수송수요의 재(再) 전환을 필요로 하는 '모달시프트론'과 같은 관념적인 논의만이 성행했고, 국철 적자 축소로 이어지는 구체적인 정책 논의는 충분히 이루어지지 않았다. 국철 문제를 둘러싼 논의와 현실 사이의 괴리는 상당히 컸음에도 불구하고 해결책을 내려고 했지만 공기업이라는 국철 경영형태가 방해물이었다. 일본 정부는 적자 책임을 국철에 전가하는 한편, 운임, 적자 노선, 공적 보조 등의 문제 해결을 위한 대응을 장기간에 걸쳐 훗날로 계속해서 미루고 있었다. 국철 최고위급 인사에 대한 정치 개입의 영향도 있어 국철은 기업으로서의 운영 능력을 점차 잃어갔으며, 개혁에 대한 의욕도 저하되고 직장규율의 문란 사태도 심각해졌다.

1970년대 후반에 이르면, 국철 적자액은 더욱 증가해서 국철 문제에 대한 해결책의 방임은 더 이상 허용할 수 없는 상황에 이르렀다. 1974년 이후 국철 운임은 매년 인상되지만 운임 인상이 대폭적인 수익창출을 일으키는 시기는 이제 끝나게 되었다. 1976년에 실시한 여객·화물운임의 50%를 넘는 요금인상은 오히려 승객과 화주의 국철 이탈을 부를 뿐이었고 운임 인상으로 국철의 영업수지율은 조금 개선됐을 뿐 장기채무의 증가는 계속되어 1979년도에는 10조 엔을 넘어섰다.

1970년대 후반의 일본 교통시장은 더욱 본격적인 경쟁시대를 맞이하였다. 국철의 여객수송량은 1975년 이후 8년간에 걸쳐 계속 감소하고 같은 시기의 자가용차 이용은 계속 증가했다. 1975년 국철의 노동쟁의는 8일간에 걸쳐 일어나 화물열차의 전면통행 금지를 내걸었지만 국민생활에 대한 영향은 그다지 크지 않았다. 트럭 화물수송이 소비자물류를 지탱하는 시대가 된 것이다. 경영 부진이 심각해진 화물수송 부문에서 국철은 패배를 인정하고 1976년 이후 화물수송은 대규모 축소 운영책으로 전환했다.

국철 당국은 1975년 국철의 어려움을 국민에게 호소, 대폭적인 운임 인상에 대한 국민의 이해를 구하는 의견광고를 주요 신문에 게재했다. 정부도 국철 경영난에 대한 구체적인 대책을 결단하고 1976년에 약 3조 엔의 이월결손금 중 2조 5,404억 엔을 특별계정으로 옮겨 장기채무의 해결책을 연기시켰다. 1977년 말에 정부는 국철운임법을 개정해서 국철 운임이 법정제(개정은 국회 결의를 필요로 함)에서 사철 운임에 준한 인가제로 변경했다. 1979년에 일본 정부는 지방 적자 노선 약 5,000km를 버스노선으로 전환하는 방안을 검토하기 시작했고, 국철에 대한 공적 조성도 증액했지만 경영난 해결에는 미미한 효과만이 나타날 뿐이었다.

(3) 경영 파탄에서 국철 분할 민영화로

1980년대에 들어와 국철 경영은 파탄으로 빠질 것이 자명했다. 1980년도 영업손실이 1조 엔을 넘어서자 일본 정부는 장기채무에 관한 두 번째 해결 보류 대책(2조 8,220억 엔)을 실시했지만 1981년도 장기채무 잔액은 10조 엔을 넘어버렸다.

1982년 5월 일본 정부 조사회(임시행정조사회 제4부회)는 국철 분할 민영화의 필요성을 제언하고, 9월에 정부는 국철 문제에 관한 비상사태를 선언하는 등 국철 개혁을 둘러싼 움직임이 확연하게 드러나기 시작했다. 문제가 대두되기 시작한 초기의 언론 매체에서는 국철 분할 민영화에 대해 신중한 논의를 펴는 경향이 있었지만 1982년부터 국철의 직장규율의 문란을 비판하는 기사가 매일 국민들에게 보도되면서부터 국철 개혁에 대한 국민의 관심이 급속히 높아졌다. 1981년에는 지방 적자 노선 폐지계획이 확정되고, 1983년에는 야드계통 화물수송을 전면 폐지하는 등 국철이 추진한 각종 개혁이 진전되었지만 경영 파탄으로 빠져 재정 악화를 더 이상 막을 수가 없었다. 국철의 장기채무는 최종적으로, 이른바 1986년도 결산까지는 25.4조 엔에 이르렀다.

1984년 5월 국철 당국은 경영 개선계획(1981년 개시) 수정안을 운수성장관에게 제출했다. 하지만 국철 개혁을 책임지고 있던 '국철재건감리위원회'는 이 계획을 사실상 포기하고 이제는 경영형태 변경을 추진하지 않는 국철 개혁은 더 이상 의미가 없다고 봤다. 그래서 국철 분할 민영화 방침에 대한 긴급 제언을 진행했다. 당시 일본 운수성은 바로 찬성을 표명했고, 국철은 저항했지만 사회적으로 상당히 많은 비난여론의 뭇매를 맞게 되었다. 위기감을 느낀 국철의 현업현장에서는 영업과 경비 삭감 노력을 강화(1986년도 여객수입은 80년도에 비해 35% 증가)했지만 국철의 대응은 너무 늦은 후였다. 1985년도 영업손실은 2조 엔 대를 넘어 장기채무 잔액은 18조 엔 – 문제 해결을 보류시킨 채무액과 합쳐 23.5조 엔 – 을 넘었다. 정말로 파국적인 상황에 빠진 것이다.

1985년 6월 나카소네 내각은 국철 총재를 새로 교체하고 국철 개혁의 속도와 강도를 높인다. 7월에는 국철재건감리위원회가 최종 답신을 제출해, 국철 내부에 '재건실시추진본부'가 설치되어 최종 답신 내용에 준한 국철 분할 민영화로의 태세를 갖추게 되었다. 기업집단 편성과 신회사의 조직체제 결정을 거쳐 1986년 1월 국철 개혁에 관련된 8개 법안이 국회에서 가결, 성립되어 국철은 1987년 3월 31일부로 폐지·해체되었다.[1]

3. 국철 분할 민영화 성과와 JR 기업집단 각사의 전개

(1) JR체제 출범

1987년 4월에 JR체제(여객 6개사, 화물 1개사)가 출범했다. 일본국철의 여객수송 부문은 JR홋카이도, JR히가시니혼, JR도카이, JR니시니혼, JR시코쿠, JR규슈의 6개 여객회사로 분할되고 화물수송부문은 JR화물이 일원적(一元的)으로 운영하는 체제로

---

1. 제1장 내용의 상세한 논의와 자료는 이전 《일본 철도의 역사와 발전》 pp.100~125 참조

변경된 것이다. 신칸센에 관해서는 신칸센철도보유기구가 4개 노선 시설을 보유하고 혼슈 3개사 기업집단 각사에 임대하는 리스방식을 도입하여, 신칸센을 철도 상하분리 방식 하에 두었다. JR화물도 상하분리방식이 도입되어 JR여객 6개사가 보유하는 선로를 임차해 JR화물이 화물수송을 운영하는 형태를 두었다.

JR체제 하에서 철도 수송을 담당한 앞의 7개사 외에 철도종합기술연구소와 철도통신, 철도정보시스템을 더해 10개사로 구성됐다. 단 'JR 기업집단'이란 호칭은 일반적으로 철도 수송을 담당하는 7개사의 총칭으로 JR 기업집단 7개사 등으로도 표현한다. JR 기업집단과는 별개로 일본국철은 특수회사로 분류된 국철청산사업단으로 이행하고, 그 특수회사는 JR 각 회사의 주식을 보유하며 한편으로 국철의 과거 채무처리(국철 용지 매각, 주식매각 등)와 국철 잉여인원 재취업 등의 문제도 떠맡았다. 또한 신칸센 임대를 수행하는 신칸센보유기구도 설립되었다. 여기서는 앞의 체제를 'JR체제'라 부르겠다.

JR체제 발족과 함께 철도사업에 적용되는 법제도도 일신되었는데 1986년 제정된 철도사업법은 1919년에 제정된 지방철도법(국철 이외의 철도사업에 적용)에 뿌리를 두고 있는 새로운 법률이며, 이것이 JR, 사철, 공영 등 모든 철도사업에 적용된 것이다. 이 법은 철도사업을 제1종~제3종으로 구분해 철도 상하분리에 관한 법제도를 정비했다. 또한 도로상의 부설을 원칙으로 하는 궤도사업에 적용되는 궤도법(1921년 제정)은 철도사업법에 통합하지 않은 채 그대로 따로 남겨 두었다.

철도사업자인 JR 기업집단 7개사 운영원칙은 혼슈 3개사에 대한 자립채산원칙, 3도 회사(JR홋카이도, JR시코구, JR규슈)에 대한 경영안정기금의 운용 수익을 구축한 채산원칙, JR화물에 대한 상하분리방식에 근거하는 채산원칙 등 세 종류로 나뉜다. 경영 환경이 그다지 좋지 못한 3도 회사에 대해서는 총액 1.3조 엔의 경영안정기금이 준비되어 경영안정기금[2] 운용 수입에 따라 영업손실을 보전해 건전경영을 목표로 하는 원

---

2. 경영안정기금이란 국철 분할 민영화를 추진할 시 영업수지가 맞지 않게 적자가 되는 상황을 기금의 운용수익에 따라 보전시키는 목적으로 창설된 기금이다. 3개사로의 기금 배분액은 JR홋카이도 6,822억 엔, JR규슈 3,844억 엔, JR시코쿠 2,082억 엔이다.

칙이 도입되었다. JR화물의 채산원칙은 여객회사에 지불하는 선로 사용료가 회피가
능비용원칙에 준해서 설정되고 영업수입으로 선로 사용료 및 영업비를 처리하는 채산
원칙이 적용되었다.

(2) 순조로운 출범과 JR체제의 정착

신체제가 출범한 1987년도에는 JR 기업집단 7개사 전 사업자가 흑자경영을 달성해
순조로운 출발을 예고했다. '흑자계상은 국철 개혁정책이 성공적으로 보이게 할 목적
으로 일부러 만든 결과'라는 평가도 있지만 1985년도에 연간 2조 엔을 넘었던 거액의
영업손실이 신속하게 해결되는 등 개혁 이후의 가시적인 효과는 대단했다.

〈표 2-11〉 국철과 JR의 영업수지율의 변화

대상 \ 연도	1980	1985	1987	1990	1995	2000	2005	2010	2014
혼슈 3개사	75%	64%	116%	117%	129%	122%	126%	122%	128%
3도 회사	75%	64%	71%	77%	80%	83%	84%	88%	87%
JR화물	75%	64%	107%	106%	99%	103%	102%	103%	104%
JR홋카이도·시코쿠	75%	64%	60%	70%	73%	76%	73%	76%	69%

*자료 : 《숫자로 보는 철도 2015년》(운수정책연구기구)

〈표 2-11〉은 국철시대에서 JR화 이후 50년간의 JR 기업집단 전체의 수송량, 영업
수지, 직원 수, 국철 장기채무 등 철도 경영에 관한 주요 데이터의 추이를 표시한 것이
다. 〈표 2-11〉 데이터에서는 JR 기업집단간의 격차가 불명확하기 때문에 〈그림 2-9〉
로 1980년대 이후 국철 및 JR의 영업수지율의 추이를 나타냈다. 단, 3도 회사에 대해서
는 영업수지율이 낮은 JR홋카이도와 JR시코쿠를 하나의 기업집단으로 해서 데이터를
표시했다.

〈표 2-11〉의 데이터에 따르면 JR체제 이후에는 여객수송량이 증가했지만 화물수
송량은 장기적으로 감소가 계속되었다. 그리고 영업수지가 대폭적으로 개선되었지만

직원 수는 상당히 감소했다. 거기에 국철 개혁 직전의 영업손실과 장기 채무액이 천문학적인 숫자가 되었다는 것도 확인할 수 있다.

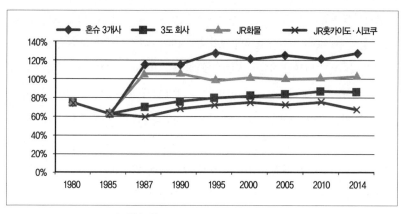

<그림 2-9> 국철과 JR 기업집단별 영업수지율 추이

〈그림 2-9〉는 전체적으로 국철시대에 비해 국철 개혁으로 달라진 성과가 대단히 컸다는 것을 의미하고 있다. 또 〈그림 2-9〉에서 국철 개혁으로 혼슈 3개사와 JR화물 영업수지율은 거의 100%가 넘는 흑자를 달성하는 데 성공했지만, 3도 회사의 영업수지율은 100%를 넘지 못해 영업수지에 있어 적자경영이 계속되고 있다. 단, 3도 회사의 경우 영업수지는 적자였어도 경영안정기금의 운용수익을 통해 경상수지는 흑자계상에 놓여 있었다. 혼슈 3개사 경영실적 호조는 국철 개혁의 성과가 가장 뚜렷하게 나타난 결과이며 JR화물의 영업수지율이 비교적 양호한 것은 상하분리방식과 회피가능비용에 준거한 저수준의 선로 사용료 정책이 만들어낸 결과물이다. 또 3도 회사에 대해서도 JR홋카이도, JR시코쿠를 통합한 영업수지율은 다른 JR과 비교해서 현저히 낮고 3도 회사에 포함되는 JR규슈와의 격차도 상당히 큰 것을 알 수 있다.

혼슈 3개사의 경우는 출범 초년도에 전 사가 600억 엔을 넘는 경상이익을 올리면서 순조로운 출범을 보였다. 신칸센 임대요금은 혼슈 3개사의 수익력에 준거해 조정되어 거의 니시니혼, 도카이, 히가시니혼 각각의 회사가 1:6:3의 분담률을 유지하기로 했다.[3] 3도 회사 출범 이후에 JR홋카이도의 경우 경상손실로 계상되었지만 경영안정기금의 운용수익 이월금으로 영업손실을 보전해 경상수익을 올리는 방식으로 점차 안정화의 틀을 잡았다.

JR체제가 직원 수 16.5만 명 규모로 출범한 것도 흑자화를 이루는 데 큰 요인이 되었다. 국철시대에 40만 명까지 늘어난 직원 수는 1980년대에 들어서 대량 퇴직(일본 패전 직후 대량으로 채용된 직원의 정년 임박) 등으로 1986년에 22만 명까지 감소했다. 하지만 JR 출범 시에 4만 명 이상의 잉여인원이 생겼기 때문에 잉여인원으로 분류된 직원들은 철도청산사업단으로 이적한 후에 재취업을 위한 활동과 훈련에 매진했다. 하지만 정치적인 이념에 근거한 강한 노동쟁의를 일으키던 노동조합원들의 처우문제와 얽혀 잉여인원 문제 해결은 상당한 어려움에 직면하기도 했다.

국철 분할 민영화 직후라는 시기와 동일 시기인 1988년 봄에 혼슈와 홋카이도를 연결하는 세이칸터널과 시코쿠와 혼슈를 연결하는 세토대교(고속도로와 병용)가 개통돼 홋카이도, 혼슈, 시코쿠, 규슈 등 4개의 일본 주요 섬의 철도가 모두 직결하게 되었다.

한편, 1989년에는 6년간에 걸쳐 추진한 옛 국철 지방 적자 노선(특정지방교통선이라 불린다)의 폐지가 종료되어 폐지된 83개 노선 3,158km 지방노선 중에 38개 노선은 제3섹터 사업자 등에 양도되어 새로운 철도사업으로 재출발했다.

JR체제는 단시간에 일본 사회에 정착해 국철의 옛 체제를 긍정하는 평가는 거의 자취를 감추었다. 순조로운 철도 경영이 국민의 호평을 불렀을 뿐만 아니라 국철시대에는 악평 높았던 관업적인 분위기가 일소되어 승객서비스의 품질 개선이 진행되었던 것도 큰 호평의 원인이었다. 경영다각화에 대한 각사의 적극적인 대책도 민영화가 초래한 큰 변화였다. 국철시대에 엄격하게 적용되어 규제되던 각종 사업으로의 진출이 자유로워져 JR 각사는 철도 수송 이외의 사업 분야로 진출해 경영다각화를 적극적으로 추진했다. 경영다각화는 사업 성패의 리스크를 동반하지만 대규모 사철기업들이 오랜

---

3. 1987년과 1988년도의 선로임대료는 JR도카이의 도카이도신칸센 4,169억 엔/연, JR히가시니혼의 도호쿠·조에쓰신칸센 1,985억 엔/연, JR니시니혼의 산요신칸센 944억 엔/연으로 설정되었다. 임대료는 2년마다 변경되며 1989년에 새로운 요금으로 개정되었다.

역사와 경험을 통해 축적한 경영다각화 모델을 참고로 하여 부동산(오피스빌딩, 상업시설, 공동주택 등), 역 구내 상업활동(콘코스사업), 호텔·관광, 외식사업 등에 진출해 전통적인 철도사업과의 시너지효과를 나타낼 수 있게 노력했다.

그런데 JR 출범 후에 JR체제에 부각된 문제점 중 하나가 신칸센 임대료방식을 둘러싼 문제였다. 혼슈 3개사는 1989년에 신칸센 임대료방식의 문제점에 대해 ① 현 임대료방식 하에서는 감가상각비를 계상하기가 불가능해서 신칸센의 설비 갱신에 필요한 자금 이월이 어려워진다. ② 장래에 일어날 신칸센시설 양도에 관한 조건이 불명확해 주식상장에 대한 걸림돌이 된다. 이 두 가지 점을 들어 정부에 대해 신칸센시설 양도를 강하게 요구했고, 이에 일본 정부의 대응과 결단도 신속했다. 왜냐하면 신칸센 연장사업은 국철 재정 악화로 1982년에 동결되어 1986년에 다시 동결이 해제되었지만 '정비신칸센'인 5개 노선의 정비사업을 재개하기에는 재원이 크게 부족했기 때문이다. 그래서 신칸센 양도가 초래한 안정된 수입을 밑천으로 새로운 신칸센 정비가 가능하게 된 것을 일본 정부는 환영했다.

1991년 10월에 신칸센 4개 노선은 혼슈 3개사에 매각되어 신칸센보유기구는 해산했다. 양도가격은 합계액 9조 1,767억 엔[4]으로 결정되어 각 신칸센 양도액의 배분은 3개사 수익력에 따라 조정되어 도카이도신칸센 5조 956억 엔이 JR도카이에, 산요신칸센 9,741억 엔이 JR니시니혼에, 도호쿠·조에쓰신칸센 3조 1,070억 엔이 JR히가시니혼에 귀속되었다. 그리고 신칸센 매각수입을 원금으로 당시 일본철도건설공단 내에 '철도정비기금'이 설치되었고, 이 기금은 신칸센 건설·간선철도·도시철도 정비 그리고 국철 연금에 관련한 채무상환 등에 이용되었다.

JR여객 6개사의 수송량에 관한 최신 자료에 따르면 2015년도에는 2,600억 인·km이다. 국철시대 최대 절정기인 1974년도(2,156억 인·km)와 비교해 수송량은 21% 증가, JR체제가 된 1987년도(2,047억 인·km)와 비교해도 27%나 증가했다. 철도 수송

---

4. 양도가격(대금)은 8조 939억 엔이었고, 이것에 JR 전환 이후의 자산가치상승분(재취득가격에 의한 평가) 1조 826억 엔이 가산되었다. 전자는 상환 30년(실제는 임대료를 지불했던 4년 반을 포함시켜 25년 6개월), 후자는 상환 60년으로 결정되었다.

과 경영다각화에서 일본 사철식 경영사업을 모방한 JR 각사의 철도사업 경영은 해를 거듭하며 진화해서 완벽하진 않지만 철도 수송에 상업적 운영방식을 적용한 것이 성공적 요인이라 볼 수 있다. 국철 개혁 전에는 매년 운임 인상이 이뤄진 상황과는 달리 JR화 이후 1996년에 3도 회사가 실시한 운임 개정이 유일한 인상 사례로 있을 뿐 운임 인상은 실시되지 않았다.[5] 혼슈 3개사의 경우는 출범 이후 30년에 걸쳐 운임 인상을 한 번도 시행하지 않은 채 현재에 이르고 있다.

국철 분할 민영화가 달성한 성과는 상당히 컸지만 국민들 사이에서는 조금 빨리 국철 해체 결단을 내렸다면 국철의 거대 장기채무를 줄일 수 있지 않을까 하는 아쉬움이 나오고 있다. 왜냐하면 국철이 관업도 민간기업도 아닌 어중간한 공기업으로 존재했기 때문에 국철이 책임경영의 당사자 능력을 잃고 무책임한 기업조직으로 변화하고, 더불어 사회도 국철에 대한 엄격한 감시 태만에 대한 반성에서 나오는 여론이었기 때문이다. 국철이 누적시킨 장기채무는 일본 사회에 큰 부담으로 남았고, 현재도 그 부담의 압박에서 완전히 벗어나지 못했다.

(3) JR혼슈 3개사의 완전 민영화와 경영안정화에 성공한 JR규슈

〈표 2-12〉는 2013년도 JR 기업집단 7개사의 철도 수송에 관한 데이터를 표시한 것으로, 해당 자료에서 여객 6개사의 경우 혼슈 3개사와 3도 회사 사이에는 여객수송시장 규모에서 큰 격차가 있다는 것을 알 수 있다.

혼슈 3개사 수송량(인/km) 합계는 JR 기업집단 전체의 94%를 차지하고 JR홋카이도와 JR시코쿠 2개사의 합계는 전체 2.2%를 차지할 뿐이다. JR 각사의 시장조건의 격차를 나타내는 또 하나의 지표는 수익성과 채산성을 알 수 있는 수송밀도 자료이다. 혼슈 3개사와 JR규슈의 수송밀도는 1만 명 이상으로 채산성이 담보될 수 있는 수준을 넘은데 비해 나머지 두 여객회사의 5,000명 정도의 수송밀도는 운임요금 수입으로 철도사업

---

5. 소비세 증세에 따른 운임 개정은 있었다.

기업명	총 영업 km (신칸센 km)		수송 인·km (100만 인·km)	신칸센 수송 인/km (신칸센 수송비율)	수송밀도 천명/일	직원 수
JR히가시니혼	7,513	(1,135)	131,111	30194(23.0%)	48	49,537
JR도카이	1,971	(553)	58,102	48,873(84.1%)	81	20,096
JR니시니혼	5,016	(622)	55,894	18,109(32.4%)	31	29,336
JR혼슈 3개사 평균	14,500	(2,310)	245,107	66,982(39.7%)	53	98,969
JR홋카이도	2,500	0	4,311	0	5	6,872
JR시코쿠	855	0	1,416	0	5	2,199
JR규슈	2,273	(289)	9,183	1,825(19.9%)	11	6,435
JR 3도 회사 평균	5,628	(289)	14,910	1,825(12.2%)	7	15,506
JR여객 6개사 평균	20,128	(2,599)	260,017	68,807(38.1%)	30	114,475
JR화물	7,968	0	20,735			5,602

*자료 : 《숫자로 보는 철도 2015년》(운수정책연구기구)

의 채산성을 올리기 어려운 수준이다. 말할 필요도 없이 이 격차는 JR 각사의 완전 민영화가 가능한지를 가늠할 수 있는 척도라 볼 수 있다. JR화물의 경우는 상하분리를 전제로 해서 완전 민영화를 전망할 수 있지만, JR홋카이도와 JR시코쿠 두 여객회사가 철도사업 수익만으로 완전 민영화를 달성한다는 것은 대단히 어렵다는 것을 알 수 있다.

혼슈 3개사는 철도 수송량의 증대, 철도사업 경영의 호성적, 경영다각화를 통한 철도사업의 적극적인 전개 등에 있어 큰 성과를 남겨 JR 기업집단의 선도자 역할을 하고 있다. 혼슈 3개사는 1993년부터 1997년에 걸쳐 주식상장을 실시하여 2002년에는 JR히가시니혼이, 2004년에는 JR니시니혼, 2006년에는 JR도카이가 각각 완전 민영화를 달성했다. 혼슈 3개사는 주식상장 평가가 높아 대학생들의 취업 희망 회사로 높은 인기를 자랑하며 일본 경제를 지탱하고 움직이게 하는 사회 인프라 기업으로 성장했다.

〈표 2-13〉은 2013년도에 있어서 JR 기업집단 7개사의 경영에 관한 자료이다. 혼슈 3개사가 철도사업 및 기업집단 사업에 있어서 건전한 흑자경영을 실현하고 있지만 3도 회사의 철도사업은 적자경영임을 알 수 있다. 데이터를 살펴보면 혼슈 3개사 중에서 JR히가시니혼과 JR도카이는 특히 영업이익 규모가 크고 영업수지율이 우수하다는 것과 3도 회사 중에서는 JR규슈의 철도사업 경영이 비교적 안정적이며 기업집단

〈표 2-13〉 JR 기업집단 7개사의 경영실적 개요[6](2013년도)

(단위 : 억 엔)

| 기업명 | 단독손익계산서 | | | 연결손익계산서 | | | a) / b) |
	영업수입 a)	영업경비	영업손익	영업수입 b)	영업경비	영업손익	(%)
JR히가시니혼	19,325	16,047	3,278	27,029	22,961	4,067	71.5
JR도카이	12,772	8,163	4,608	16,525	11,579	4,946	77.3
JR니시니혼	8,736	7,718	1,017	13,310	11,964	1,345	65.6
혼슈 3개사	40,833	31,928	8,903	56,864	46,504	10,358	71.8
JR홋카이도	827	1,200	-372	1,894	2,180	-286	43.7
JR시코쿠	279	381	-101	488	594	-105	57.2
JR규슈	1,961	1,980	-19	3,548	3,457	90	55.3
JR 3도 회사	3,067	3,561	-492	5,930	6,231	-301	51.7
JR여객 6개사	43,900	35,489	8,411	62,794	52,735	10,057	69.9
JR화물	1,524	1,459	64	1,878	1,799	78	81.2

*자료 : 《숫자로 보는 철도 2015년》(운수정책연구기구)

사업까지 포함시킨 연결결산 손익계산서에서는 흑자경영을 실현하고 있다. JR규슈는 2014년도에 처음으로 철도사업부문의 영업수지가 흑자로 전환되고 2016년 10월에 완전 민영화를 전제로 주식상장을 실시했다. 이것으로 2017년도 이후의 JR규슈는 경영안정기금의 운용수익을 이용하지 않고 철도사업을 운영하게 되어 과거 3도 회사라는 집단에서 벗어날 것으로 보인다.

그러므로 여기에서 혼슈 3개사와 JR규슈 4개 여객회사의 개요에 대해 설명해 본다.

JR히가시니혼은 영업거리 7,500km의 노선망을 운영하는 일본 최대의 철도사업자로서 수송량(인·km)은 JR 기업집단 전체의 50% 이상을 차지하고 있다. 이처럼 JR히가시니혼의 활발한 철도 수송 및 경영을 지탱해 주는 것은 신칸센 3개 노선(도호쿠, 조에쓰, 호쿠리쿠) 및 도쿄권의 도시철도 수송이라는 2개의 거대한 철도 수송시장을 가지고 있기 때문이다. 도쿄권에서 JR히가시니혼의 도시철도망은 887km의 영업노선을 보유해 다른 대규모 사철 8개사의 노선망 1,214km(도쿄메트로 미포함)에 미치지 못하나, 수송량은 대규모 사철보다 훨씬 많다. 도쿄권 통근수송을 담당하는 JR 주요 노선은 복복선 이상의 규격을 가지고 압도적인 수송력을 자랑할 뿐만 아니라 혼잡률

---

6. 2013년도 JR 3도 회사의 영업적자에 대해서는 경영안정기금운용익(JR홋카이도 254억 엔, JR시코쿠 109억 엔, JR규슈 120억 엔) 및 경영안정화특별채권이자(JR홋카이도 55억 엔, JR시코쿠 35억 엔)가 이월되어 3개사와 함께 경상손익은 흑자를 계상했다.

200% 전후 초혼잡노선 대부분이 JR노선에 집중되어 있기 때문이다. JR히가시니혼이 보유하는 신칸센은 도쿄로의 장거리 통근수송에도 이용되어 조에쓰신칸센과 도호쿠신칸센에는 아침과 저녁 시간대에 통근·통학용 열차시각표가 포함되어 있다.

한편으로 JR히가시니혼 노선망 안에는 지방 수송을 담당하는 많은 지선들도 포함되어 있다. 하지만 이런 적자 노선이 재정적으로 유지될 수 있도록 경영하는 내부 보조시스템에 관해서도 JR히가시니혼은 제도적인 장치를 구비하고 있다.

JR도카이는 JR 기업집단 7개사 중에서 영업이익과 영업수지율 등의 경영성과 항목에서 가장 우량한 성적을 내고 있는 기업이다. JR도카이의 특징은 수송량 84% 이상을 도카이도신칸센이 차지하여 신칸센 수송에 대한 의존도가 매우 높다는 것이다. 수송밀도는 24만 명을 넘고 있고, 일본에서 수송밀도가 높은 도쿄권 도큐전철과 도쿄메트로 등의 평균 수송밀도에 비견된다. JR도카이는 9:2:2 다이어그램이라 불리는 시간당 편도 13번의 열차편성시간으로 도쿄~오사카 구간을 운행하는 수송체제로 도카이도 메갈로폴리스에서 발생하는 거대한 수송수요에 대응하고 있다. 하지만 도카이도신칸센의 수송량은 현시점에서도 계속 증가하고 있어 도카이도신칸센 수송력의 수송 한계치에 이르고 있다. 더불어 도쿄~오사카 구간은 직선거리로 500km 정도 떨어져 있어 항공 수송으로 신칸센 수송력의 부족분을 메우고 있는 실정이다[7](〈표 2-14〉 참조).

〈표 2-14〉 신칸센을 이용할 수 있는 주요 구간에서 철도와 항공의 교통수요 시장 점유율

구간	JR 영업 km	철도	항공	구간	JR 영업 km	철도	항공
도쿄~나고야	366	100	0	도쿄~후쿠오카	1,175	7	93
도쿄~오사카	553	73	27	오사카~후쿠오카	622	82	18
도쿄~아오모리	714	78	22	오사카~구마모토	745	62	38
도쿄~오카야마	733	63	37	오사카~가고시마	911	27	73
도쿄~히로시마	894	60	40	나고야~후쿠오카	809	49	51

*자료 : 《데이터로 읽는 니시니혼 2015》, JR니시니혼

---

7. 일본 주요 도시간 여객수송에 있어서 고속버스 수송의 역할은 크지 않다. 그래도 100km~200km 거리 구간에서는 운행이 빈번한 편이어서 저가격을 무기로 하는 고속버스 수송은 철도와 경쟁관계를 어느 정도 만들고 있지만, 일본에서는 거의 중요 관련 대상으로 삼고 있지 않다.

JR도카이는 2014년 12월에 도쿄~나고야~오사카를 연결하는 자기부상식 열차인 리니어주오신칸센 건설에 착수해서 도쿄~나고야간 구간은 2027년 개업을 목표로 해 건설공사를 진행하고 있다. 해당 신칸센은 초전도자기부상방식을 이용하여 최고속도 505km로 열차를 주행시키는 고속철도로 도쿄~오사카를 67분, 도쿄~나고야를 40분에 주행할 예정이다. 리니어주오신칸센 건설비는 9조 300억 엔으로 예상되어 공적 지원 없이 본사의 자기 부담 원칙을 전제로 정비사업을 진행하고 있다. 하지만 공적 자금을 포함하지 않는다는 자기 부담 원칙 하에서 나고야~오사카 구간 개업이 2045년으로 연기될 상황이기 때문에 나고야~오사카 구간건설에 있어서 오사카 개업시기를 8년 정도 앞당기기 위해 공적 자금을 투입하기로 결정했지만 JR도카이는 현재 공적 자금 투입으로 일본 정부의 규제 및 간섭이 생기지 않도록 정부에 요구하고 있다.

JR니시니혼은 선로망 규모와 수송량의 크기로는 유리한 철도 수송시장에 놓여있다고 보지만, 실제 경영환경은 혼슈 3개사 중에서 가장 나쁜 조건이다. 산요신칸센과 게이한신권의 도시 수송 수익력이 도쿄권의 도시 수송과 도카이도신칸센에 비해 상대적으로 작고, 한편으로 5,000km가 넘는 선로망 중에는 지방 수송을 담당하는 지방 적자 노선이 상당히 많이 포함되어 있기 때문이다. 게이한신권 도시철도 수송은 예전부터 '사철왕국'이라 불리는 지역이어서 국철은 사철의 40% 정도 수송량(수송인원)을 담당할 뿐이다. 하지만 JR화 이후 JR니시니혼은 게이한신권 도시철도 수송 개선에 힘을 쏟았고, 최근에 와서 사철의 3분의 2 정도를 부담할 수 있는 능력이 되었다. 앞으로도 게이한신권에서의 사철과 JR의 경쟁관계는 심해질 것이다.

산요신칸센은 JR니시니혼에 있어 수송인·km 32% 이상을 점유하는 주요한 수익원이지만 수송밀도는 도카이도신칸센의 약 3분의 1 정도에 지나지 않는다. 2015년 3월 가나자와로의 호쿠리쿠신칸센의 노선연장으로 도쿄~가나자와 신칸센으로 직결되어 JR니시니혼은 자신의 지역관할 구간에 속하는 가나자와에서 동쪽으로 170km 구간까지 운영하고 있다. 호쿠리쿠신칸센은 2022년에는 후쿠이현 쓰루가시(市)에서 게이한신권 도심구간까지 연장될 예정이지만 아직 최종구간 노선이 선정되지 않은 상태이다.

2016년 가을에 주식을 상장하여 사실상의 완전 민영화를 실현한 JR규슈는 앞에서 보통 구분하는 3도 회사라는 범주에서 완전히 벗어났다. 경영안정기금의 운영수익으로 적자 보전을 하던 경영방식의 개선방법으로 중앙정부로의 반환 필요성에 대한 논의가 진행되었다. 그 결과 JR규슈가 보유하는 경영안정기금은 본사의 장기차입금 상환과 규슈신칸센의 시설사용료에 대한 일괄 선불 등으로 JR규슈의 재무기반 강화에 사용하기로 결정했다. 왜냐하면 JR규슈 노선망은 2,000km를 넘고 지방 적자 노선도 많이 보유하고 있기 때문이다. JR규슈는 철도 운임요금수입만으로 안정적인 흑자경영을 내기가 상당히 어려웠지만 2004년 이후 철도사업부문으로 한 단일결산에서 흑자계상으로 이어지는 해가 늘어나고 있고, 기업집단 사업 전체의 연결결산에서는 흑자계상의 안정된 경영실적을 쌓아가고 있어 완전 민영화를 향한 경영기반 강화가 성공해 가고 있다.

JR규슈는 혼슈 3개사와 비교해 철도사업이 차지하는 비중이 낮아 부동산사업을 중심으로 적극적인 경영다각화를 시도하여 현재 성공을 거두고 있다. 규슈에는 혼슈만큼의 거대도시가 존재하지 않지만 다수의 유력도시와 유명관광지가 존재해 JR규슈와 지역사회와의 관계가 긴밀한 점이 규슈지역의 특징이라 할 수 있다. 철도 수송서비스 품질 향상에도 적극적이어서 호화유람열차를 통한 열차크루즈를 즐길 수 있는 '나나쓰보시호'라는 열차상품이 대성공을 거두었고 JR 타사와 사철에도 큰 영향을 미쳐 새로운 철도 여객수송시장의 길을 연 선구자 역할을 하고 있다. JR규슈는 본사가 현재 규슈신칸센을 보유하지 않았지만 신칸센 사용료 일괄 선불로 비용조정을 하여 승객 증가가 수익 증가로 연결될 수 있도록 운영하고 있다. 더불어 규슈신칸센의 나가사키 연장노선이 현재 건설 중이기에 JR규슈의 장래 전망은 밝다고 볼 수 있다.

(4) JR 경영 호조를 유지하게 만드는 신칸센과 상하분리방식으로 전환한 '정비신칸센'

2016년 3월에 홋카이도신칸센(신아오모리~신하코다테홋토)이 개업하여 일본 신칸센 노선망은 연장거리 2,764.5km(영업거리는 2,997.1km[8])가 됐다. 일본이 '철도왕국'이라 불리는 것은 신칸센 및 3대 도시권 도시철도 여객수송량이 거대하기 때문에 고도의 철도 수송밀도와 국민 1인당 철도 수송 인·km 등이 세계 최고 수준을 자랑하고 있고, 혼슈 3개사가 완전 민영화를 조기에 실현한 배경에는 반복적으로 언급하지만 신칸센 수송의 높은 수익력과 경쟁력, 더불어 도쿄수도권과 게이한신권 등 대도시권의 도시철도 수송 능력과 안정성이 매우 높다는 강점이 철도 수송시장에서 크게 작용하고 있기 때문이다. 더불어 JR규슈의 규슈신칸센의 수익력도 완전 민영화에 큰 기여를 했다는 것도 말할 필요가 없다.

신칸센을 운영하는 JR 각사 총수송량(인·km)을 점유하는 신칸센 수송량 비율은 JR히가시니혼 23%, JR도카이 84%, JR니시니혼 32%, JR규슈 20%로 구성되어 있다. 〈표 2-14〉는 신칸센 수송이 활발한 주요 도시간의 철도와 항공의 분담률(수송 인원 기준)을 표시하고 있다. 거리가 1,000km 전후의 도쿄~후쿠오카, 오사카~가고시마 간은 압도적으로 항공수요가 크지만 800km 정도의 신칸센으로 4시간이 걸리는 도쿄~히로시마, 나고야~후쿠오카 간에서는 양 교통수단의 수요가 거의 비슷하다. 이 거리보다 적을 경우에는 철도 수송의 수요가 훨씬 커서 신칸센의 영향력을 확인할 수 있다.

JR체제 출범 직후에 신칸센보유기구가 보유한 신칸센 인프라를 1991년 10월에 혼슈 3개사가 매수했다는 이야기는 앞에 설명했지만 이것을 계기로 혼슈 3개사는 신칸센이라는 최고의 철도 자산을 보유하고 잘 활용하여 완전 민영화의 길을 여는 구세주가 되었다.

신칸센은 혼슈 3개사에게 양도된 신칸센과 '정비신칸센'이라 불리는 후발 신칸센 5개 노선으로 구분하여 정의한다. 정비신칸센에는 홋카이도신칸센, 도호쿠신칸센(아오모리 이북), 호쿠리쿠신칸센, 규슈신칸센 2개 노선(가고시마 라인, 나가사키 라인)과 함께 모두 5개 노선이 포함되어 있다. 이 5개 노선은 모두 '신칸센철도정비법'(1970년 제정)에 근거하여 1973년에 결정한 정비계획에서 일본 정부가 공식적으로 선정한

---

8. 신칸센은 JR재래선이 병행하는 노선과 구간에서는 재래선의 일종이라 보고 운임은 재래선 기준으로 계산되고 있다. 시각표 등에 게재된 신칸센 영업 킬로미터는 선로 킬로미터가 아니라 영업거리이다.

신칸센 노선이다. 그 가운데 도호쿠신칸센의 경우 모리오카역을 경계로 JR히가시니혼이 보유하는 신칸센과 모리오카 이북의 정비신칸센으로 나누고 있다. 2011년에는 새롭게 리니어주오신칸센이 신칸센의 새로운 모델로서 제시되었고, 자기 부담에 의한 독자적인 재원조달을 구축하여 사업을 진행하는 이유로 정비신칸센과는 구별된다.

앞에 설명했듯이 신칸센 정비사업이 동결된 것은 1986년이었고, 건설사업이 재개된 것은 1989년으로 상하분리방식에 근거한 신칸센 건설 재원조달방법이 시행된 이후였다. 1989년에 제정된 재원조달방법은 신칸센 인프라 총건설비 50%를 JR이 부담하고, 나머지 50% 중 35%는 중앙정부가, 15%는 지방정부가 각각 부담하는 것이다. 완성 후에는 JR 각사가 신칸센보유기구에 대해서 사용료(대부)를 지불하며 신칸센 인프라를 사용하는 방법을 택하고 있다. JR 사업자 입장에서는 부담이 커 신칸센 정비사업을 원활히 진행하지 못했던 것을 가능하게 만들어 첫 케이스로 1998년 나가노 동계올림픽을 대비한 호쿠리쿠신칸센 다카사키~나가노 구간을 빠르게 개통시켰다.

1997년 7월에 호쿠리쿠신칸센 다카사키~나가노 간이 개통했지만 이후에 건설되는 신칸센시설 정비에 대해서는 '정비신칸센'이 적용되어 '정비신칸센방식'이라 불리는 새로운 재원조달방법으로 건설이 추진되었다. 정비신칸센방식이란 중앙정부에서 출자한 특수법인 '일본철도건설공단'[9]이 신칸센 인프라를 정비하고 해당 법인이 보유하는 신칸센 인프라를 JR 각사가 사용료를 지불하는 운영방식이다. 신제도에서는 상하분리식이라는 점에서는 구 제도와 동일하지만 그 내용은 '공설민영(公設民營)' 형태의 상하분리방식으로 전환한 것이다. 다시 말해 신칸센 건설재원에 대해서는 건설비의 3분의 2는 중앙정부가 부담하고 3분의 1은 지방정부가 부담하며, 이것에 JR 각사가 지불하는 사용료 수입을 더한 합계액을 사업비 전체(건설비＋제세＋관리비) 합계액에 맞추는 조달방법이다.

정비신칸센방식에 의하면, 국가 부담분의 절반은 중앙정부의 공공사업비(일반재원)에서 부담하지만 중앙정부 부담분의 나머지 절반 재원에는 혼슈 3개사가 지불하

---

9. 정식 명칭은 '철도건설·운수시설정비지원기구'로 2003년에 특수법인 개혁으로 일본철도건설공단과 운수시설정비사업단이 통합되어 설립한 독립행정법인이다.

는 신칸센(도카이도, 산요, 도호쿠, 조에쓰)의 양도수입으로 충당한다. 지방 부담분의 90%는 지방채로 조달하지만 그 상환금에 대해서는 중앙정부의 지방자치단체에 대한 교부금으로 대치된다. JR 각사가 지불하는 정비신칸센의 사용료는 해당 신칸센의 개통으로 JR 각사가 얻어낼 수 있는 이익(신칸센 이외의 노선에서 발생하는 이익도 포함)에 해당하는 금액과 신칸센시설의 보유자가 부담하는 조세와 관리비의 합계액을 충당할 수 있게 설정했다. 정비신칸센방식이라는 새로운 재원조달방법의 시행으로 신칸센 건설을 원활히 추진할 수가 있게 되어 2002년에서 2016년 사이에 도호쿠신칸센 및 규슈신칸센(특히 가고시마 라인)이 전노선 개업에 들어갔다. 또한 호쿠리쿠신칸센 가나자와행의 개업이 실현되고 홋카이도신칸센 하코다테행이 개통되어 시코쿠를 제외한 일본 주요 섬에서 신칸센이 운행되는 순간이 찾아왔다.

한편, 리니어주오신칸센은 2007년에 JR도카이의 임원회가 자기 부담을 전제로 건설을 결정한 노선이다. 환경영향 평가를 거쳐 2014년에 착공한 도쿄~나고야 간을 연결하는 이 노선은 1973년 정부가 결정한 신칸센 정비계획 노선대로 진행되어 S자 형태의 도카이도신칸센 노선과 다르게 거의 직선 형태로 양 도시를 잇는 형태이다. 이 대규모 계획은 초전도자기부상방식이라는 신기술을 이용하여 세계 최고속도의 고속철도를 목표로 한다는 점에서 좀 도발적인 성격을 띠고 있으나, 원래 계획은 교통 수송 수요 대응형으로 견실한 성격을 띠고 있다.

JR도카이는 현재 큰 영업이익을 거두고 있지만, 이 회사에 대한 운임 인하를 주장하는 이용자의 목소리는 크지 않다. 이 회사의 이익 원천은 도카이도신칸센이지만, 도카이도신칸센은 현재 도쿄의 지하철 수송수준으로 시격 운행을 하고 있고, 이미 수송력이 한계에 가까운 상황이라 운임 인하의 유인동기가 없다는 점이다. 개업한 지 50년 이상이 경과한 도카이도신칸센의 시설 노후화가 진행되고 있고 태평양 연안에서 일어날 가능성이 높은 대규모 지진에 대비하여 신칸센 수송 차기 대비시설을 확보할 필요성이 대두되었기 때문이다. 이런 것들에 대한 철도 이용자와 사회의 이해도 매우 높았다. JR도카이가 도카이도신칸센에서 얻는 이익을 긴급성이 대두되는 리니어주오신칸센 건설에 충당하는 것은 사회적으로 높은 합리성을 갖는다고 일본에서는 판단할 수 있다. 하지만 도쿄~오사카 간 건설에는 9조 엔 이상(나고야~도쿄 간은 5조 4,300억 엔)이라는 거액의 자금을 필요로 한다. 리니어주오신칸센을 자기 부담에 의한 건설 원칙으로 정비할 경우 JR도카이는 건전한 기업 재정 확보를 유지하면서 사업을 추진하려면 도쿄~오사카 간의 전선 개업은 2045년까지로 연장해야 한다는 것이 이 프로젝트의 최대 약점이었다. 그런 상황에서 조기 전선 개업을 요망하는 간사이지역(특히 게이한신권)에서의 강한 요구가 있어 2016년에는 이 프로젝트인 나고야~오사카 간 건설에 정부의 공적 자금을 투입하는 것을 추가하여 오사카 개업을 8년 앞당겨 2037년 개통하기로 결정했다.

(5) JR 간의 기업 간 격차와 국철 장기채무 문제

〈그림 2-10〉은 JR화 이후 영업수입 변화를 100[JR체제 출범 때(1987년도)]으로 한 지수로 기업집단별로 나누어 보면 기업 간 격차가 큰 3도 회사에 대해서는 3도 회사 기업집단(3개사 통합) 외에 JR규슈, JR홋카이도, JR시코쿠 기업집단으로 나눈 자료도 표시하고 있다.

완전 민영화를 달성하여 순조롭게 운영하고 있는 혼슈 3개사와 JR규슈와는 달리 JR

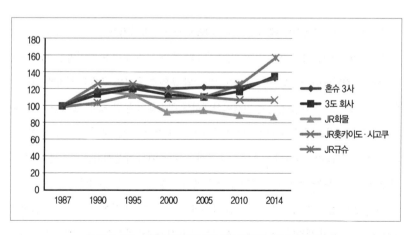

〈그림 2-10〉 JR체제 이후의 영업수입 변화(지수 100으로 환산)

홋카이도와 JR시코쿠, JR화물 3개사는 장기간에 걸쳐 수송량 감소와 철도사업 영업수입 감소로 어려움을 겪고 있다. JR홋카이도, JR시코쿠 기업집단은 한눈에 보면 영업수입이 늘어나는 것처럼 보이지만 이것은 JR 출범 이후와 1990년대 중반에 영업수입이 순조롭게 증가한 때인 1996년도와 비교해서 32%의 영업수입이 증가한 상태가 영향을 끼쳤다. 최근에는 JR 출범 때의 영업수입 규모로 되돌아오고 있는 상태이고, 2014년 두 사업자의 영업수입은 최고치에 이르렀던 1996년도에 비해 20%나 감소했다. 두 사업자는 대도시권과 국토교통주회랑축에서 벗어나 있어 원래 철도 수송 시장 규모가 작을 뿐만 아니라 신칸센수송의 혜택도 받지 못하는 회사이다.

〈표 2-15〉 JR화 이후의 영업수입 변화 추이(100으로 환산)

	1987	1990	1995	2000	2005	2010	2014
혼슈 3사	100	119	124	121	123	122	132
3도 회사	100	114	120	113	110	117	135
JR화물	100	119	114	93	95	89	88
JR홋카이도·시코쿠	100	127	127	118	111	107	107
JR규슈	100	104	115	109	111	125	158

*자료 : 《숫자로 보는 철도 2015년》(운수정책연구기구)

JR홋카이도는 1992년도에 수송량이, 1996년도에 영업수입이 각각 최고치를 기록하고 성장할 것으로 보았지만 일본 버블경제의 붕괴 이후 수송량과 영업수입은 동시에 감소로 전환했다. 이 회사는 경영안정기금의 운영수익 이월 후에도 적자계상이 계속되는 상황으로 기업집단 사업 연결결산에서도 결손액이 무척 크다. 2011년 이후 JR홋카이도는 열차화재와 화물열차 탈선 등의 사고가 발생하였을 뿐만 아니라 직장규율의 결여도 지적되어 2014년 이후에는 국가의 감시 하에서 재생계획을 추진하고 있다. 최근 JR홋카이도는 많은 노선 또는 구간을 폐지해 경영 재건을 추진할 방침을 밝혔지만 폐지 후보 중에는 도시간 노선도 포함되어 있어 교통정책상에서 이것이 바람직한지에 대한 의문이 생겼다. 전문가들 사이에서는 상하분리방식으로의 이행 등 근본적인 대책 필요성에 대해 논의하기에 이르렀고, 2016년 3월에 드디어 홋카이도신칸센이 홋카이도 하코다테호쿠도역까지 연장되었다. 하지만 신칸센 수송이 홋카이도에 제대로 효과를 나타내기에는 2033년 홋카이도 최대 도시 삿포로까지 연장될 때까지 시간이 걸릴 것이다.

JR시코쿠의 수송시장 규모는 더욱 작고, 게다가 시코쿠에 펼쳐진 고속도로망의 급속한 발달로 수송량은 대폭적으로 감소했다. JR시코쿠의 수송량 최고치(1990년도) 및 영업수입 최고치(1990년도)에 비해 2013년도에는 각각 −33%와 −38%라는 대폭적인 감소가 일어났다. 이 회사의 평균 수송밀도는 1990년대의 7,000인/일에 비해 최근에는 4,000인/일까지 낮아져 회사 전체 평균 수송밀도가 지방지선 수준 정도일 뿐이다. 큰 도시가 적은 시코쿠에서는 경영다각화 발전 여지도 한계가 있고 연결결산 결과도 좋지 않다.

JR홋카이도와 JR시코쿠 두 사업자가 당면하고 있는 고민은 거꾸로 보면 일본 철도 수송이 얼마나 신칸센 수송과 대도시권 도시철도 수송에 의존해 왔는지를 말해 주고 있다. 두 사업자는 현재 경영안정기금이 주어지고 있지만 초저금리시대로 전환되어 운용수익이 대폭적으로 줄어들 것이라는 위험요소를 JR체제 출범할 때에 예상하지 못했다. 그렇기 때문에 2013년에는 구제대책이 강구되어 2014년도 이후에는 JR홋카이도가 연간 55억 엔, JR시코쿠가 연간 35억 엔이라는 사실상의 추가적인 공적 지원금을 받고 있다.

JR화물도 화물수송량 감소로 어려움을 겪고 있다. 1992년도 최고치와 비교해서 2013년도 수송량(톤/km)은 30% 가까이 감소해 JR화물 ton km 수송거리는 20% 이상이나 축소되었다. 1960년대 중반 국철의 화물수송 분담률은 30% 이상이었지만 최근 JR화물의 분담률은 4% 미만까지 축소되었다. 해운이 발달한 섬나라 일본에서는 철도 화물수송 경쟁력이 더욱 약화될 수밖에 없다. 대도시권과 그 주변부에서 활발한 철도 여객수송이 이루어져 철도시설 용량에 여유가 없는 것도 철도 화물수송 발전을 방해하는 큰 원인이었다. 실제로 화물열차를 우회시키는 통과선로가 없는 나고야시 주변은 JR화물의 화물수송에 큰 애로사항이 되고 있다. 심각한 경영환경에 처해 있는 JR화물에 대해서는 앞에서 서술했듯이 회피가능비용에 근거하여 저렴한 선로 사용료정책이 도입되었다. 그 때문에 수송량이 적어진 21세기에 들어서도 JR화물의 영업성적은 흑자계상 상태이며, 연결결산에서도 해마다 흑자계상으로 유지되고 있다.

JR화물이 안고 있는 문제점 중 하나는 신칸센 선로 확대에 따른 신칸센과 병행하여 운행하는 JR재래선이 폐지되어 여객수송이 그 지역의 제3섹터 사업자에게로 이관하는 '병행재래선'에 관한 것이다. JR의 주요 간선이었던 노선이 신칸센 개업에 따라 비JR 병행재래선이 되어 이것을 이용하는 JR화물과 지역 수송이 중심인 병행재래선 사업자와의 선로 사용료를 둘러싼 이해 불일치 현상이 계속 일어나고 있다. JR화물 이용이 없으면 지역 수송을 담당하는 병행재래선은 단선 정도의 선로로 충분히 철도수요를 대응할 수 있어 중량이 큰 화물열차 이용에 대비하여 인프라 유지관리를 담당할 필요성이 없어지기 때문이다. 이 문제에 대응하기 위해 일부 병행재래선에 대해서 이제까지 JR화물이 지불해 왔던 낮은 수준의 선로 사용료를 인상하는 조치가 시행되기에 이르렀다. 하지만 JR체제 이후에 남겨진 최대의 난제는 국철이 남긴 막대한 액수의 장기채무 처리문제이다. 국철의 장기채무 문제는 아직도 일본 사회가 안고 있는 고질적인 문제로 남아있고, 채무액은 조금씩 줄고 있지만 국민이 부담해야 하는 무게는 대단히 커 앞으로도 이런 상황이 지속될 것이다.

앞 단락에서 소개했듯이 JR체제가 출범할 시기에 새로운 체제로의 이행으로 동반된 채무액 37.1조 엔 중 25.5조 엔(국철 장기채무 25.4조 엔과 거의 동액)의 분담책임은 특수법인인 국철청산사업단이 부담하게 되었다. 하지만 JR 각사가 부담하게 될 채무상환은 신칸센 양도 등으로 순조롭게 진행된 한편, 채무상환계획의 파탄을 초래한 것은 전체 채무의 69% 상환을 위임받은 국철청산사업단의 책임영역이었다. 1990년대 초반에 일어난 일본 경제의 버블 붕괴로 주식시장과 토지가격이 폭락하는 바람에 국철청산사업단의 상환계획은 파탄에 빠진 것이다. 따라서 1996년도의 채무액은 상환계획 개시 때 25.5조 엔에서 28.3조 엔으로 증대됐다. 수입이 격감되었는데, 새로운 차입금으로 상환을 추진했다는 것이 파탄의 결과로 찾아온 것이다.

1998년에 국철청산사업단이 안은 장기채무 중 약 24조 엔의 채무는 국가의 일반회계로 넘어가 국민 부담으로 처리되었다. 연금 부담분에 상당하는 약 4조 엔은 일본철도건설공단(2003년도 이후 철도·운수기구)의 채무로 이관하고, 자산매각수입, 국고보조, JR 각사 추가 부담으로 처리한 결과 1998년에 국철청산사업단은 해산되었다. 2016년 3월 말에 국철 장기채무 잔고는 약 18조 엔이다. 1999년도 이후 16년간 6조 원 정도의 채무를 줄였지만 1년마다로 환산하면 약 3,800억 엔 상환에 지나지 않는다. 지금까지의 수순이라면 상환 종료에는 앞으로 50년이라는 시간을 필요로 한다. 앞에 언급했듯이 거액의 장기차입금 누적액은 전후 일본국철이 국가기관도 민간기업도 아닌 공기업이라는 어중간한 경영형태 하에서 출범해 기업으로서의 당사자 능력이 결여되어 기업통치 능력을 잃고 경영 파탄으로 빠진 국철 공기업시대의 경영 실패 현상에서 기인한다. 일본에서는 교통정책에 국한되지 않고 많은 분야에서 공(公)의 책임과 민(民)의 책임이 명확하게 구분되지 않은 경우가 많아 금전적인 면과 편익(손실)적인 면에서 그것으로 발생하는 사회적 손실의 크기는 헤아릴 수조차 없다.

(6) JR 기업집단의 새로운 사업모델 전개

JR체제가 일본 사회에 안정적으로 정착되고 최근에는 JR여객 6개사와 대규모 사철 16개사가 일본의 철도 여객수송의 92% 이상(2013년도 인/km 기준)을 담당하고 있다. 이렇게 철도 여객수송의 대부분은 사철기업 및 상업적 이념에 근거하여 철도 수송을 지속해 온 것이 일본 철도 수송의 특징이라 할 수 있다.

〈표 2-16〉을 보면 영업거리(km)에서 두 기업집단의 차이는 무척 크지만 수송인원만을 보면 대규모 사철 기업집단이 JR을 추월하고 있다는 것과 수송인·km와 영업수입에서는 JR 기업집단이 크게 상회하고 있다. 하지만 영업수지율, 인건비율, 자본비율 등 철도사업 경영에 관한 데이터에 대해서는 양 기업집단 사이에 큰 격차는 없다는 것 그리고 1인당 평균 승차거리와 평균 수송밀도 데이터에서 양 기업집단간의 수송기능과 시장조건에서는 큰 격차가 있다는 것을 알 수 있다.

항목	JR	대규모 사철	항목	JR	대규모 사철
영업거리(km)	20,127	2,917	차량주행 km(백만 km)	6,372	2,310
수송인원(백만 명)	9,147	9,810	1인 평균 승차거리(km)	28.4	12.4
수송인·km(억 인·km)	2,600	1,215	직원 수(천명)	120	51
영업수입(억 엔)	42,281	16,357	인건비/운임수입(%)	27.0	29.8
영업손익(억 엔)	7,741	3,056	자본비/운임수입(%)	22.4	26.3
영업수지율(%)	121.1	123.0	평균 수송밀도(인/일)	35,392	114,116

*자료 : 《숫자로 보는 철도 2015년》(운수정책연구기구)

대규모 사철 기업집단의 평균 수송밀도는 JR 기업집단의 약 3.2배이다. 이것은 대규모 사철기업의 대부분이 도시철도 수송에 특화되어 있기 때문이다. JR여객 기업집단은 신칸센, 도시철도, 도시간철도, 지방노선 등 다양한 철도 여객수송을 담당하고도 JR여객 기업집단의 평균 수송밀도 3.5만 명을 넘는 수준으로, 이것은 세계적으로 대단히 높은 수준이라 말할 수 있다. 일본 철도 여객수송의 대부분은 상업 수송을 기반으로 하여 건전경영을 자랑하는 대규모 철도기업들로, 상하 일체 운영방식의 철도사업을 추진하고 있는 이유가 〈표 2-16〉에서도 나타난다.

JR 각사와 대규모 사철기업 각사는 철도 수송기능이 다르기 때문에 전국적으로 보면 철도 수송에 관해서 두 집단이 직접적인 경쟁관계를 유지하는 장면은 그렇게 많지 않다. 하지만 도쿄권에 비해 게이한신권과 나고야권에 있어서는 JR노선과 사철노선이 병행하는 노선이 많아 JR과 사철이 도시철도 수송에서 경쟁관계를 이루고 있는 경우가 다수 존재한다. 특히 JR니시니혼과 간사이지역 대규모 사철기업간의 경쟁관계는 유난히 심하다고 볼 수 있다.

JR 기업집단 각사가 활발하게 사업 전개를 추진하는 영역이 비철도 수송부문이다. 대규모 사철기업의 경우 민영화 과정에 있다고 볼 수 있는 도쿄메트로를 제외하면 각사 연결재무제표 매출액부문에서 차지하고 있는 철도사업의 비중은 10%~20%대에 지나지 않는다. 도큐, 긴테쓰HD, 한큐한신HD 등 대표적인 사철기업은 10%대에 머무르고 있다. 대규모 사철기업의 경우 철도사업의 수익성은 높고, 리스크는 낮고, 거기에 철도 상호의 브랜드파워도 압도적이어서 철도사업은 기업집단 사업 전체의 중심을 차지하고는 있지만 기업집단 전체의 매출액상으로 보면 철도사업의 비중은 그다지 높지 않다. 반면 JR 각사 기업집단 전체에서 철도사업이 차지하는 비중은 꽤 높아 3도 회사보다도 혼슈 3개사 쪽이 훨씬 높다(〈표 2-13〉 참조).

대규모 사철기업은 철도사업과 도시토지개발을 일체화시킨 사업모델로 기업을 발전시킨 긴 역사와 경험을 가지고 있기에 경영다각화의 시점에서 보면 대규모 사철 기업집단과 JR 기업집단과의 격차는 상당히 크다고 볼 수 있다. JR 기업집단 각사의 경영다각화는 부동산업, 콘코스사업, 호텔·관광 등 철도사업과의 시너지 효과를 얻기 쉬운 사업 전개가 중심이지만 대도시권에서 벗어난 3도 회사의 경우는 경영다각화 사업 전개를 추진하기에는 위험성이 높다. JR규슈는 기업집단 사업 전체에서 흑자경영을 달성하고 있지만 〈표 2-13〉의 자료처럼 혼슈 3개사와의 격차는 아직도 현저하다.

부동산개발 등 경영다각화와 관계된 사업 전개에 JR 각사와 대규모 사철기업은 경쟁관계를 가진 한편, 철도터미널의 현대화와 터미널 주변 도시재개발 등 대규모 지역개발사업을 추진할 경우에는 철도기업끼리 연대해 협력관계를 구축하는 경우가 상당히 많다. 철도 이용자의 편의성 개선과 터미널 주변의 도시개발에 관해서는 철도회사의 이해가 일치하는 경우가 많다. JR히가시니혼, 도큐전철, 도쿄메트로와의 연대 하에서 실시했던 도쿄·시부야터미널 대단위 개조사업, 역사적으로 토지개발을 지속했던 한큐한신HD에게 JR니시니혼이 힘을 합쳐 철도기업의 존재감을 키우기 위한 오사카 우메다지구의 대규모 도시재개발사업 등이 여기에 해당된다. IC카드를 이용한 공동승차권의 개발 등 철도서비스 개선과 매력 향상에 관한 각종 사업에도 철도기업간의 연대·협동관계가 구축되고 있다. 단, 운임제도가 교통사업자마다 달라 철도운임이 복잡하다는 것은 해외에 비해 일본 철도가 뒤처지고 있는 항목이어서 철도기업간의 연대를 통해 해결책이 모색되길 기대해 본다.

JR의 철도사업과 관련하여 최근 화제는 호화투숙열차로, 각 지역을 순회하며 철도여행을 즐기는 크루즈여행 철도상품의 인기가 높아지고 있다는 소식이다. 2013년에 JR규슈가 '나나쓰보시'라는 호화열차의 운행을 개시해 3박 4일의 크루즈여행을 하는 상품으로 1인당 가격이 85만 엔의 고가격임에도 불구하고 예약이 빗발쳤고, 그 후에도 인기는 계속되고 있어 고품질의 철도여행이 높은 상품가치를 낳는다는 인식 전환이 만들어졌다. 2017년에는 JR히가시니혼 '시키시마', JR니시니혼의 '미즈카제'라는 호화열차를 운행할 예정이다. 또 호화투숙열차뿐만 아니라 철도여행 자체를 즐기는 관광열차 붐이 일어나고 있어 JR과 사철기업이 운행하는 관광열차가 이미 40여 종류를 넘고 있다. 최근에는 증기기관차를 사용한 관광열차 운행이 증가하여 열차 내 개성적인 식사를 제공하는 서비스도 인기를 얻고 있다. 철도여행 그 자체를 즐기는 관광철도 수송시장은 빠르게 확대되고 있고, 철도사업자에게는 대단히 매력적인 사업으로 변모하고 있다.

더불어 JR 기업집단 각사는 각종 문화활동도 활발히 추진하고 있는데, 대표적인 것이 철도박물관의 운영이 있다. 철도자료관 같은 작은 규모의 박물관까지 더하면 일본 각지에는 이미 100개 이상의 철도관련 박물관이 존재한다. 혼슈 3개사인 JR히가시니혼은 사이타마시에, JR도카이는 나고야시에, JR니시니혼은 교토시에 대규모의 철도박물관을 설립하여 관리 및 보유함으로써 인기를 얻고 있다. JR히가시니혼 '철도박물관'은 37량의 보존차량을 전시하고, 일본 왕실용 차량, 증기기관차 운전 시뮬레이터 등

규슈철도의 선박사업

을 통해 인기를 얻어 연간 80만 명 이상이 방문하는 일본 철도 최대급의 박물관이 되었다. JR도카이의 '리니어철도관'은 39량의 보존차량을 전시하고 역대 신칸센 차량 전시 및 신칸센 운전 시뮬레이터가 인기를 얻고 있다. JR니시니혼의 '교토철도박물관'은 53량의 보존차량을 전시하는데 그 중 23량이 증기기관차이다. 8량의 현역 증기기관차를 보유하여 박물관 안에 철도차량의 수리 및 점검을 시행하는 공장이 설치되어 있다. 또한 JR 각사의 철도박물관은 홋카이도, 시코쿠, 규슈에도 산재해 귀중한 보존차량과 시설, 자료를 수집하여 전시하고 있다.

민간회사인 사철기업과 공영철도 등이 개성적인 철도박물관을 보유하는 경우도 많다. 그 중에서 철도 전체를 박물관화하여 관광철도에서 벗어나려는 현지의 움직임도 있다. 일찍이 철도가 달리던 지역주민과 그 지방자치단체가 조그만 박물관이나 자료관을 만들어 철도를 기억하고 후세에 알리고자 하는 사례도 상당히 늘어나고 있다. 일본 철도박물관의 규모와 수는 근대 일본의 역사 중에서 철도가 엄청난 역할을 했고, 지금도 일본 사회에서 중요한 역할을 하고 있다는 것을 보여준다. 이것이 세계를 향해 철도 대국으로 성장하려는 일본의 참모습이기도 하다.

철도 화물의 민영화와 분리

이용상

1. 일본의 철도 화물회사 분리 개요

일본국철 개혁은 파탄에 직면하고 있는 국철을 교통시장 내의 경쟁에서도 견딜 수 있는 사업체로 변혁하여 국민생활에 기여할 수 있는 충실한 수단으로 재생시키는 목적으로 추진되었다.

이러한 인식 하에 국철 개혁은 철도의 단순한 민영화가 아니라 국가적인 차원에서의 철도 개혁을 통해 국민에게 편리성을 제공하기 위한 것이 주요 목표였다.

당시 국철의 경영 파탄 최대의 원인은 정부가 운영하는 공사로서 자주성이 결여된채 전국에서 거대 조직으로 운영되고 있는 경영형태 때문이었다. 따라서 공사라고 하는 거대 조직의 경영형태를 근본적으로 개혁해야 국철 사업을 재생시킬 수 있다고 판단하였으며, 이러한 인식 아래 분할 민영화하는 것을 기본으로 하여 개혁을 추진하였다. 즉, 당시와 같은 전국 일원화의 조직으로서는 적절한 경영관리가 어렵고, 사업운영이 획일적이며, 각 지역이나 각 사업부문간에 의존관계가 생기기 쉽고, 각각의 경영

실정에 맞는 효율화를 저해하며, 동종 기업 간에 경쟁의식이 생기지 않는 문제가 있다고 판단하였다.

이러한 폐해를 극복하고 철도사업으로서 탄력적인 운영이 가능하게 하기 위해서는 적절한 경영관리가 필요하고, 또한 지역성이나 사업부문의 특성을 반영한 사업관리가 확보되도록 적절한 사업단위로 분할하는 것이 불가피하다고 인식되었다.

또한 공사제도로서는 외부 간섭을 피하기 어렵고, 경영책임이 불명확하며, 노사관계가 비정상일 가능성이 높고, 사업범위의 제약이 있어 다각적이고 탄력적인 경영이 어렵다는 문제점이 있는데, 이것은 공사라는 경영형태에 내재하는 특성에서 기인하는 것이었다. 이를 타파하기 위해서 일본 정부는 공기업 형태를 민영화하여 경영자의 관료제 체질을 개선하고, 직원의 의식 개혁을 도모하고, 관련 사업을 전개해서 경영기반을 강화할 수밖에 없다고 판단하였다.

이러한 국철 개혁으로 일본 철도 화물수송이 여객회사의 민영화와 함께 별도의 독립회사로 분리되었는데, 이의 배경에 대해서는 1987년 민영화 당시 이를 추진한 '국철재건감리위원회'의 의견을 보면 명확하게 알 수 있다.

국철재건감리위원회의 의견은 철도 화물은 장거리화물과 대량 수송에 적합하다는 것을 전제하고, 국유철도에서의 화물수송의 문제점으로 1950년대 임해공업단지의 발달로 인해 트럭과 내항 해운이 급격하게 성장한 반면, 철도 수송량은 감소하여 적자가 누적되었다는 점이다. 적자 요인으로는 많은 작업인원과 장시간의 하역작업 등 예전 그대로의 동일한 야드 운송방식을 유지하기 때문이라고 지적하고 있다.

이에 철도 화물은 장래 컨테이너와 석유, 시멘트수송 등 장거리 대량 수송의 장점을 살리기 위해서는 경영의 근본적인 개선이 필요하다고 제안하였다. 이를 위해 종래의 야드 운송방식에서 컨테이너화와 직행운송방식으로 전환하고, 인원과 경비를 절감하며, 여객과의 통합 운영에 따른 사업의 불명확성 등의 문제점을 해결하기 위해서 여객과 분리하여 운영하는 것이 바람직하다는 의견이 제시되었다. 이러한 건의에 기초해 일본 정부는 철도 화물을 담당하는 일본화물철도주식회사(JR화물)를 설립하여 철도 수송을 담당케 하였다. 운영방식은 선로를 소유하지 않은 채 여객회사 소유의 선로를 빌려 운영하는 방식으로, 이는 미국에서 화물철도회사가 선로를 가지고 여객이 빌려 쓰는 것을 모델로 참고하여 추진하였다. 이에 일본화물철도주식회사는 1987년 4월 1일에 자본금 190억 엔으로 출발하여 화물운송사업과 부대사업 등의 영업을 하고 있다.

2. 철도 화물 분리 시의 주요 쟁점 및 추진내용

(1) 경영체제에 관한 기본적인 생각

국철의 화물운송은 당시 수송 구조가 크게 변화해 교통기관간의 경쟁이 격화된 가운데 합리화나 사업 분야의 재검토가 시행되어야 함에도 불구하고 적절히 시행되지 않았으며, 적재 효율이 낮은 차량도 많이 보유하는 등 독점시대의 경영 감각으로부터 탈피하지 못한 심각한 상황이었다.

그러나 철도 화물운송은 수송 수단으로서 본래 뛰어난 특성을 발휘할 수 있는 분야로 향후 상응하는 역할을 수행할 것으로 기대되었다. 그러기 위해서는 경영책임이 불명확하고 비용 의식도 부족한 당시의 체제 변화가 불가피하였으며, 다음과 같은 이유로 화물 부문의 경영을 여객 부문으로부터 분리, 독립한 사업체로 추진하였다.

우선 철도 화물수송은 주로 산업계의 기업 활동의 일환으로써 이용되는 것과 동시에 출발지와 도착지에서 물류 사업자 등과의 제휴가 불가결하다는 점 등 여객운송과 다른 특색을 가지고 있어 이러한 상황에서 물류계의 일원으로 적절한 경영을 전개할 필요가 있다.

두 번째로는 철도 화물수송에 의해 발생하는 경비를 올바르게 파악하여 비용에 기초를 두는 화물 부문 독자의 확고한 수지 관리를 전제로 하여 경영책임을 명확하게 할 필요가 있다.

세 번째로는 여객 부문이 6개의 사업체로 분할되는 상황에서 수송거리가 길고, 왕복운행의 불균형이 되기 쉬운 화물운송을 원활히 운영하기 위해서 여객 부문으로부터 독립하여 전국적인 사업운영을 행하는 것이 바람직하다.

(2) 철도 화물이 사업으로서 성립되기 위한 요건

철도 화물수송이 독립된 사업으로서 성립될 수 있기 위해서 새롭게 설립되는 철도 화물회사가 다음과 같은 조건을 충족시켜야 한다고 제안하였다.

1) 독립채산이 가능한 사업체제의 확립

철도 화물회사가 자립해 나가기 위해서는 적정한 선로 사용료 등 독립된 사업체로서 부담해야 할 경비를 조달하면서 채산을 맞추어 나가는 것이 불가결한 전제이다. 그러나 화물수송의 현상은 자립 기능이 어려워 향후 신설되는 사업체제로 나아가기 위해서는 새로운 사업 범위의 재검토를 실시하여 직행화물의 효율적인 수송체제의 확립을 도모해야 한다.

2) 비용절감의 도모

철도 화물회사가 다른 수송기관과 경쟁 하에서 생존해 나가기 위해서는 수송비용의 절감 노력을 기울이는 것이 가장 중요한 과제이다. 예를 들면 운전 승무원이나 역 요원의 운용에 대해 효율화를 도모하는 것과 동시에 열차의 견인 톤수를 높이는 등의 노력과 승계하는 자산에 대해서도 장래에 경영상 부담이 되지 않게 최소한의 것으로 해야 한다.

덧붙여 새로운 철도 화물회사가 업무 전반에 걸쳐 비용 관리를 적절히 행하기 위해서는 화물열차의 편성·운행을 비롯하여 화물역이나 화차·컨테이너의 관리 등의 업무 전반에 대하여 경영책임을 완수할 수 있는 체제가 적당하다.

3) 판매방식의 개선에 의한 안정 수입

과거 일본국철의 화물수송은 집하 능력이 낮고 적재 효율이 낮은 지극히 비효율적인 수송이었다. 새로운 철도 화물회사의 경영 안정화를 위해서는 풍부한 경험과 능력을 가지는 통운·트럭 사업자 등 물류 사업자의 요청에 의한 왕복 열차 단위의 판매에 중점을 두었던 판매방식을 개선하여 안정 수입의 확보를 도모할 필요가 있다.

4) 여객철도회사와의 조화로운 사업운영

새로운 경영체제에서는 선로 등의 기초시설을 여객철도회사와 공용하여 사업운영을 실시하게 되지만, 그 안정적인 사용을 확보하는 것과 동시에 열차시간표 조정이나 선로 사용료 책정 등이 원활히 이루어지기 위해서는 철도 화물회사와 여객철도회사 사이에 밀접한 협조 관계를 구축하는 것이 중요하다. 따라서 양자 사이에 이와 관계되는 사용 실태를 검토하여 적절한 규정을 만드는 등의 조치를 강구하여야 한다.

(3) 새로운 철도 화물회사의 대책에 관한 구체안

새로운 철도 화물회사에 대해서는 철도 화물회사의 독립적인 체계로의 변환과 관련 사항들에 대한 기본적인 인식을 기초로 하여 다음과 같은 요소들을 적극적으로 검토하였다.

우선 독립채산이 가능한 체제의 유지를 위해 운행시간표 설정과 여객철도회사에 지불해야 하는 선로 사용료 등에 관련되는 비용을 명확하게 할 필요가 있다.

또한 레일 등 기초 시설을 여객철도회사와 공용으로 하여 사업 운영을 하게 되기 때문에 열차 운행 등 구체적인 업무 내용에 대해서 안전 면과 효율 면 등을 종합적으로 고려해서 결정할 필요가 있다.

아울러 화주나 물류 사업자 등의 철도 이용에 대한 의견을 청취할 필요가 있다. 당시 확정할 수 없는 사항이 많기 때문에 이후 정부는 국철과의 밀접한 제휴 아래 화주·물류 사업자의 의견도 청취해 전문적이고 기술적으로 실행 가능한 구체안을 작성하도록 하였다. 화물운송은 여객수송에 비해 수송 거리가 길고, 컨테이너운송·차급직행운송의 60%를 넘는 열차가 복수의 여객철도회사에 걸쳐 운행되고 있는 실태 등을 고려하여 기본적으로는 화물운송도 포함하여 전국 일원의 경영체제로 하는 것이 적절하다고 제안되었다.

철도 화물회사에 관한 공제 제도 및 퇴직 수당 취급, 금융·세제 조치 등에 대해서는 여객철도회사의 경우와 기본적으로 동일하게 적용한다. 또 자산의 승계에 대해서도 여객철도회사의 경우와 동일한 장부가액으로 하며, 그 액수로부터 자본금 및 퇴직급여 준비금을 공제한 액수를 장기채무로 계승하는 것으로 한다. 또한 사업용 용지의 승계에 대해서는 국민 부담과 연결되므로 특히 엄정한 취급이 필요하다.

철도 화물사업의 운영체제를 근본적으로 고치는 것과 아울러 당시의 국철이 갖고 있는 철도 화물수송에 관한 제도에 대해서도 화주나 물류 사업자가 이용하기 쉽도록 정부에서 필요한 검토를 실시하는 것으로 추진되었다.

(4) 새로운 화물철도주식회사의 설립을 위한 준비

여객부문과 화물부문을 분리하여 전국을 하나의 회사로 운영하며, 사업으로 가능하기 위해서 다음과 같은 큰 원칙이 정해졌다.

〈표 2-17〉 여객과 화물회사의 분리원칙

– 독립채산이 가능한 사업부제 확립	– 선로 사용료와 화물수송 비용 명확화
– 운영비용 절감	– 열차운행의 안전과 효율성 고려
– 판매방식의 개선에 의한 안정 수입 확보	– 물류사업자의 철도 이용 용이성 제고
– 여객회사와의 원활한 협조	

이와 함께 다음과 같은 것이 새롭게 준비되었다. 1985년에 국토교통성이 재건감리위원회에 제출한 '새로운 철도회사의 방향에 대하여'를 살펴보면, 이 내용에는 사업범위와 내용, 종사원 규모, 판매방식, 여객철도회사와의 관계, 출자방식, 인수자산과 채

무, 화물철도회사의 경영 개선에 대해 제안하고 있다. 종사원 규모에 대해서는 수입에 대한 인건비 총액(여객철도회사로 위탁한 인건비 상당분 포함)의 비율이 40%를 넘지 못하도록 하였다.

<표 2-18> 화물회사 분리 시 준비된 사항

① 새로운 철도회사의 방향에 대하여(1985년 국토교통성이 재건감리위원회에 제출)
② 여객회사와 화물회사간의 선로사용에 관한 협정(1987년 1월 1일 체결)
③ 여객회사와 화물회사간의 운수영업에 관한 기본협정(1987년 4월 1일)

'여객회사와 화물회사간의 선로사용에 관한 협정(1987년 1월 1일에 체결)'에서는 레일 등 기초시설의 사용과 열차다이어 조정, 경비분담 방향 등에 대해서 화물철도회사와 여객회사와의 협의를 기본으로 하여 양자 간의 원활한 사업운영을 확보하기 위해 사전에 적절한 원칙을 정하는 것과 함께 필요에 따라서는 법적 조치를 포함한 담보조치를 강구하도록 하였다. 또한 화물철도회사가 부담해야 하는 경비는 화물수송이 없다면 그 발생이 회피된다고 인정되는 경비(회피가능비용)로 하였다. 선로 사용료의 인가는 운수대신(장관)이 하도록 하였으며, 이 외에 여객철도회사와 운수에 관한 기본협정을 포함해 7개의 기본협정과 부문별 협정, 세목을 정하여 1987년 4월 1일 체결하였다.

여객회사와 화물회사간의 운수영업에 관한 기본협정(1987년 4월 1일)에 따라 정해진 주요한 사항은 다음과 같다.
• 직통여객열차 및 화물열차의 운전계획에 관한 협정(1987년 4월 1일)
• 열차운행표 설정의 우선순위에 관한 표준협정(1987년 4월 1일)
• 직통여객열차와 화물열차의 운전정리 및 운전수배에 관한 협정(1987년 4월 1일)
• 이상 시 사고처리 및 수송 수배에 관한 협정(1987년 4월 1일)

(5) 당시 화물철도 분리 민영화의 쟁점

당시 국철(JNR)에서 여객과 화물의 분리에 따라 제기되었던 쟁점들을 정리하면 다음과 같다.

먼저 여객과 화물의 분리, 재산목록 등이 불명확하고 여객과 화물 분리의 구체적인 업무 분리 기준, 특히 안전과 효율성 면에서 분리 기준이 명확하지 않다는 것이다.

두 번째로는 민영화 후 바로 흑자 실현이 어렵기 때문에 정부가 출자한 특수회사로 출범하고, 후에 민영화해야 한다.

세 번째로는 컨테이너직행열차, 석유, 시멘트 등 대량 화물 중심 수송으로 중소상인 등이 소외되어 공공성이 후퇴할 우려가 있다.

네 번째로는 통운과 트럭회사의 제휴 등을 강조하여 국민을 위한 화물수송이라는 개념이 악화되는 문제점을 안고 있다.

마지막으로는 철도의 경비 부담방식에서 당시 공통비의 배분방식은 화물회사의 부담을 덜어주기 위해 공통비의 많은 부문을 여객회사에 배분하지 않으면 안 된다는 것이다. 이와 관련해서는 화물회사가 여객회사에 종속되고, 여객회사의 운임 상승으로 결국 국민 부담이 될 것이다. 또한 화물회사의 경영책임이 불명확하고, 행정 개입의 가능성이 커지며, 여객회사의 반발이 클 것이라는 문제점 등이 제기되었다.

(6) 개혁 관련법의 성립과 새로운 체제로 이행 준비

관련 법률의 성립에 의해 정부와 국철은 신체제로의 이행 준비 작업을 진행하였다. 주요 내용을 보면 승계 법인이 국철로부터 승계한 자산의 가격을 결정하기 위한 평가위원회의 설치, 매각 가능한 국철 용지 등에 관한 의견 청취를 위한 제3자 기관의 설치, 여객회사 등의 설립위원 임명, 기간통신회사와 연구소 등의 승계 법인의 지정, 국철사업의 승계와 함께 권리의무의 승계 실시계획 수립, 국철에 의한 계획 책정 그리고 그의 인가 등이다. 또한 국철사업의 승계에 관한 기본계획을 수립하였다.

(7) 일본화물철도주식회사의 발족 및 민영화의 시사점

국철 개혁 방침이 결정되어 국철 최후의 열차시간표 개정을 1986년 11월에 실시한 후 11월 28일에 국철 개혁 관련 8법안이 성립되었다. 이와 함께 분할 후의 여객철도 회사와 화물철도회사의 원활한 업무운영을 확보하기 위해 선로 사용료와 열차운행표 조정, 수탁 후의 규정 등 새로운 회사의 토대를 확보하였다. 1987년 3월 31일부터 새로운 회사의 열차운행표 개정이 끝나고 1987년 4월 1일 일본화물철도주식회사가 출범하였다.

초년도 수입은 상반기의 부진으로 계획에는 못 미쳤지만 하반기부터 국철시대와는 다르게 임시화물열차를 운행하는 등 여러 가지 노력을 경주하였으며, 버블경기의 영향으로 3/4분기부터는 계획치를 달성하여 연간 계획치를 상회하였다. 그 결과 1987년 결산은 수입이 1,727억 엔, 경상이익이 59억 엔, 당기순이익이 18억 엔을 달성하여 예상보다 높은 수익을 기록하였고, 이후 1992년도까지 연속해서 이익을 실현하였다. 일본철도 민영화 시 화물 육성과 민간사업자와의 공생 그리고 철도회사의 경영 효율화를 적극적으로 추진하여 나름의 성공을 거둘 수 있었으며, 화물철도회사의 경영은 인원 4분의 1 감소와 값싼 선로 사용료, 대기업과 통운 그리고 트럭업자에 대한 혜택(화물철도회사와 연대 강화) 등에 의해 흑자 전환을 모색하였던 것이다. 이에 따라 통운과 트럭회사의 제휴관계와 운영비용의 절감을 도모하였다. 화주의 철도 이용 용이성을 제고하고 철도 화물회사의 인건비 총액이 비용의 40%를 넘지 못하도록 하여 화물철도회사의 비용 절감과 이에 따른 운임 인하를 유도하였으며, 수송능력을 비교해 보면 민영화 직후인 1987년에 비해 2009년의 ton km 수송거리는 82% 수준으로 감소하였고, 화차 수도 46% 수준으로 감소하였다. 하지만 열차밀도는 2002년이 1987년에 비해 22% 증가하였다.

그러나 일본화물철도주식회사는 여객화물 분리 후 현재까지 차량의 노후화와 직행 시스템에 맞지 않는 역 설비, 국제용 컨테이너 설비의 부족, 인프라 이용의 제약, 포워더 기능의 미약(경쟁자가 고객인 시스템) 등과 같은 문제가 발생하고 있으며, 이를 해결하기 위하여 많은 노력을 기울이고 있다.

철도역의 르네상스

이용상

1. 들어가며

철도 개통으로 철도가 통과하는 도시들이 발전하기 시작하였으며 역 주변으로 인구가 집중되고 상업, 유통업이 발전하기 시작하였다.

일본 철도는 그간 국철 운영에서 발생한 적자 문제를 해결하지 못해 1987년 4월 1일 민영화되었다. 이를 통해 모든 철도사업이 상업성을 가미하여 운영되고 있다.

철도역의 경우도 운송기능에서 상업기능까지 갖춘 복합개발이 이루어지고 있는데, JR히가시니혼, JR니시니혼 등의 대부분의 주요 역은 역사뿐만 아니라 백화점이나 문화 공간 등을 갖추고 여객에게 역으로서의 기능 이외에 쇼핑, 회의, 문화, 휴식 공간 등을 제공하고 있다.

새로운 역사 개발을 통해 역이 생활의 중심이 되고 있으며 이용객도 크게 증가하고 있다. 또한 역을 중심으로 하는 도시계획으로 지역의 균형 있는 발전을 꾀하고 있다.

이러한 변화는 그동안 일본 철도가 국유철도 운영에서 민영화되면서 각 철도회사는 자립운영을 위해 공공성보다는 기업성을 추구하는 회사로 거듭나야 하는 필요성 때문이었다.

국철시대의 철도 운영 파탄의 내부적인 요인으로는 높은 인건비와 지방 적자선, 화물부문, 과도한 차입금 등이 있었으며, 외부적인 요인으로는 급격한 교통 환경의 변화와 국철에 대한 과도한 내·외부 행정 규제 등을 들 수 있다.[10] 민영화 이후 각 회사는 독립적인 운영을 위해서 비용 절감과 함께 수익 창출에 온 힘을 기울였다. 수입 창출을 위해서는 다양한 부대사업을 전개할 수밖에 없는데, 그 중 하나가 바로 역을 개발하여 상업성을 가미한 운영을 하는 것이었다.

우리나라의 경우 철도는 공사운영체제로 대부분의 역이 승객의 승하차 기능만 수행할 뿐 역을 중심으로 개발이 이루어지고 있지 않은 실정이다.

그간의 관련 연구를 보면 철도 역세권에 관한 연구로는 조남건(2005)이 '일본의 고속철도 역세권 개발 사례'를 한 것이 있으며,[11] 위정수(2009)는 '역세권 활성화를 위한 국내외 사례 연구'를 하였다.[12] 국내 역세권 개발에 관한 연구로는 정봉현(2009)이 '호남고속철도 개통에 대비한 광주권 고속철도역의 운영 및 역세권 개발방향 연구'를 수행하였다.[13]

그간 연구를 보면 고속철도 역세권에 국한되어 있고 국내 연구도 역세권에 한정되어 있다. 일본에 관한 연구도 역의 기능 변화, 특히 민영화 전후를 비교해서 분석하지 못한 한계가 있었으며, 최근에 개발된 역을 설명하지 못하였다.

이 장에서는 일본의 주요 역의 최근 개발사례를 통해, 특히 민영화 이후 일본 철도역의 기능이 어떻게 변화해 왔으며 그 효과는 어떠했는지를 살펴보고, 이를 통해 시사점을 도출해 보고자 한다. 역사적으로 살펴보면 지역은 철도를 중심으로 발전하였다가 그 후 자

10. 이용상 외(2005), 《일본 철도의 역사와 발전》, 한국철도기술연구원, pp.121-125

11. 조남건(2005), '일본의 고속철도 역세권 개발사례', 국토연구원, pp.114-123

12. 위정수(2009), '역세권 활성화 방안에 관한 국내외 사례 비교 연구 2009', 한국철도학회 가을 학술대회 발표대회 논문집, pp.636-647

13. 정봉현(2009), '호남고속철도 개통에 대비한 광주권 고속철도역의 운영 및 역세권 개발방향', 지역개발연구, 전남대학교 지역개발연구소, pp.123-144

동차의 급성장으로 발전 축이 변화, 다시 철도역이 발전하는, 이른바 '역의 르네상스' 시대가 도래하고 있다. 이에 철도의 부활이라는 관점에서 일본적인 특징이 무엇인지 그리고 철도역의 발전을 해석하여 우리나라에 주는 시사점이 무엇인지 살펴보고자 한다.

일본은 우리나라와 비슷한 지형적인 특징과 여객수송의 분담률이 세계 최고인 약 27%로 우리나라 철도 발전의 모델이 되고 있다.[14] 향후 우리나라 철도가 나아가야 할 방향에 대해 여러 가지 시사점을 줄 것이다.

이 연구의 방법론은 기본적으로 일본의 철도역 개발 사례를 통해 우리나라에 대한 시사점을 찾는 방식으로 진행하였다. 일본 사례와 우리나라의 사례를 비교하는 방식을 취하였는데, 이러한 비교·분석연구의 장점은 서로 다른 환경에서의 법과 제도, 기능의 분석을 통해 서로 다른 해석과 설명이 가능함과 동시에 발전적인 시각에서 방향성을 참고할 수 있는 분석이 가능하기 때문이다.

① 일본의 철도역 개발 사례분석(민영화 이전과 이후의 변화)
② 변화 요인에 대한 설명(법과 제도 등)
③ 한국과 일본의 비교, 분석(분석 기준은 법과 제도) → 해석
④ 시사점 도출과 향후 개선방안 → 일본적인 특수성 도출

〈그림 2-11〉 분석 틀

연구방법론은 체제론적 접근방법을 취하였고, 특히 투입 요소로서 제도와 법에 중점을 두고 비교, 분석하였다. 투입 요소의 다름에 따라 산출물 또한 다른 결과가 나올 것이라는 가정인데, 양국의 경우 다른 역사적인 배경을 가지고 있고 철도 발전과정도 다르기 때문에 서로 다른 투입 요소와 과정 그리고 결과가 다를 수 있지만 상호간의 차이와 공통적인 인식을 통해 새로운 발전 방향을 모색할 수 있기 때문이다. 그 중에서도 제도와 법은 정책을 표현하는 가장 중요한 지침이며, 그 영향력이 매우 크다. 국가 간의 비교, 연구에서는 많은 연구들이 이러한 방식을 쓰고 있다. 특히 일본의 경우 민

---

14. 일본 국토교통성 자료, www.mlt.go.jp

영화라는 경험과 이를 실현하려는 법과 제도가 많은 영향을 미쳤기 때문이다. 연구범위는 일본철도 민영화 이전과 이후의 역사 개발을 중심으로 하였고, 시사점 도출을 위해서 대단지 역세권으로 개발 예정인 우리나라의 용산역을 사례로 들었다.

2. 역의 르네상스

일본 철도는 개통 이래 국유철도로 운영되었는데, 국유철도시절 철도역은 단순하게 승하차 기능을 하는 철도시설의 일부에 불과했다. 다만 철도라는 새로운 수송수단의 탄생으로 역 주변은 새로운 상권이 형성되었다.

교토역 전경

그러나 일본 철도역의 개념이 바뀐 대표적인 사례 중의 하나가 1997년 교토역 개발이다. 국철이 민영화된 이후 민영화된 회사는 철도역의 개념을 그간의 단순 운송기능에서 복합기능으로 이해하기 시작하였다. 복합기능을 생각한 주요한 이유 중의 하나는 수익성 창출이었다. 민영화된 회사는 승객이 모이는 곳이야말로 수익을 낼 수 있는 유일한 거점이라고 생각하기 시작하였고 다양한 사업을 전개할 수 있도록 법 개정도 추진하였다.

또한 철도회사들이 지역으로 분할 민영화되어 지역과 밀접한 관련을 가지고 있었고 지역을 기반으로 발전하지 않으면 안 되는 절박함도 있었다. 이에 따라 각 철도회사들은 철도역을 새롭게 인식하고 개발하기 시작하였다.

제도적으로 보면 1971년 국유철도법 시행령 개정에서 역 빌딩을 직접 개발 할 수 있게 되었으나 철도 운영 자체가 적자였기 때문에 본격적으로 역 빌딩을 개발하고 수익성을 창출한 것은 철도 민영화 이후였다.

(1) 교토역(1993년~1997년)

교토역은 1877년 처음으로 건설된 이후 1952년 철근 콘트리트 건물로 개축한 이후 1993년에 다시 대대적으로 개축한 것이다.

교토역은 교토 정도(수도를 정함) 1,200년을 기념하여 새로운 개념의 역으로 탄생하였다. 일본의 역 르네상스를 대표하는 역으로 건축적인 미학과 다양한 복합기능으로 새로운 철도역사로 자리매김하고 있다. 교토역의 개발 주체는 니시니혼철도주식회사와 교토역개발주식회사이다. 철도회사가 토지를 출자하고 민간회사와 지방자치단체인 교토부와 교토시가 출자하여 개발주식회사를 만들었다.

역 빌딩은 총 16층으로 부지면적 38,000㎡에 연면적이 238,000㎡이다. 교토역은 지하철과 지역 간 철도의 환승이 지하와 지상으로 연결되어 있고, 역사 전면에는 버스와 택시터미널이 있어 편리한 환승체계를 갖추고 있다. 역의 주요 시설은 역사 이외에 호텔과 백화점, 문화 공간, 공연 공간, 실외 정원 등을 갖추고 있어 철도역은 숙박과 회의, 문화, 휴식공간으로 탈바꿈하여 교토의 명물로 자리 잡아 이용객이 크게 증가하고 있다.

층별 공간 구성을 보면 그 기능을 확실히 알 수 있다. 지하와 1, 2층에 역무 공간, 2~6층에는 상업시설, 7~8층에는 문화 공간, 9~16층에는 문화 공간과 정보시설, 1~10층 사이에는 호텔이 입주해 역의 기능이 역무시설에서 상업시설과 문화 공간, 정보시설, 호텔로 다양화된 것을 알 수 있다.

교토역은 교통허브 역할을 수행하고 있으며, 호텔과 컨벤션기능을 통하여 사람들의 소통의 장과 백화점, 전문상점가의 입점으로 물건 유통의 장이 되고 있다.

철도역을 중심으로 한 개발로 역이 더욱 활성화되었고 지역경제도 활성화되고 있다. 1일 이용객이 2010년 현재 70만 명에 이르고 있다. 이는 교토시 인구가 약 150만 명이라는 점을 고려할 때 많은 시민이 이용하는 것을 알 수 있다.

이러한 교토역 개발의 성공사례를 분석해 보면 다음과 같다.

〈표 2-19〉 교토역 개발 현황

구분	역 빌딩동	주차장동
부지면적	38,000㎡	
연면적	238,000㎡	
층 수	지하 3층, 지상 16층	지상 9층
공사기간	1993년 1월~1997년 10월	
사업 주체	JR니시니혼여객철도(주), 교토역빌딩개발(주)	
공사비	1,400억 엔	
사업비 조달	1,400억 엔(정부 보조 3억 엔은 연결도로 연결)	
운영방법	개발회사 설립 : 교토역빌딩개발(주) - JR니시니혼 60%(토지 제공) - 민간회사 30%(44개 지방은행 및 기업) - 교토부, 교토시 각 5%씩 출자	
시설	- 역 시설(70만 인/일) : 9,999㎡ - 시민광장 : 2,508㎡ - 컨벤션, 호텔(670실) : 76,989㎡ - 상업시설(백화점, 전문점) : 49,995㎡ - 부대시설(통로 등) : 52,998㎡ - 문화시설(1,200석) : 9,009㎡ - 주차장(1,250대) : 36,592㎡	
기능	단순한 역사기능에서 복합기능으로 변화(상업, 문화시설)	

*자료 : 니시니혼철도주식회사 본사 내부자료

첫 번째로는 니시니혼철도주식회사의 철도역에 대한 생각의 변화와 지방자치단체의 적극적인 협조 때문에 가능하였다. 당시 니시니혼철도주식회사의 이데 사장은 미래의 철도역을 구상하면서 새로운 기능을 가진 철도역 설계를 추진하였고, 교토시는 정도 1,200년 기념사업으로 이를 승인한 것은 물론 복합역사가 가능하도록 적극적으로 협조하였다. 행정당국과 니시니혼철도주식회사 간에 CEO 회의를 자주 개최하여 의견을 조율하여 추진하였다.

두 번째로는 초기 대규모 역 개발에 대한 주변 상권의 반발도 있었으나 교토역빌딩 개발주식회사는 상호 공생을 골자로 하는 주민설명회를 자주 개최하고 이웃 주민들을 위한 시민광장 마련, 통행로 정비 등을 통하여 지역사회의 동의를 얻었다.

세 번째로는 역사 개발과 함께 개장 후에도 매년 리모델링과 새로운 이벤트를 통해 사람들이 모일 수 있도록 지속적인 노력을 계속 기울이고 있다.

〈표 2-20〉 교토역의 층별 시설내용

	용도	주요 시설	비고
지하	역사 출입 지하철 환승	지하철 교토역 환승시설 지하 자유연결통로	지하쇼핑몰(Potra)
지상 1~2층	승강장(신칸센, 기존선) 환승전이공간 (신칸센, 기존선, 지하철간) 역무 공간	여객 및 접객시설 중앙콘코스 보행자동로 상업시설 역무시설	대계단(지상 1~10층) 호텔 그랑비아교토 (670실 규모)
지상 3~4층	상업시설(이세탄백화점, 쇼핑몰)		
지상 5~6층	상업시설(패션 전문관)		
지상 7~8층	문화 공간	연극장, 영화관, 예술관, 미술관	Skyway 시어터 1200(영화관)
지상 9~16층	공공시설 정보시설 쇼핑 및 문화 공간	행정기관 국제교류센터	옥내 정원

*자료 : 니시니혼철도주식회사 본사 내부자료15

15. 필자는 니시니혼철도주식회사를 2회, 교토역을 3회 방문하여 직접 자료 수집과 인터뷰를 시행하였다. 이 자료는 2010년 8월에 방문해서 얻은 자료이다.

(2) 오사카역(2006~2011년)

오사카역의 개발은 기본 역을 더욱 확장하는 개념으로 추진되었다. 신역사 빌딩의 규모는 지상 15층, 지하 2층, 건축면적 35,000㎡, 북쪽 빌딩의 개발은 건축면적이 210,000㎡으로 28층 규모이다. 개발 주체와 자본 조달은 오사카터미널빌딩주식회사로 전액 JR회사가 출자(입주기업으로부터 미리 자본 조달)하고 있다. 개발비용은 1,700억 엔이었다.

오사카역 개발의 기본 방향은 역과 지역을 하나로, 간사이지방의 관문으로서의 역, 사람들이 모여서 교류가 가능한 역, 쾌적하여 이용이 가능한 역, 사람과 환경에 친화적인 역을 목표로 하였다. 주요 내용을 보면 통로, 광장의 정비(옥상의 개발과 통로의 정비), 역의 개량(노약자 시설 개량), 새로운 북쪽 빌딩의 개발(상업기능, 비즈니스기능, 교류 기능), 오락기능(JR회사 직영은 백화점과 영화관), 기존 역사빌딩의 증축(상업기능, 서비스기능, 교류기능) 등이다. 주변지역과의 관계를 보면 보행자 네트워크 연계를 통해 물리적인 장벽을 해소하고, 표지판 등을 충실히 설치해 심리적인 장벽을 해소하고 있다.

역 개발의 시사점을 보면 첫째, 간사이지역 관문의 역할로 자리매김하고 지역경제 활성화 거점이 되는 복합기능을 갖춘 역으로 개발되었고, 둘째, 지역주민의 편의를 위해 남북 연결통로, 주변지역과의 연계도로로 지역의 균형 있는 발전을 고려하는 등 세심한 배려를 하였다. 셋째, 사업의 원활한 추진을 위해 관련 CEO 협의체를 운영하여 원활한 추진을 위해 노력하였다.

한편, 오사카역의 복합적인 개발에는 '도시재생특별법'도 큰 역할을 하였다.

(3) 법적 정비

최근 일본에서 철도역 개발을 본격적으로 촉진시키는 법으로, '도시재생특별조치법'이 2002년 4월 5일 통과되었다. 주요 내용은 첫째, 도시 재생 긴급정비지역에 있어

프로젝트 내용	규모	용도	면적
북쪽 빌딩 개발	건축면적 : 210,000㎡, 지하 3층, 지상 28층 높이 150미터	역사	25,000㎡
		백화점	90,000㎡
		쇼핑센터	40,000㎡
		영화관	10,000㎡
		피트니스클럽	5,000㎡
		오피스	40,000㎡
기존 역사의 확장 ACTY OSAKA	건축면적 : 35,000㎡, 지하 2층, 지상 15층 높이 70미터	백화점	35,000㎡
역의 개념	단순한 운송기능에서 복합기능으로 변화		

*자료 : 니시니혼철도주식회사 본사 내부자료

시가지의 정비를 추진하기 위해서 민간 도시 재생사업계획의 인정과 도시계획의 특례, 도시 재생 정비사업에 기초한 사업에 교부금을 교부하는 특별 조치를 마련하였다. 둘째, 도시재개발법을 개정하여 도시 재생 프로젝트를 수행하기 위해 규제를 완화하였다. 셋째, 긴급정비구역 내의 사업자에게 도시계획의 결정과 변경을 제안하는 권한을 주었다. 넷째, 특별 구역으로 지정되면 용도 규제, 용적률, 고도 제한, 일조 규제 등의 도시계획의 규제로부터 해방되어 초고층 빌딩을 밀집해서 건설하도록 하였다. 다섯째, 철도와 도시철도, 경량전철 등 대중교통수단과 함께 개발하여 교

나고야역 전경

통체증 유발을 최소화하도록 하였다. 이를 통해서 역을 중심으로 한 역세권 개발이 더욱 탄력적으로 추진될 수 있게 되었다.

또한 역세권 개발을 촉진한 또 다른 하나의 법률은 '대도시지역 택지개발 및 철도 정비의 일체적 추진에 관한 특별조치법'이 있는데, 이 법률은 1989년에 제정되어 대도시지역에 택지를 개발할 경우 철도를 함께 개발하도록 하여 역세권이 자연스럽게 형성되도록 하였다.

3. 변화

1972년 국유철도법 시행령에 의해 국철은 역 빌딩의 직접 경영이 가능하였지만 철도의 적자경영으로 역 개발이 본격적으로 이루어지지 못했다. 민영화 이후 철도 부대사업과 관련한 법적 규제가 완화되어 철도회사가 직접 역사와 역세권을 개발하고 운영하는 직영방식 위주로 변화하였다. 민영화 이전 국철시대의 일본의 역세권 개발 방식은 국철과 지방자치단체가 출자회사를 만들어 토지를 빌려주고 개발하도록 하고, 개발회사는 임대료 수입을 올리는 출자회사방식이다. 철도 부대사업은 역 구내 매점이나 식당운영에 한정되었고, 출자 한도도 제한되어 사업성이 매우 낮았다. 이후 역세

〈표 2-22〉 일본의 주요 역 개발 현황

	부지면적(㎡)	연면적(㎡)	개발기간(연도)	내용
도쿄	89,400	759,100	2004~2011	43층 트윈타워
나고야	82,191	416,565	1994~1999	호텔 51층 오피스빌딩 53층
교토	11,212	238,000	1993~1997	호텔 등 16층 빌딩
오사카	18,700	210,000 (북쪽 빌딩 개발)	2006~2011	28층
후쿠오카	18,500	194,500	1986~1999	호텔 19층 오피스빌딩 17층

*자료 : JR 각사 자료 참고

권에 상업시설과 공공시설이 입주한 복합용도로 개발하여 철도역을 도시 생활의 중심으로 발전시키고 있다. 민영화 이후 주요 역의 개발 현황을 종합해 보면 〈표 2-23〉과 같은데, 규모 면에서 보면 도쿄와 나고야의 경우가 가장 크다고 할 수 있다. 모두 역의 기능을 다양화하여 호텔과 오피스빌딩, 백화점으로 사용하고 있음을 알 수 있다. 앞에서 언급한 역 이외에도 도쿄, 나고야, 후쿠오카역도 민영화 이후 거의 같은 방식의 개발이 이루어졌다.

이러한 역의 기능 변화는 특히 민영화 전후에 크게 대별되는데 민영화 이후 철도역은 지방자치단체와의 협력으로 새로운 개념의 복합기능의 역으로 변화하였고, 특별용적률의 적용, 지자체의 투자, 세금 감면, 금융 지원 등 제도적인 혜택을 받아 활발하게

〈표 2-23〉 일본철도 민영화 전·후의 철도역의 개발방식 변화

	민영화 이전	민영화 이후
철도역의 기능	운송기능에 한정	복합기능
제도적 장치	국유철도법 시행령 (역 직접 개발 가능 조항)	1987년 민영화 이후 지역의 협조(예 교토역) '대도시지역 택지개발 및 철도 정비의 일체적 추진에 관한 특별조치법'(1989) '도시 재생 특별조치법'(2002)
원칙	공익성	수익성과 공익성 추구 (상업시설과 공익시설 동시 입주)
개발방향	철도회사와 지방자치단체가 설립한 자회사 방식	철도회사와 지방자치단체의 협력을 통한 직영 개발
대표적인 사례	역의 개·증축에 초점	교토역 개발(1997) 나고야역 개발(1999) 오사카역 개발(2011)
전략	도시계획법, 도시재개발법의 규제	규제 완화와 지원 ① 특별 용적률 적용 : 나고야역 900% ② 세금 감면 ③ 금융 지원 ④ 지자체의 투자
효과	– 단순한 역사로서의 기능 – 출자 한도의 제약으로 수익성 확보 어려움	– 규제 완화와 직영 개발로 수익성 확보 가능 – 지역경제 활성화

*자료 : JR 각사 자료 참고

추진되었다. 이를 정리한 것이 〈표 2-23〉인데, 민영화 이전에는 자회사방식에서 이후에 직영방식으로 수익성 위주로 건설된 특징을 가지고 있다.

일본에서는 철도 부설 초창기에 철도를 통하여 지역이 발전하였고, 특히 철도역 중심으로 도시가 형성되고 발전되었다. 대표적인 예 중 하나는 도쿄 인근의 오미야(大宮)이다. 오미야는 1883년 당시 일본철도주식회사에서 운영하는 사설철도가 개통되었다. 이는 당시 지역의 유력 지주들이 철도 유치 운동을 펼쳤기 때문에 가능하였는데, 그들은 정거장 용지를 무상 제공하고 철도회사에 대해 건설을 건의하였다. 철도 부설에 의해 오미야역 주변이 완전히 바뀌게 되었는데, 1902년에 출판된《사이타마현 영업편람》의 지도를 보면 역 앞에는 여관, 마차정거장, 음식점, 상점 등이 생겨나게 되었고, 또한 미곡상, 포목점 등이 들어서서 역 주변은 생산물의 집산지로서 번성하였다. 이러한 영향으로는 오미야지역의 인구는 1876년 1,975명에서 철도가 개통된 1883년 이후 급격하게 증가하였는데, 1935년에는 17.1배나 증가하였다(〈표 2-24〉 참조). 이는 주변의 철도가 통과하지 않는 다른 지역들에 비해 매우 높은 증가율을 보이고 있는데, 철도가 통과하지 않는 주변지역의 인구증가율은 1876년에 비해 약 2배 정도에 머무르고 있다. 이와 같은 인구 증가는 철도연변으로 택지가 개발되었고 도시계획도

〈표 2-24〉 철도 개통에 따른 지역의 변화(오미야의 사례)

	1876년	1884년	1889년	1921년	1930년	1935년
大宮町 (오미야)	1,975명 (1)	2,648명	2,863명	19,305명	29,765명	33,852명 (17.1)
三橋村	1,932명 (1)	2,045명	2,155명	3,755명	4,533명	4,938명 (2.6)
日進村	2,064명 (1)	2,351명	2,495명	4,528명	5,118명	5,975명 (2.9)
宮原村	1,985명 (1)	2,277명	2,412명	3,172명	3,080명	3,094명 (1.4)
大砂土村	2,906명 (1)	3,045명	3,224명	3,679명	3,947명	4,157명 (1.4)

*주 : ( )는 1876년의 인구를 1로 할 경우 1935년의 인구비율 표시
*자료 : 오미야시(大宮市, 1980), '大宮の昔と現在', pp.12-13

JR시코쿠 다카마쓰역

철도 중심으로 진행되었기 때문이다.[16]

따라서 이러한 역사적인 사실은 그 후 자동차의 발달로 역세권이 쇠퇴하였다가 최근 역 기능이 새롭게 변화하고 역 중심으로 발전이 되면서 이른바 '역의 르네상스' 시대가 도래하고 있다고 할 수 있다.

이 사례에서 언급한 교토와 오사카의 경우도 마찬가지이다.

교토역의 경우는 1877년 2월 6일에 영업을 개시하였다. 일본에서는 두 번째로 개통된 노선으로 고베와 교토 간을 연결하는 노선의 종착역이었다. 교토역은 역사적인 도시인 교토의 관문으로서 주변지역을 발전시키는 역할을 하였다.

오사카역의 경우는 1874년 5월 11일에 개업하였다. 그 후 이용객이 증가하여 1901년에 연간 560만 명, 1910년에 720만 명까지 이용객이 증가하였다. 특히 오사카역은 육운과 해운이 만나는 역으로 주변에 큰 화물터미널이 있어 여객뿐만 아니라 화물수송의 거점이기도 했다. 그러나 그 후 자동차교통의 발전으로 오사카 남쪽 지역이 발전

---

16. 오미야시(大宮市, 1980), '大宮の昔と現在', pp.12-13

하기 시작하여 철도역 주변은 쇠퇴하였다가 다시 새로운 역의 개발로 역과 역세권이 발전하기 시작하였다.

아울러 역 개발 이후 교토역의 경우 20%의 지가가 상승한 것으로 조사되었다.[17] 최근 들어 철도의 부활은 철도가 가진 장점인 환경 친화성, 에너지 효율성 등에서 철도의 부활을 찾고 있는데, 일본의 경우는 민영화 이후 역이 복합적으로 변모하는 새로운 현상이 나타나고 있다고 할 수 있다. 이러한 역의 르네상스가 도래한 주요한 계기가 바로 민영화라는 제도적인 변화였다고 할 수 있는데, 이는 공공성에서 수익성으로의 변화가 가져온 현상이라고 할 수 있다. 수익성 추구가 결국 역의 부활이라는 새로운 장을 열어가는 주요 계기가 되었다고 하겠다. 이 연구에서 밝혀낸 민영화 이후의 철도역의 기능 변화는 일반적인 철도 부활이라는 성격과 함께 일본적 특성인 철도 민영화를 통한 수익성 창출이라는 면이 가미된 독특한 현상이라는 해석이 가능하다. 이를 정리한 것이 〈표 2-25〉로, 일본의 경우 수익성 추구라는 독특한 특성이 철도역의 르네상스를 촉진시켰다고 정리할 수 있을 것이다.

〈표 2-25〉 철도역의 르네상스와 일본적 특수성

① 철도라는 새로운 산업의 탄생 → 초기 철도 역세권의 발전, 20세기 초 사철 경험
② 도로의 발전 → 철도 역세권의 쇠퇴
③ 철도의 장점 → 철도 르네상스 시대의 도래
④ 철도 민영화(수익성이라는 일본적 특징) → 복합 개발 → 철도역의 르네상스

미국과 유럽 역의 경우 철도 운영은 수익성보다는 공익성 쪽에 초점을 맞추고 있으며, 최근 고속철도의 개통으로 일부 역이 지역개발이라는 관점에서 역세권의 활성화(프랑스 릴역)라는 측면에서 발전되고 있어 일본과는 다른 특징을 보이고 있다. 또한 일본의 경우 민간기업인 사철이 일찍부터 발전하여 한신철도의 경우 1905년 초부터

---

17. 일본정책투자은행(2006), '今日の注目指標' No.101-1, p.1

임대주택사업과 역에 백화점직영 등 다각적인 사업을 전개한 경험도 민영화 이후 철도역을 복합개발하는 데 영향을 미쳤다고 할 수 있다.

4. 맺는 말

우리나라의 경우도 과거 철도역을 중심으로 도시 성장이 이뤄졌으나 자동차교통의 발전으로 도시의 기능과 공간 구조가 복잡해지면서 역세권이 도시 발전에 비하여 낙후되어 개발 필요성이 대두되고 있다. 새로운 철도역은 그 주변지역에 복합적이고 입체적인 시설을 건설하여 철도 이용의 편리성과 도시의 발전 및 지역주민 생활의 질을 향상시킬 수 있도록 철도 역세권을 종합적으로 정비할 필요가 있다.

국내 역세권은 철도역 개발과 지역개발이 개별적으로 추진되어 도시개발의 한계성이 있다. 또한 철도 부지 특성이 반영된 관련 법령이 미비하고 지원 미흡 등으로 역사 및 역세권을 대상으로 한 복합단지 개발의 추진이 어려운 실정이다.

따라서 기존 법령의 개정으로는 법 개정이 장기간 소요되고 관계기관 간 협의 지연 등으로 역세권 정비의 성과를 가시화하기 어렵기 때문에 새로운 법을 제정하여 역세권 정비의 법적 문제점을 일시에 개선할 필요성이 제기되고 있다. 법령 간 상충되는 법 조항과 관계기관과의 마찰을 피하고, 법체계의 일관성을 유지하기 위한 법률이 마련되어야 한다는 것이다. 관련법을 제정하여 역 중심의 생활 문화 공간 조성과 지역개발·도시환경 정비 및 기능 활성화, 도시 경쟁력 강화 등 역세권 정비의 효과를 극대화하자는 것이다. 이에 따라 2010년 4월 '역세권의 개발 및 이용에 관한 법률'이 국회를 통과하였다. 적용 대상은 대지면적 3만 ㎡ 이상 철도역의 증축과 30만 ㎡ 신규 개발 부지를 대상으로 하고 있다.

주요 내용을 보면 다음과 같다.

국토해양부(지금의 국토교통부)장관 또는 시도지사가 역세권 개발권역을 정하도록 하고, 역세권 개발사업계획을 수립하는 경우 '국토의 계획 및 이용에 관한 법률'에도 불

구하고 용도지역을 변경하거나 건폐율 및 용적률 제한을 완화할 수 있도록 하였다(제8
조). 역세권 개발사업으로 인하여 정상지가 상승분을 초과하여 발생하는 토지가액의 증
가분을 환수할 수 있다(제25조). 역세권 개발사업의 비용은 사업시행자 부담을 원칙으
로 하되 예산 범위 내에서 일부 국가 보조 또는 융자를 할 수 있다(제26조). 역세권 개발
사업 재원을 조달하기 위하여 역세권 개발 채권의 발행, 매입 근거 및 절차를 정한다(제
28~29조). 역세권 개발사업의 촉진과 원활한 시행을 위하여 조세 및 부담금의 감면 근
거를 정한다(제30조).

이 법은 2010년 10월 16일부터 시행되고 있는데 이 법의 시행으로 우리나라도 철도
역을 중심으로 한 새로운 변화가 기대되고 있다. 현재 개발되고 있는 일본이 긍정적인
영향을 주고 있기 때문이라 하겠다.

〈표 2-26〉을 통해 한국과 일본의 역세권 개발사례를 비교해 보면 우리나라의 경우
철도 운영자의 투자비율이 25%이고 용적률이 낮은 특징으로 수익성 확보에 어려움이
있다.

〈표 2-26〉 한국과 일본의 역세권 개발사례 비교

	교토	오사카	나고야	용산
철도역의 역사	1877년 영업 개시	1874년 영업 개시	1891년 영업 개시	1900년 영업 개시
기능의 변화	단순역사에서 복합역사	단순역사에서 복합역사	초고층빌딩의 복합역사	초고층의 복합역사
개발방식	직영개발 방식으로 철도회사의 투자비율 60% 이상			철도회사(공공부문)의 출자 제한으로 투자 비율 25%
용적률	632%	1,122% (북쪽 빌딩 개발)	900%	608%
도시개발 파급효과	도시 전체의 새로운 명소	오사카 활력의 중심축	초고층빌딩(53층)으로 나고야의 개발 상징	- 수도 서울의 새로운 거점 - 기존 도심을 보완하는 새로운 특화된 부심지 역할 수행

한편, 기반시설률도 일본과 비교해 볼 때 우리나라 용산의 경우 40.4%로 이에 대한
규제가 높은 편이다.

〈표 2-27〉 도심 복합 개발사례 비교

	롯폰기힐스	시오도메	마루노우치	용산
전체 부지면적	89,400㎡	139,412㎡	185,348㎡	533,115㎡
용적률	1,036%(1.7)	1,150%(1.2)	1,179%(1.4)	608%(1)
기반시설률 (도로, 공원녹지, 기타)	30.6%	37.3%	23.3%	40.4%
철도 관련시설	롯폰기역	신바시역	마루노우치역	용산역

*자료 : 용산역세권개발주식회사 내부자료

　이러한 비교를 통해 볼 때 우리나라의 경우 철도 운영자의 출자 제한과 용적률 제한 (규제) 등으로 수익성 확보가 어려운 실정이다.

　향후에는 우리나라의 철도역 개발에 출자 제한 한도에 대한 규제와 용적률 규제 완화가 필요하다. 왜냐하면 용적률이 수익성을 좌우하는 가장 중요한 변수이기 때문이다. 현재 용산역의 경우 용도별 허용 용적률을 적용할 경우 608%인데 만약 이 지역 모두가 중심상업지역으로 분류될 경우 750%까지 상승이 가능하다. 또한 서울특별시에서 지난 2009년 9월 신설한 도시계획 조례를 기준으로 관광숙박시설을 건축할 경우 조례에서 정한 용적률의 20% 이내에서 용적률 완화가 가능하다고 정하고 있어 이를

용산역 개발 개념도

적극적으로 활용하는 것도 하나의 방안이 될 것이다.

이 장에서는 일본 철도역의 새로운 개발을 철도 부활과 함께 일본철도 민영화라는 제도적인 변화로 철도역의 르네상스가 도래했다는 관점에서 재해석하였다. 이러한 사례는 최근 변화를 추구하는 우리나라에도 영향을 줄 것으로 사료된다. 우리나라의 경우도 철도역의 새로운 부활을 통해 도시 활력과 역세권 개발, 철도 운영자의 수익 창출 등 예전의 철도역 중심의 발전을 재현하는 역의 르네상스를 가져올 것으로 기대되고 있다.

향후 우리나라 역의 개발과 기능의 변화에 있어서 일본의 사례와 법률이 참고가 될 것인데 '대도시지역 택지개발 및 철도 정비의 일체적 추진에 관한 특별조치법', '도시 재생 특별조치법' 등의 법률 도입도 검토해야 할 것이다.

제3장

철도 운영

신라쿠(信樂)고원철도

철도의 안전

아베 세이지

(간사이대학 교수)

1. 철도의 기본은 '안전'

2005년 4월 25일 JR니시니혼(니시니혼여객철도주식회사)의 후쿠치야마센 쓰카구치
~아마가사키 구간의 곡선 구간에서 7량 편성의 쾌속 열차 탈선 사고가 발생했다. 탈선
한 열차는 전복되면서 선로에 인접한 아파트에 충돌하여 차량이 크게 파괴되었다. 이 사
고로 기관사 1명과 승객 106명 등 합계 107명이 사망하고 562명의 승객이 중경상을 입
었다. 일본 국내에서 100명이 넘는 희생자를 낸 철도사고의 발생은 43년만이며, 이 사고
는 일본 사회뿐만 아니라 세계의 철도 관계자에게도 큰 충격을 주었다.

공공교통기관인 철도가 이용자에게 제공해야 하는 가장 중요한 요건은 안전한 수송이
다. 안전이 확보된 후에 속도, 쾌적성, 편리성, 운임수준 등의 서비스가 문제가 된다.

안전의 확보가 최우선되어야 하는 점에서 철도의 수송서비스는 제약(製藥)의 예를
들 수 있다. 결국 제약에서 가장 중요한 요소가 안전이며, 그 안전성이 확보된 후에야
제약의 효능을 문제삼을 수 있다. 아무리 효능이 탁월하다고 하다라도 생명을 빼앗아

가는 약은 결함이 있는 상품이며, 처음부터 사람에게 사용해서는 안 되는 것이다. 철도 역시 그 효능(속도나 쾌적성, 편리성 등)을 문제시하기 이전에 안전하다는 것이 기본이 되어야 한다. 속도나 쾌적성 같은 효능보다도 먼저 안전 확보가 가장 중요한 요소이기 때문이다.

여기서는 일본 철도사고의 현상과 안전 확보를 위한 여러 가지 제도에 관해 살펴 보고, 일본 철도의 안전성 수준에 대해 평가해 보고자 한다.

2. 일본의 철도사고 역사

도쿠가와(德川) 봉건체제의 종지부를 찍은 메이지(明治)유신으로부터 4년째인 1872년 도쿄(東京)의 신바시(新橋)와 요코하마(横浜) 사이를 처음으로 철도가 영업을 개시하여 일본의 철도시대가 시작되었다. 정부와 민간자본, 쌍방의 주도로 추진된 철도건설로 인해 일본은 순식간에 아시아지역에서 인도와 함께 철도 대국이 되었던 것이다. 1906년(메이지 39년)에는 철도국유법이 시행되어 이 해부터 다음해에 걸쳐 일본철도나 산요철도, 규슈철도 등 17개의 사철(영업거리는 약 4,500km)이 정부에 매수되어 일본의 간선철도망의 대부분은 국유철도(관설철도)의 네트워크에 편입되었다. 이로 인해 지역을 연결하는 간선철도는 국유철도(이하 국철이라고 부른다)가 독점적으로 운영하였고, 사철은 지역 내의 수송만을 담당한다고 하는 철도 경영에 있어서의 관민의 역할 분담이 완성되었다.

한편, 철도의 영업노선이 늘어나면서 수십 명의 사망자가 나타나는 철도사고가 주기적으로 발생하기도 했다. 따라서 철도의 역사는 비극과 슬픔의 역사였다고 해도 무리는 아니다.

일본 철도사의 최초의 중대사고는 1900년 10월 도치기현(栃木県)에서 일어난 일본철도(당시의 사철의 하나, 현재의 JR도쿠혼센 영업)의 열차가 강으로 추락했던 사고다. 이 사고로 인해 사망자는 20명, 중·경상자는 45명이 발생했다.

당시는 열차사고로 인한 승객의 사상보다도 철도 종업원의 사상자가 많았다. 일본
국철의 공상 퇴직자와 순직자 유가족의 원조와 구조를 목적으로 1932년 설립된 철도
홍제회가 발행한 《50년사 철도홍제회》를 보면 그 사실을 확인할 수 있다. "사고는 차
량의 연결 작업 중에 일어나는 경우가 많았고, 다이쇼 4년과 5년(1914년~1915년)의
예를 보면 차량을 연결하는 데 종사하는 직원 1,810명 가운데 작업 중 사상자 수는 연
인원으로 537명에 이르고 있다"고 말하고 있다.[1] 이것은 주로 미성숙한 철도기술에

서 기인한 것이었다. 초기 차량은 자동
연결기나 기관사가 운전대에서 조작이
가능한 브레이크 등이 없었다. 그렇기
때문에 브레이크의 취급에 의한 전락
사고와 차량을 연결하는 직원이 작업
중 차량에 말려들어 가는 사고 등이 계
속 일어났다.

미카와시마(三河島) 사고

철도관계자의 소망이었던 자동연결
기가 일본국철에 처음 채용된 것은 1925
년이었다. 이 무렵부터 철도 종사원의
공상사고는 상대적으로 감소하였고, 반
대로 승객의 사상사고로 인한 사상자
수가 증가하였다. 그 중 가장 큰 사고는
1940년 1월 국철의 니시나리센(西成線)
의 아지카와구치(安治川口)역에서 일어
난 열차의 전복, 소실사고였다. 이 사고
로 희생자는 사망자 181명, 중경상자 92
명이 발생했다.[2] 이와 관련 태평양전쟁

쓰루미(鶴見) 사고

---

1. 철도홍제회, 《50년사 철도홍제회》, 1983년, p.2
2. 아지카와구치역 사고의 사망자 수에 대해 출처에 따라서는 191명 또는 190명이라는 설도 있다.

전의 철도사고 중 사망자가 10명이 넘는 중대사고는 24건에 이르렀다.

이어서 태평양전쟁 후를 보면 먼저 전쟁이 끝난 직후 1년간 철도사고가 계속 발생하였다. 이것은 철도시설, 자재의 황폐와 수송량의 급증에서 기인한 것으로, 1년 사이에 사망자 10명이 넘는 중대사고가 12건이나 발생했던 것이다. 그 중에서 패전 후 9일째인 8월 24일에 일어난 국철 하치고센(八高線)의 정면 충돌사고로 인해 사망자 105명, 부상자 67명의 희생자가 발생하였다.

그 후 패전에 수반된 혼란의 수습과 패전 부흥이 진행되면서 1946년 철도사고 건수는 획기적으로 감소하였다. 물론 이는 어디까지나 패전 직후의 1년간과 비교한 것이었다.

1946년에서 1963년에 사이에 사망자 100명 이상의 중대사고는 12건이 발생하였다. 그 가운데에서 국철 하치고센의 전복사고(1947년 2월, 사망자 184명, 중경상자 497명), 국철 게이힌도호쿠센(京浜東北線)의 사쿠라기초(桜木町)역 화재사고(1951년 4월, 사망자 106명, 중경상자 92명), 국철 조반센(常磐線) 미카와시마(三河島)역 3중 충돌(1962년 5월, 사망자 160명, 중경상자 296명), 국철 요코스카센(横須賀線) 쓰루미(鶴見)역 3중 충돌사고(1963년 11월, 사망자 161명, 중경상자 120명) 등 사망자 100명 이상의 중대사고가 4건 발생한 것은 특이할 만하다.

그런데 1963년의 요코스카센의 열차 3중 추돌사고를 마지막으로 수십 명의 사망자가 발생하는 중대 철도사고는 잠잠해졌다. 이는 철도사업자가 사고대책의 향상과 안전성 확보에 매진한 결과였다.

그렇다고 철도중대사고가 근절된 것은 아니었다. 1963년 이후에도 1971년 3월 후지(富士) 급행전철의 건설목고사고(사망자 17명, 중경상자 68명), 10월 긴테쓰 아오야마터널 내의 정면충돌사고(사망자 25명, 중경상자 236명), 1972년 11월 국철 호쿠리쿠(北陸)터널 내 화재사건(사망자 31명, 중경상자 637명), 1986년 12월 국철 산인센(山陰線) 열차의 철교 추락사고(사망자 6명, 중경상자 6명) 등의 중대사고가 발생하였다. 또한 1987년 국철의 분할 민영화 이후에도 1988년 12월 JR주오센(中央線) 전철의 충돌사고(사망자 2명, 중경상자 109명) 그리고 1991년 5월 신라쿠(信楽)고원철도의

정면 충돌사고(사망자 42명, 중경상자 612명), 2005년 4월 효고현(兵庫県)에서 발생한 JR후쿠치야마센(福知山線) 열차의 탈선·전복사고(사망자 107명, 중경상자 562명) 등의 중대사고가 발생하고 있다.[3]

3. 일본의 철도사고 현황

(1) 일본의 운수사고 개관

운수기관이 일으킨 운수사고에는 자동차사고, 철도사고, 항공기사고와 해난사고(선박사고)의 4가지가 있다.

이러한 4가지의 운수사고 중 발생 건수와 사상자 수가 가장 많은 것이 자동차사고이다. 일본의 2015년의 자동차사고의 총 발생건수는 53만 6,899건으로 이로 인한 사

---

3. 이상 사고에 관련되는 기술은 쿠보타 히로시의 《철도 중대사고의 역사》(그랑프리출판, 2000년), 〈마이니치신문〉 미디어편성본부의 《개정 신판 전후의 중대사건조견표》(1991년, 마이니치신문사), 오키타 유우사쿠의 《삼대 사고록》(자비출판, 1995년), 사사키부태·아미타니 료우이치의 《사고의 철도사》(일본경제평론사, 1993년), 동 《속 사고의 철도사》(일본경제평론사, 1995년) 등을 참조했다.

망자(사고 발생 후 24시간 이내에 사망하는 사람 수)는 4,117명이며, 부상자는 66만 6,023명이었다.

일본에서는 태평양전쟁 후, 즉 1950년에 들어 자동차사회가 본격적으로 진전되었으며, 이와 같이 자동차사고도 급증하기 시작했다. 즉, 1951년부터 1969년까지의 자동차사고 건수는 4만 1,423건에서 72만 880건으로, 그리고 자동차사고에 의한 사상자 수는 3만 5,703명에서 98만 3,257명으로, 그리고 그 중 사망자는 4,429명에서 16,257명으로 급증하였다. 자동차사고에 의한 다수의 사상자 발생은 심각한 사회문제로 인식되어, 언론은 자동차사고를 '교통전쟁'이라고 이름을 붙였다.[4] 이 때문에 1960년대 말부터 정부는 본격적으로 교통안전대책을 수립하였고, 국가 전체적으로 교통안전대책이 추진되었다. 그 결과 1971년부터 1980년경에 걸쳐 자동차사고의 건수와 사상자 수는 감소하였다. 특히 사망자는 거의 반감하여, 자동차사고를 포함한 상황은 크게 개선되었다.

그러나 1980년대 말경부터 사고 건수와 부상자 수 모두 다시 증가하는 경향을 보이고 있다. 2004년 발생 건수는 약 97만 건, 부상자 수는 약 118만 명으로 다시 최고점에 이르고 있다. 그 후 음주운전의 벌칙 강화나 안전벨트 착용 의무화 등의 안전 강화 정책이 시행된 결과 발생 건수와 사망자 수, 부상자 수는 감소 경향을 나타내고 있다.

다음으로 자동차사고에 이어 사상자 수가 많은 것이 철도사고이다. 다만 자동차사고에 대해서는 사상자 수가 많다고 하더라도 그 수는 자동차사고에 비하면 1,000분의 1 정도에 지나지 않는다. 일본의 2015년 철도사고 발생 건수는 7,421건, 사망자 수는 2,734명, 또한 부상자 수는 397명이었다(철도사고의 상세한 것은 나중에 서술한다). 사상자 수에서 알 수 있듯이 자동차와 비교하면 철도는 극히 안전한 수송수단이라 할 수 있다.

운수사고 중 철도사고보다 피해자 수가 적은 것은 해난사고이다. 2015년 선박사고는 2,166척(이 중 47%가 놀이용 보트, 28%가 어선)이며, 사망자·행방불명자의 수가

---

4. 〈요미우리신문(読売新聞)〉 사회부, 《교통전쟁(交通戦争)》, 동명사(東明社), 1962년

87명이었다.

마지막으로 항공사고인데, 2015년에 민간항공기의 사고 건수는 27건(일본 국외에서 발생한 일본 국적의 항공 관련 사고와 일본 국내에서 발생한 외국 항공기 관련 사고 포함)이었으며, 사망자 10명, 부상자 42명이었다. 다시 설명하면 이러한 27건의 항공사고의 대부분은 소형 항공기나 헬리콥터 등에 의한 사고이다. 다만 이제까지 일본에서는 대략 10년에 1건 정도의 비율로 대형 항공기사고가 발생했다. 대형 항공기사고가 일어났을 경우 말할 것도 없이 사고에 의해 사망자 수는 100명을 넘었다. 따라서 일본의 항공기사고에 의한 사망자 수는 통상 매년 10명 전후가 되는데, 십 수 년간 한 번의 비율로 그 수가 급격하게 증가한 경우도 있다.

⟨표 3-1⟩ 일본의 운수사고

	2014년			2015년		
	건수(건)	사망자(명)	부상자(명)	건수(건)	사망자(명)	부상자(명)
철도사고	773	305	446	742	273	397
자동차사고	573,842	4,113	711,374	536,899	4,117	666,023
항공사고	17	2	28	27	10	42
해난사고	2,138	85	-	2,116	87	-

*주 : 해난사고 건수는 해난 선박 척 수를 말하며, 또한 해난사고의 사망자는 행방불명자를 포함한다.
*자료 : 내각부, 《교통안전백서》 헤이세이(平成) 27년·28년도, 도쿄, 2002년·2003년을 기초로 작성

(2) 일본의 철도사고 현황

일본의 철도행정과 철도의 안전성을 감독하는 곳은 국토교통성(2001년, 구 운수성과 구 건설성, 구 국토청의 2성 1청이 통합하여 발족)이다.

국토교통성은 철도사고를 철도 운전사고라고 칭하고, 이를 '열차사고'와 '기타 사고'로 분류하고 있다. 이 중 열차사고에는 '열차충돌사고'와 '열차탈선사고', '열차화재사고'의 3가지가 있고, 기타 사고에는 '건널목장애사고', '도로장애사고', '철도인명장애사고' 그리고 '철도물파손사고'의 4가지가 있다. 이러한 7가지 종류의 철도 운전사고의

정의는 다음과 같다.[5]

- **열차충돌사고** : 열차가 다른 열차 또는 차량과 충돌 또는 접촉하는 사고
- **열차탈선사고** : 열차가 탈선한 사고
- **열차화재사고** : 열차에 화재가 발생한 사고
- **건널목장애사고** : 건널목 도로에서 열차 또는 차량이 도로를 통행하고 있는 사람 또는 차량 등과 충돌 또는 접촉한 사고
- **도로장애사고** : 건널목 도로 이외의 도로에서 열차 또는 차량이 도로를 통행하는 사람 또는 차량 등에 충돌 또는 접촉하는 사고
- **철도인신장애사고** : 열차 또는 차량의 운전에 의해 사람의 상해가 발생하는 사고 (앞 각 항의 사고에 수반하는 것은 제외)
- **철도물파손사고** : 열차 또는 차량의 운전에 의해 500만 엔 이상의 물건 파손이 생기는 사고(앞 각 항의 사고에 수반하는 것은 제외)

〈표 3-2〉와 같이 일본의 2015년 철도 운전사고의 총건수는 742건이며, 이에 의한 사망자는 273명, 또한 부상자는 397명이었다. 사고 종류별로 보면 인신상해가 425건, 건널목장애가 242건으로 철도사고의 약 90%가 이 두 가지 사고에 의해 발생되고 있다. 이러한 사고 중 건널목장애나 도로장애의 사고 원인은 철도사업자 측에 의한 것보다 도로를 통행하고 있는 자동차 측에 있는 경우가 많다.

한편, 철도사업자 측에 사고 원인의 책임이 있고, 또한 일단 발생하면 피해 규모가 큰 것이 열차충돌과 열차탈선, 열차화재 등 3개의 사고이다. 이 3개의 사고를 열차사고라고 부른다. 일본 철도 여객수송량은 4,140억 km로 세계 3위이지만 열차사고의 발생 건수는 매우 낮다. 〈표 3-2〉와 같이 그 발생 건수는 12건(2015년)으로 철도 운전사고 전체의 1.6% 정도이다.

---

5. 국토교통성, '철도사고 등 보고규칙', 제3조(국토교통성 철도감수국,《주해 철도 6법》(평성 27년 도판), 제1 법규, 2015년

(단위 : 건, 명)

구분	열차사고			기타 사고				합계
	열차충돌	열차탈선	열차화재	건널목장애	도로장애	인신장애	물손사고	
건수	2	9	1	242	60	425	3	742
사망자 수	0	0	0	97	0	176	-	273
부상자 수	0	19	0	109	17	252	-	367

*자료 : 내각부, 《교통안전백서》, 평성(平成) 28년도, 도쿄, 2016년

국토교통성은 철도 운전사고 중 사상자가 10명 이상 발생한 사고 또는 탈선차량이 10량 이상 발생한 운전사고를 특히 '중대사고'라고 부른다. 최근 5년간의 중대사고 건수를 보면 2011년 1건, 2012년 3건, 2013년 3건, 2014년 2건, 2015년 1건이 일어났다.[6]

철도 운수사고는 철도사업자에 의한 건설목사고방지대책 추진, 자동열차정지장치 (ATS) 등의 운전보안설비 정비, 제어장치 개선 등의 안전대책이 실시된 결과 장기적으로 감소하는 경향이 있다. 즉, 1980년 2,306건의 사고(사망자 626명, 부상자 1,045명)가 일어났는데, 1990년에는 1,382건으로 사고(사망자 456명, 부상자 549)가 줄었다. 그리고 2000년에는 사고 건수가 936건(사망자 309명, 부상자 440명)으로 감소하였다. 이와 같이 그동안 운전사고 건수와 사상자 수가 모두 크게 감소한 요인은 도로와의 입체교체화 등 건널목 개선과 입체교체 보안설비 등의 정비로 인해 건널목사고가 크게 감소했기 때문이다. 건널목사고는 1984년 1,340건에서 2015년 242건으로 1,098건이나 감소하고 있다.

(3) 인시던트(Incident : 작은 사고)

인시던트라는 것은 일반적으로 '운수기관의 운행과 관련되어 그 안전에 영향을 미

---

6. 국토교통성, '鉄軌道の安全にかかわる情報', 각 연도(http://www.mlit.go.jp/tetudo/tetudo_tk8_000001. html)

치는 또는 영향을 미칠 우려가 있는 사고 이외의 현상'을 말한다. 인시던트와 사고(Accident)와의 관계는 〈그림 3-1〉과 같다. 즉, 사고는 재해의 정도에 따라 소규모 사고와 대규모 사고로 분류할 수 있는데, 하나의 사고 배경에는 인시던트가 무수히 존재하며 그 중에서 인명, 신체에 손상을 주는 재해로서 나타나는 사고를 일컫는다.

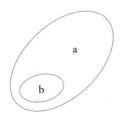

a : 인시던트 | b : 사고

〈그림 3-1〉 인시던트와 사고

미국의 하인리히(H. W. Heinrich)는 산업재해방지에 관한 저작 중에서 "이용 가능한 자료로부터 말할 수 있는 것은, 같은 인간이 일으키는 330건의 동종의 사고 중 300건은 상해를 입지 않고, 29건은 가벼운 상해를 입고, 나머지 1건은 중대한 상해를 동반한다고 추정한다"[7]고 지적하였다. 이것이 그 유명한 1 : 29 : 300의 하인리히의 법칙(비율)이다. 하인리히 주장의 안목은 하나의 대사고의 배경에는 29건의 피해가 적은 사고와 피해를 동반하지 않은 300건의 사고, 더욱이 잠재적으로 사고에 연결될 가능성을 가진 많은 고장(Trouble)이 존재한다는 점이다. 인시던트는 하인리히가 말하는 잠재적인 사고와 연결될 가능성을 가진 수많은 고장에 지나지 않는다.

---

7. '하인리히법칙(The Ratio of Heinrich)'은 원래 운수사고를 대상영역으로 한 것이 아니다. 제안자인 산업재해연구자 하인리히가 산업재해방지에 관한 저서 중에서 "이용 가능한 자료로 말할 수 있는 것은 같은 인간이 일으키는 같은 종류의 330건의 사고 중 300건은 사상자가 없고, 29건은 가벼운 부상, 1건은 중대한 부상을 수반한다고 예측된다"고 지적한 바와 같이 그것은 원래 산업재해의 분석에 사용된 것이었는데, 그 후 운수사고의 분석에도 원용되었다(H. W. Heinrich, 《Industrial Accident Prevention : A Scientific Approach, Fourth Edition》, New York, 1959, p.26).

철도사고는 항공기사고와 같이 시스템적 재해이며, 많은 요인이 복합적으로 중복되어 발생한다. 철도현장에서는 매일 다수의 인시던트가 발생하고 있지만, 그러한 것은 대부분 사고에 이르지 않고, 단순히 고장으로 수습되고 있다. 인시던트가 사고로 나타나는 것은 악조건이 중복되어 다수의 요인이 합성된 경우이다. 따라서 인시던트 단계에서 그 제 요인을 해석하고, 인시던트를 일으키는 시스템의 결함을 시정한다면 사고의 싹을 미리 잘라낼 수가 있어 사고의 발생을 사전에 방지하는 것이 가능하다. 다시 설명하면 인시던트는 사고의 예상 혹은 경보인 것이다. 사고 방지의 선진국인 미국에서 인시던트 자료의 수집과 분석을 중요시하는 것은 이러한 이유에서이다.

일본에서는 이제까지 인시던트라는 용어는 연구자나 관계자 사이에서는 상용되었지만, 공식 통계상의 정식 용어로서 혹은 정식적인 행정, 법률상의 용어로서는 사용되지 않았다. 이에 가장 가까운 용어로 구 운수성이나 철도사업자 등은 '운송장애' 혹은 '운전저해사고'라는 용어를 사용해 왔다. 그러나 2001년 10월부터 시행된 '철도 운전사고 등 보고서 등의 양식을 정하는 고시'(국토교통성 고시)에서 인시던트라는 법률 용어가 새롭게 사용되고 있고, 국토교통성도 인시던트를 안전감독의 행정상의 용어로 사용하게 되었다.

(4) 국철 분할 민영화와 안전성

2005년 4월 발생한 JR후쿠치야마센 사고는 거기에 따른 사망자가 100명을 넘는 대참사였기 때문에 사고 후 다양한 각도로 수많은 논평이 이루어졌다. 그 중에는 사고 원인의 하나를 1987년 국철의 분할 민영화라고 해석하는 견해가 있다. 예를 들면 노다 다다시아키라 씨는 후쿠치야마선 사고를 분석한 논고에서 "무리를 강요하는 폭력은 국철 해체로부터 JR로의 이행에 두드러지고 있어 그 역사가 계속되고 있다"[8]라고 지적하고 있다. 철도의 민영화와 안전성의 관계는 국철 민영화정책의 주요한 쟁점이었

---

8. 野田正彰, '惨事はなぜ起こったのか', 〈世界〉, 2005년 7월호, p.63

다. 민영화는 철도의 안전성에 어떠한 영향을 미칠 것인가, 민영화에 의해 철도의 안전성은 저하되는가, 그렇지 않으면 개선되는가, 이러한 문제는 철도 민영화를 실시하는 경우에 중요한 논점이다.

일본국철은 1987년 4월 1일에 분할 민영화되어 JR회사가 탄생하였다. 일본과 같이 철도 민영화를 실시한 독일이나 네덜란드 등 서유럽제국에서는 당시 철도 안전을 담보하기 위해 특별한 제도를 만들었다. 그러나 일본의 경우는 국철의 경영 재건에만 관심을 보여 안전 확보라는 매우 중요한 과제는 검토되지 않은 채 민영화를 실시하였다.

철도 민영화에서 일본 철도의 안전성은 과연 어떻게 변화했는가? 이러한 점에 관해서 JR 각사는 분할 민영화 후 JR의 안전성은 향상되었다고 주장하고 있다. 예를 들면 "'국철을 민영화할 경우에는 이익 우선주의에 따라 안전성이 저하된다'라고 하는 의견이 있었다. 그 중에는 '국철의 민영화에 반대하기 위해서 안전 문제를 이용했다고 하는 느낌이 강한 것도 많았다. 사실은 반대였다. 국철을 민영화한 후 사고는 줄어들었다. 이것은 파라독스든 뭐든 없다'"[9]라고 하는 JR히가시니혼의 야마노우치 슈이치로 씨의 견해는 그 전형이다.

그러나 필자는 다음과 같은 이유로 이러한 의견에 동의하기 어렵다.

첫 번째로 JR 각 회사의 주장의 근거가 되고 있는 것은 분할 민영화 이후 철도 운전사고가 총건수에서 감소하고 있다는 점이다. 확실히 운전사고의 총건수는 〈그림 3-2〉에서 나타나는 바와 같이 1987년 이후 크게 감소하고 있다. 그러나 그것은 주로 건널목의 시설 개선 등이 진행되어 건널목사고가 크게 감소하였기 때문이다. 운전사고 중 건널목을 제외한 사고 건수는 거의 평행선으로 감소하지 않고 있다. 따라서 JR이 주장하고 있는 운전사고의 총건수는 감소하고 있어도, 철도의 안전성이 향상되었다고는 할 수 없다.

두 번째로 수송장애 건수의 추이에 대해서는 어떤 설명도 없이 운전 사고 건수만으로 주장하고 있는 것이다. 수송장애란 철도 운전사고 이외의 수송에 장애를 일으킨 문

---

9. 山之內秀一郎, 《なぜ起こる鉄道事故》, 〈동경신문〉 출판국, 2000년, p.263

*주 : 1985년~1986년은 국철 자료
*자료 : 국토교통성 철도국 감수, 《숫자로 보는 철도 2016》

〈그림 3-2〉 JR 운전사고 건수의 추이

제를 가리킨다. 구체적으로는 열차를 운휴한 것 또는 여객 열차의 경우는 30분 이상, 여객 열차 이외의 경우는 1시간 이상의 지연이 된 것을 말한다. 국토교통성의 자료에 의하면 JR 재래선의 수송장애 건수는 1987년 1,398건인 것이 2015년에는 3,515건으로 2.5배나 크게 증가하고 있다. 또 신칸센에 대해서도 같은 기간 43건에서 52건으로 증가하고 있다.

덧붙여 수송장애는 건널목의 직전 횡단이나 적설 등 외부 요인에 의해서도 발생된다. 그 때문에 일본에서는 수송장애를 내부 원인, 외부 원인, 재해 원인의 3개로 나누어 통계 처리한다. 거기서 상기의 수송장애 건수 가운데 JR 측에 책임이 있는 내부 원인을 요인으로 하는 수송장애의 건수만을 추출하면 1987년 776건에서 2015년 1,036건으로, 또 신칸센의 경우도 9건에서 19건으로 모두 현저하게 증가하고 있다.[10]

수송장애는 사고의 예고이며, 수송장애 건수의 증감은 철도의 안전성 현황을 나타

10. 국토교통성, '鉄軌道の安全にかかわる情報', 각 연도(http://www.mlit.go.jp/tetudo/tetudo_tk8_000001.html)

내는 하나의 지표이다. 수송장애 현상에서 보면 국철의 분할 민영화 이후 철도의 안전
성은 JR의 주장과는 달리 감소하고 있다고 할 수는 없다.

4. 일본의 철도 안전 확보 대책과 제도

(1) 철도 안전 확보 대책

철도의 안전 확보에서 가장 책임을 져야 하는 것은 말할 것도 없이 철도 운영자인 철
도사업자이다. 그러나 철도사업자에게 맡기는 것만으로 철도의 안전은 확보될 수 없
다. 철도의 안전을 충분히 확보하기 위해서는 법령에 기초한 정부의 규제, 관할관청에
의한 철도사업자에 대한 적절한 감독 그리고 철도사고 조사기관에 의한 조사활동이나
연구기관에 의한 안전연구 등의 여러 가지 활동이 필요하다.

일본 철도의 안전 규제와 관련한 공적 기관으로는 (a) 철도의 감독, 감사업무를 수행
하고 있는 국토교통성 철도국과 일선기관(지방 운수국) (b) 철도사고의 조사와 인시던
트의 조사를 수행하는 운수안전위원회의 2개 조직이 있다. 이 외에 부상자가 발생하
는 철도사고의 경우 경찰이 수사에 착수하는데, 이는 관계자의 과실을 규명해 형사사
건으로 입건하기 위해 행해지는 것이다. 또한 철도차량 내나 역 구내에서 절도나 폭력
등 범죄가 일어날 경우에도 경찰이 출동한다. 범죄의 방지도 광의로 볼 때 철도의 안
전 확보가 되지만, 여기서는 철도의 안전을 철도시스템과 휴먼에러(Human Error) 등
에 의해 발생하는 것을 안전문제의 대상으로 하고, 범죄에 의한 것은 분석의 대상에서
제외한다. 즉, 경찰을 철도안전 규제와 관계하는 공적 기관이라 하기 어렵기 때문에
여기에서는 범죄에 대해 분석 대상에서 제외한다.

(2) 국토교통성에 의한 안전 규제, 감독

1) 국토교통성의 기구와 안전대책부문

일본에서 철도사업에 대한 감독과 감사 업무는 국토교통성(Ministry of Land, Infra-structure and Transport) 철도국이 담당하고 있다. 철도국의 주요 업무는 철도·궤도의 정비, 철도·궤도사업에 관한 규제, 철도의 안전 확보, 철도차량 등 제조사업에 대한 규제, 철도와 관련된 환경대책 등이다. 이러한 업무를 수행하기 위해서 철도국에는 2016년 10월 현재 총무과, 간선철도과, 도시철도정책과, 철도사업과, 국제과, 기술기획과, 시설과, 안전관리관 등 8개의 과가 설치되어 있다. 이 중 안전대책업무는 주로 기술기획과 및 안전관리관이 담당하고 있다.

국토교통성은 도쿄(東京)에 소재하고 있는 본청과 기타 전국을 10개 지역으로 나누어 각 지역의 거점도시에 해당 지역 내 운수행정을 담당하기 위한 일선지방기관으로서 지방 운수국을 배치하고 있다. 즉, 홋카이도(北海道)운수국, 도호쿠(東北)운수국, 간토(関東)운수국, 호쿠리쿠신에쓰(北陸信越)운수국, 주부(中部)운수국, 긴키(近畿)운수국, 고베(神戸)운수감리부, 주고쿠(中国)운수국, 시코쿠(四国)운수국, 규슈(九州)운수국 등 10개의 지방 운수국이다.

이 중 간토지역(1도 7현)을 관할하는 간토운수국의 경우 운수국 내에 철도부가 설치되어 있다. 간토운수국 철도부에는 감리과, 계획과, 기술제1과, 기술제2과, 안전지도과, 철도안전감독관 등 6개 과가 설치되어 있고, 철도안전대책 업무는 기술제1과, 기술제2과, 안전지도과, 철도안전감독관 등 4개 과가 담당하고 있다. 각 과의 업무 내용은 다음과 같다

- **기술제1과** : 철궤도 등 시설의 수속, 검사, 감사, 안전확보대책
- **기술제2과** : 철궤도 등의 전기시설, 차량 수속, 검사, 감사, 안전확보대책
- **안전지도과** : 열차 운행관련 업무, 동력차 종사자 운전면허 관련 업무, 철도사고 등의 조사·분석, 운수안전위원회의 사고조사 지원
- **철도안전감독관** : 철도사업 관련 보안감, 수송안전메니지먼트 평가의 실시, 안전

2) 국토교통성 및 그 일선기관에 의한 안전 규제

국토교통성에 의한 안전 규제는 신칸센(新幹線)의 경우와 기타 노선의 경우가 크게 다르다. 즉, 신칸센은 많은 분야가 본성의 직할에 놓여 있으며, 신칸센의 안전 규제와 안전대책의 대부분은 역시 본성의 철도국이 직접 감독, 감사 업무를 수행하고 있다.

한편, 신칸센을 제외한 JR의 재래선이나 다른 민영철도회사, 공영지하철사업자에 대한 안전감독 업무는 통상 해당 사업자의 영업지역에 소재하는 지방 운수국의 철도부가 담당하고 있다.

국토교통성과 그 일선기관이 행하는 법률에 근거한 업무는 4가지 종류가 있다.

첫 번째는 철도사업자가 신규로 사업을 개시하거나 새로운 노선을 확장하는 경우에 시설공사를 행하는데, 그때 설계나 구조가 기술상의 기준에 적합한지 아닌지를 판단한다. 기준을 만족시키면 국토교통대신에 의해 그 공사의 시행이 인가된다. 그리고 공사가 완성된 경우에는 국토교통성에 의해 공사계획대로 공사가 진행되었는지, 즉 기준이나 규정에 적합한지에 대한 완성 검사가 행해진다. 말할 것도 없이 철도사업자는 그 완성 검사에 합격하지 않으면 사업 개시가 불가능하다. 이러한 검사나 확인은 공사를 필요로 하지 않는 철도시설에 대해서도 행해진다.

두 번째는 구조물이나 신호시스템 등 철도시설이 기준에 적합한지에 대한 확인을 위해 정기적으로 행해지는 보안검사가 있다. 이 검사는 법령에 의해 주기적으로 정해져 있지 않은 경우 보통 5년 주기로 행해지는 경우가 많다.

세 번째는 중대한 사고가 발생한 경우에 행해지는 임시 검사 또는 현장검사가 있다. 여기에는 사고를 일으킨 철도회사에 대해서만 행해지는 경우와 다른 종류의 철도회사 모두에 대해 행해지는 경우가 있다.

네 번째는 운수안전매니지먼트이다. 2005년에 JR후쿠치야마센 사고 등 철도, 버스, 선박, 항공과 관련한 사고나 중대 인시던트가 많이 발생했다. 그 때문에 수송의 안전 확보를 목적으로 2006년 철도사업법이나 항공법 등 운수 관계 일련의 법률 개정이 실시되었다. 이것에 수반하여 도입된 것이 운수안전매니지먼트제도이다.

　운수안전매니지먼트제도는 각 운수 사업자에 있어 최고 경영자에서 현장까지 하나가 되어 안전 관리체제를 구축·개선하는 것으로써 수송의 안전성을 향상시키는 것을 목적으로 하고 있다. 이 제도에서는 사업자 스스로가 자주적이며, 동시에 적극적으로 수송의 안전 대책을 추진하고, 구축한 안전관리체제를 PDCA 사이클에 의해 계속적으로 개선하여 안전성의 향상을 도모하는 것이 요구되고 있다.

　한편, 국토교통성은 그러한 대책이 원활하게 작동하도록 정기적으로 사업자의 안전관리체제의 실시 상황을 확인하는 운수안전매니지먼트 평가 그리고 이것에 기초를 둔 안전성을 향상시키기 위한 조언을 실시하고 있다. 운수안전매니지먼트제도는 보안 감사와 함께 국토교통성의 운수안전행정, 즉 자동차의 두 바퀴로서의 역할로 이루어져 있다.

(3) 사고조사제도

1) 독립된 전문가집단에 의한 철도사고 조사의 필요성

　1991년 5월 신라쿠(信楽)고원철도에서 발생한 정면 충돌사고로 인해 42명의 사망자, 614명의 중·경상자가 발생하였다. 1998년 6월 독일의 ICE의 탈선, 전복사고에서는 100명에 달하는 사망자가 발생하기도 했다. 철도 대형 사고는 빈번하게 일어나는 것은 아니지만, 일단 발생하면 이로 인한 피해는 앞의 2가지 사례에서 보여주듯이 매우 심각하고 처참하다.

　이러한 철도사고의 방지 혹은 감소를 위한 유효한 수단은 무엇이 있을까? 철도사고는 휴먼에러나 차량, 장치, 기구의 고장, 시스템의 결함, 환경적인 요인 등 복합적으로 연결되어서 발생하는 조직적인 사고이다. 그래서 먼저 발생한 사고의 원인을 철저하게 조사하고, 거기에서 얻어진 지식과 교훈을 재발 방지를 위해 활용한다면 같은 종류의 사고의 재발을 미연에 막을 수 있고, 철도의 안전성은 더욱 향상될 것이다. 결국 철도의 기술과 시스템, 관리의 결함을 깨끗하게 수정하고, 사고 원인의 여러 가지 요인을 개선함으로써 일어나기 쉬운 사고의 싹을 사전에 차단하는 것이다. 이 경우 사고조사는 당사자인 철도사업자는 물론 형사사건을 조사하는 경찰까지 전문적인 제3자기관의 손에 의해 행해질 필요가 있다. 공평하고 중립적이며, 과학적인 입장에서 행해지는 제3자 기관에 의한 사고조사야말로 진정으로 사고 재발 방지에 도움이 되기 때문이다.

이러한 사고조사기관은 이미 많은 선진국에 설치되어 있다. 이 중 세계적으로 잘 알려진 것이 1975년 미국 운수성으로부터 독립되어 설립된 NTSB(National Transportation Safety Board)이다.[11]

NTSB와 같은 종류의 사고조사기관은 캐나다와 스웨덴, 핀란드, 네덜란드, 뉴질랜드, 호주 등에도 설치되어 있다. 또한 그러한 세계의 사고조사기관이 가맹하는 국제적인 조직으로서 네덜란드 헤이그에 본부를 두는 ITSA(International Transportation Safety Association)가 있다. 이러한 조직은 모두 사고 책임 추궁이 아니라 사고 재발 방지를 위해서 조사 활동을 실시하고 있다.

2) 일본의 철도사고조사기관

일본에는 2001년까지 항공사고의 조사를 전문적으로 실시하는 항공사고조사위원회(1974년 발족) 및 해난사고를 심판하는 해난심판청(1947년 발족) 등 2개의 사고조사기관이 설치되어 있었고 철도사고와 관련된 사고조사기관은 존재하지 않았다. 그러나 2000년 3월에 발생한 에이단지하철 히비야센의 탈선사고 등이 계기가 되어 2001년 10월 항공사고조사위원회를 개편, '항공·철도사고조사위원회'가 발족됐다. 이 위원회의 발족으로 철도사고 분야에서도 전문적인 사고조사기관의 활동이 시작되었다.

그 후 2008년 항공·철도사고조사위원회와 해난심판청의 조사 부문이 통합되어 운수안전위원회로 발족됐다. 운수안전위원회는 국토교통성의 외부국이지만, 국가행정

---

11. NTSB가 탄생한 것은 1967년이다. 당초 미국 운수성 산하에 설치되었지만 운수행정으로부터의 독립을 도모하기 위해서 1975년에 같은 성으로부터 독립하여 연방의회에 대해서만 책임을 지는 독립행정위원회가 되었다.

조직법상의 제3자 기관이며, 권한 행사의 독립성이 보장되고 있다. 이 위원회의 목적은 사고의 재발 방지 및 사고에 의한 피해 경감을 위한 조사이다. 조사 대상은 우선 일본 국내에서 일어난 모든 항공사고와 선박사고, 중대 인시던트이다. 항공분야에서 연간 약 50건, 선박분야에서 약 1,500건의 조사를 하고 있다. 또한 철도분야에 대해서는 연간 700~800건이 발생하고 있는 철도사고 가운데 중대한 사고와 중대 인시던트를 합해 20건 정도가 조사 대상이 되고 있다. 2015년 현재 항공 21명, 철도 18명, 선박 66명 등 합계 105명의 사고조사관이 배치되어 있다.[12]

---

12. 일본에서는 운수안전위원회 이외에 사고조사를 전문적으로 실시하는 상설 조직으로서 소비자안전조사위원회(2012년 설치, 소비자 생활에 관련되는 공업제품 사고 등이 대상), 사업용자동차사고조사위원회(2014년 설치, 자가용 자동차를 제외한 버스·택시·트럭의 사고가 대상), 의료사고조사·지원센터(2015년 설치, 의료 사고가 대상) 등 3개가 있다.

제**2**절

고속철도

요시다 유타카
(JR니시니혼 안전연구소)

1. 들어가면서

(1) 신칸센

일본의 고속철도는 신칸센이라고 불리는데, 궤간은 협궤(1,067mm)와는 달리 표준 궤(1,435mm)이다. 고속 주행의 안전을 고려해서 건널목이 없는 전용궤도로 운행하고 전체 선로에 ATC(자동열차제어장치)가 설치되어 있다. 1970년에 제정된 '전국신 칸센철도정비법'(1970년 법률 제71호)에 의하면, 신칸센은 '주된 구간을 열차가 시속 200km 이상 고속으로 주행이 가능한 간선열차'로 정의하고 있다. 국철시대에 개통된 4개 선의 영업 최고속도는 모두 시속 210km였지만, 그 후 개량으로 현재는 산요신칸 센과 도호쿠신칸센에서 300km/h를 넘는 속도로 영업운전을 하고 있다.

국철 분할 민영화 후에 개통된 호쿠리쿠신칸센(1997년~), 규슈신칸센(2004년~), 홋카이도신칸센(2016년~)의 3개 선은 개통 초기부터 260km/h로 영업운전을 하고 있다.

신칸센 개통은 많은 사람들의 이동시간 단축과 현지에서의 체재시간 연장 등의 효과를 가져왔다. 신칸센 이용자는 1964년 개통 이래 62억 명, 연간 3억 명을 넘어 영업적으로 큰 성과를 거두고 있다. 고속으로 운행되고 1개 열차당 평균 지연시간은 매년 1분 이하로 정확성, 높은 편리성, 차내 쾌적성 등이 성공요인이라고 할 수 있다.

(2) 신칸센 네트워크

2016년 3월 홋카이도와 혼슈를 세이칸터널(전체 연장 53.9km의 세계 최장의 해저터널)로 연결하는 홋카이도신칸센이 하코다테까지 잠정 개업하여, 홋카이도에서 규슈까지 연결되었다. 홋카이도신칸센의 개통에 의해 〈그림 3-3〉과 같이 9개 선의 신

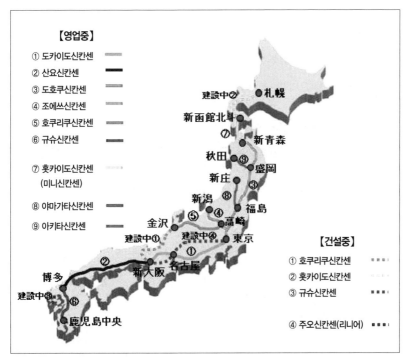

*출처 : 교통협력회, 앞의 책, p.671 참조

〈그림 3-3〉 신칸센 네트워크

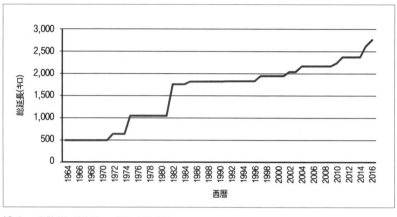

〈그림 3-4〉 신칸센 노선연장의 변천

칸센 네트워크(그 중, 2개 선은 전국신칸센정비법에 기초하지 않은 미니 신칸센)가 형성되었고 현재도 3개 선의 건설이 진행되고 있다. 〈그림 3-4〉는 신칸센 연장의 변천이며 도호쿠신칸센(오미야~모리오카) 및 조에쓰신칸센(오미야~니가타)이 개통되어

〈표 3-3〉 주요 도시간의 거리와 신칸센 소요시간, 철도 분담률(2012년 자료)

도시간		거리(km)	신칸센 소요시간	철도 분담률 (%)	도시간		거리(km)	신칸센 소요시간	철도 분담률 (%)
도쿄	나고야	366.0	1:34	100	도쿄	센다이	351.8	1:31	100.0
	오사카	552.6	2:25	84.0		모리오카	535.8	2:11	100.0
	오카야마	732.9	3:12	62.7		아오모리	713.7	2:59	79.0
	히로시마	894.2	3:48	59.6		니가타	333.9	1:37	100.0
	후쿠오카	1,174.9	4:60	7.3		야마가타	359.9	2:26	97.0
오사카	후쿠오카	622.3	2:29	81.7		아키타	662.6	3:37	60.0
	구마모토	740.7	3:04	61.6					
	가고시마	911.2	3:48	27.5					

1982년에 크게 증가한 것을 알 수 있다. 2016년 현재 전국신칸센철도정비법에 의해 신칸센의 총연장은 7개 노선 2,765km로 일본은 중국에 이어 2위(2009년까지는 세계 1위)의 고속철도국가이다. 신칸센은 도카이~산요, 산요~규슈, 도호쿠~야마가타~아키타 등의 상호직통운전이나 재래선과 동일 역에서 환승 등 편리성 향상이 도모되어 왔다. 〈표 3-3〉은 주요 도시간의 이동거리, 신칸센 소요시간, 철도 분담률이다. '제5회 간선여객유동 실태'(2010년 국토교통성)에 의하면 철도 분담률이 다른 교통기관보다 높은 이동거리는 500km~1,000km 영역이다.

2. 신칸센의 탄생

(1) 전쟁 전의 신칸센계획

일본의 철도는 1872년에 협궤(1,067mm)로 개통되었다. 그 때문에 장래에 있어서 수송력 증강과 고속화가 늦어져 표준화(1,435mm)로의 개축에 관한 논쟁이 정치가나 민간자본가를 중심으로 1920년까지 계속되었다. 그러나 당시의 철도건설은 '철도부설법'에 기초해 지방의 신선 건설에 중점을 두었기 때문에 표준궤로의 개량공사가 실현되지 않았다.

전국 노선망의 정비가 일단락된 1930년대에는 기존의 간선 강화와 도시교통의 정비가 중점적으로 추진되었다. 특히 아시아대륙과의 연결수송을 담당하는 도카이도·산요선의 수송력이 한계에 달했기 때문에 도쿄~시모노세키 구간에서 고속운전용 신선의 건설에 관한 검토가 1938년부터 본격화되었다.

그래서 1940년대에는 15년에 걸쳐서 신칸센 건설공사라는 거대한 프로젝트가 개시되었다. 먼저 난공사구간인 전체 7,880m의 신 단나터널을 시작으로 몇 개소의 터널 건설과 용지 매수 등이 행해졌다. 그런데 4년 후인 1944년에 전쟁상황이 악화됨에 따라 신칸센 건설은 중단되었다. 〈표 3-4〉는 전쟁 전의 신칸센 계획과 도카이도신칸센 개통 시의 개요를 비교한 것이다. 당시의 계획에 의하면 현재의 것과 다르게 터널이 많은 도쿄~시즈오카와 나고야~히메지 구간에는 전기기관차, 그 후 구간에는 증기기관차를 견인할 예정이었다. 여객열차 외에 화물열차의 운전도 계획되어 화물용 전기기관차나 화물터미널 역의 건설도 검토하였다. 이 신칸센 계획은 '탄환열차계획'이라고 불렸지만 전철화 방식 이외에 궤간, 최소곡선반경, 궤도중심간격, 입체교차 등 도카이도신칸센의 건설에는 사용되지 못하였다.

〈표 3-4〉 전쟁 전의 신칸센 계획과 도카이도신칸센 개통 시의 개요

구분	전쟁 전의 신칸센계획	도카이도신칸센
궤간	1,435mm	1,435mm
최소곡선반경	2,500m	2,500m
궤도중심간격	4.2m	4.2m
최급구배	10‰	20‰
최고속도	150km/h	210km/h
전철화 방식	직류 3,000V 단, 도쿄~시즈오카, 나고야~히메지 간만 전철화	교류 25kV
도로와의 교차	폭원 2.7m 이상의 도로와는 입체교차	전선 입체교차

*출처 : 지다신야(地田信也)(2014), 《탄환열차계획》, 성산당서점, pp.127~134. 교통협력회, 앞의 책, p.11, 59, 210을 기초로 필자 작성

(2) 신칸센의 실현을 위한 기술 향상

표준궤 고속철도의 개발은 그때까지 협궤가 일반적이었던 일본에서는 실적이 없고, 그 원류는 1906년에 설립된 남만주철도주식회사(이하 만철)까지 올라간다. 일본과 대륙과의 호환성을 목적으로 만철에서는 협궤가 아닌 대량 수송이 가능한 표준궤를 부설하였다. 그 가운데에서도 만주의 수도인 장춘(신경)과 대련을 연결하는 연경선은 대련항을 통해 일본행 정기선과 연결되는 주요 간선이었다. 만철은 연경선의 수송력 향상을 위해 일본인에 의해 최초로 표준궤도 고속열차의 개발을 개시하여 1934년에

시속 120km/h의 '아시아호'가 등장하였고, 그 후 하얼빈(대련~하얼빈 간 943.3km를 12시간 30분에 연결)까지 연장 운행되었다. 표준궤 고속철도의 선구였던 '아시아호'는 신칸센의 원류라고 할 수 있다.

전후, 일본에서는 주요 재래선 전철화도 추진되어 그 중 신칸센에 연결되는 각종 개발이 협궤 재래선에서 행해졌다. 첫 번째 개발은 장거리 고속운전이 가능한 전기철도용 대차 개발과 가감속 성능 향상에 의해 도달시간이 단축되는 동력분산방식이 채택되었다. 1950년에는 승차감이 개선된 신형 대차가 개발되어 모하 80형 전기철도의 등장에 의해 장거리 전기철도로 실용화되었다. 고속주행시험도 계속되어 1957년에는 오다큐 전기철도 SE차에 의해 최고속도 145km/h, 또한 1959년에는 모하 20형 전기철도로 163km/h의 최고속도를 기록했다. 두 번째 개발은 교류전철화기술(철도의 동력을 증기나 디젤, 특히 직류전력으로부터 교류전력으로 바꾸는 일)이다. 이것은 종래 직류전철화방식에 비해 전압이 높고, 변전소의 수를 줄이는 것이 가능하였다. 1954년부터 1년반 동안 미야자키현의 센쟌센(仙山線)에서 교류전철화시설을 설치하여 시험을 실시하였다. 1957년 같은 선에서 일본 최초의 교류전철화에 의한 영업운전이 행해졌으며, 그 후 1960년대에 호쿠리쿠센, 도호쿠센, 조반센, 가고시마 혼센 등에서 교류전철화가 잇달아 추진되었다. 그런데 신칸센의 구체적인 설계는 실내모형실험이나 이론분석과 함께 국철의 철도기술연구소에 의해 행해졌다. 주행실험에서는 건설 중인 도카이도신칸센의 일부구간(신요코하마~오다하라 간의 약 30.8km)이 이용되었다. 이 시험구간은 모델선이라고 불려서 2종류의 시제차(2량 편성, 4량 편성)를 1962년 3월부터 1964년 4월까지 시험이 행해졌다(누적 주행거리는 25만 km). 이 시험으로 종래의 협궤 재래선에서는 한계가 있었던 속도대역에서 궤도와 전기, 시설, 차량 각각에서 성능과 특성이 확인되어 1963년 3월에는 최고속도 256km/h를 기록했다.

(3) 신칸센의 개통

1945년의 종전부터 1960년까지 일본에서는 전후 부흥이 비약적으로 추진되어

1956년의 《경제백서》에서는 "이제 전후가 아니다"라고 기술하였다. 도쿄, 나고야, 오사카 등의 대도시를 연결하는 도카이도센의 주변에는 공장이나 시가지 등이 계속 건설되어 전국의 공업생산액의 60% 이상, 전 인구의 40% 이상을 이 지역에서 차지하였다. 도카이도센은 문자 그대로 일본 경제의 대동맥이 되었다. 당시 도카이도센의 수송량은 여객, 화물 모두 4분의 1을 차지해 증가하는 수요에 대응할 수 없는 상황이 되었다. 그래서 국철은 근본적인 수송력 증가를 위해서 1956년에 신칸센의 건설 구상을 공표하고 3년 후인 1959년에는 별도의 선인 표준궤 신선의 건설에 착수하였다. 그래서 도쿄올림픽이 개최되었던 1964년에는 세계 최초의 고속철도인 도카이도신칸센이 도쿄~신오사카 구간에 개통되었다. 이러한 신칸센의 구상 발표로부터 착공, 개통에 이르기까지 단기간에 이루어진 배경에는 전후의 고속 경제성장 이후 전쟁 전의 탄환열차계획과 용지매수, 재래선에서 실증된 각종 기술 등을 들 수 있다.

3. 신칸센 네트워크의 확대

(1) 전국신칸센철도정비법

신칸센이 개통된 1960년대 당시부터 교통은 항공기나 자동차가 중심이 되고 철도는 사양산업이라는 시각이 있었다. 그러나 안전성이나 고속성, 정시성을 겸비한 신칸센은 고도 경제성장의 담당자로서 세계에 자랑하는 높은 기술력으로 일본국민에게 꿈과 희망을 주어 점차 국민의 지지를 받게 되었다. 1967년에는 산요신칸센의 건설이 착수되어 1972년에는 오사카(신오사카역)~오카야마 간, 1975년에는 오카야마~후쿠오카(하카다) 간이 개통되어 도쿄에서부터 규슈의 후쿠오카까지 약 1,180km가 연결되었다. 도카이도·산요신칸센은 재래선의 수송능력 향상을 위해 '증선'이라는 목적으로 건설되어 승객도 매년 증가하였다. 신칸센의 성공은 지방으로의 신칸센 유치를 촉진시켰는데, '신전국종합개발계획'(1969년)에는 전국신칸센철도망의 건설

고시 연월	노선명	기점	종점	주요 경유지	결정 연월	구간	정비 신칸센	현황
1971년 1월	도호쿠 신칸센	도쿄	아오모리	우쓰노미야, 센다이, 모리오카	1971년 4월	도쿄 ~모리오카		공용
	조에쓰 신칸센	도쿄	니가타		1973년 11월	모리오카 ~아오모리	○	공용
	나리타 신칸센	도쿄	나리타		1971년 4월	도쿄 ~나리타		공용
1972년 7월	홋카이도 신칸센	아오모리	아사히카와	하코다테, 삿포르	1973년 11월	아오모리 ~삿포르		계획 실효
	호쿠리쿠 신칸센	도쿄	오사카	나가노, 후쿠야마	1973년 11월	도쿄~오사카	○	일부 공용
	규슈 신칸센	후쿠오카	가고시마		1973년 11월	후쿠오카 ~가고시마	○	일부 공용
1972년 12월	규슈 신칸센	후쿠오카	나가사키		1973년 11월	후쿠오카 ~나가사키	○	공용
1973년 11월	홋카이도 남순환 신칸센	오샤만베	삿포르	무로란			○	건설중
	우에쓰 신칸센	도야마	아오모리	니가타, 아키타				
	오우 신칸센	후쿠시마	아키타	요마카다				
	주오 신칸센	도쿄	오사카	고후, 나고야, 나라	2011년 5월	도쿄~오사카		건설중
	호쿠리쿠 · 추쿄우 신칸센	쓰루가	나고야					
	산인 신칸센	오사카	시모노세키	돗토리, 마쓰에				
	주코쿠 횡단 신칸센	오카야마	마쓰에					
	시코쿠 신칸센	오사카	오이타	도쿠시마, 다카마쓰, 마쓰야마				
	시코쿠 횡단 신칸센	오카야먀	고치					
	히가시규슈 신칸센	후쿠오카	가고시마	오이카, 미야자키				
	규슈 횡단 신칸센	오이타	구마모토					

*출처 : 국토교통성 철도국 감수, '건설을 시작해야 하는 신칸센철도의 노선을 정하는 기본계획'(철도육법) 2011년판, 제1법규 p.1893. 교통협력회, 앞의 책, p.226을 기초로 필자 작성

구상이 포함되었다. 다음해 1970년에는 신칸센의 전국적인 철도망 정비를 목적으로 하는 '전국신칸센철도정비법'(1970년 법률 제71호)이 공포되었다. 이 법령에 의하면 신칸센 건설은 '기본계획', '정비계획', '공사실시계획'의 3단계로 구성되며 '기본계획' 이 정해진 노선이 '정비계획'으로 격상되고, 건설 지시를 받은 건설 주체가 '공사실시 계획'으로 인가를 받아 신칸센이 건설되었다. 〈표 3-5〉에서는 '기본계획'과 '정비계 획'이 결정된 노선이지만 '정비계획'으로는 격상되지 않고 '기본계획'에 머무르고 있는 것이 지방을 중심으로 몇 개 노선에 있다는 것을 알 수 있다. '기본계획'은 1971년부터 1973년에 걸쳐 4회 그리고 '정비계획'은 1971년부터 1973년에 걸쳐 2회 결정되었지 만, '정비계획' 중 1973년의 5개 노선은 '정비신칸센' 혹은 '정비 5선'으로 불린다.

(2) 신칸센의 건설

'정비계획' 중 1971년에 결정된 도호쿠신칸센(오미야~모리오카 간), 조에쓰신칸센 (오미야~니가타 간)은 모두 다 국철시대인 1982년에 개통하였지만 국철의 재정상황 이 악화되어 정비신칸센계획은 그 해에 일시 중지되었다. 도호쿠·조에쓰신칸센(도 쿄~오미야 간)의 건설은 그 후에도 계속되어 1985년에는 우에노~오미야 간, 1991년 에는 도쿄~우에노 간이 개통되었다.

한편, 1971년에 결정된 나리타신칸센(도쿄~나리타공항 간)은 공해문제 등에 의 해 지역주민의 건설 반대운동이 강해 도쿄역과 나리타공항 주변의 일부를 제외하고는 1977년에 공사가 중지되었다. 그래서 1986년에는 기본계획 자체가 무효되어 나리타 신칸센은 실현이 되지 않았다. 다만 그 후 그 시설은 2010년에 개통한 나리타 신고속 철도(도심과 공항을 36분에 연결하는 공항 접근선) 등으로 전용되고 있다.

국철 분할 민영화 후 1987년에는 드디어 '정비신칸센'의 중지가 해제되어, 1989년부 터 정비신칸센의 본격적인 공사가 시작되었다. 정비신칸센 건설은 당초 노선에 의해 국철 혹은 일본철도건설공단(현재 일본철도·운수기구)으로 나누어졌지만 분할 민영 화에 따라 공단이 그 전체를 인수하였다.

4. 국철 분할 민영화 후의 신칸센

(1) 기존의 신칸센

국철 분할 민영화 시 기존에 있던 4개 신칸센의 철도시설은 신칸센철도보유기구가 일괄해서 보유하고 JR 3사(JR히가시니혼, JR도카이, JR니시니혼)에 빌려주는 구조가 만들어졌다. 4개의 신칸센 수익은 크게 차이가 있었기 때문에 그대로 JR 3사에 승계될 경우 3개 회사간에 큰 경영 격차가 생기는 것이 염려되었기 때문이다. 신칸센보유기구의 사용료는 신칸센을 운용하는 JR 3사의 재무·경영력에 기초해서 30년 원리금 균등 상반환으로 JR히가시니혼이 30%, JR도카이가 60%, JR니시니혼이 10%로 되었다. JR도카이는 자산가치에 비교해 매우 높았고, JR히가시니혼은 낮은 편이었다 (1989년 이후의 사용료는 〈표 3-6〉 참조). 이 제도는 장래에 있어서 사용료의 용도가 불투명했기 때문에 JR 각사가 주식을 상장할 때 투자가 보호상의 문제가 있을 것으로 여겨져서 1991년에는 JR 3사가 일제히 신칸센시설을 보유기구로부터 구매하였다. 구매가는 30년분의 사용료로부터 이제까지 지불된 4년 반을 감액한 분에 새롭게 평가된 가치 1.1조 엔을 합한 9.2조 엔이었다. 이와 함께 이 기구는 폐지되었으며, 각 회사의 가격은 〈표 3-6〉과 같다.

〈표 3-6〉 사용료(1989년 이후)와 매수가격

회사명	1989년 이후 사용료(연간)		매수가격	
	사용료(억 엔)	비율(%)	매수금액(억 엔)	비율(%)
JR히가시니혼	2,191	30	31,070	34
JR도카이	4,326	59	50,957	55
JR니시니혼	763	11	9,741	11
합계	7,280		91,768	

*출처 : 교통협력회, 앞의 책, p.411~412

(2) 정비신칸센

1982년에 중단된 정비신칸센계획은 1987년에 해제되었다. 다음해인 1988년에는 '정비신칸센 건설 촉진 검토위원회'가 설치되어 건설방식과 철도시설의 보유방식, 건설재원, 개통 후의 병행재래선의 존속과 연대 등의 정리가 행해졌다. 그래서 처음으로 정비신칸센방식인 호쿠리쿠신칸센의 건설이 1989년에 착공되어 1997년에는 다카사키(高崎)~나가노(長野) 간이 잠정 개통되었다.

① 건설방식

국철시대에 개통된 신칸센은 모두 표준궤(1,435mm)로 신선으로 건설하는 통칭 '풀규격'이라고 불렸다. 1991년에는 전국신칸센철도정비법의 개정이 이루어져 종래의

〈표 3-7〉 정비신칸센의 건설규격과 인가

노선	정비구간	규격	인가(연도)
호쿠리쿠신칸센	다카사키 ~ 가루이자와	풀 규격	1989
	가루이자와 ~ 나가노	풀 규격	1991
	나가노 ~ 조에쓰	풀 규격	1998
	조에쓰 ~ 도야마 (이 중 이토이가와 ~ 우오즈)	풀 규격 (슈퍼 특급)	2001 (1993)
	도야마 ~ 가나가와 (이 중 이스루기 ~ 가나기와)	풀 규격 (슈퍼 특급)	2005 (1992)
도호쿠신칸센	모리오카 ~ 누마쿠나이	미니 신칸센 풀 규격	1991 1995
	누마쿠나이 ~ 하치노헤	풀 규격	1991
	하치노헤 ~ 신아오모리	풀 규격	1998
규슈신칸센	하카다 ~ 신야쓰시로 (이 중 후나고야 ~ 신야쓰시로)	풀 규격 (슈퍼 특급)	2001 (1998)
	신야쓰시로 ~ 니시가고시마	슈퍼 특급 풀 규격	1991 2001
홋카이도신칸센	신아오모리 ~ 신하코다테	풀 규격	2005

*주 : 정비구간의 역명은 전부 계획 시의 것임(가칭을 포함).
*출처 : 교통협력회, 앞의 책, p.484, 497, 523, 570 참고

건설방식인 '풀 규격' 이외에 잠정적인 정비로서 신칸센 규격의 구조이며, 동시에 협궤 (1,067mm) 신선으로 건설하는 통칭 '슈퍼 특급'이나 재래선의 궤도 개량공사에 의해 신선과 재래선을 직통운전하는 통칭 '미니 신칸센'이 포함되어 이 3가지 방식을 조합 하는 것으로 건설비 절감이 가능하게 되었다. 이와 함께 몇 개의 정비신칸센은 그 일 부 구간에서 '슈퍼 특급'이나 '미니 신칸센' 방식에 의해 건설이 계획되었지만 최종적으 로는 모두 '풀 규격'으로 수정되었다(〈표 3-7〉).

② 건설재원과 철도시설의 보유

정비신칸센의 건설자금은 당초 국가의 기본적인 교통망의 일원으로 국가와 국철, 일본철도건설공단 3자가 부담하고, 지방은 어디까지나 임의였지만 1984년에는 그

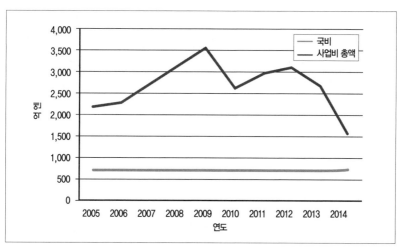

국가 부담	지방 부담	사용료
2	1	여객회사로부터 징수

여객회사로부터 징수된 사용료를 충당하고 남은 건설비를 국가가 3분의 2, 지방에서 3분의 1을 부담
*출처 : 교통협력회, 앞의 책, p.423

〈그림 3-5〉 정비신칸센 재정구조

*출처 : 히라쿠 하치야(八矢拓)(2015년), '정비신칸센에 대하여', 총무성.

〈그림 3-6〉 정비신칸센 관계 예산의 추이

10%가 지방자치단체에서 부담하는 구조로 변경되었다. 그 후 1989년에는 여객회사가 50%, 국가가 35%, 지방이 15%를 분담하는 것으로 되고, 더욱이 1997년에는 전국신칸센철도정비법 개정에 따라 이후 정비신칸센 사용료로 일부 보충하고 남은 부문에 대해서는 국가 3분의 2, 지방 3분의 1의 비율로 분담하는 것으로 되었다(〈그림 3-5〉). 2005년 이후의 정비신칸센 관계예산은 〈그림 3-6〉과 같다. 국가가 부담하는 재원의 일부에는 기존 신칸센의 구매로 여객회사에 의해 지불된 양도금이 포함되어 있다.

③ 병행재래선

병행재래선이라는 것은 정비신칸센의 개통구간에 병행하고 있는 재래선을 말한다. 이제까지 재래선을 달린 우등열차의 승객이 개통 후 신칸센으로 전이하는 것이 예상되어 병행재래선을 어떻게 취급하는가는 정비신칸센 건설에 따른 해결해야 할 문제 중의 하나이다. 병행재래선은 이제까지 JR 각사에 의해 운영되어 왔다. 그러나 신칸센

〈표 3-8〉 병행재래선 회사

이적 연도	여객회사에 의해 경영분리된 제3섹터 회사	정비신칸센	신칸센 개업 전의 여객회사	도도부현	거리 (km)
1997	시나노 철도	호쿠리쿠신칸센 (다카사키 ~ 나가노)	JR히가시니혼	나가노	65.1
2002	IGR이와테 은하철도	호쿠리쿠신칸센 (모리오카 ~ 하치노헤)	JR히가시니혼	이와테	82.0
	아오이모리철도			아오모리	25.9
2004	히사쓰오렌지철도	규슈신칸센 (신야쓰시로~가고시마주오)	JR규슈	구마모토 · 가고시마	116.9
2010	아오이모리철도	호쿠리쿠신칸센 (하치노헤 ~ 신아오모리)	JR히가시니혼	아오모리	96
2015	시나노철도	호쿠리쿠신칸센 (나가노 ~ 가나자와)	JR히가시니혼	나가노	37.3
	에치고토키메키철도			니가타	37.7
					59.3
	아이노카제토야마철도		JR니시니혼	도야마	100.1
	IR이시카와철도			이시카와	17.8
2016	도난이사리비철도	홋카이도신칸센 (신아오모리 ~ 신하코다테호쿠)	JR홋카이도	홋카이도	37.8
				합 계	675.9

*출처 : 교통신문사, 앞의 책

개통 후에도 계속해서 운영하는 것은 경영효율상 어려움이 많아 지역과 JR 각사의 동의를 얻은 후에 JR 각사로부터 분리시켜 별도의 회사로 운영하는 방식이 채택되고 있다. 경영분리에 의해 탄생한 새로운 회사는 안정된 경영이 곤란하기 때문에 현 단위로 지방과 민간 등이 출자하는 제3섹터방식에 의해 운영하는 것이 일반적이다. 분리된 새 회사는 국가로부터의 지원책으로 JR 각사로부터 양도자금이 비과세로 된 세제특별조치를 받는 것이 가능하다. 2016년 3월에 홋카이도신칸센의 개통에 의해 8개의 병행재래선 회사가 탄생하였다(〈표 3-8〉). 즉, 8개의 병행재래선 중 신칸센과 병행한 구간 중 후쿠오카~야쓰지로 구간과 같이 승객이 비교적 많은 구간은 신칸센 개통 후에도 JR 각사가 계속해서 경영을 하고 있다.

(3) 정비법에 의하지 않는 신칸센

1980년대 초반경부터 정비신칸센이 계획되지 않은 지방도시로의 접근 방안이 국철 내에서 논의되었고, 국철 말기에 경영 적자가 심각하게 증가하였다. 그 때문에 풀 규격의 신칸센 건설이 아니라 협궤인 재래선에 표준궤의 신칸센 차량 운행이 가능한 궤도 개량방식, 혹은 대차 교환방식 등에 의한 신선과 재래선의 직통운전이 검토되어 재래선의 궤도 개량방식에 의해 신선·재래선 직통운전방식, 이른바 '미니 신칸센'이 도입되었다. 신선과 재래선 직통운전은 소요시간을 단축하였고 환승의 불편을 해소하여 심리적인 부담을 경감시켰다. 국철 분할 민영화 후 1987년의 신칸센·재래선 직통운전조사위원회가 발족되어 선로주변 인구와 도쿄로부터의 거리, 관광자원, 시공면 등의 관점에서 오우 본선 후쿠시마~야마가타 간(87km)이 신선·재래선 직통운전의 모델구간으로 선정되었다.

그 후 국가의 보조금제도와 야마가타현의 부담 등에 의해 건설이 개시되어 1992년에 개통되었다. 이것이 일본에서 최초의 신선·재래선 직통운전이 시행된 야마가타신칸센이다. 신선·재래선 직통운전의 효과로 그 후 지역인 야마가타현이 JR히가시니혼에 경제적인 지원을 하고 신죠까지 연장공사가 결정되어 지역과 일체가 된 재래철도의 활성화를 목적으로 야마가타~신죠 간(약 62km)이 1999년 개통되었다. 또한 도쿄로부터 소요시간이 4시간이 넘는 도시 중 정비신칸센의 계획이 없는 아키타로의 신선·재래선 직통운전이 요구되었다. 이에 따라 국가의 보조제도와 아키타현의 부담에 의해 아키타신칸센의 건설이 추진되어 모리오카~아키타 간 약 127km가 1997년에 개통되었다. 야마가타신칸센은 후쿠시마역, 아키타신칸센은 모리오카역에서 도호쿠신칸센과 연결되어 도쿄역까지 직통운전이 가능하게 되었다. 야마가타신칸센이나 아키타신칸센은 고가방식의 구조가 아니라 건널목이 존재해서 시속 130km로 주행하기 때문에 법률상으로는 신칸센에 해당하지 않는다. 그러나 지역주민에게 통칭 신칸센이라고 불리고, 그렇게 받아들여지고 있다.

궤도의 개량방식은 복선구간과 단선구간의 공법이 달라 복선구간은 영업열차를 운행하면서 각각 단선에서, 단선구간은 버스 대체운행에 의해 종래 95km 운전에서 130km 운전이 가능하도록 표준궤도로 하는 공사가 행해졌다. 특히 단선구간의 공기를 단축하기 위해 빅 원더(ビッグワンダ)라고 불리는 궤도연속교환기가 개발되어 1일 시공량이 150m에서 500m까지 확대되었다. 또한 이 구간에서는 수많은 건널목이 존재하기 때문에 지역과의 협의를 통해 개량공사에 맞추어 건널목의 통폐합이 이루어지고, 모든 건널목은 차단기나 보안장치가 설치되었다. 신선과 재래선의 직통운전 개량공사에는 열차의 운행을 중지시켜 버스 대체운행이 필요한 때가 있지만 신선 건설이 아니기 때문에 용지 취득이 필요하지 않아 공사비가 적은 장점이 있다. 그런데 종래의 신칸센차량은 재래선 규격의 승강장이나 터널, 교량의 한계 때문에 재래선 구간에서도 주행 가능한 신칸센차량의 개발이 필요하게 되었다. 이 차량은 종래의 신칸센차량 폭(3,400mm)보다 약 400mm가 협소하고 표준궤 구간의 승강장에서는 차체 사이의 간격에 간극이 생기기 때문에 접을 수 있는 방식의 승강계단이 설치되어 있다.

5. 신칸센 각 노선의 개요와 새로운 기술에 대한 도전

(1) 기존 신칸센

① 개요

〈표 3-9〉 신칸센의 현황

- 국철시대 개통

노선명		도카이도신칸센	산요신칸센	도호쿠신칸센	조에쓰신칸센
구간		도쿄 ~ 신오사카	신오사카 ~ 하카타	도쿄 ~ 모리오카	오미야 ~ 니가타
연선 정령 지정도시		요코하마, 시즈오카, 하마마쓰, 나고야, 교토, 오사카	오사카, 고베, 오카야마, 히로시마, 기타규슈, 후쿠오카	사이타마, 센다이	사이타마, 니가타
수송인원	천인	214,844		82,708	36,136
거리	km	515.4	553.7	496.5	275.0
건설시기	연도	1959~1964	1965~1975	1971~1991	1971~1982
개업시기	연도	1964	신오사카 ~오카야마(1972) 오카야마 ~하카타(1975)	오미야 ~모리오카(1982) 우에노~오미야 (1985) 도쿄~우에노(1991)	1982
최고속도(개업 시)	km/h	210	210	210	210
최고속도(현재)	km/h	285	300	320	275
역 수(도중 역)	역	15 이 중 4개 역은 개업 후에 설치	17 이 중 3개 역은 개업 후에 설치	16 이 중 3개 역은 개업 후에 설치	8 이 중 1개 역은 개업 후에 설치
차량형식	-	N700A계, 700계 (과거) 0계, 100계, 300계, 500계	N700A계, 700계, 500계 (과거) 0계, 100계, 300계	E5계, H5계, E2계 (과거) 200계, E1계, E4계	E4계, E2계 (과거) 200계, E1계
편성	량	16	8, 16	7, 10 6+10, 7+10	8, 10 8+8
운영회사	-	JR도카이	JR니시니혼	JR히가시니혼	JR히가시니혼
구조물 비율	토공 %	53.0	18.0	5.0	1.0
	교량, 고가교 %	34.0	35.0	71.0	60.0
	터널 %	13.0	43.0	23.0	39.0

*주 : 도호쿠신칸센 도쿄~우에노의 개업은 용지 매수 등 다양한 문제로 인해 1971년에 착공한 후 20년 후(민영화 후)에 개업

노선명		호쿠리쿠신칸센	도호쿠신칸센	규슈신칸센 (가고시마 루트)	홋카이도신칸센
구간		다카사키 ~ 가나기와	모리오카 ~ 신아오모리	하카타 ~ 가고시마주오	신아오모리 ~ 신하코다테호쿠토
연선 정령 지정도시		없음	없음	후쿠오카, 구마모토	없음
수송인원	천인	9,805	82,708	12,093	–
거리	km	348.4	178.4	257	149
건설시기	연도	1989 ~ 2015	1991 ~ 2010	1991 ~ 2011	2005 ~ 2016
개업시기	연도	다카사키~나가노 (1997) 나가노~가나기와 (2015)	모리오카 ~하치노헤(2002) 하치노헤 ~신아오모리 (2010)	신야쓰시로 ~가고시마주오 (2004) 하카다~신야쓰시로 오미야(1985) 도쿄~우에노(1991)	2016
최고속도(개업 시)	km/h	260	260	260	260
최고속도(현재)	km/h	260	260	260	260
역 수(도중 역)	역	11	4	10	2
차량형식	–	E7계, W7계 (과거) E2계	E5계, H5계 (과거) E2계	N700계, 800계	E5계, H5계
편성	량	12	10	6, 8	10
운영회사	–	JR히가시니혼, 니시니혼	JR히가시니혼	JR규슈	JR홋카이도
구조물 비율	토공 %	6.0	15.0	9.0	7.0
	교량, 고가교 %	47.0	17.0	41.0	28.0
	터널 %	47.0	68.0	50.0	65.0

*주 : 호쿠리쿠신칸센과 홋카이도신칸센은 2016년 현재 잠정 개업하였음.

이제까지 개통된 신칸센의 현황은 〈표 3-9〉와 같다. 도카이도·산요·규슈신칸센 주변은 인구 1,000만 이상의 도쿄를 기점으로 인구 70만 이상의 정령지정도시가 12개 포함되어 있다.

한편, 도호쿠·조에쓰·호쿠리쿠·홋카이도신칸센은 도쿄와 3개의 정령지정도시 이외에 30~40만 명 규모의 중핵도시가 연결되어 있는 특징이 있다. 그 때문에 도카이도·산요신칸센의 수송량이 가장 많고 다음으로 도호쿠신칸센, 조에쓰신칸센 순이 되고 있다. 2016년 8월 현재 호쿠리쿠신칸센의 다카자키~나가노 구간의 개통에는 승객

노선명		야마가타신칸센	아키타신칸센
구간		후쿠시마 ~ 신죠	모리오카 ~ 아키타
연선 정령지정도시		없음	없음
거리	km	149	127
건설시기	년	1990 ~ 1999	1992 ~ 1997
개업시기	년	후쿠시마 ~ 야마가타(1992) 야마가타 ~ 신죠(1999)	1997
최고속도(개업 시)	km/h	130	130
최고속도(현재)	km/h	130	130
역 수(도중 역)	역	9	4
차량형식	–	E3계 (과거) 400계	E6계 (과거) E3계
편성	량	7	4
운영회사	–	JR히가시니혼	JR히가시니혼

*출처 : 교통협력회, 앞의 책, pp.744~718, 교통신문사(2016), 'JR시각표', 총무성 홈페이지, '지정도시일람', http://www.soumu.go.jp/main_sosiki/jichi_gyousei/bunken/shitei_toshi-ichiran.html(2016년 6월 22일 접속) 이상을 기초로 필자 작성

의 오해를 방지하기 위해 호쿠리쿠신칸센이라고 부르지 않고 2011년에는 나가노~가나자와 개통까지 '나가노신칸센'이라는 이름이 정착되었다. 2016년에는 신아오모리~신하코다테호쿠토 간에 잠정 개통한 홋카이도신칸센은 세계 최장의 해저터널인 세이칸터널구간(전장 53.9km, 1988년 개통)이 포함되어 있다. 국철시대에 개업한 4개의 신칸센은 기술개발에 의해 이제까지 속도 향상이 도모되어 왔지만 정비신칸센은 전국신칸센철도정비법에 따라 시속 260km에 머무르고 있다. 다만 1993년 이후 계획은 시속 360km로 주행이 가능한 선형이 확보되어 있어서 앞으로 정비신칸센에서의 속도 향상을 검토할 여지는 있다.

신칸센의 역 수(중간역)는 〈표 3-9〉와 같지만 그 중에서 지역의 요청에 의해 개업 후에 새롭게 신설된 역이 11개로 지역의 부담에 의해 건설되었다. 도카이도신칸센의 편성 수는 개통 초기 12량이었지만 1970년에는 오사카 만국박람회의 개최에 맞추어 당시에 최고로 빠른 히카리호는 모두 16량으로 통일되어 현재 모든 신칸센은 16량이 되었다. 산요신칸센에서는 도카이도 구간과 비교해 수송인원이 적은 이유로 1985년부터 도

카이도선 구간에 직통운전을 하지 않는 신칸센의 단편성화가 시작되었다. 이것에 의해 산요신칸센에서는 5종류의 편성 수(4량, 6량, 8량, 12량, 16량)를 가진 시기도 있었지만 현재는 8량과 16량의 2종류로 통일되었다. 도호쿠·조에쓰신칸센에서는 미니 신칸센과 신칸센끼리의 연결이 이루어지고 있기 때문에 도카이도·산요신칸센과 비교해서 편성량 수의 종류가 많다.

한편, 정비신칸센에서는 규슈신칸센을 제외하고는 모든 편성이 1종류로 되어 있는 특징이 있다. 신칸센의 좌석 수는 보통차는 1열당 3석+2석, 그린차(특실)에서는 2석+2석이 기본이 되고 있지만 일부 신칸센에서는 보통차가 2석+2석이나 3석+3석, 그랑클래스(グランクラス, 특별차)에서는 2석+1석으로 되고 있다.

구조물은 도카이도신칸센을 제외하고는 토공의 비율이 적고, 정비신칸센을 중심으로 터널 비율이 높다. 특히 도호쿠신칸센(모리오카~신아오모리)에서는 전체의 70%가 터널 구간이며, 그 구간의 육상터널에서는 일본에서 가장 긴 하코다테터널(전장 26.5km)이 있다. 호쿠리쿠신칸센이나 규슈신칸센 등은 도호쿠·조에쓰신칸센이나 산요신칸센 등의 상호 직결운행에 의해 도쿄역이나 신오사카역을 기점으로 하고, 도중 역에서 환승이 불필요하여 편리성이 높다. 그 효과는 미니 신칸센이 야마가타신칸센, 아키타신칸센 등에서도 현저하게 나타나고 있다. 상호 직결운행의 상황은 〈표 3-10〉과 같다.

〈표 3-10〉 신칸센의 직결운행

신칸센	구간	열차명
도카이도, 산요	도쿄 ~ 하카다	노조미, 히카리, 고다마
산요, 규슈	신오사카 ~ 가고시마주오	미즈호, 사쿠라
도호쿠, 홋카이도	도쿄 ~ 신하코다테호쿠토	하야부사, 하야테
도호쿠, 조에쓰	도쿄 ~ 니가타	도키, 다니가와
도호쿠, 조에쓰, 호쿠리쿠	도쿄 ~ 가나기와	가가야키, 하쿠타카, 아사마
도호쿠, 야마가타	도쿄 ~ 신죠	쓰바사
도호쿠, 아키타	도쿄 ~ 아키타	고마치

*주 : 야마가타·아키타신칸센은 전국간선법에 의해 신칸센이 아닌 신재래선 직통운전
*출처 : 교통신문사(2016), 'JR시각표'를 기초로 필자 작성

500계

② 신칸센의 고속화

이제까지 많은 고속철도 시험주행이 있었고 현재의 최고속도는 개통 당시 210km/h를 100km/h 이상 상회한 320km/h이다. 주행시험을 위해 시험용으로 개발한 차량도 있지만 300계나 400계와 같이 시험 후에 영업차량으로 활약하는 차량도 있다. 각 시험에서 얻은 지식은 신칸센 차량개발에 반영되어 WIN350은 500계(사진 참조), 300X는 700계로 계승되었다. 500계는 일본에서 최초로 시속 300km의 영업운전(산

〈표 3-11〉 고속주행시험의 변천

연도	시험구간	시험열차	속도(km/h)
1963	도카이도신칸센	1000형 B편성	256
1972	산요신칸센	951형	286
1979	도호쿠신칸센	961형	319
1991	도카이도신칸센	300계	325.7
1991	조에쓰신칸센	400계	345
1992	산요신칸센	WIN350	350.4
1993	조에쓰신칸센	STAR21	425
1996	도카이도신칸센	300X	443

*출처 : 교통협력회, 앞의 책, pp.731~755

N700

요 구간)이 시행된 차량이다. 700계는 그 후 곡선이 많은 도카이도 구간을 차체 경사에 의해 고속으로 운전이 가능한 N700(사진 참조) 개발로 연결되어 현재는 더욱 안전성, 안정성, 신뢰성이 향상된 N700계로 진화하고 있다. N700계의 등장으로 이제까지 270km/h였던 도카이도 구간이 285km/h로 향상되고 도쿄~신오사카 구간을 최단 2시간 22분으로 운행하게 되었다.

한편, 도호쿠·조에쓰 구간에서는 STAR21의 주행시험에서 얻어진 자료를 포함해서 영업열차의 최고속도 360km/h를 목표로 하는 FASTECH360이 개발되어 60만 km의 주행에 의해 320km/h의 영업운전이 가능한 E5계(사진 참조)의 개발로 연결되었다.

E5계

(2) 개통이 예정된 신칸센

① 정비신칸센(리니어신칸센 제외)

정비신칸센 중 앞으로 예정되어 있는 것은 규슈신칸센(나가사키 루트) 후쿠오카~나가사키 간, 호쿠리쿠신칸센 가나자와~오사카 간, 홋카이도신칸센 하코다테~삿포로 간이다. 규슈신칸센은 1년, 호쿠리쿠신칸센은 3년, 홋카이도신칸센은 5년 개통이 앞당겨질 때 총금액 4,000억 엔 규모의 GDP의 기여가 기대되었기 때문에 〈표 3-12〉의 개통 예정시기는 당초보다 앞당겨졌다. 이러한 것은 호쿠리쿠신칸센 쓰루가~오사카 간을 제외하고 전체 인가를 받아 공사를 착공하고 있다. 미착공의 쓰루가~오사카 간도 일시 마이바라 루트 안이 있었지만 최종적으로는 2016년에 오바마·교토를 경유해서 신오사카에서 도카이도신칸센과 산요신칸센으로 접속하는 루트로 결정되었다(〈그림 3-7〉). 규슈신칸센(나가사키 루트)에 대해서는 당초 후쿠오카~신도스 사이에 기존의 규슈신칸센(가고시마 루트)에서는 표준궤, 신도스~다케오온천 구간에서는 재래선으로 협궤, 다케오온천~나카사키 구간에서는 풀 규격인 표준궤로 궤간이 2회 변경되는 방식이 검토되고 있다. 그러나 기술적인 목표가 서있지 않기 때문에 현재

〈표 3-12〉 건설중인 정비신칸센

노선명		호쿠리쿠신칸센	규슈신칸센 (나가사키 루트)	홋카이도신칸센
구간		가나자와 ~ 쓰루가	다케오온천~ 나가사키	신하코다테호쿠토 ~ 삿포로
거리	km	125	67	212
인가	연도	2012(풀 규격)	2008(슈퍼 특급) 2012(풀 규격)	2012(풀 규격)
개업 예정시기	연도	2022	2022	2030
역 수(도중 역)	개	5	3	4
구조물 비율	토공 %	3	3	4
	교량, 고가교 %	65	31	17
	터널 %	32	61	76

*출처 : 교통협력회, 앞의 책, pp.563~575

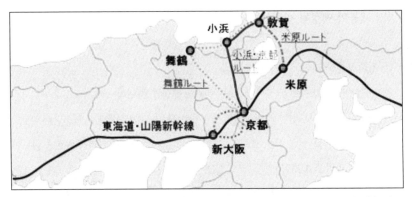

*출처 : 〈아사히신문〉 DIGITAL(2016년 4월 28일), '호쿠리쿠신칸센 종점은 신오사카, 국토교통성, 연장노선 조사에 대하여', http://www.asahi.com/articles/ASJ4X01PSJ4WPLFA00H.html(2016년 6월 15일 접속) 참고하여 필자 작성

〈그림 3-7〉 호쿠리쿠신칸센 루트(쓰루가~오사카)

에는 규슈신칸센(가코시마 루트)의 잠정 개통 시에는 신야쓰지로역까지 채용된 릴레이로 변경되어 있다. 홋카이도신칸센의 삿포로 연장에 의해 도쿄와 홋카이도의 행정·경제의 중심인 인구 약 200만 명의 삿포로가 하나의 레일로 연결된다. 전선 개통 후 도쿄~삿포로의 소요시간은 약 5시간이지만 항공과 경쟁에서 이기기 위해서는 재래선(화물열차)과의 공용주행구간인 세이칸터널(시속 140km/h)과 정비신칸센으로 개통된 모리오카~삿포로 간(시속 260km/h)의 속도 향상이 필요하다.

② 리니어주오신칸센

주오신칸센은 1970년대에 기본계획 중 하나의 노선으로 정해졌지만 오랜 기간 정비계획으로 격상되지 못하였다. 개통 이래 50년이 경과한 도카이도신칸센의 노후화와 동남해 지진에 의한 대규모 재해에 대한 준비로부터 주오신칸센은 도카이도신칸센의 대체 수송 루트로서 역할이 기대되어 왔다. 그 때문에 도카이도신칸센을 운영하는 JR도카이는 2007년에 초전도 리니어방식에 의한 주오신칸센의 건설 구상을 제안하였다. 그 후 야마나시 시험선에 주행시험을 계속하여 2008년에 JR도카이는 국토교통성에 지형·지질 등에 관한 조사 보고서를 제출했다. 이를 접수한 국토교통성은 2011년에 주오신칸센 도쿄~오사카 간의 정비계획을 결정하고 JR도카이에 초전도 리니어방식 및 남알프스 루트의 건설을 지시했다. 개통 후의 소요시간(도쿄~오사카 간)은 현재 신칸센의 절반 이하인 67분으로 계획되고 있다. JR도카이는 2027년에 도쿄~나고야 구간을, 2045년에 나고야~오사카 간의 개통을 목표로 2014년에 주오신칸센의 공사에 착수했다. 하지만 지하 40m 이상의 대심도 지하와 표고 3,000m 산들이 연이어 있는 남알프스의 약 25km의 최장 터널 건설 등 철도선로 주변의 환경문제 해결 등의 많은 과제가 남아 있다.

③ 기본계획 노선에 머무른 신칸센

정비계획으로 격상되지 않았던 기본계획 노선의 일부에는 정비신칸센과 같이 지형·지질조사가 행해졌다. 그 하나가 본토와 시코쿠를 연결하는 시코쿠신칸센(오사카~도쿠시마~에히메~오이타)이다. 에히메~오이타의 해저터널 부분은 보링조사가 실시되었고, 교량 부분인 아와지시마~도쿠시마에는 오나루도교로서 개통했지만 장래에는 신칸센 계획을 염두에 두어 자동차도로의 하부에는 건설 당초부터 신칸센용 공간이 확보되어 있다. 최근 지방에서는 지역 간 교류 확대를 목적으로 고속철도화 필요성이 대두되어 정비 계획선으로의 격상이 요구되고 있는데, 시코쿠신칸센을 비롯하여 시코쿠 횡단신칸센(오카야마~고치), 규슈신칸센(후쿠오카~오이타~미야자키~가고시마 간) 등의 지역이 이러한 예라고 하겠다.

(3) 새로운 기술에 대한 도전

① 초천도 자기부상식 철도

초전도 자기부상식 철도(이하, '리니어 모터카'라고 부른다)는 자기에 의해 차체를 부상, 추진하는 새로운 방식의 철도로 격상이 요구되어 일본에서는 1962년부터 연구가 추진되었다. 리니어 모터는 종래의 회전 모터를 직선(리니어)으로 편 것을 의미한다(〈그림 3-8〉). 리니어 모터카는 레일과 차축과의 점착력에 의존하는 종래의 철도에서는 불가능한 속도로 주행이 가능하다. 1972년 도쿄에 있는 국철의 철도기술연구소에서는 약 200m의 시험용 주행선로가 만들어지고, 1975년에는 자기에 의해 완전 비

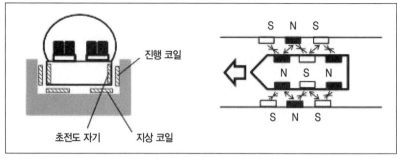

*출처 : 구노 만타로(1992), 《리니어신칸센 이야기》, 동우관, p.24로 필자 작성

〈그림 3-8〉 초전도 자기부상식철도의 원리

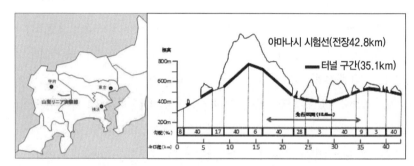

*출처 : 철도운수기구 홈페이지 야마나시 시험선, http://www.jrtt.go.jp/02Business/Construction/const-jutakuLinear.html(2016년 6월 22일 접속)로 필자 작성

〈그림 3-9〉 야마나시 리니어 시험선

접촉 주행에 성공했다. 1977년에는 미야자키에서 약 1.3km(그 후 약 7km로 연장)의 시험선이 건설되어 1979년에는 무인주행으로 시속 517km를 기록했다. 그리고 1980년부터 유인으로 주행시험을 수행하여 1995년에는 시속 411km를 기록했다. 그런데 미야자키 시험선은 터널이 없고 거의 직선으로, 구배가 5‰ 정도였기 때문에 1997년에는 야마나시에 약 18.4km(2013년에는 약 42.8km)의 시험선이 건설되어 모든 시험이 이곳에서 이루어지게 되었다(〈그림 3-9〉). 이 시험선의 구배는 최대 40‰로 터널구간이 전체 길이의 약 80%이다. 여기서는 고속 교행이나 터널주행이 시행되어 2009년에는 영업선에서 필요로 하는 기술이 총망라되어 체계적으로 정비되었다고 기술평

가위원회에 의해 평가되었다. 2013년에는 영업선 사양의 L0(엘 제로)계 12량에 의한 주행시험이 개시되어 2015년에는 유인주행에 의한 세계 최고속도 603km/h를 기록했다. 현재는 일반인들의 초전도 리니어 체험시승행사도 진행되고 있다. 야마나시 시험선은 앞으로 주오신칸센의 일부 구간으로서 활용을 예정하고 있다.

② 궤도가변전차

궤도가변전차(GCT : Gauge Change Train)는 궤도가변대차라는 특수한 대차(〈그림 3-10〉)에 의해 궤도가 다른 재래선(협궤)과 신칸센(표준궤) 사이에 직접 운전

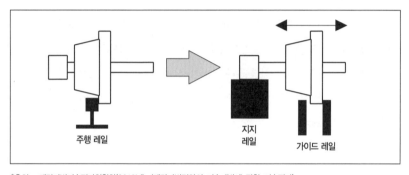

*출처 : 궤간가변기술평가위원회(2010년), '궤간가변전차의 기술개발에 관한 기술평가'

〈그림 3-10〉 궤간가변대차

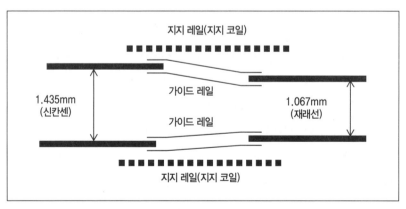

*출처 : 궤간가변기술평가위원회(2010년), '궤간가변전차의 기술개발에 관한 기술평가'

〈그림 3-11〉 궤간가변장치

이 가능한 차량이다. 궤간가변전차는 프리 게이지 트레인(Free Gauge Train)이라고도 불리고 있는데 국토교통성 주도로 철도운수기구에 의해 1994년부터 개발이 시작되었다. 대차의 궤간 변환을 하는 것은 지상 측에서는 궤간가변장치(〈표 3-11〉) 설치를 필요로 하지만, 미니 신칸센인 야마가타·아키타신칸센과 같이 개량사업은 불필요하다. 이 전차의 개발을 추진하기 위해서는 1998년부터 일본(협궤)에서 주행시험이 반복되어 1997년부터 2년간에 미국 푸에블로(Pueblo)에 있는 TTCI 시험선에서 표준 궤로 고속내구시험과 궤간가변시험이 행해졌다. 2001년 이후에는 다시 일본에서 주행시험이 행해졌고, 국토교통성의 '궤간가변기술평가위원회의 개최 결과에 대하여' (2014년 2월)에 의하면 2011년에는 궤간가변기술평가위원회에 의해 기본적인 주행성능에 관한 기술이 확립되었다고 평가되었다. 이제까지 1차에서 3차 차량까지 제작되어 2022년 개통 예정의 규슈신칸센(나가사키노선)에 도입을 목표로 내구주행 시험이 시행되고 있지만 영업열차로서의 많은 기술적인 과제를 내포하고 있어 현시점에서의 도입 전망은 명확하지 않다.

6. 신칸센 개통의 효과

신칸센 개통에 의해 도시간 소요시간이 대폭 단축되어, 어떤 지역으로부터 다른 지역 혹은 도시로 많은 사람이 보다 빠르게 이동이 가능하게 되었다. 예를 들면 나가노현과 군마현의 경계에는 교통상 매우 접근이 어려운 최고 구배 66.7‰ 우스이 고개(碓氷峠)가 있어 보조기관차를 연결하고 분리시킬 필요가 있었기 때문에 도쿄~나가노 사이에 소요시간이 약 3시간이었다. 그런데 호쿠리쿠신칸센의 개통에 의해 소요시간은 이제까지의 반 이하인 1시간 19분으로 연결되게 되었고, 나가노 지역은 도쿄로부터 1일 생활권으로 바뀌었다. 호쿠리쿠신칸센은 또한 도카이도신칸센 등 태평양의 주요 간선에 대해 대체 가능성 있는 노선으로서의 역할이 있다.

신칸센 개통에 의해 철도 이용자는 어느 정도 증가했을까? 〈표 3-13〉은 개통구간별

〈표 3-13〉 건설중인 정비신칸센

호쿠리쿠신칸센(다카자키~나가노 간) 개업

도쿄까지의 소요시간	개업 전	개업 후
2시간권까지	6만 인	90만 인
2.5시간권까지	9만 인	115만 인
3시간권까지	44만 인	192만 인

도호쿠신칸센(하치노헤~신아오모리) 개업

도쿄까지의 소요시간	개업 전	개업 후
3.5시간권까지	0만 인	28만 인
24시간권까지	9만 인	66만 인
4.5시간권까지	39만 인	73만 인

규슈신칸센(하카타~신야쓰시로) 개업

도쿄까지의 소요시간	개업 전	개업 후
1.5시간권까지	208만 인	322만 인
2시간권까지	246만 인	359만 인
2.5시간권까지	335만 인	413만 인

*출처 : 철도건설운수시설정비지원기구(2015), '철도운수기구 팸플릿', pp.12~15

수송인원의 변화와 개통 후의 효과가 확인이 가능하다. 특히 통근·통학의 철도 이용이 크게 증가하였고 정기이용객이 매년 증가하는 경향이 있다.

그런데 신칸센 개통 효과는 개통구간만으로 한정되어 있을까? 〈표 3-14〉에서는 개통구간을 포함하여 주요한 도시간 이용실적의 변화를 교통기관별로 표시한 것이다. 이동거리 700km를 넘는 오사카~구마모토나 오사카~가고시마, 도쿄~아오모리에서 철도이용실적이 크게 증가하여 개통 효과가 광범위하다는 것을 알 수 있다. 또한 전체 교

〈표 3-14〉 신칸센 개통 전후 각 교통기관의 이용실적

규슈신칸센			개업 전		신야쓰시로 ~ 가고시마주오 개업 후(2004)		하카타 ~ 신야쓰시로 개업 후(2011)	
			(만 인)	(%)	(만 인)	(%)	(만 인)	(%)
각 교통기관의 이용실태와 분담률	후쿠오카 ~ 구마모토 (118.4km)	항공	6	1.2	6	1.3	4	0.8
		철도	306	63.5	300	62.8	314	64..7
		버스	170	35.3	172	36.0	167	34.4
		계	482	100.0	478	100.0	485	100.0
	후쿠오카 ~ 가고시마 (288.9km)	항공	56	28.7	34	15.8	9	3.6
		철도	100	51.3	142	66.0	205	82.0
		버스	40	20.5	39	18.1	36	14.4
		계	195	100.0	215	100.0	250	100.0
	오사카 ~ 구마모토 (740.7km)	항공	80	74.8	74	72.5	54	42.2
		철도	23	21.5	25	24.5	73	57.0
		버스	3	2.8	4	3.9	1	0.8
		계	107	100.0	102	100.0	128	100.0
	오사카 ~ 가고시마 (911.2km)	항공	135	91.2	130	87.2	101	63.5
		철도	9	6.1	14	9.4	57	35.8
		버스	4	2.7	4	2.7	1	0.6
		계	148	100.0	149	100.0	159	100.0
철도 소요시간	후쿠오카 ~ 가고시마		3시간 40분		2시간 12분		1시간 17분	
	오사카 ~ 가고시마		6시간 30분		5시간 2분		3시간 42분	

도호쿠신칸센			개업 전		모리오카 ~ 하치노헤 개업 후(2004)		하치노헤 ~ 신아오미리 개업 후(2011)	
			(만 인)	(%)	(만 인)	(%)	(만 인)	(%)
각 교통기관의 이용실태와 분담률	미야기 ~ 아오모리 (361.9km)	항공	0	0.0	0	0.0	0	0.0
		철도	62	73.8	78	77.2	81	73.0
		버스	22	26.2	22	21.8	29	26.1
		계	84	100.0	101	100.0	111	100.0
	도쿄 ~ 아오모리 (713.7km)	항공	140	52.0	109	31.4	78	21.2
		철도	107	39.8	221	63.7	259	70.4
		버스	22	8.2	18	5.2	31	8.4
		계	269	100.0	347	100.0	368	100.0
철도 소요시간	도쿄 ~ 아오모리		4시간 27분		3시간 59분		2시간 59분	

*출처 : 철도건설운수시설정비지원기구(2015), '철도운수기구 팸플릿', pp.12~15

통량도 신칸센 개통 후에 증가했기 때문에 신칸센의 개통에 의해 단순히 항공이나 버스로부터 승객이 철도로 이전하여 분담률이 증가했을 뿐만 아니라 새로운 여행수요가 창출되었다고 생각할 수 있다. 이는 운수정책연구기구의 신칸센 이용자 설문조사 결과를 통해 확인할 수 있다(철도운수기구, 2008년, 36페이지). 즉, 1998년 11월에 실시된 앙케이트 조사에 의하면 호쿠리쿠신칸센이 개통하지 않았다면 여행을 변경 혹은 이동하지 않았을 것이라고 대답한 승객이 전체의 20% 정도를 차지하고 있다.

신칸센과 재래선의 직통운전을 하고 있는 미니 신칸센에서도 개업 효과가 인정되고 있다. 개통에 따라 환승 불편 해소나 속도 향상에 의해 야마가타신칸센(도쿄~야마가타 간)의 소요시간이 3시간 9분에서 2시간 27분으로, 아키타신칸센(도쿄~아키타)은 4시간 37분에서 3시간 49분으로 크게 단축되었다. 야마가타·아키타신칸센에서 열차의 탑승률은 평균 80%~90%를 넘어 5량~6량 편성을 7량 편성으로 하는 객차의 증차 등 큰 성공을 거두었다. 신칸센의 개통과 함께 통행시간의 단축에 의해 1일 생활권화에 따라 숙박시설 수나 객실 수 감소가 염려되었지만 개통 후에 어느 노선에 있어서도 증가하는 경향이 있고 숙박을 동반한 여행객수도 증가하고 있다.

여기서 신칸센을 많은 사람이 이용하고 있는 이유를 생각해 보자. 신칸센은 여행시간이 대폭 단축되는 것 이외에 기후로 좌우되는 다른 교통수단과 비교해 겨울에도 정시성이 높고, 탑승의 번잡함이 없기 때문에 출발 직전에도 승차가 가능하다. 또한 대량수송이 가능하고 차내에서 쾌적성이 뛰어나며 다빈도의 열차운행 때문에 많은 승객이 이용하기 편리하다. 더욱이 신칸센은 환경 친화적인 교통수단으로 승객 1인을 1km 이동하는 데 배출하는 이산화탄소가 항공의 약 6분의 1, 자동차의 4분의 1 정도이다. 호쿠리쿠신칸센(나가노~가나자와) 개통과 함께 다른 교통수단으로부터 신칸센으로의 수요가 전이하는 것에 의해 기대되는 이산화탄소 배출량의 감소는 연간 약 10.4만 톤(약 13,000헥타르 분의 삼나무 이산화탄소 흡수량)으로 추산되고 있다(철도운수기구, 2012년, 48페이지).

신칸센은 일본인의 생활과 일본 사회를 어떻게 변화시켜왔는가? 신칸센은 이제까지 교류가 적었던 지역 간의 인적 교류의 활성화와 생활비가 싼 지역으로의 이주, 단신으로 부임하는 사람들의 집에서의 통근이 가능케 하는 등 사람들의 흐름과 생활패턴을 크게 변화시켰다. 또한 신칸센의 존재는 주민에게 거리나 지역에 대한 자랑이나 교류 기회 증가에 따른 만족도, 언제나 이용 가능한 안도감을 주고 있다. 이러한 신칸센은 생활패턴뿐만 아니라 선로 주변 주민의 사고까지 변화시켰다. 더욱이 신칸센의 높은 편리성은 선로 주변의 지가를 상승시켜 그 지역의 인구 유출을 억제하는 것에 머무르지 않고 지역 외부로부터의 전입이 기대되었다.

그런데 모든 신칸센이 통과하는 지역의 인구가 증가한 것이 아니고 감소하는 지역도 적지 않았다. 신칸센 정비의 단점으로 지역의 인구나 물자가 인근의 대도시권으로 흡수되는, 이른바 '빨대 현상'을 들 수 있다. 하지만 이 빨대 현상의 유무는 연구자에 따라 견해가 다르고 지역마다 다양한 영향 때문에 인구감소가 빨대 현상에 의한 것이라고 결론을 내리기는 곤란하다. 승객을 확보하기 위해서는 신칸센을 활용한 지역발전프로그램을 지방자치단체와 함께 만들 필요가 있다. 신칸센의 개통에 의해 건설된 신역 주변에는 토지구획 정비사업으로 새로운 지역발전프로그램이 만들어지고 있다. 예를 들면 호쿠리쿠신칸센의 사쿠다이라역 주변에는 기존에 형성된 도시가 아니라 전원지대가 있었지만 역 주변에 대형 쇼핑센터나 도시형의 맨션, 이벤트홀 등의 건설이 이루어져 상업을 중심으로 하는 지역이 형성되었다. 또한 신칸센의 역에서는 통근객이나 관광객의 증가를 목적으로 파크 앤드 라이드(Park and Ride)라고 불리는 대규모의 주차장(신칸센 이용자는 무료)이나 관광자원센터, 관광지로의 접근 등의 2차 교통이 정비되고 있다. 더욱이 기업 유치나 회의 기회의 증가를 목적으로 자치단체의 조성제도가 활용되고 있다. 이러한 신칸센의 개통은 소비자 활동이나 설비투자의 확대로 경제활성화와 관광이나 비즈니스의 생산효율을 향상시켰다. 회사는 지방으로 본사 기능을 이전시키거나 새로운 공장을 증설해서 경비 축소가 기대되고 있다.

〈표 3-15〉는 신칸센 개통에 따른 경제 파급효과의 추정액이지만 인적 교류의 증가나 시간단축 효과를 포함한 지역성에 의해 그 금액의 차이가 나는 것으로 보인다.

<표 3-15> 신칸센 개통에 의한 경제효과

선명	개업구간	인적 교류 호쿠리쿠 ~ 간토	인적 교류 호쿠리쿠 ~ 나가노	도쿄 ~ 가나가와 간 시간단축 효과	가나가와 발 도쿄에서의 현지 체재 증가 시간	경제 파급효과 (억 엔/년)
호쿠리쿠 신칸센	나가노 ~ 가나자와	약 1.3배	약 1.1배	△1시간 20분	2시간 40분	1,020

*참고 : 다카사키 ~ 나가노의 선행 개업에서는 도쿄 ~ 나가노 간 △1시간 30분, 경제 파급효과는 1,350억 엔

선명	개업구간	인적 교류 오사카 ~ 가고시마	인적 교류 산요 ~ 가고시마	오사카 ~ 가고시마 간 시간단축 효과	오사카발 가고시마에서의 현지 체재 증가 시간	경제 파급효과 (억 엔/년)
규슈신칸센	하카타 ~ 신야쓰시로	약 1.3배	약 1.9배	△1시간 20분	2시간 50분	734

*참고 : 신야쓰시로 ~ 가고시마주오의 선행 개업에서는 하카타 ~ 가고시마 간 △1시간 30분, 경제 파급효과는 290억 엔

선명	개업구간	인적 교류 하코다테 발 센다이 ~ 간토	인적 교류 하코다테 ~ 도호쿠	도쿄 ~ 하코다테 발 센다이 간 시간단축 효과	하코다테 발 센다이	경제 파급효과 (억 엔/년)
홋카이도 신칸센	신아오모리 ~ 신하코다테호쿠토	약 1.1배	약 1.2배	△1시간 10분	1시간 40분	480

선명	개업구간	인적 교류 호쿠리쿠 ~ 칸토	인적 교류 호쿠리쿠 ~ 나가노	도쿄 ~ 아오모리 간 시간단축 효과	아오모리발 도쿄까지의 현지 체재 증가 시간	경제 파급효과 (억 엔/년)
도호쿠신칸센	하치노헤 ~ 신아오모리	약 1.1배	약 1.13	△1시간 00분	2시간 20분	235

*참고 : 신야쓰시로 ~ 가고시마주오의 선행 개업에서는 하카다 ~ 가고시마 간 △1시간 30분, 경제 파급효과는 290억 엔

7. 신칸센의 안전 대책 등

(1) 안전 대책

① 개황

시속 200km 이상으로 고속 주행하는 신칸센에서는 건널목이 없는 전용 궤도에서의

운행이나 차내 신호방식을 가능하게 한 ATC(자동열차제어장치) 등 지금까지의 철도에는 없는 새로운 콘셉트로 안전 대책이 시행되었다.

그 결과 신칸센의 열차사고(열차 충돌이나 열차 탈선 등을 포함) 건수는 개업 이후 수건의 발생에 머물러, 1964년 개업으로부터 50년간에 걸쳐 열차사고에 의한 사상자 수는 '0'을 계속 지켰다.

한편, 차량 고장 등에 의해 일정시간의 열차 지연을 동반하는 수송장애의 열차 100만 km당 건수는 개업 당초 연간 30건 이상 있었지만, 안전 대책의 효과에 의해 큰 폭으로 감소하여 현재는 연간 약 0.5건으로 재래선의 10분의 1 정도가 되었다(〈그림 3-12〉).

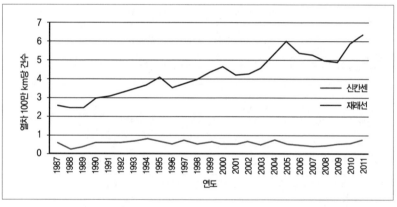

*출처 : 교통협력회, 앞의 책, pp.563~575, 국토교통성 홈페이지, '철궤도 수송의 안전에 관계되는 정보'를 기초로 필자 작성

〈그림 3-12〉 신칸센의 수송장애 건수(열차 100만 km당)

신칸센의 속도는 재래선의 2배 이상으로 열차 충돌이나 열차 탈선 등의 열차사고가 발생했을 경우 심각한 피해 발생이 염려된다. 그 때문에 국철에서는 재래선의 안전 대책과 분리시켜 신칸센의 독자적인 안전 시스템을 구축할 필요가 있다고 생각하여 개업 전부터 기술적인 심의를 했다.

심의의 결과 신칸센에서 받아들여진 주된 안전 대책은 다음과 같다.

② 열차사고에 대한 안전 대책

첫째, 신호 오인에 의한 열차끼리의 충돌사고 등을 방지하기 위해 고속 운전에 대해 열차 간격과 열차 진로의 확보를 보장하는 ATC가 개발되었다. 이 장치는 지금까지의 지상 신호기 방식과는 달라 운전대에 신호를 연속적으로 표시시키는 차내 신호방식, 고속에서 브레이크 조작의 시기와 정도를 올리기 위해 브레이크를 자동 제어하는 운전 제어방식이 채용되고 있다. ATC는 신칸센의 안전시스템에 대해 중요한 근간이 되고 있다.

둘째, 보수 작업에 기인한 사고를 방지하기 위해 보수 작업은 모두 야간대의 전면적인 선로 폐쇄 후, 이른바 보수 작업시간대에 집중하여 실시하게 되었다. 또 보수 작업 후의 안전 확인은 중요하기 때문에 첫 열차를 운전하기 전에 확인차로 불리는 차량을 운행시켜 선로상의 안전 확인을 하고 있다.

셋째, 재래선에서 많은 건널목 사고를 방지하기 위해 선로와 도로와의 교차는 모두 입체 교차화하였다. 또 외부로부터 사람이나 자동차 등의 침입을 막기 위해 출입 방지책이나 전락방지설비 외에 만일 선로상에서 열차 방해나 토사 붕괴 등 비정상인 상태가 발생했을 경우에는 정지 신호 현시나 자동적으로 브레이크를 작동시켜 열차를 확실히 정지시키는 열차방호장치가 정비되었다. 열차방호장치에는 승무원이나 지상 계원이 이상을 발견하고 스위치를 취급하는 것이나 전락물이 선로 내를 지장했을 경우에 자동 검지하는 것이 있다. 이상과 같은 물리적인 대책 외에 '신칸센 철도에 있어서의 열차 운행의 안전을 방해하는 행위의 처벌에 관한 특례법'(1964년 법률 제111호)이 제정되어 재래선의 선로 내에 들어갔을 경우보다 엄격한 법적 규제를 시행하고 있다.

③ 자연재해에 대한 안전 대책

자연재해 가운데 여기에서는 지진과 설해 대책에 대해 논하고자 한다.

• 지진 대책

지진 발생 시 고속 주행은 위험하기 때문에 당초에는 변전소마다 설치된 감진기가 40Gal(지반가속도) 이상의 지진동을 계측했을 경우 정전에 의해 자동적으로 브레이크를 작동시키는 방식을 취하고 있었다. 1970년대에 들어서는 진원에 의해 가까운 해안선에서 지진 발생을 검지하고 주진동이 도달하기 전에 열차 운행을 제어하는 조기 지진 검지 경보시스템이 개발되었다. 그 후 신칸센을 보유하는 철도 사업자별로 보다 정확성이 높은 조기 지진 검지시스템의 개발을 하고 있다.

또 지진에 의한 피해 확대를 방지하기 위해 격렬한 흔들림에 의해 열차의 탈선을 억제하는 탈선 방지 가이드나 만일 탈선해도 선로를 따라서 주행하는 것을 목적으로 한 일탈 방지 가이드 등이 지상 측 혹은 차량 측에 설치되어 있다.

• 설해 대책

강적설 구간을 운전하는 신칸센에서는 차량 밑부분에 있는 기기의 착설이 고속 주행중 낙하하는 것으로, 자갈을 비산시켜 기기 손상이나 유리창 파손을 일으키는 경우가 있다. 선로상의 적설을 차량 밑에 착설시키지 않게 하기 위해 제설 기계를 배치하는 것 외에 선로측에 스프링클러를 설치하고 있다. 또 고가교에는 영업 열차의 스노우쟁기에 의해 배설된 눈을 선로 측면에 모으는 저설식 고가교가 채택되고 있다.

물리적인 대책 외에 착설이 낙하해도 자갈을 비산시키지 않기 위해 열차의 운전 규제(시속 70km~160km 주행)를 하고 있다.

(2) 그 외

안전문제 외에 고속 운전을 실시하는 신칸센에 대해 고려해야 할 중요 사항으로는 연선 주민에게 영향을 미치는 환경문제(소음·진동)를 들 수 있다.

소음의 발생원은 팬터그래프 등의 차량 상부와 차량바퀴, 레일 등의 차량 하부, 터널 등의 구조물이며, 부위마다 대책을 취해 왔다. 그 중에서도 고속 주행에 따르는 공기류의 혼란, 이른바 바람 가르는 소리인 공력음은 속도에 비례해 커지기 때문에 차량 형상의 변경, 팬터그래프 커버나 대차 커버의 설치 등에 의해 그 저감을 도모하고 있다.

8. 소결

세계 최초의 고속철도인 신칸센은 자동차에 뒤처져 사양산업으로 전락한 철도를 크게 변화시켜, 일본을 '고속철도대국'으로 만들었다. 1964년에 개통한 도카이도신칸센의 성공으로 1970년에는 '전국신칸센철도정비법'이 제정되어 7개 노선이 정비되도록 결정되었다. 국철의 재정상황 악화에 따라 1982년부터 정비계획이 약 5년간 중단되었지만 국철 분할 민영화 이후인 1990년대 후반부터 신칸센이 계속 개통되었다.

2016년 현재 전국신칸센철도정비법에 의한 신칸센의 총연장은 7개 노선 2,765km이며, 건설중인 3개 노선을 포함한 일본의 신칸센 네트워크는 계속 확대되고 있다. 국철시대에 개통한 4개 간선의 철도시설은 JR여객회사에 의해 보유되었지만 분할 민영화 후에 개통된 신칸센은 철도·운수기구에 의해 보유되어 여객회사는 사용료를 지불하고 시설·설비를 사용하고 있다. 시속 210km로 영업을 시작한 신칸센은 점차 속도를 향상시켜 2014년엔 320km/h로 100km/h 이상 속도가 향상되었다. 앞으로 화물열차와 공용구간인 아오모리터널을 비롯하여 분할 민영화 후에 개통된 구간의 속도 향상이 기대된다. 신칸센의 건설방식은 표준궤(1,435mm)를 신선으로 건설하는, 이른바 풀 규격 이외에 건설비의 절감을 목적으로 재래선의 궤도 개량공사에 의해 신칸센과 재래선의 직통운전을 하는, 이른바 미니 신칸센이 있다. 야마가타·아키타신칸센에서 적용하고 있는 미니 신칸센은 환승의 불편을 해소하여 심리적인 부담을 경감시키고 있다.

신칸센은 다빈도 운행과 대량 수송이 가능하고, 안전성과 고속성, 정시성을 구비하고 있다. 또한 상호 직통운전과 재래선과 동일 역에서의 환승 등 편리성이 향상되어 승객수도 점차 증가하고 있다. 신칸센의 개통에 의해 다른 교통수단으로부터 철도로 단순히 이동하는 것이 아니고 새로운 여행수요를 창출하고 있다. 또한 여행시간의 단축에 의해 예전에는 불가능했던 1일 생활권으로 인한 여행과 출장, 자택에서의 통근·통학이 가능하게 되어 일본인들의 생활을 크게 변화시켰다.

신칸센의 개통은 생활스타일뿐만 아니라 신칸센역 주변의 지역을 크게 변화시켜 상업시설 건설이나 기업 유치, 회의 기회의 증대, 교류가 적었던 지역 간의 유대 강화 등 지역경제의 발전·활성화에 기여하여 왔다. 또한 신칸센 통과지역의 가치를 높여 인구 유출의 억제와 지역 외부로부터의 인구 유입을 촉진시켰다.

신칸센은 열차 충돌이나 열차 탈선 등 매우 심각한 열차사고를 방지하기 위해 개업 당초부터 ATC(자동열차제어장치)의 개발, 전체 선로의 입체화 등 안전 대책으로 1964년 개업 이후부터 50년간 열차사고에 의한 사상자 수는 '0'을 유지하고 있다. 또한 지진이나 설해 등의 자연재해, 소음 및 진동 등 연선 주민에 영향을 주는 환경문제에 대해서도 다양한 대책을 수립하여 시행하고 있다.

이상과 같이 신칸센은 단순한 경제 파급효과뿐만 아니라 안전성 면에서도 뛰어나고, 이산화탄소 배출량 억제 효과도 가지고 있으며, 환경 친화적인 교통수단으로 인정받고 있는 매우 유용한 교통수단이다.

화물철도의 변화와 발전

이용상, 정병현(우송대학교 운송물류학과 교수)

1. 철도 화물수송의 문제제기

최근의 물류환경 등을 고려하여 우리나라 물류체계의 경쟁력 제고를 위한 여러 가지 논의가 진행되고 있다. 그 중에서도 환경 친화적이며, 사회적 비용이 저렴한 철도 화물의 수송분담률을 높여야 한다는 의견이 대두되고 있다.[13]

우리나라 물류체계의 근본적인 문제점은 도로 운송물량의 증가에 비해 트럭의 과잉 공급으로 운송사업자의 수익이 낮고, 철도, 해운 등 대량 운송수단의 분담률도 낮아 전체적으로 수송효율성이 떨어지는 구조를 가지고 있다는 것이다. 실제로 1997년에 170,600대였던 트럭 대수가 2001년에는 272,000대로 54.6% 증가한 반면, 도로 운송화물 물량은 7.3% 증가수준에 머무르고 있다. 이러한 문제점을 해결하기 위

---

13. 화물 1톤을 1km 수송하는 데 배출하는 이산화탄소의 양은 영업용 자동차가 134g-CO_2, 자가용 트럭이 946g-CO_2, 선박은 40g-CO_2에 비해 철도는 22g-CO_2에 불과하다. 일본 국토교통성(2012), 《숫자로 보는 철도》, p.238 참조

해서는 트럭의 과잉 공급을 억제하여 수송의 효율성을 높이고, 도로 혼잡을 완화하기 위하여 철도 수송을 활성화시켜야 한다. 그리하여 제조업 물류비의 46.5%를 차지하는 운송비를 절감하고 근본적으로 물류체계를 개선해야 한다. 우리나라의 철도 화물수송량은 1995년에 57,469천 톤을 수송하여 전체 화물수송 중 분담률이 9.65%였으나, 2000년에는 수송량이 45,240천 톤으로 감소하여 분담률이 6.71%로 줄었고, 2015년에는 37,094천 톤으로 감소하였다.

아울러 철도 구조 개혁에 있어 철도 화물수송 개혁은 매우 중요한 부분을 차지하고 있다. 여기에서는 철도 화물의 활성화와 개혁의 성공적인 추진을 위해 우리나라와 지형조건이 비슷하고 철도 민영화 시행(1987년) 후 30년이 경과한 일본 철도의 현황을 분석하여 시사점을 찾아보고자 한다.

구체적인 분석 범위는 일본의 전체 화물수송을 중심으로 살펴보고, 시간적인 범위는 1987년 민영화 이후부터 2009년까지로 하였으며, 수송 물동량은 2020년까지의 예측치를 전망하였다.

이 분석은 그간 개략적으로만 소개된 일본 철도 화물에 대한 종합적인 분석과 우리나라의 철도 화물 활성화를 위한 시사점과 방향 정립에 참고가 될 것으로 판단된다.

먼저 일본 철도 화물수송 민영화의 추진 배경을 살펴보면 1987년 민영화 당시 이를 추진한 '국철재건감리위원회'의 의견을 통해 명확하게 알 수 있다. 이 위원회는, 철도 수송은 장거리 화물과 대량 수송에 적합하다는 것을 전제로 하고, 화물수송의 문제점은 1950년대 임해공업단지의 발달로 트럭과 내항 해운이 급격하게 성장한 반면, 철도 수송량은 감소하여 적자가 누적되었다는 의견을 제시하였다. 적자는 많은 작업 인원과 장시간의 하역 작업 등 과거와 동일한 야드 운송방식이 반복되었기 때문이라고 분석하고 있다. 철도 화물이 갖고 있는 컨테이너와 석유, 시멘트 수송 등 장거리 대량 수송의 장점을 살리기 위해 경영의 근본적인 개선이 필요하다고 지적하였다.

동 위원회는 또한 종래의 야드 운송방식에서 컨테이너화와 직행 운송방식으로 전환, 인원과 경비 절감, 여객과의 통합 운영에 따른 사업의 불명확성 등의 문제점이 예상되어 이를 해결하기 위해서는 여객과 화물을 분리하여 운영하는 것이 바람직하다는 의견을 제시하였다. 이러한 건의에 기초해 일본 정부는 철도 화물을 담당하는 일본화물철도주식회사(JR화물)를 설립하여 철도 수송을 담당케 하였다. 그 운영방식은 선로를 소유하지 않은 채 여객회사 소유의 선로를 빌려 운영하는 방식으로, 미국의 경우 화물철도회사가 선로를 소유하고 여객회사가 빌려 쓰는 것을 모델로 참고하여 추진하였다.

JR화물은 1987년 4월 1일 자본금 190억 엔으로 출발하여 화물운송사업과 부대사업 등의 영업을 하고 있다. JR화물 내부 자료에 의하면 1987년 민영화 이후 약 6년간 흑자를 기록하던 이 회사는 버블경제의 붕괴가 시작된 1993년부터 적자를 보이기 시작하면서 1994년에는 76억 엔의 적자를 기록하였다. 그러나 2001년부터 흑자로 전환한 이 회사는 2002년 당기순이익 5억 엔을 실현하였고, 2014년에는 당기순이익 51억 엔의 성과를 거두었다.

2. 일본 철도의 화물수송 현황과 문제점 분석

(1) 화물수송 실적 및 특징

1) 수송실적

일본의 화물운송은 도로의 발달로 자동차 수송이 활발한 점, 섬나라라는 지형적인 특성과 철도 운임의 약 30% 수준의 해운 운임(톤·km당 운임은 집배를 포함하여 철도가 17엔, 해운이 5엔) 등의 요인이 작용하고 있다. 2014년 톤·km 기준의 수송분담률은 〈표 3-16〉과 같이 도로 50.6%, 철도 5.1%, 연안 해운 44.1%, 항공 0.3%를 기록하였다. 이는 2013년 도로 50.8%, 철도 5.0%, 연안 해운 43.9%, 항공 0.3%에 비해 철도와 연안 해운, 항공이 약간 증가하였다. 2005년 수송수단 단위당 생산액(운임)을 보면 항공, 도로, 철도, 해운순이다.

철도 화물수송량은 〈표 3-17〉과 같이 1987년 56,270천 톤이었으나, 2014년에는

〈표 3-16〉 수송실적 및 단위당 생산액(2014년)

구분	수송분담률(%)	단위당 생산액(엔)(2005년)
도로	50.6	21.7(1.4)
철도	5.1	15.8(1.0)
연안 해운	44.1	4.3(0.3)
항공	0.3	34.0(2.2)

*자료 : 국토교통성 철도국 감수, 《숫자로 보는 철도 2015》와 일본 총무성 홈페이지(www.stat.go.jp) 발표, 《산업연관표(2005년)》, 철도통계연보 참조
*주1 : 단위당 생산액은 2005년의 부분별 총생산액을 인·km와 톤·km로 나눈 숫자임.
*주2 : 수송분담률은 2014년의 톤·km 기준임.

〈표 3-17〉 철도 화물수송 실적

(단위 : 천 톤, %)

연도	차급	컨테이너	전체
1987년	42,460(75)	13,810(25)	56,270(100)
1997년	25,300(53)	22,520(47)	47,820(100)
2002년	17,810(45)	20,840(55)	38,650(100)
2005년	27,310(52)	25,164(48)	52,473(100)
2009년	20,263(47)	22,987(53)	43,251(100)
2014년	8,760(29)	21,540(71)	30,310(100)

*자료 : 국토교통성, 《숫자로 보는 철도 2015》와 일본화물철도주식회사 내부 자료
*주 : ( )안은 분담률(%)

30,310천 톤을 수송하여 1987년의 54% 수준에 머물렀다. 그러나 2014년 컨테이너물 량만은 1987년에 비해 56%나 증가하였다.

2) 수송량 비교

일본의 경우 전체 화물수송 중 철도 분담률은 〈표 3-18〉과 같이 4%에 불과하다. 이에 비해 EU 국가의 철도 화물수송량은 2010년에 3,900억 톤·km로 분담률은 15% 수준이다. 2010년 기준으로 철도 화물수송량은 독일 1,073억 톤·km, 프랑스 300억 톤·km, 영국 186억 톤·km, 스웨덴 235억 톤·km를 수송하였다.

독일의 경우 1993년 688억 톤·km를 수송하였으나, 2001년에는 758억 톤·km를 수송하였으며, 2010년에는 1,073억 톤·km로 1993년에 비해 56% 증가하였다. 영국

의 경우도 1993년 137억 톤·km를 수송하였으나, 2001년에는 197억 톤·km를, 2010
년에는 186억 톤·km를 운송하여 1993년에 비해 36% 정도 증가하였다. 화물수송 중
철도 분담률은 톤·km를 기준으로 미국 39%, 스웨덴 23%, 프랑스 16%, 한국 11.3%
이고, 일본은 이들 나라에 비해 낮은 수준이다.

〈표 3-18〉 각국의 철도 화물수송 비중(2009년, 톤·km 기준)

국가	화물수송에서의 철도 분담률(%)
일본	4
영국	13
한국	11.3
이탈리아	11.8
독일	23
프랑스	16
스웨덴	23
미국	39
EU 평균	15

*자료 : 국토교통성 홈페이지(www.mlit.go.jp), 총합정책국 정보정책과, 2010년 기준, 〈교통관련 통계자료집〉

3) 영업성적

일본의 철도 화물수송은 JR화물이 담당하고 있으며, 영업성적은 〈표 3-19〉와 같이
1987년부터 1992년까지는 흑자를 기록하다가 거품경제 붕괴 이후 1993년 최초로 27

〈표 3-19〉 영업성적 추이

(단위 : 억 엔)

연도	당기손익(억 엔)	누적 수익(억 엔)
1987년	18	-
1990년	28	106
1993년	-27	34
1996년	18	-27
1999년	-27	-44
2002년	5	-55
2005년	18	-15
2008년	-15	1
2010년	10	-16
2014년	51	-

*자료 : 국토교통성(각 연도), 〈숫자로 보는 철도〉

억 엔의 적자를 기록하였다. 그 후 누적 손익을 보면 적자 폭이 계속 증가하는 추세로 2002년에는 55억 엔의 누적 적자를 나타냈지만, 2014년에는 당기손익이 51억 엔의 흑자를 시현하였다.

4) 화물수송의 특징

철도 화물수송 품목을 살펴보면 2008년의 경우 컨테이너 1,962만 톤, 석유 714만 톤, 석탄 62만 톤을 수송하여 전체 수송의 66%를 컨테이너 수송이 차지하고 있다. 증가 추세에 있는 수송 품목은 컨테이너와 일반화물(노선화물로 택배화물임)로, 앞으로 컨테이너 위주의 화물수송이 예상되고 있다. 다만 컨테이너 수송은 국내용이 대부분이고, 수출용 컨테이너 수송은 미약한 실정이다. 컨테이너 수송 중 수출입용 컨테이너 수송 비중은 전체 컨테이너 수송의 3.6% 정도에 불과하다. 〈표 3-20〉과 같이 2000년 수출입 화물은 38,214TEU로 1998년에 비해 3% 정도, 2010년에는 17,140TEU로 1998년에 비해 약 46%나 감소하였다.

〈표 3-20〉 철도의 국제 컨테이너 수송실적

(단위 : TEU)

구분	1998년	1999년	2000년	2005년	2011년
수송량	39,352(1)	45,734	38,214(0.97)	15,764	17,140(0.44)

*자료 : 일본화물철도주식회사 내부 자료 및 일본항운협회(jhta.or.jp) 공개 자료

(2) 현황 분석

1) 수송현황
① 수송능력

수송능력을 비교해 보면 〈표 3-21〉과 같이 민영화 직후인 1987년에 비해 2012년의 영업거리는 82% 수준으로 감소하였고, 화차 수도 46% 수준으로 감소하였다.

한편, 열차밀도는 2012년이 1987년에 비해 22% 증가하였다.

〈표 3-21〉 수송능력 비교

구분	1987년(A)	1997년	2002년	2012(B)	B/A
영업거리(km)	10,154	10,038.1	9,084.7	8,337.5	0.82
열차운행 횟수(회/일)	846	798	701	514	0.61
열차 km(천km/일)	210	242	229	210	1
화차 수(대)	17,500	21,804	15,410	8,004	0.46
1개 화차당 수송량(톤)	3,110	2,193	2,577	2,862	0.92
열차밀도 (열차 km/영업 km · 일)	2,068	2,092	2,521	2,518	1.22

*자료 : 국토교통성(각 연도), 〈철도통계연보〉 및 일본화물철도주식회사 내부 자료

② 수송실적

〈표 3-22〉와 같이 2015년을 민영화 직후인 1987년과 비교해 볼 때 수송량은 55% 수준으로 감소하였고, 직원은 1987년 12,005명에서 2002년 8,357명, 2015년에는 5,602명으로 감소하였다. 국철 당시 매출액 대비 인건비 비중이 60% 수준에서 2002 년에는 35.5% 수준으로 낮아졌다. 그러나 수송의 장거리 추세로 2015년 직원 1인당

〈표 3-22〉 수송실적 비교

구분	1987년(A)	1997년	2002년	2015(B)	B/A
수송량(만 톤)	5,627	4,782	3,865	3,077	0.55
수송량(억 톤 · km)	201	243	219	212	1.05
직원 1인당 수송실적(톤 · km/인)	1,674,300	2,150,442	2,620,550	3,784,362	2.26
화물 평균 수송 거리(km)	357.2	513.9	566.6	690.6	1.93

*자료 : 국토교통성(각 연도), 〈철도통계연보〉 및 일본화물철도주식회사 내부 자료

JR화물의 냉동컨테이너수송

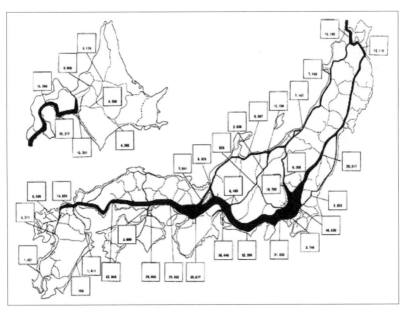

화물수송량 다이어그램(도쿄~오사카 구간이 화물운송의 중심 구간임을 알 수 있다.)

수송실적은 1987년에 비해 2.26배나 증가하였다. 수송 거리는 1987년에 비해 2015년에 93%나 증가하였다.

③ 타 수송지표 비교

철도 화물수송은 〈표 3-23〉과 같이 1,000km 이상 장거리 수송 중 철도의 분담률은 1995년에 비해 1999년에는 9% 증가하였다. 열차 운전사고 발생 건수는 1987년 대비 2009년에 55% 수준으로 감소하였다.

〈표 3-23〉 수송지표

구분	1987년(A)	1997년	2002년	2009년(B)	B/A
평균 운송거리(컨테이너, km)	857.1	920.2	903.7(B)		1.05
1,000km 이상 수송 중 철도 운송 비중(%)	33(1995)	41	36(1999)(B)		1.09
열차 운전사고 발생 건수(건)	77	67	33	42	0.55

*자료 : 국토교통성(각 연도), 〈철도통계연보〉 및 일본화물철도주식회사 내부 자료

2) 경영 현황

① 영업성적

수송량 감소로 영업수입은 〈표 3-24〉와 같이 1987년에 비해 2014년에는 23% 감소하였으나, 연간 직원 1인당 수입은 직원 감소로 인해 증가하였다. 2014년과 1987년을 비교해 보면 영업수입이 감소하였지만 경상이익이 증가하였다

〈표 3-24〉 영업성적 비교

구분	1987년(A)	1997년	2002년	2014(B)	B/A
영업수입(억 엔)	1,727	1,870	1,574	1,338	0.77
경상이익(억 엔)	18	-87	5	32	-
연간 직원 1인당 수입(만 엔)	1,439	1,654	1,883	2,388	1.66
톤·km당 운임(엔)	8.592	7.695	7.187	5.72(2007)	0.67

*자료 : 국토교통성(각 연도), 〈철도통계연보〉 및 일본화물철도주식회사 내부 자료

영업비용은 1987년에 비해 2002년에 〈표 3-25〉와 같이 인건비는 20%, 동력비는 8%, 업무비는 5% 감소하였는데, 이는 공공기관에서 민간기업으로의 전환에 따른 것이라 판단된다. 이후 지속적인 경영 개선을 통해 인건비는 2012년의 경우 1987년 대비 37%나 감소한 것으로 나타났다.

〈표 3-25〉 영업비용 비교

구분	1987년(A)	2002년(B)	2012년(C)	B/A	C/A
인건비(억 엔)	695	558	441	0.80	0.63
동력비(억 엔)	107	98		0.92	
수선비(억 엔)	130	176		1.35	
업무비(억 엔)	560	531		0.95	
세금(억 엔)	19	68	68	3.58	3.58

*자료 : 일본화물철도주식회사 내부 자료

② 설비투자

설비투자 현황은 〈표 3-26〉과 같이 1991년까지 증가하다가 이후 감소 추세를 나타내고 있다. 1987년에 44억 엔, 1991년에 357.5억 엔, 1997년에 267.9억 엔, 2000년에 177.5억 엔의 설비투자를 하였다. 그리고 2014년의 경우에는 2000년에 비해 약간 증

가된 191억 엔의 설비투자를 기록하였다.

〈표 3-26〉 설비투자 현황

구분	1987년	1991년	1997년	2000년	2014년
수송설비 유지 개선(억 엔)	8.9	205	54.5	14.0	62
경영체질 개선(억 엔)	14.7	45.5	74.6	84.4	30
수송력 정비(억 엔)	0	0	34.8	0	0
차량(억 엔)	20.4	107	104	79.1	98
합계(억 엔)	44	357.5	267.9	177.5	191

*자료 : 일본화물철도주식회사 내부 자료

③ 채무

화물회사는 〈표 3-27〉과 같이 1987년에 민영화되면서 944억 엔의 채무를 승계하였는데 장기채무는 증가하여 1997년에 1,137억 엔, 2002년에는 1,134억 엔, 2012년에는 1,327억 엔에 이르고 있다.

〈표 3-27〉 채무 현황

구분	1987년	1991년	1997년	2002년	2012년
승계채무(억 엔)	944	452			
신규채무(억 엔)		324			
장기채무 잔고(억 엔)	944	776	1,137	1,134	1,327
이자지불비용(억 엔)	64	53	35		40

*자료 : 일본화물철도주식회사 내부 자료

3) 운영현황

화물회사는 여객회사 소유의 선로 사용료를 지불, 사용하고 있다. 철도 화물 영업거리는 〈표 3-28〉과 같이 전체 철도 네트워크 중에서 불과 35.6%만을 사용하고 있다.

그리고 철도 화물수송의 직송 비율은 2002년의 실적을 보면 전체 38,650천 톤의 수

〈표 3-28〉 전체 영업거리 중 화물 영업거리

철도 전체 영업거리(A)	화물 영업거리(B)	사용률(B/A)
25,524km	9,084.7km	35.6%

*자료 : 일본화물철도주식회사 내부 자료

송량 가운데 약 15.4%에 해당하는 595만 톤에 불과하며 85%가 목적지까지의 소운송 구간을 포함하고 있다. 아울러 현재 철도는 포워더 기능이 없어 화주로부터 수송 의뢰를 소운송회사를 통해 받는 형식으로 되어 있으며, 현재 철도의 본선 수송보다 소운송 구간에 대한 운임이 비싸다는 의견이 제기되고 있다.

4) 조직원 구성

2011년 현재 JR화물 구성원의 평균 연령은 39.2세이다. 연령별로는 〈표 3-29〉와 같이 10대가 3%, 20대가 27%, 30대가 29%, 40대가 12%, 50대가 30%를 차지하고 있다. 계통별로는 본사 16%, 역 17%, 승무 29%, 검수 20%, 출향(타 회사 근무 파견) 10%, 설비 5% 등이다.

〈표 3-29〉 구성원의 연령별 분포

구분	인원(명)	구성비(%)
18~20	174	3
21~30	1,677	27
31~40	1,785	29
41~50	731	12
51세 이상	1,873	30
계	6,240	100

*자료 : 일본화물철도주식회사 내부 자료

〈표 3-30〉 차량 구성분포

(단위 : %)

구분	국철	국철(개조)	신조차량	계
기관차	17	36	47	100
화차	6	29	65	100

*자료 : 일본화물철도주식회사 내부 자료
*주 : 2011년 4월 현재, ( )는 비율(%)

5) 차량 경과연수

차량의 평균 경과연수를 보면 기관차는 24년, 화차는 23년이 경과하여 노후화되어 있어 안정적인 수송 확보를 위해서는 노후차량의 교체가 급선무라 하겠다.

한편, 신규 투입 차량의 매년 제조 추이를 보면 〈표 3-31〉과 같이 민영화 초기에 비해 감소 추세에 있다고 할 수 있다. 2011년에는 기관차 6량, 화차 170량이 신규로 투입되었다.

〈표 3-31〉 신규 투입 설비

(단위 : 량)

구분	1987년	2007년	2008년	2009년	2010년	2011년
기관차	-	28	27	24	20	6
화차	4	150	144	100	76	170
컨테이너	3,021	4,000	4,000	3,300	2,500	3,200

*자료 : 일본화물철도주식회사(2012), 《JR화물요람》

(3) 문제점

지금까지의 현황분석을 바탕으로 일본 철도 화물의 문제점을 경영과 운영, 조직 구성원, 차량 및 안전으로 나누어 정리할 수 있었다. 이를 자세하게 살펴보면 다음과 같다.

1) 수송량 감소

수송량의 변화를 보면 JR화물 이외의 철도를 포함해도 〈표 3-32〉와 같이 2014년 수송량은 1990년에 비해 약 49% 수준으로 감소하였다. 그러나 도로는 71%, 항만은 63% 수준으로 줄어들었고, 항공은 11% 증가하였다.

〈표 3-32〉 수단별 화물수송량 비교

수단	1990년(A)	2001년	2014년(B)	B/A
철도(천 톤)	86,619	58,668	42,340	0.49
도로(천 톤)	6,113,565	5,578,227	4,365,927	0.71
항만(천 톤)	575,199	520,067	365,992	0.63
항공(천 톤)	874	1,015	977	1.11

*자료 : 국토교통성(2016) 통계자료

2) 경영

① 매출액 감소

다른 철도회사와의 매출액 신장률을 비교해 보면 〈표 3-33〉과 같이 다른 철도회사는 2000년 평균 매출액이 1990년에 비해 약 10.4%가 증가하였다. 이에 비해 일본화물철도주식회사의 경우는 21.5%나 감소하였다.

〈표 3-33〉 타 철도회사와의 매출액 비교

(단위 : %)

구분	매출액(1990)	매출액(2000)	비고
철도 23개사 회사 평균	100	110.4	10.4% 증가
화물철도주식회사	100	78.5	21.5% 감소

*자료 : 일본정책투자은행(2001), 《산업별 재무데이터 핸드북(産業別財務データハンドブック)》 참조

② 경영구조상 문제점

먼저 설비투자비의 규모를 보면 감가상각비보다 높게 지출되고 있다는 것을 알 수 있다. 그 이유는 1987년 민영화 시에 노후차량 등을 인계받아 매년 감가상각비가 적게 책정되고 있기 때문이며, 노후설비 교체 등의 비용으로 투자비용의 대부분이 충당되어 장기적으로 신규투자를 저해하는 요인이 되고 있다.

매년 400억 엔 이상 흑자(2002년 420억 엔, 2003년 490억 엔)를 기록하고 있는 JR도카이의 2002년 설비투자비는 감가상각비의 78%, 2003년은 81% 수준에 머무르고 있다.

아울러 JR화물은 매년 선로 사용료로 150억 엔 이상이 지불되고 있으며, 장기채무도 1987년 944억 엔 규모에서 2002년에 1,134억 엔, 2011년에 1,327억 엔으로 증가하여 경영상 부담이 되고 있다. 매년 부담하는 이자비용(1987년 64억 엔, 1997년 53억 엔, 2000년 35억 엔)도 금리 인상 등의 변동요인에 의해 경영상의 부담으로 작용할 가능성이 크다. 특히 2000년에는 경영상의 어려움 등으로 218억 엔의 토지를 매각하여 이를 수입에 충당하였다.

3) 운영

① 네트워크 부족

현재 JR화물은 선로를 보유하지 못하고 있어 자유로운 열차 다이어그램 편성에 어려움이 있다. 또한 가장 물동량이 많은 구간에서조차 열차를 증편 운행시키지 못하고 있는 실정이다. 일본에서 가장 수송량이 많은 도쿄(東京)~오사카(大阪) 구간의 도카이도(東海道)지역과 오사카(大阪)~후쿠오카(福岡)지역의 산요(山陽) 본선지역에서 조차 열차 빈도가 낮아 철도 화물수송량은 적은 수준에 머무르고 있다. 또한 도쿄 출발의 다이어그램 편성을 보면 도쿄~오사카 구간의 화물열차의 1일 편성은 38회에 머무르고 있어 여객의 405회에 비해 9% 수준에 머무르고 있다.

〈표 3-34〉 도쿄 출발 오사카 구간의 열차다이어그램

여객열차 다이아(A)	화물열차 다이아(B)	B/A
405회	38회	0.09

*자료 : 여객은 열차시간표, 화물은 일본화물철도주식회사 열차시간표 참조

이는 현재 JR화물이 여객회사의 선로를 빌려 쓰고 있어 발생하는 현상으로 현재 열차운행이 여객열차 우선으로 편성되고 있음을 보여준다. 물론 편성 절차에 있어 화물과 여객회사 간에 협정이 있고 표준 지침이 있지만, 아무래도 선로를 소유한 쪽이 우선권을 가질 수밖에 없는 것이 현실이다.

도쿄 철도화물터미널

또한 항만의 경우 철도 인입선이 거의 부설되어 있지 않아 수출입화물을 비롯한 내항해운을 통한 내륙운송에서 철도의 역할이 거의 전무한 실정이다. 실제로 일본의 10대 수출입 항만인 요코하마(橫浜)와 도쿄(東京), 나고야(名古屋), 고베(神戶), 오사카(大阪), 지바(千葉)에서 항만까지 인입선이 있는 곳은 요코하마항이 유일하다. 다만 나고야와 고베 등은 항만까지 인입선은 없으나, 항만 부근에 철도 화물역이 있다. 그러나 이 역시 소운송이 필요하여 철도 수송이 매우 불편한 실정이다.

한편, 일본화물철도주식회사가 보유하고 있는 컨테이너도 현재 국내용 위주로 구성되어 있어 수출입화물 수송이 매우 취약하다. 〈표 3-35〉와 같이 국내용 컨테이너인 12피트가 전체 컨테이너의 90%를 차지하고 있다.

일본의 경우 통관기능을 포함한 내륙 컨테이너기지는 한 군데도 없어 실제로 수출입화물을 철도에서 취급하는 데 어려움이 있다.

〈표 3-35〉 일본화물철도주식회사의 컨테이너 보유 현황

(단위 : 개)

구분	일본화물철도 컨테이너	사유 컨테이너	합계
12피트	68,911	14,911	83,822(90)
20~24피트	505	7,716	8,221(9)
30피트	1	926	927(1)
계	69,417	23,553	92,970(100)

*자료 : 일본화물철도주식회사(2012), 《JR화물요람》 참조

이와 같은 여객 위주의 철도 운영을 외국의 여객과 화물의 수입 비율을 비교해 보면 더욱 명확해지는데 일본은 4%로 독일 35%, 영국 13%에 훨씬 못 미치고 있다.[14]

② 500km 이하 구간에서의 높은 운임

철도 화물운송의 운임을 트럭과 비교해 보면 〈표 3-36〉과 같이 500km 이하의 구간에서는 철도가 트럭보다 비싼 형편이다. 따라서 500km 이상의 구간에서만 경쟁력을 가지고 있다.

---

14. 일본운수시설정비사업단(2003),《선진국의 철도 정비 조성제도(先進国の鉄道整備と助成制度》 참고

〈표 3-36〉 철도와 트럭의 거리대별 운임비교

(단위 : km, 엔/톤)

거리대	~300	~400	~500	~600	~700	~800	~900	~1,000	~1,100	~1,200	~1,300
철도운임	8,240	7,282	7,865	8,849	8,373	9,216	10,184	10,494	12,715	12,912	13,290
트럭운임	5,446	6,791	7,301	8,912	9,528	11,961	12,112	13,972	21,820	16,262	17,105

*자료 : 일본화물철도주식회사 내부 자료
*주 : 철도는 집배 요금을 포함. 트럭은 10톤, 보통트럭의 경우 거리대별 평균 운임

이와 같은 운임구조의 영향으로 수송 거리별로 수송량 분포를 보면 〈표 3-37〉과 같이 1,000km 이하 구간에서 철도 분담률이 4.4%에 불과하나, 1,000km 이상 구간에서는 5.9%로 증가하고 있다.

〈표 3-37〉 거리대별 수송량 및 수송기관별 수송량 비율

거리대별	수송량(만 톤)	비율(%)	수송기관별 비율(%)		
			철도	해운	자동차
1~100km 미만	432,757	77.5	0.2	2.8	97.0
100~300km 미만	57,682	10.3	1.5	19.7	78.8
300~500km 미만	27,449	4.9	1.8	38.6	59.6
500~750km 미만	17,716	3.2	2.8	44.8	52.4
750~1,000km 미만	10,365	1.9	4.4	61.8	33.8
1,001km 이상	12,505	2.2	5.9	77.7	16.4
합계	558,473	100.0	0.7	10.4	88.9

*자료 : 국토교통성(2006), 《화물여객 지역 유동조사 분석자료》

③ 일관수송의 미비

트럭과 철도의 운행시간을 비교해 볼 경우 역간의 운행시간은 트럭과 철도가 비슷하다. 그러나 문제는 소운송구간에서 차량 수배, 대기 등으로 철도가 장시간 소요된다는 점이다. 예를 들면 〈표 3-38〉과 같이 도쿄(東京)~후쿠오카(福岡) 구간 역 사이에 철도는 17시간이 소요되고, 트럭의 경우도 18시간 정도 소요된다. 그러나 목적지

〈표 3-38〉 철도와 트럭의 운송시간 비교(도쿄~후쿠오카 사례)

구분	역간 소요시간(시간)	기타 추가 소요시간(시간)	전체 소요시간(시간)
철도	17	20(역 대기)	37
트럭	18	12(국도 운행)	30

*자료 : 일본화물철도주식회사 자료와 인터뷰 자료를 통해 작성

까지의 실제운행의 경우 트럭은 운임을 고려한 국도 운행 등에도 불구하고 30시간이 소요되지만, 철도는 역에서의 대기시간, 소운송차량 수배시간이 보다 더 많은 시간이 소요되고 있는 것이다. 현지 조사에서도 대기시간이 수송시간보다 많이 소요되고 있는 것으로 밝혀졌다. 이러한 지체 요인은 각 역별로 있는 상하역 장비가 보통 2대 정도밖에 없어 100개의 컨테이너를 상하역할 경우 보통 1시간 이상 소요되는 것과 소운송 구간에서의 일관수송이 제대로 이루어지지 않기 때문에 전체적으로 장시간이 소요되고 있다.

④ 포워더(Forwarder) 기능의 부재

일본화물철도주식회사는 포워더기능이 없어 엄밀한 의미에서 직접 영업을 하지 않고 있다. 현재 일본화물철도주식회사는 '철도운송사업면허'와 철도 이외의 수단에 의해 이용 가능한 '이용운송사업면허'만을 가지고 있어 실제적으로 철도 이용 주체의 면에서는 미약한 편이다. 철도 화물의 운송구조는 철도 소운송회사(통운회사)가 영업을 담당하고 전체적인 운임 결정과 할인 폭까지도 결정하고 있어 실제 영업이 철도 소운송회사 위주로 되고 있다.

일본화물철도주식회사 오사카(大阪) 지사의 경우 80억 엔의 연간 수입 중 80%가 철도 소운송업회사의 의뢰에 의한 운송이며, 나머지 20%는 일본화물철도주식회사가 수주하여 철도 소운송회사를 통해 영업을 전개한 부분이다. 따라서 구체적인 화주의 요구를 알기 어렵고, 적극적인 영업활동이 어려운 실정이다. 앞서 언급한 오사카 지사의 경우 영업 인원이 6명에 불과하다. 〈표 3-39〉와 같이 철도 화물의 주된 포워더 역할을 하고 있는 일본통운주식회사는 2002년에 1,010만 톤을 철도로 수송하여 철도 화물수송량 전체의 26%를 차지하고 있다. 또 통운회사의 전국적인 네트워크와 일본화물철도주식회사의 직접 수주량이 적고 철도 화물수송 파동이 요일별, 월별로 크게 나타나고 있는 실정이다.

수송량이 많은 1월과 수송량이 적은 3월과의 수송량 차이는 20%, 요일별로도 일요일은 평일인 수요일에 비해 약 3분의 1에 불과하다.

구분	일본화물철도(A)	일본통운(B)	B/A
수송량(만 톤)	3,098	39,496	12.7
철도 수송량(만 톤)	3,098	1,010	0.3
영업지점(개)	253	1,100	4.3
사원 수(명)	6,420	40,081	6.2
수송능력(대, 톤)	260,575톤 (화차 10,423대)	255,410톤 (트럭 25,541대)	0.9
영업 수입(억 엔)	1,353	12,531	9.3
경상이익(억 엔)	3.6	331	91.9

*자료 : 일본화물철도주식회사와 일본통운 결산 자료
*주 : 화차의 경우 평균 25톤 적재. 트럭은 10톤으로 가정하여 수송능력을 비교하였음.

(4) 차량 및 안전운행

차량의 평균 경과연수는 26.6년으로, 현재 전기기관차 18년, 디젤기관차 12년, 화차 20년이 감가상각 기간인 것에 비하면 매우 노후화된 것을 알 수 있다. 이는 1987년 민영화 시 일본화물철도주식회사가 여객회사에 비해 노후화된 차량을 받았기 때문이며, 그 후 경영상의 문제로 적극적인 투자가 이루어지지 않은 것에서 기인하고 있다. 신조 차량의 제조 추이를 보면 민영화 이전인 1974년~1976년에 51대, 1977년~1979년에 51대, 1980년~1982년에 45대로 민영화 이후 3년 단위의 평균 제조 차량은 26대에 불과하다. 현재의 전기기관차 추세를 반영한다면 현재 일본화물철도주식회사가 보유하고 있는 기관차가 484대로, 이를 교체하는 데 54년이나 소요될 것으로 추정된다.

〈표 3-40〉 철도 운전사고 건수 추이

연도	열차사고(건)	건널목장애사고, 철도인신장애사고 등(건)	계(건)
1987년	7	72	79
2007년	0	31	31
2008년	0	45	45
2009년	2	50	52
2010년	3	38	41
2011년	2	40	42

*자료 : 일본화물철도주식회사(2012), 《JR화물요람》

이와 같은 문제점은 안전운행과 직결될 우려가 있다. 운전사고는 감소 추세에 있지만 30분 이상 늦게 도착하거나 운휴가 되는 운송장애는 감소하지 않고 증가 추세에 있다. 열차사고는 크게 감소하고 있으나, 건널목장애사고와 사상사고 등은 지속적으로 발생하고 있다. 1987년 7건의 열차사고가 발생하였지만 이후 연 2~3건씩으로 감소하고 있는 열차사고에 비해 건널목장애나 사상사고 등의 장애사고는 매년 40여 건 정도가 꾸준히 발생하고 있다.

3. 일본 철도 화물수송의 개선 방안 및 시사점

(1) 개선방안

철도 화물 활성화를 위하여 앞에서 서술한 문제점 분석과 설문 결과를 참고로 하여 다음과 같은 개선 방안을 제안하고자 한다.

먼저 철도 용량 제약의 완화와 수송력 증강이 필요하다. 국토 면적당 화물 영업거리(영업거리/km²)가 독일 10.08km, 영국 7.27km, 프랑스 5.83km인데 비해 일본은 1.89km에 불과한 실정이다. 현재 수송량 감소의 근본적인 문제는 일본의 여객 위주 철도 수송체계에서 기인하고 있다. 현재 일본은 여객회사가 선로를 소유하고 화물회사가 선로 사용료를 지불하며, 이를 빌려 쓰고 있다. 이러한 용량문제는 주요 구간의 화물 용량 증대와 독립적이며 완결성을 지닌 화물선로 네트워크로서 구축을 통하여 해결하여야 할 것이다. 아울러 현재 부족한 항만 인입선을 설치하고 통관기능을 할 수 있는 내륙 화물기지도 설치해야 할 것이다.

일본과 같이 철도가 민영화된 영국에서는 화물회사에 어느 정도의 용량을 보장하기 위해 여객회사와 화물회사, 특수법인인 선로보유기구 등이 참여한 분쟁위원회가 설치되어 이곳에서 발생하는 문제를 정리하고, 이곳에서도 합의가 이루어지지 않으면 철도규제국(Rail Regulator)에서 결정을 내리고 있다.

또한 영국 등 유럽의 철도 화물수송 증가는 철도 화물인프라의 정비에서 기인하고 있으며, 항구에 있는 철도역 시설정비와 내륙 항만의 컨테이너 야드정비 등이 착실하게 진행되고 있다. 이러한 정비는 정부의 정책적인 보조와 지원에 의해 추진되고 있어 일본도 이러한 정책이 적극적으로 도입되어야 할 것이다.

두 번째로 운임 인하와 비용 절감 노력을 계속 추진하여야 한다. 현재 500km 이하 구간에 대한 운임의 경쟁력을 높이기 위해서는 각종 운임 할인제도의 도입과 장거리 일수록 운임의 경쟁력이 높아지는 거리체감제를 보다 적극적으로 도입할 필요성이 있다. 아울러 요일별로 수요의 파동이 심하기 때문에 요일별, 계절별 차등 요금제도를 도입하여 장비 운용률의 극대화를 도모하여야 할 것이다. 특히 소운송구간 운임의 경우 철도 소운송회사와의 공동노력이 필요한데 장거리 수송에 있어서는 트럭 운송이 경쟁력이 떨어지므로 단거리와 철도 소운송은 도로 운송, 장거리는 철도 운송으로 역할 분담이 명확하게 되도록 정부 교통정책의 가이드라인(지침)도 함께 수립되어야 할 것이다.

세 번째로는 수송서비스의 극대화이다. 컨테이너에 의한 안전한 수송서비스의 향상(신형 차량 투입, 니즈에 대응한 새로운 컨테이너 개발)과 고속 컨테이너 열차 그리고 실시간 컨테이너 화차에 대한 적재 확인 등의 정보화와 화주의 니즈에 부응한 터미널 내의 창고 무료개방, 가공, 포장 등 종합 물류기능을 포함하는 다양하고 적극적인 서비스 개발이 필요하다. 아울러 20피트 중심의 수출입화물의 적극적인 유치와 역사의 포크리프트 등의 장비 확충 그리고 트럭 중심에서 철도 화물로의 전환이 용이하도록 창고 등 제반시설의 표준화가 이루어져야 할 것이다.

〈표 3-41〉 철도 화물수송시스템의 비교

구분	일본	영국, 프랑스, 독일
철도사업자	기관차 보유, 화차 보유 터미널 보유(철도 운송)	기관차 보유(실제 운송)
오퍼레이터	없음	화차 보유, 터미널 보유 판매 (영업)
소운송회사 혹은 트럭회사	배송(트럭 운송) 판매(소운송회사가 영업)	배송(트럭 운송)

〈표 3-42〉 오퍼레이터와 철도 소운송사업자와의 비교

구분	오퍼레이터	철도 소운송사업자
판매	영업담당	영업담당
고객	트럭회사, 선사, 포워더, 화주(일부)	화주
소운송구간 수송	아웃소싱 실시	자사 트럭으로 실시
철도회사로부터의 구입	기관차, 다이아 등	철도 수송서비스 전체

네 번째로 일관수송체계의 구축을 위하여 장기적으로 직접 영업체제를 강화하여야 할 것이다. 현재 철도 화물회사는 포워더기능이 약하기 때문에 정확한 화주의 요구사항 파악이 어려운 실정이다. 그리고 때에 따라서는 철도 소운송회사가 자사의 구역 화물트럭을 가지고 있어 경쟁관계에 있는 것이 현실이다. 앞으로는 수송수단·상하역수단·수송 용기에 대한 화주의 니즈를 파악하여 이에 연계하는 수송수요 창출과 적절한 다이아 편성, 수출입화물과의 연계, 소운송구간의 원활한 수송 등을 위해 일관수송체계의 구축이 필요하다. 이에 대한 하나의 방안으로 외국의 사례를 살펴보면 철도 화물회사와 철도 소운송회사 중간에 회사를 두어 이 회사에서 직접적으로 철도 영업을 담당하여 철도사업자와 공생관계를 유지하도록 한다는 것이다. 이와 같은 외국 사례 등을 고려하여 일본화물철도주식회사도 '철도운송사업'과 '철도 소운송사업'에 적극적으로 참여하는 방안을 마련하여야 할 것이다.

이를 좀 더 구체적으로 살펴보면 오퍼레이터와 철도 소운송사업자의 역할이 분명하게 구별된다고 하겠다. 오퍼레이터의 고객은 트럭회사, 선사, 포워더, 일부의 화주이지만, 철도 소운송업사업자의 경우는 화주가 고객이다.

다섯 번째는 조직의 활성화인데, 현재의 노령화된 인력구조로는 정보화 등 급변하는 물류환경 변화에 능동적으로 적응하기 어렵다는 점이다. 이에 따라 젊은 인력 위주의 인력 충원과 인력 계획이 수립되어야 할 것이다.

여섯 번째로는 정부의 철도 화물수송 활성화를 위한 제도 구축이 필요하다. 현재 일본 철도 화물은 정부로부터 직접적인 보조는 없으며, 영업수입 중 10% 이상의 선로 사용료 부담(트럭의 경우는 세금을 고려할 경우 약 4%의 도로 사용료만 부담)과 이자부담 등으로 적극적인 투자가 이루어지기 어렵고, 노후화된 차량운행으로 차량 고장

등이 빈발하고 있어 이에 대한 정부의 구체적인 지원 대책이 수립되어야 할 것이다.

이러한 철도에 대한 정책적인 배려의 근거는 철도 화물이 환경, 에너지 편익의 우위성과 대량 수송이 가능하여 사회적 비용을 감소시킬 수 있다는 장점을 가지고 있기 때문이다. 이를 구체적으로 살펴보면 환경 면에서는 톤·km당 이산화탄소 배출량은 철도가 자동차의 약 18분의 1, 톤·km당 에너지 소비량은 약 6분의 1, 노동자 1인당 연간 화물수송량은 자동차의 약 10배에 달하는 등 높은 수송효율을 가지고 있다. 안전 면에서도 철도가 도로보다 약 10분의 1 정도의 사망자가 발생하는 안전한 교통수단이다.

이와 같은 모든 점을 고려해 볼 때 선로 사용료는 인프라의 유지라는 개념에서 정부 보조가 필요하다. 현재 철도 분담률 3.8%를 1단계로 영국과 같은 수준인 6% 정도로 향상시키고, 2단계로 2020년의 영국 계획처럼 10% 정도의 분담률을 향상시키는 구체적인 철도 화물정책을 수립하여야 할 것이다.

(2) 시사점

일본의 철도 화물수송의 문제점과 개선 방안을 살펴보았는데 우리에게도 시사하는 바가 많다. 기본적으로 일본의 철도 화물수송의 문제점을 우리나라도 그대로 가지고 있다고 할 수 있다. 현재 우리나라 철도 화물운송도 운임 경쟁력의 문제점, 포워더 기능 미약, 소운송구간의 비싼 운임체계, 일관수송체계의 부족, 화물수송의 마케팅 부족, 물류 표준화의 미흡 등의 문제점을 안고 있다.

따라서 기본적으로 일본 화물수송체계의 개선 방안이 대부분 적용된다고 할 수 있다. 아울러 일본의 철도 민영화 시 철도 인프라를 소유하지 못하여 철도 화물수송의 큰 문제점으로 제기되고 있는 것은 앞으로 우리나라의 철도 구조 개혁에서 화물부문 분리의 경우 참고가 될 만한 사례라 할 수 있다.

이어 최근 일본의 작은 정책적인 변화에 대해 서술하고자 하는데, 이는 앞으로 우리에게도 좋은 시사점이 될 것으로 판단된다.

첫 번째로 철도의 환경 친화성을 고려해 '지구온난화대책'을 발표한 바 있는 일본은 이산화탄소 배출량 70만 톤을 줄이기 위해 28억 톤·km를 트럭 운송에서 철도 운송으로 전환하는 목표를 정하고 이를 추진하고 있다. 이를 위해 철도로 수송을 전환하는 기업에 보조금을 지급하고 있다. 아울러 고속도로에서 화물차량의 최고 속도를 90km/h로 규제하고, 이산화탄소 등 매연의 공기 정화장치를 부착하지 않은 차량은 일부 국도(도쿄도 주변)에서 운행을 금지시키고 있다. 이에 따라 트럭회사들의 운송비용이 높아지고 있어 장거리 수송에서는 철도 이용을 높이고 있다.

두 번째로 인프라 확충을 위한 제도적인 기반이 구축되고 있다는 점이다. 도쿄(東京)~오사카(大阪) 구간의 수송 문제점을 해결하기 위해 전기설비, 대피선 설치, 구내 배선 등의 정비가 진행되고 있는데, 일본화물철도주식회사는 공사비 124억 엔 중 49억 엔을 철도건설·운수시설정비지원기구의 철도정비기금으로부터 무이자 대부, 재정 융자를 받아 시행하고 있다. 이를 통해 철도 화물수송이 증가되고 연간 68,000톤의 이산화탄소를 줄일 수 있을 것으로 기대하고 있다.

세 번째로 오사카에서 후쿠오카(福岡) 구간 산요(山陽)선의 화물을 증강시키기 위한 사업비 44억 엔 중 30%를 간선화물철도 활성화 사업비로 인정받아 정부로부터 보조를 받을 수 있게 하였다.

네 번째로 일본은 최근 130km/h 속도의 컨테이너 화물열차(컨테이너 슈퍼 카고)를 개발하여 운영중이다.

앞으로 우리나라 철도 화물의 발전을 위해서는 미국의 경영합리화 노력과 일본의 환경 친화적인 인프라 구축을 위한 최근의 구체적인 정책 사례, 화물의 분할 민영화방식의 문제점을 참고해야 할 것이다. 그리고 영국과 독일 등의 철도 화물 활성화정책 등의 시사점을 통해 우리나라 철도 화물의 수송정책을 수립한다면 물류비용 감소는 물론 화물자동차 파업 등의 문제도 근본적으로 해결될 수 있을 것으로 기대된다.

제4장

지역 및 도시철도

홋카이도 증기기관차

지역철도의 위기와
새로운 교통정책의 전개방식

우쓰노미야 기요히토
(간사이대학 교수)

　일본국유철도공사(이하 국철)의 분할 민영화의 성공과 세계적인 교통규제 완화의 흐름에 맞춰 1990년 이후 일본은 교통정책 면에서 규제 완화의 기조를 보이고 있다. 하지만 국철 개혁 과정에서 특정지방교통선이라 분류된 '지방 적자 노선'이 폐지되는 등 지역철도는 축소되는 경향에 직면하고 있다. 이런 가운데 2000년대에 들어와 일본은 지역철도에 대한 새로운 교통정책을 모색하고 있다.

　이 장에서는 먼저 일본 지역철도의 현재까지의 전체적인 흐름을 살펴보고 더불어 2000년대 이후 지역철도를 둘러싼 새로운 교통정책을 소개하고자 한다. 그리고 새로운 교통정책 하에서 지역철도의 새로운 움직임을 설명하고 일본 지역철도의 미래에 대한 전망도 언급해 본다.

1. 일본 지역철도 형성 경위와 개관

20세기 일본 지역철도는 대도시권 철도처럼 국철의 지역노선과 각 지역 사철이 상호 보완하면서 지역 철도네트워크를 유지해 왔다. 원래 사철에 관해서는 인구밀도가 낮은 한산한 노선은 일본에서 모터리제이션(자동차를 주 교통수단으로 선택 전환)이 확산된 고도 경제성장기에 폐지되어 사철 지역철도의 경우에 현청 소재지 등 주로 지방도시 중심지구의 일정한 인구가 집적된 지역에만 존재하였다. 또한 국철 특정지방교통선은 1980년대 이후 폐지가 진행되고 비교적 광역노선들이 남아 제3섹터의 경영형태로 전환되어 명맥을 유지해 왔다.

그러나 20세기 말에 들어서는 지역철도 유지·운영은 더욱 어려운 상황에 직면하고 있다. 일정한 인구 규모의 지방도시조차도 경영 채산이 맞지 않아 제3섹터로서 유지하고 있으며, 철도사업자는 누적 적자로 사업 여건이 매우 열악하여 근본적인 개혁이 필요했다.

이러한 배경에는 다음과 같은 문제들이 있었다.

첫째, 급격한 자가용차의 보급에서 기인한다. 지방에서는 1가구당 1대에서 1인당 1대까지의 시대로 변화되었다는 점이다.

둘째, 진전된 자동차 모터리제이션에 적합하게 도시구조로 변화되었다. 자가용차의 보급으로 교외 주택지가 개발되고 교외형 상업점포가 입지하게 되었다. 그것은 한편으로 기존의 철도인프라가 새로운 토지개발과 연계되지 못하면서 도시교통 수송에서의 역할 분담이 제한되기 시작했다는 것을 의미한다.

셋째, 이런 모터리제이션과 도시 교외화를 가속시킨 것은 현 도시계획에서 찾을 수 있다. 도시 교외에 도로망을 정비하고 중심시가지에 있던 행정기관과 병원 등의 공적 시설이 넓은 주차장을 갖춰 교외로 이전하는 형태의 도시계획이 주를 이루었기 때문이다. 이것은 1990년대 후반 거품경제가 붕괴되어 찾아온 경기 침체 시기에 정부의 경제 활성화 부양정책으로 '종합경제대책'이 가동되어 각지에서 공공사업으로 도로건설을 진행한 것도 큰 요인이었다.

넷째, 철도 주변 연선 인구의 감소이다. 과소화가 진행 중인 산간지역은 물론 도시지역에서도 지방도시의 경우 제조공장의 해외 이전 등 해당 지역 산업의 쇠퇴에 따른 고용 감소는 지역철도의 통근서비스 이용자의 감소에 더욱 박차를 가했다. 또 1990년대 후반에 일본 단카이주니어(전후 베이비붐 출생자의 자녀) 세대층이 고등학교를 졸업하자 통학서비스 이용자들이 현저하게 감소했다.

다섯째, 지역철도사업자 자신의 문제로 수지가 악화되는 가운데 '합리화'에 따른 운행 빈도의 감소, 무인화 운영 등이 진행되면서 철도 수송서비스의 수준을 떨어뜨렸다. 이런 가운데 제3섹터 사업자 중에는 위기감 없는 경영책임자가 경영을 악화시키는 경우가 늘어나고 있다.

여섯째, 이런 교통사업자들이 양산되는 것을 조장하는 보조금정책의 시행이다. 표면적으로는 독립채산제이지만 최종적으로 수지가 맞지 않아 중앙정부나 지방정부는 늘 적자 결손을 사실상 보전해 주는 상황이 지속되고 있기 때문이다.

이러한 가운데 정부가 새롭게 진행한 정책이 규제 완화정책이다. 운수사업은 세계 각국에서도 정부의 엄격한 규제를 받는 것이 일반적인 사실이지만 규제를 받음으로써 조직의 비효율이 생기고 산업으로서의 활력이 사라진다. 일본의 경우에도 국철 민영화가 성과를 달성하면서 철도사업 서비스 수준이 국철시대에 비해 상대적으로 개선되어 최종 결손이 사후적으로 보전되는 운수사업자에게는 더욱 엄격한 심사가 요구됨에도 불구하고 공공교통 쇠퇴의 배경에는 '보조금 타먹기'에 익숙해진 사업자들의 책임이 작지 않다. 기존 방식에서 새로운 교통서비스를 제공하려고 하는 혁신적인 발상이 더 이상 제공되지 않는다는 것은 공공교통의 쇠퇴를 더욱 부추겼다고 볼 수 있다.

이러한 문제인식과 경제 전반의 규제 완화를 주도하는 논조가 활발해지면서 철도와 버스의 규제 완화 논의가 시작되었다. 1996년 운수성은 운수사업에 있어서 '수급조정 규제 폐지'라는 규정을 통해 교통서비스시장의 신규사업자의 시장 진입과 경쟁을 촉진시켰다. 거기에 더불어 2000년 3월 철도사업법이 개정되어 철도사업에서 수급조정 규제 철폐와 운임규제 완화가 실행되었다. 또 철도사업자 퇴출에 대해서도 허가제에서 신고제로 전환되었다.

하지만 어려운 상황에 놓인 지역철도[1]는 퇴출 자유화라는 규제 완화를 시작으로 21세기에 들어 폐지가 계속되었다. 앞에서 언급한 폐지된 철도는 대부분 규제 완화가 없었다면 폐지가 어려울 수 있었다. 그러던 것이 2000년 이후 2012년까지 폐지 가속화로 무려 철도노선 670km가 감소하였다. 한국의 경부선 연장이 450km 정도임을 감안한다면 대단한 수치라 할 수 있다.

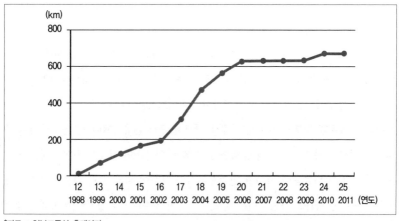

*자료 : 일본교통성 홈페이지

〈그림 4-1〉 2000년대 이후 일본 전국 철도 폐지노선 연장 추이

2. 새로운 교통정책의 모색 - 지역공공교통 활성화 재생법의 성립

2000년대의 철도정책은 지금까지 규제 완화정책의 일환으로 성립되었지만 지역철도에는 상당한 마이너스적인 사업 환경을 가져왔다. 이런 가운데 지역철도에 관해 기존 규

---

1. 지역철도라는 용어는 일본에서 대기업민간철도사업자, 공영도시철도(지하철)사업자를 제외한 지방여객 철도를 말한다.

제 완화와 다른 새로운 모색이 시작되었다. 다시 말해 공공교통을 기존의 민간사업자 위탁이 아닌 행정 및 주민을 포함한 지역 전체의 정책으로 재구축하려는 움직임이다.

2000년대 초반 철도 연장은 전체적으로 폐선이 상당히 진행되었지만 일본 호쿠리쿠(北陸)지방의 도야마(富山)현 다카오카(高岡)시에 있는 가와코에노철도의 사업자 폐지 의향에 대해 지역 자치단체와 시민이 하나가 되어 존속 운동을 펼쳐 만요센(万葉線)주식회사로 전환, 2002년에 새롭게 출범했다. 또 같은 호쿠리쿠지방의 후쿠이(福井)현에서는 2차례의 사고로 운행 정지가 된 게이후쿠(京福)전철이 후쿠이현의 전면적인 지원과 지역시민들의 협력을 통해 에치젠(越前)철도라는 새 이름으로 2003년에 영업을 재개했다. 그 외에 2003년에 긴테쓰(近鉄)에서 산기(三岐)철도로 사업이 양도된 미에(三重)현 호쿠세센(北勢線)에서는 연선자치단체가 용지를 보유하고, 그 이외의 인프라는 철도사업자가 보유하는 형태의 '상하분리'를 시행하여 많은 지방철도의 '상하분리' 운영형태의 선구자 역할을 했다.

이러한 움직임과 병행하여 2002년 4월에 국토교통성 철도국의 검토회에서 '지방철도 문제에 관한 검토회'가 설치되어 1년 남짓 지방철도의 존속 방안에 대한 논의가 진행되었다. 그리고 그 검토회 보고서 '지방철도 부활을 위한 방안 - 철도사업자의 자주적인 노력과 중앙 및 지방정부의 적절한 관여'에서는 앞으로의 지방철도 존속 방안으로 '기본 방안' 4가지 사항을 나열했다. 첫째, 지방철도는 지역의 기초·사회적 인프라이며 지역 스스로가 유지·운영할 수 있는 시점의 중요성을 인식할 것, 둘째, 지방 중핵 도시에는 '도시 유지장치'로서 활용할 것, 셋째, 수송수요가 적어 채산성 확보가 상당히 곤란한 지방철도의 존속 가치에 대해 지역이 판단할 것, 넷째, 철도사업자의 자주적인 노력과 중앙·지방정부의 적절한 관여가 필요할 것 등의 4가지 사항을 열거했다.

이 시기에 지역철도가 '사회적 인프라'와 '도시장치'로서 인식되어 중앙·지방정부의 적절한 관여가 지속 여부의 키워드라고 할 수 있다. 보고서에서는 "철도사업자가 자립적인 경영을 목표로 하는 관점과 유럽의 철도 운영에 가까운 운영방식, 다시 말해 철도 수송밀도가 낮은 지방철도를 유지하기 위한 공적 부담이 반드시 필요하다는 관점을 양립시킬 필요가 있다"라고 설명하고 있다. 또한 이 시기 지방도시의 교통기관으로서

하코다테전차

신교통시스템이라 불리는 LRT(경전철)와 BRT(전용차로 수송버스)가 각 방면에서 주목받고 있었다. 경전철시스템은 차세대형 노면전차라 할 수 있는데, 단순히 기존 노면전차를 새롭게 만든 것이 아니라 배리어프리(이동에 관한 장애 제거)로 다른 교통수단과의 연속성을 담보해 전용주행로를 기본으로 하는 새로운 중량 수송시스템이다. 마찬가지로 BRT도 단순히 버스를 연접차화해서 수송력을 높임과 동시에 전용주행로를 확보하여 버스의 약점인 속도성과 정시성을 보강한 새로운 중량 수송시스템이다. 한국의 서울시 BRT시스템도 일본에 소개되어 큰 반향을 일으켰다.

2006년에는 도야마시에서 JR도야마항구선을 LRT화해서 '도야마경전철'을 개업해 주목받았다. 그러자 기존의 지방철도 재생을 위한 지역공공교통 정비에 관한 중앙정부의 법제화가 보다 명확해져 관련 보조사업이 추진되었다. 그 결과로 2007년 '지역공공교통의 활성화 및 재생에 관한 법률'(이하 지역공공교통 활성화·재생법)이 시행된 것이다.

새로운 법률 하에서는 기존 교통배리어프리법에 근거하여 '이동 원활화'라는 명목의 보조금으로 지원된 커뮤니티버스도 2008년부터 '지역공공교통 활성화·재생사업'으로

재편되었다. 이것은 민간사업자가 담당해 온 지역공공교통 활성화와 재생을 지역행정
조직과 지역주민이 함께 포괄적으로 진행하고자 하는 움직임의 성과로써 지역사회기
반 구축(마치즈쿠리)과 교통정책이 연대된 일본 최초의 법률이라 할 수 있다. 하지만
지금까지 서술한 내용처럼 철도 폐선이 계속적으로 이루어지고 있는 상황에서 도야마
시 실제 사례 이후의 LRT사업은 정지된 상태이며, 현재 유일하게 추진하고 있는 사례
인 커뮤니티버스사업도 지역철도 재생을 크게 창출하고 있다고 말하기는 어려운 상황
이 되었다.

3. 교통정책기본법의 경위

교통문제는 단편적인 대책으로 해결되는 것이 아니기 때문에 지역사회와 함께 공존
해 나가는 교통정책으로 발전시키기 위해 지역공공교통 활성화·재생법이 성립된 지
6년 후에 '교통정책기본법'으로 새롭게 시행되었다.

여기서는 교통정책기본법 시행에 이르기까지의 과정을 살펴보고자 한다.

일본은 교통에 관해서는 예전부터 여러 법률이 존재했다. 교통은 안전 규제 등 엄격
한 사회적인 규제가 필요하기 때문에 철도사업법과 도로운송법에서 각각 사업규정이
되어 있었다. 공적 정비로 진행되어 온 도로에 대해서는 도로 그 자체를 관리하기 위
해 도로법이 있었으며, 공안위원회에서는 '도로교통법'을 상정해 도로교통의 안전과
원활한 주행 규정을 정하고 있었다. 또한 교통안전이라는 점에서 도로교통뿐만 아니
라 폭넓게 교통안전에 관한 제도 확립과 교통안전계획의 책정을 위한 기본법으로 '교
통안전대책기본법'이 이미 존재했다. 시대의 변화에 따라 교통배리어프리법처럼 복지
정책적인 관점을 도입한 법률도 등장하던 시기였다. 하지만 이것들은 교통사업 규정,
교통인프라로서의 도로관리, 교통안전의 법률이라는 도구로서 기본적으로 주종관계
인 제도라는 것에는 변화가 없었다.

한편으로 지역철도를 비롯한 지역공공교통이 쇠퇴하는 가운데 마치즈쿠리(일본적

인 도시재개발)라는 관점에서 교통의 정책적 위상을 확립하기 위해 도시계획과의 관계가 필수적이었다. 일본의 경우 공공교통이 민간 사업자에 의해 운영되는 경우가 많았기 때문에 대도시권에서는 철도사업자가 부동산개발사업자로서 철도 주변 연선개발을 추진하고 주거지 조성을 한 경우가 있었지만, 대도시권 이외에서의 인구 감소화로 인해 지역철도는 이러한 형태의 개발을 추진할 수 없었다. 특히 지속 가능한 도시라는 관점에서도 지역철도를 중심으로 하는 공공교통을 핵심 요건으로 삼고 도시계획화를 추진하는 것이 중요한 전략이었다.

교통에 관한 기본법이 필요하다는 생각은 1980년대부터 교통연구자들 사이에서 논의되던 상황이었다. 1982년에 제정된 프랑스의 '국내교통기본법(LOTI)'에 있어서 '교통에 관한 권리'(이하 교통권)라는 개념이 정립되어 일본에서도 이러한 개념을 적용하려는 움직임이 학회 수준에서 논의되었으며, '교통권' 또는 '이동권'이라 하여 교통기본법의 이념을 제정하려 했다. 당시 야당이었던 민주당과 사회민주당의 의원 입법으로 시작된 최초 법안은 2001년에 국회에 제출되었다. 원래 당시 정치 정세로는 성립되기 어렵다고 보고 재차 2006년에 지방분권 등을 추가하여 만든 수정 법안을 제출하였으나 그것조차 채택되지 않았다.

하지만 교통에 관한 기본 이념을 정리하고 법제화도 필요하다는 생각은 결코 야당만의 제안이라고는 할 수 없었다. '교통권' 또는 '이동권'이라는 용어에는 찬반이 있지만 교통, 특히 사람들의 생활에 필수적인 공공교통이 계속해서 폐지되고 있는 사태에 대하여 지역행정조직도 목표 대책이 없어 이 당시 구체적인 방향성을 제시해야만 하는 시대적인 조류가 있었다. 국토교통성에서는 내부적으로 프랑스의 국내교통기본법과 영국의 2000년 교통법을 연구하기 시작하고 새로운 제도 구축에 대한 이론 무장을 개시하였다.

2009년 9월 자민당에서 민주당으로 정권이 교체되고, 같은 해 9월 당시 국토교통성의 쓰치 전 차관이 교통기본법 제정에 의욕을 표출한 기자회견을 열고, 11월에는 하라 전 장관 하에서 교통기본법 검토회가 시작되었다. 그때 민주당은 야당시절의 법안을 다시 제출한 것이 아니라 다시 한 번 교통에 관한 기본이념을 정리하고 법제화하려 했다. 그리고 초당파적으로 '신교통시스템 의원연맹'에서 교통기본법의 성립에 전향적인 태도를 취한 연구회가 출범했다. 이렇게 교통기본법은 정부의 교통기본법 검토회와 공청회를 거쳐 2011년 3월 교통기본법안으로 각의(내각회의)에서 결정되었다. 내용에는 '교통권'과 '이동권'이라는 용어는 사라졌지만 교통에 관한 "국민교통에 대한 기본적인 수요가 적절히 충족돼야 한다."(법안 제2조)와 "교통 기능 확보 및 향상을 도모할 것"(법안 제3조)을 포함시켜 채산성으로 교통수단 존폐를 결정하던 기존 원칙을 새롭게 개정했다. 또한 "교통에 관한 시책 추진은 도시화 조성, 관광입국의 실현과 그 외의 관점에 따라 해당 시책의 상호간 연대 및 이것과 관련된 시책과의 연대"(법안 제6조)를 도모한다는 것이 이 법안의 핵심 조목이었다. 이 법안으로 도시화를 조성하는 데 있어 이해당사자들의 연대가 가능해졌다. 그리고 드디어 일본에서도 기본법이 시행될 것이 확실시되던 차에 각의 결정 3일 후에 일어난 동일본 대지진 발생으로 갑작스럽게 논의가 중단되었다. 특히 국토교통성 심의는 대지진 관련 안건이 최우선시 되어 기본 이념에 대한 논의는 일단 중지되었다. 1년 이상이 경과하여 중의원 심의가 시작되었지만 그 시점에서는 여당인 민주당 자신의 정치적인 기반이 무너져 심의 절차가 진행되는 가운데 갑작스럽게 중의원이 해산되고, 교통기본법은 아쉽게도 폐안되고 말았다.

2012년 정권이 민주당에서 자민당으로 바뀐 후 본래 교통기본법을 제정하고자 하는 움직임은 사회적으로 중요한 이념이라는 인식이 확산되어 많은 사람들의 공감을 불러일으켰다. 또한 동일본 대지진을 경험하고 나서는 더욱 더 사람들은 교통 역할의 중요성을 의식하기 시작했으며, 그로 인해 2013년 11월 자연재해에 대한 대응력 등을 추가한 '교통정책기본법'이 자민당 정권 아래에서 각의 결정되었다. 대도시권보다 농어촌지역, 즉 지방을 선거기반으로 하는 자민당에 오히려 지역공공교통은 심각한 문제였고, 그러한 이유로 중의원과 참의원 심의에서도 특별한 반대 없이 같은 해 12월에 시행되었다.

4. 교통정책기본법과 관련 법안

교통정책기본법과 당초에 있던 교통기본법안과는 새로운 조문이 추가된 상황이었지만 기본적인 '창법 이념'에 큰 변화는 없었다. 이 법은 교통기본법안 제2조를 '교통에 관한 시책추진에 있어서의 기본적인 인식' 하에 '교통에 대한 기본적인 수요의 충족'(제2조), 더불어 교통 기능의 확보·향상(제3조), 환경 부하 저감(제4조), 적절한 역할 분담과 연대(제5조·제6조), 교통안전 확보(제7조)라는 조문으로 구성되었다.

제3조의 교통 기능 확보·향상은 당연한 내용이지만 제4조에서 교통을 둘러싼 환경에 대한 부하 저감을 확실히 기재하고 있다는 것으로 자동차에 의존해 온 사회의 반성을 나타내고, 제5조에서 자동차 이외 도보와 자전거에서 공공교통에 이르기까지 교통수단의 역할 분담과 연대를 기재하고 있다는 점은 기존 교통정책의 전환을 의미하는 것이었다. 또 제6조는 선행 기본법안과 동일한 조목으로 "교통에 관한 시책 추진은 도시화 조성, 관광 입국 실현 등의 관점에서 해당 시책 상호간의 연대"를 도모하려 했는데, 이것은 교통이 도시화 조성과 일체화된다는 교통도시화 조성이라는 법안 이념의 핵심 조문이라 본 것이었다.

교통정책기본법에서는 구체적인 시책에 대해서 '교통정책기본계획'의 각의 결정과 실행(제15조)이 의무화되어 교통정책기본법 제16조에서 이하 제31조까지 국가 시책에 관한 조문이 있다. 2015년 2월에 결정된 교통정책기본계획에서는 2014년도부터 2020년도까지를 계획기간이라 정해 구체적인 목표와 시책을 구성했다. 내용은 포괄적이지만 지역철도정책과의 관련이라 말할 수 있는 "풍요로운 국민생활에 맞는 교통의 실현"으로 "자치단체 중심으로 콤팩트시티화 등 도시화 조성 시책과 관련해 지역교통네트워크를 재구축한다"라는 점이 중요한 내용이라 할 수 있다. 국토교통성의 설명자료에서도 첫째로 그 시책이 명시되어 있고, 시책의 취지로 "인구 급감, 초고령화, 자동차 사회의 진전 등을 염두에 두어 관련된 시책과 연대해서 지역공공교통을 활성화하고, 활력 있는 지역사회를 실현하고, 교통 정체성이 확립된 지역사회 창조에 공헌한다"라고 서술하고 있다. 교통정책기본법에서는 지역 활성화를 위해서 지역철도를 중심으로 한 공공교통을 정책적으로 활성화하려는 발상이 전면에 나타나고 있다는 것을 알 수 있다.

덧붙여 이번 교통정책기본계획에서는 수치 목표도 제시되었다. 지역철도에 관련된 시책으로는 승하차입구 단차가 없는 저상식 노면전차의 도입 비율을 2013년 약 25%에서 35%로 인상하는 것을 목표로 한 콤팩트시티 전략의 일환으로 지역공공교통 형성 네트워크 계획을 100건 정도 책정했다.

'지역공공교통망 형성계획'이란 앞에서 설명했듯이 2007년 시행된 지역공공교통 활성화·재생법을 2014년에 개정해 그 상황에서 새롭게 지역을 정할 수 있는 계획이다. 교통정책기본법 자체는 기본법이라 예산조치를 동반한 구체적인 시책은 제시되지 않았기 때문에 기존 지역공공교통 활성화·재생법과 도시재생특별조치법을 개정하는 것으로 콤팩트시티를 목표로 하는 각 지방자치단체의 시행 대처를 중앙정부가 교통계획과 도시계획의 양면에서 밀어붙이는 것이다.

이번 지역공공교통망 형성계획은 도시재생특별조치법의 개정으로 도입된 '입지적 정화계획'과 뗄 수 없는 표리일체(表裏一體) 그 자체로 취급된다. 입지적정화계획에서는 일단 교외지역으로 행정시설과 의료시설을 콤팩트시티 이념에 따라 유도하는 것이

가마쿠라고교교마에역 노면전차

포함되지만, 이런 상황에서는 사람들의 이동권 보장을 위해 편의성이 높은 공공교통이 필수적으로 지원되어야 한다는 것이다. 다시 말해 지역공공교통의 네트워크가 보장되어야 입지적정화계획도 목표대로 달성된다는 인식이다. 그럼으로써 공공교통이 지원되는 연선지역에 이러한 시설이 들어오면 공공교통의 이용자들도 증가하게 된다. 법 개정에 기초한 계획 책정은 두 가지의 법률에 기초한 것이지만 통합된 장기적인 계획으로 실행이 가능하게 만들어 교통과 도시계획이 상하관계로 존재하는 것을 없앴다. 더불어 2015년에 각의 결정된 국토 형성 계획에서는 국토구조, 지역구조로서 '콤팩트 + 네트워크'를 형성해서 전개해야 한다는 방향이 명시되었다.

지금까지 우리는 교통기본법의 논의를 거쳐 교통정책기본법 제정에 이르기까지의 변화를 살펴보았다. 일본은 국가적으로 '중심시가지에 생활기능을 집약하고 동시에 지방 공공교통을 재생한다'라는 슬로건 하에서 지방교통정책을 추진한 결과 성공적이라고 말할 수 있으나, 전체적으로는 지역철도 이용자들이 계속 감소하는 추세인 것도 사실이다.

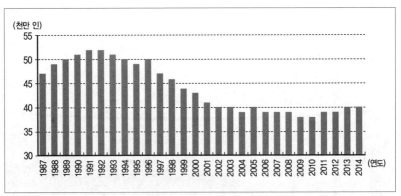

*자료 : 국토교통성(2016), 《교통정책 백서》

〈그림 4-2〉 지역철도 수송인원 추이

5. 지역철도의 새로운 움직임

여기서는 일본 지역철도의 새로운 움직임으로, 일본 최초의 LRT를 도입해 개척자 역할을 한 도야마(富山)경전철과 사장 공모를 통해 폐선 위기에서 부활하고 동일본대지진의 피해도 극복한 히타치나카해변철도 등 지역공공교통망 형성 계획의 대상이었던 두 곳의 철도와 욧카이치(四日)시 아스나로철도 그리고 교토탄고(京都丹後)철도 등 네 가지의 경우를 소개한다.

(1) 도야마(富山)경전철

도야마현은 혼슈(本州) 가운데의 동해에 면해 있는, 1가구당 자가용 승용차 대수도 1.71대로 전국 순위 2위인 자가용승용차 의존율이 높은 현이다. 현청 소재지인 도야마시는 인구 42만 명의 전형적인 지방도시이지만 불규칙적으로 팽창한 도시를 변화시키기 위해 2006년에 개정된 중심시가지 활성화법에 기초한 콤팩트시티 계획을 제시했다.

도야마시는 자가용차 의존은 높지만 기존 철·궤도 노선망 또한 발달한 도시다. 2006년 초 시점에서는 동해에 면한 여러 도시를 연결하는 간선 JR호쿠리쿠(北陸) 본선 외에 도야마와 기후(岐阜)를 연결하는 JR다카야마(高山) 본선과 도야마에서 외항인 이와세하마(岩瀬浜)를 잇는 JR도야마 항구선, 도야마에서 우나즈키(宇奈月)온천과 다테야마(館山) 등을 연결하는 도야마지방철도의 각 철도노선 그리고 도야마지방철도가 운행하는 노면전차 시내선이 있었다. 그런 가운데 호쿠리쿠신칸센 개통에 따른 도야마역 고가화를 진행할 때에 JR도야마 항구선은 폐지 대상이 되었다. 그래서 도야마시가 이것을 인수하여 고가화를 추진하지 않고 일부 병행 궤도화를 포함한 전면적인 개량을 통해 2006년 4월 제3섹터인 도야마라이트레일 7.6km를 개통시켰다.

또 같은 해에는 시 부담으로 도야마 시내를 달리는 JR다카야마선에서 열차가 증편되고, 연선 주변에 환승주차장을 설치하고, 그 외에 2008년 3월에는 임시로 신역사 후주사카역(婦中鵜坂駅)을 설치하였다. 게다가 2009년 12월에는 기존 노면전차를 운행하고 있는 도야마지방철도의 시내선을 연결시키기 위해 도야마시가 0.9km 선로 부설을 부담하는 것으로 순환선을 개통시켰다. 시설과 차량은 시가 건설 및 소유하고, 운행은 도야마지방철도가 담당하는 '상하분리' 방식이다. 궤도상의 상하분리는 앞에서 설명했듯이 '지역공공교통 활성화·재생법'으로 일본 최초로 실현된 사업이었다.

도야마시는 버스 이용자에게 '나들이정기권'을 발매하고 고령자 회원은 100엔이라는 파격적인 요금으로 시내 각 지역에서 중심시가지로 이동할 수 있는 혜택을 2008년 도야마지방철도의 철도선과 2011년 도야마 시내선 그리고 도야마경전철에도 이용할 수 있도록 조치를 취했다. 도야마시는 공공교통을 활용한 중심시가지 활성화책을 계속해서 내놓고 있다. 흥미로운 점은 지정된 꽃가게에서 꽃을 구매하면 시내전차 등의 요금이 무료가 되는 '꽃다발트램사업'이라는 것이 있으며, 시내 호텔에 투숙하면 경전철과 순환선을 이용할 수 있는 공통할인권이 배부되기도 한다. 이는 외국인이면 무료 사용이 가능하다.

여기에 모두 나열할 수는 없지만 중요한 것은 이런 시책이 서서히 결실을 맺고 있다는 것이다. 도야마경전철의 경우 일찍이 JR선일 때의 시대와 비교해 보면 운행 횟수가 대폭적으로 증가하고 더불어 운행시간의 연장과 역사 증설, 철저한 배리어프리화 등 편의성이 향상되어 이용자가 크게 증가했다. 개업부터 2014년도까지 8년간 평균 수치를 보면 평일 이용자는 개업 전과 비교하여 2.1배, 휴일은 3.9배가 되고, 평일 주간시간대의 고령자 이용객도 눈에 띄게 늘었다. 도야마시 조사에 따르면 이용자의 약 20%는 JR시대에 자동차를 운전했다고 답변했고, 평일의 경우 이용자의 20%가 이전에는 이동을 삼갔던 신규 고객이라 한다. 이렇게 도야마경전철이 고령자의 외출을 촉진시키는 역할을 하고 있다는 것을 알 수 있다.

또 JR다카야마 본선에 대해서도 사회 실험 종료 후에 이용자는 사회 실험 전에 비해 10%가 증가하고, 임시로 설치된 후주사카역도 상설역이 되었다. 중심시가지에 대한 영향을 준다는 점에서는 순환선 효과도 크고 기존 도야마지방철도의 노면전차 이용자는 순환선 개업 때인 2009년에 비해 2012년에는 13% 증가했다. 2012년 중심시가지 보행자 수는 2006년에 비해 32% 증가해 폐 점포 수는 2009년 20.9%에서 19.4%로 감소했다. 이로써 도야마시는 인구 집적도와 고령화에 따른 동반 자연 감소는 있었지만 인구가 2008년도부터 전입 초과가 되어 공공교통의 이용과 콤팩트시티 형성에 대한 소기의 성과를 올렸다고 볼 수 있다.

(2) 히타치나카해변철도

히타치나카해변철도는 도쿄에서 동북쪽으로 100km 정도 떨어진 이바라키(茨城)현 히타치나카시의 JR가쓰타(勝田)역에서 해안을 따라 아지가우라(阿字ヶ浦)를 연결하는 전장 14.3km 비전철화 철도이다. 히타치나카시는 1994년 이전에는 가쓰타시와 나카미나토(那珂湊)시로 나눠져 있었다. 히타치나카해변철도는 해안 주변 나카미나토시 주민을 JR의 간선 조반선의 접속역인 가쓰타역으로 수송하는 도시간 철도였다. 경영 주체는 이바라키현에서 광범위하게 버스사업도 수행하는 이바라키교통(주)이다. 히타치나카시에는 대규모 전기제조업체인 히타치의 공장도 있고 일정 인구 집적이 있는 곳이지만, 이바라키교통이 사업합리화의 일환으로 폐지 계획이었기 때문에 해당 지역인 히타치나카시 스스로가 출자하는 방식의 제3섹터철도로 2008년 이후 새로운 철도로서 노선을 존속시킨 경위가 있다. 히타치나카시는 전례 없는 철도회사 사장직을 공모하여 호쿠리쿠지방의 만요센(万葉線) 재건을 이룬 요시다치아키 씨를 공모사장으로 임명하였다.

그 후 히타치나카해변철도는 철도 팬에게 크게 인기 있는 구형 기동차를 운행시켜 관광객을 불러들이고 본사가 있는 나카미나토역에서는 해당 지역산 농산물 직판점을 개설하는 등 공모사장의 아이디어로 해당 지역 밀착이벤트를 늘렸다. 인접한 미토(水戸)시에서 만화동호회지 판매행사가 열릴 때는 메이드 복장의 종업원을 태운 '메이드 트레인'을 운행시켜 만화팬 사이에서도 큰 화젯거리를 만들었다. 또 2010년에는 중간역 열차교환시설을 정비해서 폐지 직전이었던 철도사업에 신규투자가 이루어져 열차 대수를 증가시킬 수 있게 되어 이용자 증가에 박차를 가했다.

2011년 3월 동일본대지진 때에는 연선 주변에 있었던 저수지가 무너져 노반이 파괴되고 터널에 금이 생겼다. 복구비 3억 엔은 이 회사의 연간수입 20% 이상을 상회하는 금액이었지만 해당 지역인 히타치나카시와 연선지역 주민의 전면적인 지원으로 재해 후 4개월 만인 7월에 전선 정상운행이 가능하게 되었다. 그 후에도 이용자는 계속 증가해 2015년 신회사로 발족한 이래로 최고의 이용자 수를 기록했다. 또 히타치나카시의 홈마 시장은 종점인 아지가우라에서 히타치나카해변공원까지 약 3km 연장 계획을 표명하고, 2016년에는 노선안도 구체화시켰다. 폐선 위기에 있던 지역철도가 노선연장을 실현하게 된다면, 이것은 일본 역사상 획기적인 일이 될 것이다.

(3) 욧카이치(四日)아스나로철도

욧카이치시는 일본 국토의 거의 한가운데에 위치한 미에(三重)현에 있는 인구 31만 명의 공업도시이다. 고도 경제성장기에는 복합 석유화학을 중심으로 나고야(名古屋)시로 통근하는 사람도 상당수다. 욧카이치철도는 JR과 대규모 사철기업인 긴키(近畿)철도(이하, 긴테쓰)와 함께 사실상 간선 수송만을 담당하고 중심시가지에 있는데, 긴테쓰욧카이치(近鉄四日市)역에서는 긴테쓰 지선인 요노야마선과 지금 설명하고자 하는 욧카이치아스나로철도가 있다.

2015년 4월 출범한 욧카이치아스나로철도는 욧카이치에서 우쓰베와 니시히노(西日野) 두 방향으로 운행하는 전장 7km 철도로, 이전은 긴테쓰의 한 지선이었다. 긴테쓰는 JR 이외는 일본 최대의 노선연장을 자랑하는 대규모 철도기업으로 오사카(大阪)시, 나고야(名古屋)시, 교토(京都)시, 나라(奈良)시와 이어져 도시권 수송도 담당하는 대기업이다. 하지만 욧카이치의 일개 지선은 적자 노선이면서도 선로폭도 762mm의 경편철도 구조여서 철도인프라의 현대화 작업도 세울 수 없던 형편이었다. 참고로 일본에서 현존하는 762mm 여객철도는 욧카이치아스나로철도와 미에현에 위치한 산기철도(三岐鉄道)의 호쿠세센(北勢線) 그리고 관광철도인 도야마현의 구로베(黒部)협곡철도의 세 종류가 있다.

긴테쓰는 2012년 연간 약 3억 엔 정도의 결손으로 협궤철도의 운행을 폐지하고 철도 노반을 버스전용도로인 BRT로 전환하길 제안했다. 거기에 대해 욧카이치시는 철도로의 존속을 원해 양자 사이에서의 협의가 계속되었다. 이동수단에 있어서 버스 전용주행로를 확보하면 값싼 비용으로 교통수요에 대응하기 쉽다는 긴테쓰와 첨두수요(尖頭需要) 시의 대응 미비에 대한 우려를 포함하여 철도 도시에 대한 긍정적인 존재 가치를 중시 여기는 욧카이치시 사이에 철도 존속에 대한 괴리가 있었다. 7km 정도 노선에서 연간 360만 명이 이용하는 철도는 결코 수송밀도가 낮은 편이 아니다. 원래 공적 자금을 민간철도에 투입하는 것을 주저하던 욧카이치시와의 논의가 난항을 겪어 일시적으로는 BRT 재건이라는 해결책으로 추진하려 했지만 최종적으로 공유민영방식의 상하분리로 사업을 추진하는 것으로 결정했다. 다시 말해 역사와 선로, 차량 등 철도시설은 욧카이치시가 보유하고 열차운행은 긴테쓰가 75%, 시가 25% 출자하는 '욧카이치아스나로철도'가 탄생했다. 철도차량과 시설은 긴테쓰에서 욧카이치시로 무상양도하고, 철도 용지는 시가 철도회사에게 무상 대여로 제공받아 무상 대여하는 형태의 운영체제를 시행했다.

욧카이치시는 지역공공교통 활성화·재생법 개정 신법 하에서 지역공공교통망 형성 계획 인정 제1호가 된 계획을 작성해 '콤팩트화된 시가지 조성 추진과 교외부 유지', '환경 선진도시로의 구축'이라는 도시계획 방침을 확정, 시행하였는데 대규모 민간철도기업 노선을 공적 자금으로 지원하는 전제 하에서 양도받아 철도 자산을 활용하는 결단을 내린 것은 새로운 지역철도 움직임의 상징이라 할 수 있다.

욧카이치아스나로철도는 2015년 속도가 향상된 차량 교체도 진행했고 또한 공조시설이 완비된 차량도 도입해 앞으로 더욱 인프라 향상에 대한 기업 역량을 강화시킬 방침이다.

(4) 교토탄고(京都丹後)철도

교토탄고철도는 교토부 내이지만 교토시에서 특급열차로 2시간 정도 더 들어가야 하는 동해 쪽에 위치한 전장 114km 노선이다. 이것도 욧카이치아스나로철도와 거의

게이한 노면전차

같은 시기에 지역공공교통망 형성 계획 제1호로 인정된 계획으로, 이전까지는 국철시대의 특정지방교통선을 인수한 제3섹터철도, 기타긴키탄고(北近畿丹後)철도(KTR)가 운영하고 있었다. 연선 주변에는 일본 3대 경치라 알려진 아마노하시다테(天の橋立)가 있고, 교토부라는 지역의 이점을 살릴 수도 있지만 동쪽 기점인 마이즈루(舞鶴)는 일찍이 항만도시로 일본 동해 면에 접한 유명한 도시 중의 하나였다. 이곳은 전체적으로 보면 과소화가 진행되는 촌락과 몇 개의 도시가 분산되어 존재하는 지역으로, 앞에 사례를 들었던 도야마시, 히타치나카시, 욧카이치시와 같이 인구가 크게 집중된 지역은 아니다. 하지만 기타긴키탄고철도(KTR)는 교토부가 주출자자로 그 외의 연선 자치단체들도 출자하여 긴 연선을 감당하면서도 이용자가 매우 적어서 일본 최고의 적자 철도라는 불명예를 안고 있었다.

그런 중에 상하분리에 따른 제3섹터철도인 기타긴키탄고철도(KTR)가 인프라를 보유하고, 운행회사로는 새로운 사업자를 모집하는 방법을 택했다. 그 결과 2015년 새로운 운행회사 교토탄고철도가 출범했다. 교토탄고철도의 운행이 대단히 눈길을 끄는 것은 운행회사가 철도와는 관계가 없는 고속버스회사 윌러 익스프레스(Willer Express)가 참여했다는 것이다. 이 회사는 2000년대 버스사업 규제 완화로 전세투

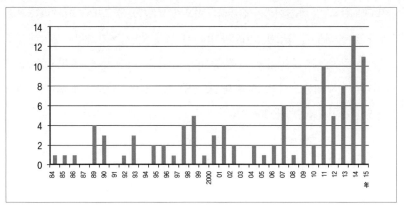

*자료 : 국토교통성(2016), 《교통정책 백서》

〈그림 4-3〉 개업 연도별 일본 관광열차 수 추이

어버스방식의 도시간 버스 수송을 개시해 그 후 고속버스회사로 크게 성장한 신흥 기업이다.

월러 익스프레스는 철도운행회사로서 월러 트레인스(Willer Trains)라는 회사를 설립하고 2015년 4월부터 통칭 교토탄고철도라는 브랜드로 운행을 개시했다. 기존 시설과 차량을 활용한 철도이지만 새롭게 여러 가지 기획 승차권을 발매하고 있다. 예를 들어 후쿠치야마(福知山)에서 도요오카(豊岡)까지 89km의 편도요금을 1,800엔으로 설정했지만, 주말이 되면 전체 노선에서 종일승차권은 어른 2명과 어린이 2명까지 탈 경우 온라인 구매시 2,000엔으로 구매가 가능하게 만들었다. 홈페이지에는 '지역 가치의 향상'을 목표로 하며 실제로도 기존에 그다지 왕래가 없던 교토부 동해 연안지역 도시들 간의 교류를 촉진시켜 해당 지역에서 큰 호평을 받았다. 또 2016년에는 지역 기업가를 지원하는 '철도비즈니스스쿨'을 개강하고 동시에 설립한 일본 최초의 투자형 철도펀드 '다이슈펀드'로 새로운 철도사업 구상에 투자를 시행한다는 절차를 세웠다. 이것들도 해당 연선지역에서 수강생이 많다고 한다. 구체적인 성과에 대한 문제점도 생길 것이지만, 이 상황은 일본 지역철도에서 새롭게 진행되고 있는 철도 개혁의 일환이자 큰 흐름이라 할 수 있다.

또 교토탄고철도에는 '아카마쓰(赤松)', '아오마쓰(青松)', '구로마쓰(黑松)'라는 관광열차도 있다. 모두 다 유명한 공업디자이너 미토오카 에이지 씨가 내장을 담당한 것으로 '구로마쓰'는 레스토랑열차로 운행 중이다. 이 같은 관광열차는 교토탄고철도뿐만이 아니라 현재 일본 지역철도의 붐을 일으키는 요인 중의 하나로서 새로운 지역철도의 활약상을 기대할 수 있는 모습이다.

제**2**절

철도 여객수송과 철도사업

쇼지 겐이치

(고베대학 교수)

1. 여객철도 현황

최근 일본 여객수송에서 차지하는 철도의 비중은 수요구조의 변화와 자가용차를 비롯한 경쟁교통수단의 발전으로 감소해왔지만 21세기에 들어서부터는 그 감소 추세가 멈추고, 이후에는 거의 일정한 수준을 유지하고 있다.

그 결과 1975년도 철도의 수송 인·km는 46%, 수송인원은 38%였던 분담률이 2000년에는 각각 27%와 26%, 2009년에는 29%와 26%를 기록하였다.[2] 즉, 1975년의 분담률 계산에서는 경자동차와 자가용 화물자동차 수송량이 포함되어 있기 때문에 이를 뺀다면 철도의 분담률은 약간 상승할 것이다.

일본의 여객수송에서 차지하는 철도의 분담률은 미국이나 영국, 독일, 프랑스에 비하면 매우 높다고 할 수 있다. 영국의 철도 분담률(인·km 기준)은 약 8%, 독일은 7%, 프랑

---

2. 2010년도 이후 자가용 자동차 · 경자동차가 대상에서 제외되었다.

스는 11%에 불과하다(2009년 기준). 더욱이 미국의 경우에는 1%에 불과하다.

철도는 한정적인 공간에서 대량의 여객을 신속하고 신뢰성(정확성) 있는 수송이 가능한 특성을 가지고 있다. 이 특성은 대도시권과 같이 주야간 인구의 차가 많은 지역에서는 더 큰 의미를 가진다. 일본의 3대 도시권 자료를 보면 철도 분담률은 더욱 높아 수송인원 기준으로 약 50%에 이른다[3](〈표 4-1〉 참조).

〈표 4-1〉 3대 도시권의 교통수단별 이용현황

(단위 : %)

	철도	버스	택시	자동차
전체(3대 도시권)	51	6.6	2.7	39.7
수도권	58.2	6.8	2.7	32.3
오사카권	48.4	7.8	3.2	40.6
나고야권	21.7	3.6	1.8	72.9

*자료 : 운수정책연구기구, 《도시교통연보》, 2011

이처럼 중요한 지위를 점하고 있는 철도 여객수송의 특징은 민유민영(民有民營)의 철도기업, 특히 사철이 도시권 철도를 중심으로 큰 역할을 하고 있다는 점이다. 예를 들면 수도권의 경우 사철과 JR의 수송인원은 거의 같은 규모(2010년도에 전자는 철·궤도 전차의 38%, 후자는 39%)이며, 오사카지역의 경우에는 사철의 비율이 44%에 비해 JR은 29%로 사철이 1.5배에 가까운 규모이다. 더욱이 10년 전 2000년도의 시점에서는 사철의 비중이 49%였다(수도권의 경우는 38%).

사철은 물론 3대 도시권에서 영업하고 있는 JR히가시니혼, JR도카이, JR니시니혼 등 이른바 JR 3개 회사의 주식이 민간에게 완전 매각되어 도시권 여객수송은 여객수입을 그 수입원으로 하는 민간기업 중심으로 서비스가 공급되고 있다. 그러나 유럽과 미국에서는 일반적으로 정책적인 판단에 기초한 운임 할인에 따른 운임보상 정책이 일반적이지만, 일본은 국가와 지방자치단체로부터의 실질적인 보조가 거의 없는 매우 드문 사례이다. 따라서 사철의 높은 효율성과 그 경영성과는 세계적으로 주목할 만하

---

3. 도보·자전거 등을 제외한 분담률이기 때문에, 이른바 동력 운송(Motorized Transport)을 대상으로 하고 있다.

다고 하겠다.

2015년 7월 1일 현재 일본에는 196개의 철도사업자(노면전차, 모노레일, 신교통수단을 포함하지만 강삭철도, 무궤도 전차 및 미 개업선은 제외. 철도영업을 직접적으로 시행하고 있지 않은 제3종 사업자는 포함)가 존재하고 있다. 그 중 화물운송사업만을 담당하는 사업자는 12개이며, 나머지 186개사가 여객운송사업(일부는 화물사업도 함께 하고 있다)을 담당하고 있다. 그 중 JR 6개사를 제외하면 180개 사업자[4]가 지역 여객철도를 담당하고 있다. 물론 국철 분할 민영화 후 발족한 JR 6개 회사도 이제는 전국 수송을 직접적으로 담당하는 것이 아니고, 각각 할당된 지역 내의 철도 수송의 책임을 담당하고 있다. 하지만 1987년까지는 전국의 노선망을 보유하였던 국철이었기 때문에 국철 노선의 대부분을 각각 인수해 그 영업범위가 다른 사업자보다 커(가장 작은 JR시코쿠는 영업거리가 855.2km) 구별이 된다고 하겠다.

'Regional Rail, suburban Rail'이라는 용어로 표현되는 철도의 양태가 국가에 따라 다르듯이 같은 용어로 나타나는 것도 그 실태에 따라 차이가 있다. 더욱이 국제 비교를 행할 경우 각국 독자의 용어에 주의할 필요가 있다. 예를 들면 일본 국내 독자적 표기법인 '민철'이 그러한 예이다. 국철의 분할 민영화가 행해지기 이전 국철 이외의 철도사업자를 합하여 '민철'이라 표현했다. 이 경우 '민철'이라고 부르는 것 가운데 순수 민간기업인 '사철' 이외에 공사 혼합기업인 제3섹터, 더욱이 지방자치단체 산하의 공영기업인 각 교통국(지하철이라고 총칭한다), 국철, 지방자치단체가 출자한 영단도 포함되어 있다. 이러한 국가의 직접 산하인 국철 이외의 철도사업자를 통틀어서 '민철'이라고 표현하고 있다. 1987년 분할 민영화 이후 국철은 JR로 변화하여 JR히가시니혼, JR도카이, JR니시니혼은 모든 주식을 민간에게 매각하고 JR규슈도 상장을 시작하였다. 이러한 이분법은 과거의 것이 되었지만 지금도 이 용법이 사용되고 있다.

여기서 〈표 4-2〉의 제목과 같이 '철도사업자'가 아니라 '철·궤도사업자'로 된 것은 일본에서는 역사적으로 노선전차와 경량전차 겸용 궤도 이용에 대해서는 '궤도', 증기

---

4. 또한 이 중에서는 제3종 사업만을 운영하고 있는 철도사업자가 21, 더욱이 궤도 정비사업자가 1이 포함되어 있다.

(단위 : 개)

서비스 형태	구분	회사 수
여객	JR	6
	공영, 영단 등	12
	대기업민간철도(大手民鉄)	15
	준대기업민간철도(準大手)	5(1)
	중소민간철도(中小民鉄)	128(20)
	모노레일	9
	신교통시스템	9
화물	JR	1
	사철	11
합계		196

*주 : 1) 강삭궤도, 무궤도 전차, 미 개업선은 포함되어 있지 않다. 공영 등에는 도쿄지하철을 포함
　 2) 회사 수 중 ( ) 내의 숫자는 제3종 사업자 수
　 3) 여객 중 일부, 화물수송도 행하는 경우가 있다.
　 4) 모노레일, 신교통시스템만을 운영하는 사업자 수이다.
*자료 : 국토교통성 철도국 감수, 《숫자로 보는 철도 2015년》, 운수정책연구기구

철도 타입의 것에 대해서는 '철도'라는 형식으로 면허제도가 되어 있어 현재에도 각각의 면허를 보유하고 있는 사업자가 있기 때문이다. 국유철도 이외의 철도에 대해서는 면허제도가 1887년 노선 신설의 면허제, 규격 통제, 운임인가제 등을 정한 사설철도조례가 제정된 것에서 출발한다. 그러나 이것과는 별도로 공공도로상에 부설하는 궤도에 대해서는 내무대신이 관할하는 것으로 1890년 8월 궤도 조례가 교부되었다. 이렇게 증기철도 형식의 것에 대해서 '철도', 노면전차 형식의 병용궤도를 기본 상정한 것에 대해서는 '궤도'라는 2가지 형식의 면허제도가 병존하고 있다. 예를 들면 한신(阪神)전철 등 당시 이 조례에 따라 면허를 신청한 사철도 적지 않다(그 중 대부분은 궤도면허로부터 철도면허로 변환했지만). 이 때문에 현재에도 실제 면허상으로 '궤도'로 분류되어 있는 사업자도 있다. 예를 들면 오사카시 교통국과 같이 주로 중량전철인 '지하철'로 운행하고 있는 사업자로부터 구마모토(熊本)시 교통국, 한카이(阪堺)전기궤도(주)와 같이 원래 노선전차를 운행하고 있는 사업자까지 포함되어 있다. 더욱이 신교통시스템(AGT)인 고베(神戸)신교통의 포트아일랜드선(ポートアイランド線)을 비롯해서 같은 노선이면서 구간에 따라 면허가 다른(즉, 철도·궤도 두 가지 면허를 보유하고 있다) 경우도 존재하고 있다.

앞의 분류에 대해 좀 더 설명하면 먼저 JR은 이전 전국적으로 약 2만 km의 네트워크를 보유하고 있는 국유철도가 1987년 철도 개혁에 따라 분할되어 만들어진 회사이다. 다음으로 공영 등이 있는데, 이는 지방자치단체 산하에 있는 공유의 사업체(공영지하철 및 노선전차)와 도쿄메트로(도쿄지하철주식회사) 등을 말한다. 이 중 하코다테와 구마모토, 가코시마 교통국은 원래 노선전차사업을 하고 있다. 이를 제외한 8개 사업자(센다이시, 도쿄도, 요코하마시, 나고야시, 교토시, 고베시, 후쿠오카시, 오사카시)는 모두 대도시권의 지하철을 운영하고 있기 때문에 '지하철'이라고 표기하고 있다.[5] 즉, 도쿄메트로는 원래 1941년 국가와 도쿄도, 더욱이 도쿄에 있는 큰 규모의 사철(大手) 등의 출자에 의해 만들어진 데이도고속도교통영단(약칭 : 영단, 1951년 사철 출자분은 국철과 도쿄도에 이관되었다)이지만, 민영화를 의도하고 성립한 도쿄지하철주식회사법에 기초해 이를 인수하는 형태로 2004년 4월 탄생한 회사이다. 그러나 아직 주식의 민간 매각이 시작되지 않았으며(현재 주주는 국가와 도쿄도), 지하고속철도 정비사업비 보조제도(후술)의 직접적인 대상 조직이었기 때문에 이를 포함하여 취급하는 것이 적절하다.[6]

이어서 모노레일과 신교통시스템인데, 이것은 모두 특정의 기술방식을 채용한 사업자이다. 그 중 1964년 개업한 도쿄모노레일과 1970년 영업을 개시한 쇼난모노레일,[7] 게다가 신교통인 (주)오리엔탈 라인의 산하인 마이하마 리조트 라인, 택지개발에 따라 설립된 스카이 레일 서비스, 야마가타의 5개 회사는 민유민영의 방식이지만, 이 외는 모두 공공부문(지방자치단체) 주도의 제3섹터이다.

이어서 큰 규모의 사철(大手)은 도시권의 지역 여객수송을 담당하고 있는데 일본 철

---

5. 실제로는 그 노선에 지상 보행 부분도 존재하고, 그 이외의 철도사업자에도 그 영업 구간의 대부분(내지 전부)이 지하 공간인 경우도 존재한다. 또 지방 자치단체의 경우 교통국의 대부분은 이전 노면전차 사업도 행한 역사를 가지고 있다. 그러나 현재 지하철과 양쪽을 운영하고 있는 것은 도쿄도와 삿포로시뿐이다.

6. 또 문헌에 따라서 도쿄메트로로의 이행에 따라 이 회사를 대기업사철(민철)로 취급해서 자료가 정비되어 있는 것도 있어, 그 점도 주의가 필요하다.

7. 이 회사는 원래 같은 모노레일의 개발자인 미쓰비시중공업을 중심으로 한 미쓰비시그룹 산하에 있었지만, 2015년 각지에서 공공 교통의 재건·유지 등의 업무를 하는 ㈜미쓰노리홀딩스에 의해 매수되었다.

도시사업 최대의 특징으로 사철 경영의 대표적인 사례이다. 이 중 니시데쓰(영업기반은 후쿠오카)를 제외하고 14개 회사가 일본의 3대 도시권에서 영업기반을 가지고 있다. 이어서 도쿄권과 오사카권에서 사업을 하고 있는 준 사철 5개 회사(신 게이세이, 기타 오사카한큐, 센부쿠고속, 고베고속, 산요전철)는 대규모 사철에 이어서 존재하고 있다. 이 중 기타오사카한큐와 고베고속철도는 공공과 민간의 공동출자방식이다.[8]

마지막으로는 중소사철로, 이는 대도시권 이외의 지방에서 예전부터 영업을 해온 이른바 지방 중소 사철 등 83개 회사(제3종 철도사업자 15개사, 궤도정비사업자 1개 사를 포함)와 전환철도 등을 말한다. 국철 개혁 때 국철(JNR)로서 경영이 곤란하여 분리된 지방 적자선 구간 중 철도로서 남아있는 것과 당시 건설 도중에 있었던 원래 국철이 경영할 예정이었던 철도노선으로 개업한 사업자, 그리고 정비신칸센의 정비와 함께 JR로부터 분리된 이른바 병행재래선(도난이사리비철도, IGR이와테 은하철도, 아오이모리철도 및 아오모리현,[9] 시나노철도, 에치고도키메키철도, 아이노가제도야마철도, JR이시가와철도, 비잔오렌지철도) 등 4개 회사가 있다(이 중 5개사는 제3종 사업자). 즉, 중소로 분류되어 있는 것 중에는 공적 부문의 출자율이 과반을 점하는 제3 섹터나 지방공공단체 등 공적 부문으로 분류되어야 하는 것도 포함되어 있기 때문에 분류 목적에 있어 주의가 필요하다.[10] 또한 일본에서는 때에 따라서는 제3섹터로서 논의되고 있는 경우에 공사 혼합기업 전반이 아니라 '전환철도'로서 소개된 것만을 취급하는 것이나, 주식의 반 이상이 민간자본인 것을 제외하고 논의하는 경우도 있어 문헌이나 자료를 읽는 경우에 주의가 필요하다.

---

8. 2014년 6월까지는 센부쿠고속도 오사카부가 49%, 나머지를 오사카가스(18%), 간사이전력(18%) 등 민간이 출자한 제3섹터(당시의 명칭은 오사카부 도시개발)였지만, 모든 주식을 난카이전철 및 같은 전철 그룹 회사가 양도를 받아 현재는 난카이전철 산하의 민간기업이 되었다.

9. 아오이모리철도는 제2종 사업자, 아오모리현은 제3종 사업자이다(상하분리방식).

10. 한편, 고베고속, 기타오카사급행 등 출자 형태로부터 보면 분명 제3섹터(예를 들면 고베고속은 25%)이지만, 역사적인 경위도 있고 해서 사철과 같은 존재로 분리하는 것이 일반적이다.

2. 채산성원칙에 대하여

일본 공공교통의 큰 특징 중 하나는 채산성을 원칙으로 하여 운영하고 있다는 것이다. 따라서 공영사업자 등 공공부문이 주체가 되고 있는 사업자에 대해서는 주로 신선건설에 대해서 몇 가지의 특정 보조제도가 존재하고 있지만, 순수한 의미에서 사철사업자에 대한 보조제도는 사실상 존재하고 있지 않다. 즉, 기본적인 운영 수입으로 철도사업을 행하는 데 필요한 전체 비용을 보전하는 독립채산제가 견지되고 있다. 이러한 공공교통의 방침은 구미의 정비철학과는 명확히 다르다. 구미에서는 철도나 도시(지역) 공공여객수송은 운송 수입만큼의 범위로 서비스 공급을 한정하고 있지 않고, 일찍부터 보조제도가 도입되어 있다. 또한 공익서비스의무(Public Service Obligation)라는 생각에 대해서도 공통인식이 있다.

도시간 네트워크에 대해서는 노선 등 설비부문(하부 구조부)과 열차 운행업자를 분리하는 상하분리방식이 도입되어 운행회사가 노선 사용료를 지불하는 것으로 되어 있는 것이 많지만, 설비 등의 지불경비 총액을 보전하는 수준의 사용료가 설정되어 있지 않다. 예를 들면 스웨덴에서는 사회적 한계비용에 기초해서 이를 설정하는 것을 그 정책의 기본방침으로 정하고 있는 정도이다. 이러한 설비부문이 공공의 책임으로 정비된 것이 일반적으로 기본으로 되어 있는 것뿐만 아니라 인건비, 연료비 등의 직접적인 경비조차 운수 수입으로 보전이 가능하지 않은 것이 일반적인 상황이다.

구미에서는 당초부터 이러한 상황이 있었던 것이 아니다. 예전에는 일본과 같이 사업체마다 채산성이 있는 것을 전제로 한, 이른 바 '진입 규제(공공에 의한 직접 공급을 포함) + 내부보조'형의 공공체였다. 그러나 세계 공황 등 경기 후퇴의 영향과 자동차 운송이 급성장함에 따라 철도의 경영난이 구조적인 성격을 띠게 되었다. 철도사업의 수익성 저하는 사업체 내에서의 내부 보조의 여력 감소를 의미하고, 적어도 철도정책의 구조 전환이 요구되었다. 철도산업의 구조적인 운영난 현상은 '철도문제(the Rail Problem)'라고 명명되어, 특히 제2차 세계대전 후 경제 선진제국의 최대의 교통정책상의 과제가 되었다.

그러나 정책 구조의 완성에는 정책 전환에 적지 않은 시간이 필요하였다. 특히 최소한의 공적 수단이 잘 기능하도록 하는 데 전환이 용이하지 않고, 정부나 국민의 측면만이 아니라 철도기업도 상황파악이 늦어서 사태의 과소평가로 인해 그 결과보다 한층 심각한 사태를 초래하였다. 실제 철도의 독점력(경쟁력)을 과신한 각종 시책으로 인해 상황의 변화와 관계없이 수익성이 낮아졌고, 이는 또 경쟁적인 교통수단의 성장을 촉진하는 결과를 초래해 자력으로 재생이 불가능하게 되었다. 그래서 최종적으로는 교통기업·수단 간의 경쟁을 고려한 정책체계에의 전면 이행이 모색되었는데, 내부 보조에 의해 유지 가능하지 않은 서비스망을 유지하기 위해 다양한 형식의 보조가 제안되어 실제로 이행되었다.

도시권 철도나 도시(지역) 공공여객수송에 있어서도 그 옛날 많은 도시에서 독립채산원칙에 기초하여 서비스를 공급하였다(적어도 이것이 제1의 목표로 자리 잡고 있었다). 따라서 예전에는 적자가 일본에서와 같이 큰 문제가 되었다. 그러나 최근엔 채산성(혹은 독립채산원칙)을 완전히 무시하고 있는 것은 아니지만 부차적으로 취급하고 있다. 예를 들면 접근성(혹은 이동성)의 확보가 공공교통서비스 공급의 제1원칙으로 자리매김하고 있다는 것을 이해해야 한다.

영국의 연구기관 TRRL(Transport and Road Research Laboratory)이 1980년대 초 행한 연구에 의하면 구미의 이러한 경향은 1970년대에 현저하게 나타났다. 그것은 TRRL이 수립한 자료에 기초해서 알렌(Allen)이 작성한 〈표 4-3〉을 보면 알 수 있다.[11]

이에 대하여 일본에서는 이제까지 채산성이 없는, 즉 이용자의 지지가 없는(적자 노선) 서비스는 원칙적으로 제공하지 않아 왔다. 원래 일본에서 대도시권의 교통문제 해결을 위해서는, 예를 들면 지방자치단체가 소유하고 있는 공영기업(이른바 지하철)이

---

11. 그와 같이 알렌(1982)에 의하면 자본적 지출을 포함한 총비용 중 보조금이 차지하는 비율은 1971년 시점에서는 절반 이하였던 도시가 자료수입 도시의 90%를 차지하고, 약 3할은 20% 이하였다. 이에 대해 1979년에는 20% 이하에 머물렀던 도시는 존재하지 않고, 반대로 절반을 넘는 도시가 55%에 이르고 있다.

〈표 4-3〉 Fare-box ratio(운임회수비율)의 추이

비율(%)	사업자 수			
	1971	1975	1977	1979
100~	8	0	0	0
80~100	10	5	1	1
60~80	9	19	20	13
40~60	7	11	14	20
20~40	0	4	8	10
전체	34	39	43	44

*자료 : J.E. Allen(1982), p.12

나 영단지하철에 대해서는 그 건설비(차량비는 포함하지 않는다)의 일부를 보조하는 제도가 존재하였다. 또한 모노레일과 신교통수단에 대해서도 같은 보조제도가 존재하고 있다. 또한 지방 교통선을 가지고 있는 중소민간철도 등에서는 그 경위에 있어서도 각종 외부 보조가 투입되고 있는 등 예외적인 경우도 존재한다.

그러나 여기서 강조하고 싶은 것은 이러한 보조가 도입되고 있는 경우라도 이는 사업 초기(혹은 설비 교체)에 한정되어 있고, 그 후에는 운수 수입으로 채산을 맞추는 것이 요구되고 있다는 것이다.

1999년 철도사업법의 개정으로 인해 진입에 관한 면허 규제는 완화되고 국토교통성에 의한 인가제와 함께 이른바 수급조정 규제가 철폐되었다. 하지만 그 요건에는 예전과 같이 '사업계획이 경영상 적절한 것'이라는 문구가 포함되어 있어 최종적으로는 사업체로서의 자립을 요구하고 있다.

이러한 채산성원칙에 기초해 공공교통이 운영되고 있는 이상, 어떤 의미로는 당연하지만 일본의 경우 그 제공하는 서비스 내용에 대해서 해당 사업체가 독자의 판단과 책임으로 자립적인 의사 결정을 행하고 있다. 국가 혹은 지방정부가 주도하는 도시철도 정비계획은 사실상 존재하지 않고[12] 노선 설정, 운전 패턴, 열차 횟수, 운전 간격, 시발과 마지막 열차시각, 표정속도 등에서도 각 사업체가 자기 책임 하에서 자주적으

---

12. 국토교통성(각 운수국)이 주도한 형태로 역 내 장래 노선의 이상적인 상태에 대해서 의논되어 답신의 형태로 정리되었지만, 실제로 정비를 행했는지 어떤지는 각 사철의 기업 판단에 위임하고 있다. 따라서 '계획'이 있다고 표현하는 것은 불가능하다.

제4장 | 지역 및 도시철도_301

로 의사를 결정하고 있다.[13]

다만 완전히 자유재량의 것은 아니고, 예를 들면 운임에 관해서는 이전과 비교할 때 규제가 완화되어 전통적인 총괄원가주의에 기초해서 그 상한의 규제가 아직까지도 존재하고 있다. 더욱이 열차운행계획에 대해서는 사전에 제출하지 않으면 안 된다. 처음 노선 개설에 대해서는 국토교통성으로부터 인가를 받아야만 한다.

그러나 구미에서는 도시 공공교통기관의 민간 공급이나 규제 철폐가 논의되어도 공공교통서비스를 생산하는 기업체에 서비스 설계나 방침에 대해 의사 결정 권한을 완전히 맡기는 경우는 거의 없다. 실제로 공공교통정책 구조의 근본적인 개혁에서 공공교통서비스의 정비 방침과 보조액뿐만 아니라 노선망과 운행 패턴, 다이어그램, 운임체계 등 공공교통의 계획이나 서비스 제공과 같은, 이른바 전략적인 의사 결정에 관한 권한을 지방정부 등이 계속 가지는 틀 안에서의 개혁이 일반적이다. 따라서 앞에서 언급한 규제의 존재를 가지고 일본에서도 강한 공적인 관여 아래 서비스가 제공되고 있다는 표현은 오해를 부를 소지가 있다.

3. 도시·지역철도 : 사철 경영을 중심으로

구미와는 달리 일본국유철도 여객사업은 채산성(독립채산원칙)을 기본으로 한 정책구조 안에 있다. 이것은 대량의 수요에 대응하지 않을 수 없고, 다액의 설비투자가 필요한 도시권철도에 있어서도 기본적으로 같다. 그 때문에 통상 구미의 도시교통에서는 100을 넘는 것이 없는 fare box ratio(운수 수입으로 운영비를 충당하는 비율)에 대해서도 100을 넘어 그 초과분으로 설비비를 충당하고 있다. 그러나 눈을 아시아로 돌리면 일본과 같이 100을 넘는 경우도 있지만 일본만이 특이한 존재는 아니다. 그러나 〈표 4-4〉에 들어있지 않지만 프라하 53%, 취리히 60%, 보스턴 44%, 샌프란시스

---

13. 그러나 공영사업자의 경우 등은 지방자치단체가 직접 보유하고 있는 것도 있고, 많이 관여하고 있는 경우도 적지 않다.

국가	시스템	fare box ratio(%)	연도
일본	한큐철도(오사카)	146	2010
일본	도큐철도(도쿄)	145	2010
영국	런던 지하철	92	2012
프랑스	RATP(파리)	62	2012
핀란드	HSL(헬싱키)	62	2012
미국	CTA(시카고)	61	2013
홍콩	MTR	186	2012
타이완	MRT(타이베이)	119	2012
싱가포르	SMRT	134	2012

*주 : Annual report and financial report of each operator, Suji de Miru Tetsudo(2011)
*자료 : Song(2015) Table1.1 p.1

코의 BART는 76%, 토론토 63%(모두 2013년 혹은 2014년 자료)로 된 구미 각국의 숫자를 보면 도시 공공교통서비스 공급시스템에 있어서 양자 간 발상의 차이가 있는 것을 알 수 있다.[14]

이러한 점에 그 전형적인 자금 분담구조를 보인 것은 〈표 4-4〉로부터 분명해진다. 여기서 비용 부담에는 두 개의 레벨이 있고, 이를 구분하는 것이 중요하다. 일반적으로 집을 구입하는 경우를 생각해 보면 많은 사람은 은행 등으로부터 자금조달에 크게 의존해서 먼저 집의 대금을 정산한다. 즉, 일단은 그 많은 부분을 은행이 지불하는 형식이다. 그러나 그 차입금은 이자를 붙여서 각 개인이 은행에 변제하기 때문에 최종적으로는 각 개인이 집의 대금 전액(+이자)을 지불한다. 앞의 국면을 '파이낸싱(Financing)', 이른바 프로젝트 수행을 위한 자금조달, 그리고 후자의 것을 '펀딩(Funding)'으로 최종적인 자금 분담이라고 부르고 있다.[15] 말할 것도 없이 자금조달의 것만을 생각해서 최종인 자금 분담 문제의 검토를 먼저 하는 것을 피할 수 없고, 각각의 수준이 어떠한 구조로 되어 있는가를 생각하는 것이 중요하다. 공정 부담이나 적자에 대해서 최종적으로 누가 부담하고 있는가에 대해서의 논의나 PFI(Private Finance Initiate), PPP(Public Private Partnership)라는 공공서비스의 공급방법에 대해서 이 점

---

14. https://en.wikipedia.org/wiki/Farebox_recovery_ratio(2016/12/12)
15. Glaister S.(2001)

은 중요한 논점이 되어 왔다.

일본에서도 운수 수입으로 설비투자를 보전하는 것이 요구되는 독립채산원칙이 기본 원칙으로 되어 있는 것은 말한 대로이지만, 이전부터 예외적으로 건설투자 및 지진 대책을 포함한 대규모 설비 갱신, 대규모 자연재해 시에 원상태로 복구하는 복구비의 일부를 국가의 인정에 따라서 공적으로 지원하는 제도가 존재한다. 그 대표적인 사례가 공적 사업자(즉, 공공지하철 및 이전에 있었던 영단, 현 교토메트로)만을 대상으로 한 지하고속철도건설비보조제도, 즉 지하철보조제도이다(보조 대상 사업비〔건설비－총계비－차량비－건설이자〕 × 1.02 × 80%〔출자금이 20%를 점하기 때문에〕 × 90%)의 35% 이내〔지방공공단체의 보조금액의 범위 내〕를 국가가 지출). 그 중 출자금은 세금으로 보존되고 있다고 표현해도 좋지만 시중 조달부분은 운수 수입에 의해 상환되는 것이 원칙이다.

이것에 대해서는 사철의 경우를 예를 들면 지하 신선을 건설해도 같은 제도의 대상 외로 되어 있듯이 건설비, 차량비와 함께 모두 운수 수입으로 보전하는 것이 원칙으로 되어 있다. 대도시에 있어서도 철도·운수기구(구 일본철도건설공단)가 건설, 복선화·복복선화 등을 시행하고 사철사업자에 양도한 철도시설에 대해서는 이러한 것들의 건설을 위해 기구(혹은 공단)가 조달한 차입금 등에 관한 지불 이자액의 일부를 보급하는 양도선 건설비 등 이자 보급제도가 존재하고 있지만, 그 제도로부터 알 수 있듯이 효과는 매우 한정적이다. 그 중 예산으로 정한 비율(5%)을 넘는 이자가 대상으로 되고 있기 때문에 현재의 이자정세에서는 새롭게 이용하는 가치는 사실상 없어지고 있다.

최근 기존 도시철도네트워크의 유효 이용을 의도해서 연락선의 정비와 상호 직통화의 실현을 지원하기 위해 도시철도 이용 편리증진 사업비 보조, 역의 주요 구조물의 증·개축과 배리어 프리(Barrier Free)화 사업을 지원하는 철도역 종합 개선 사업비 보조[16] 등으로 된 사철사업자도 적용 대상으로 된 보조제도로 신설되어 있지만, 그 적

---

16. 이 사업에서 그 이외에도 도시 개발과 일체적으로 행하는 철도역의 종합적인 개선 사업 및 '지역 공공교통망 형성 계획'에 근거해 생활 지원 기능을 가진 철도역 공간의 고도화 사업도 대상이 되어 있다. 하지만 전자의 교부 대상자는 제3섹터(공적 부문의 출자 비율이 과반수일 필요는 없다), 후자는 법정 협의회이다.

용범위는 한정적이다.

도시철도건설을 지원하는 제도로서의 대상사업자는 공영지하철과 도시기반정비공단이라는 공공부문으로 분류된 철도사업자나 준 공영의 제3섹터에 한하지만 공항 억세스 및 뉴타운 억세스라는 한정적인 경우를 대상으로 한 보조제도로서 공항 억세스 철도 정비사업 보조비도 있다.[17] 이 제도는 보조율은 지하철 보조보다 적지만[18] 개발이익의 환원(이른바 Value Capture)이 자금조달에 포함되어 있다는 점에 특징이 있다. 도시 모노레일이나 '신교통시스템'이라는 특정의 기술 양식의 철·궤도 정비에 대해서는 1972년 이루어진 도시모노레일정비 촉진에 관한 법률에 기초해서 1974년 창설된 '모노레일 등 정비사업'(이른바 인프라 보조제도)이 있다(1975년에는 신교통시스템도 보조 대상으로 충당). 이것은 '인프라 부'(이른바 고가구조물)를 도로 부속물로 하여 그 부분에 대해서는 도로정비의 연장으로 정비하여 그 인프라(정확히는 Infrastructure이지만 통상 약자로 쓴다)를 시스템 사업자(기본 준 공영 제3섹터)에게 점유시켜 운행해서 경영 수지에 맞도록 하는 계획이다.[19] 이 제도는 2010년 사회자본정비종합교부금에 합해져 현재에 이르고 있다.[20]

---

17. 원래는 뉴타운 억세스 철도의 건설을 염두에 두고 창설된 뉴타운 철도 보조제도였지만, 그 후 공항 억세스에 대해서도 같은 보조제도의 대상이 되어(그 후 뉴타운 철도에 적용 사례가 보이지 않게 된 것도 있어 명칭이 변한 것이지만) 보조의 구조는 기본적으로 동일하다. 또 최근 5년 정도 같은 제도를 이용한 예는 보이지 않는다.

18. 보조 대상 건설비(보조비 - 총계비 - 건설이자 - 개발자 부담금 등)의 80%(20%는 출자라고 하는 사고방식)가 보조 대상이 되어 뉴타운 철도는 그 15% 이내(평성 13년도 이전 채택은 18%), 공항 억세스 철도는 18%(나리타고속철도는 3분의 1) 이내가 국가 보조로, 지방자치제도와 같은 보조를 행한다. 신선 건설 외 내지 보강공사, 전략 방지대책을 위한 대규모 개량공사비도 대상이다. 여기에서 개발자 부담금이란 시공기면(철도 등의 기준 면) 이하의 공사비 2분의 1과 뉴타운 구역 외의 용지 매수비 중 기초 가격을 웃도는 부분이다.

19. 제도상의 보조 대상 사업자는 신교통이나 모노레일을 운행하는 사업자가 아니라 도로 관리자(지방공공단체 : 지방자치단체)이며, 공적 자금은 해당 시스템의 이른바 인프라 부분(궤도부 이하 : 단, 어떤 범위가 인프라인가에 대해서는 나라의 제도상 기술 요건으로 정하는 것이 아니라 신선 건설비에 대한 비율로 결정된다)에 투입된다. 또 같은 제도는 철·궤도뿐만 아니라 가이드 웨이 버스도 그 대상이 되는 것처럼 '무엇이 신교통시스템인가'의 판정에 대해서 기준이 명쾌하게 나타나고 있는 것은 아니다.

20. 이처럼 신선 건설에 드는 특정 보조 과제에 대한 대응, 기술 타입(구동 방식)·건설 노선의 특성, 경영 형태를 특정화해서 정비해온 일본의 도시 철·궤도 보조제도의 비합리성에 대해서는 이미 검토를 했다. 쇼지(2004)를 참조할 것

이와 같은 상황을 고려해서 공영(공단 등을 포함), 준 공영(제3섹터), 사철의 경영 형태별로 그 기본적인 비용 부담구조를 나타나면 〈그림 4-4〉와 같다. 여기서는 제3 섹터로서 보조제도와 연동하고 있는, 이른바 준 공영에 의한 정비의 경우를 표시하고 있지만, 현존하는 공민 혼합기업 중에는 공공으로부터의 출자가 2분의 1 미만이다. 공적 사업체라서 받는 것이 가능할지 모르는 보조를 얻는 것이 없이 건설되고, 그 후로도 사철과 사실상 같은 위치에서 영업을 계속하는 여러 개의 회사가 존재하는 점에 유의할 필요가 있다.[21]

설비투자				운영		
건설		차량		운영비(영업비)		
보조	출자 + 기본 시중 조달		운수 수입	정책운임 보상		보조금
(Taxes)	세금 + 원칙 운수 수입			세금		세금

건설		차량	운영비(영업비)	(적자)
보조	Value Capture	출자 + 기본 시중 조달	운수 수입	
		세금 + 원칙 운수 수입		

건설		차량	운영비(영업비)	(Profits)
원칙적으로 시중 조달			운수 수입	
원칙 운수 수입				

*Value Capture : 각종 개발이익의 환원(출자도 그 생각에 기초한 것으로 생각하는 것이 가능하다)
그림에는 표시되지 않았지만 민간 차원에서도 교섭에 기초해 성립한 경우도 있다(能勢電鉄 日生中央 NT선)

〈그림 4-4〉 일본 철도의 기본적인 비용 부담구조

여기에 대해 구미의 경우 기술한 것과 같이 인프라부문(차량도 포함해 보조금에 의해 조달되고 있는 것이 일반적이다)은 일반세나 특정의 목적세 등의 세금에 의해

---

21. 그 중에도 고베 시내에 따로따로 터미널을 가지고 있어 한큐와 한신, 산요, 고베의 4개 사철을 이어 주기 위해 건설된 고베고속은 준 공영이기 때문에 지하철 보조는 적용되지 않았다. 하지만 시민의 편의성 향상에 직결하는, 그러나 사철 노선의 서비스 향상에 이어지는 신설 건설에 공공부문이 일정 의 보조를 시행한 귀중한 예이다. 4개 회사를 이어주는 구간의 역·노선을 보유하고 4개 회사에 차량 운행 서비스를 위탁하면서 철도사업을 하고 있는 고베고속은 관(고베시)·민(4개 사철) 양쪽이 각자 가진 자원을 분담해서 사업 목적을 달성한다는 PPP(Public Private Partnership)의 기본적 인 특징을 갖춘 프로젝트이다. 상세한 것은 쇼지 겐이치(2005)를 참조할 것

자금이 조달되고 있다. 더욱이 운행에 관련된 운영비에 대해서도 운수 수입으로 전액을 조달하고 있는 경우는 특히 적고, 정책운임보상 보조금(적자 보전 혹은 사전에 소요액이 설정되어 있는 경우도 있다)이 사용되고 있다. 즉, 정책운임보상이라는 것은 고령자나 장애인 할인 등 영업상의 판단보다는 정책상의 판단으로 운임수준이 인하되는 것에 대해서 그 운임 할인에 의해 감소된 수입분을 사업체에 보전하는 것이다.

최근 구미에서도 PPP 혹은 PFI라는 형태로 자금조달 면에서의 민간 활용이 진행되고 있다. 그러나 그 많은 것은 설비투자비용의 일부를 민간부문이 자금을 조달한 채 그 부문의 자금조달이 운수 수입으로 행해지지 않기 때문에 비용 분담구조라는 점에서는 변화가 없다. 다만 공공이 세금 등에서 보전하는 것 이외에도 민간부문이 관련 부동산 개발을 대상으로 인정하는 개발이익의 환원적 시책을 함께 도입하는 경우도 있다.

그러한 독립채산제를 원칙으로 하는 점은 일본 철도의 큰 특징이다. 지방에 있는 중소사철 중에는 운영 적자의 보충을 위해 최소한의 보조금이 지급되고 있는 경우도 있지만, 도시권에서 영업하고 있는 대기업사철 15개사는 완전히 독립채산제로 운영되고 있다. 이는 2014년의 대규모 각 사철 회사의 현황을 나타낸 〈표 4-5〉를 보면 명확하다.[22]

〈표 4-5〉의 대기업사철 15개사라고 해도 그 규모나 대상이 되는 시장 면에서 적지 않은 차이가 있음을 알 수 있다. 예를 들면 영업거리 면에서도 보면 500km 전후의 철도망을 운영하는 긴테쓰(近鉄), 메이테쓰(明鉄), 도부(東武)로부터 50km에도 못 미치는 소테쓰(相鉄), 한신(阪神)까지 10배 이상의 차이가 난다. 그러한 광역철도를 영업하는 경우와 그렇지 않은 도시권에서 수송을 특화한 경우는 당연히 그 전략의 차이가 있을 것이다. 연간 수송인원에서 보면 도큐(東急)와 같이 1,100만 명이 넘는 기업으로 보면 110만 명 니시테쓰(西鉄)까지 10배의 차이가 난다. 더욱이 기업 전체의 종업원

---

22. 또한 대기업사철 중에는 홀딩스체제로 이행한 것도 있어 수지율의 각사 간 비교의 경우에 그 점을 염두에 둘 필요가 있을지도 모른다(세이부).

〈표 4-5〉 대기업사철 현황(2014년도)

기업명	창립일	수송 인원 (백만 명)	종업원 수 (명)	영업거리 (km)	수송밀도 (천인·일)	철도사업 종사자 비율(%)	전 사업 중 철도사업 영업수익 비율(%)	철도사업 경상수지 (%)
긴테쓰	1910	563.6	**7,347**	**508.1**	58	**92**	92	119
한큐	1907	627.5	2,737	143.6	169	**92**	**132**	**123**
게이한	1906	280.5	1,346	91.1	119	85	117	113
난카이	1885	227.0	2,178	154.8	66	85	120	113
한신	1899	227.2	1,107	48.9	120	80	121	119
메이테스	1894	360.1	4,080	502.5	41	82	116	116
도큐	1923	**1,116.3**	3,042	104.9	**279**	71	115	114
도부	1897	885.0	3,937	463.3	74	91	122	116
오다큐	1923	729.2	2,969	120.5	258	83	127	121
세이부	1912	628.4	3,201	176.6	133	88	129	**123**
게이오	1910	632.7	1,987	84.7	240	82	114	110
게이큐	1898	448.6	1,251	87.0	197	84	121	116
게이세	1909	266.4	1,562	152.3	67	**92**	112	109
소테쓰	1917	224.6	1,015	35.9	191	**96**	127	**123**
니시테쓰	1908	111.4	665	106.1	40	17	111	114
단순 평균	1908	487.8	2,562	181.5	137	81	120	116
도쿄메트로	1941	2,495	8,426	195.1	282	**92**	131	128
JR니시니혼	1987	1,811	36,174	5015.7	31		113	

*주1) 수송밀도는 여객 인·km / 영업 km / 365일
주2) 굵은 글씨는 각 부문에서 가장 높은 수치이다.
*자료 : 《大手民鉄の素顔 : 大手民鉄鉄道事業データブック2015》, 일반사단법인 일본민영철도협회, 《숫자로 보는 철도》를 참고하여 작성

수를 점하는 철·궤도의 경우는 기본적으로 80% 이상이지만[23] 그 가운데에서도 니시테쓰 같이 20%만 점하는 회사도 존재한다.

　일본 사철은 그 수송시장의 혜택을 받고 있다는 지적이 많은데 확실히 대다수 대기업민간철도의 경우 그렇다고 할 수 있다. 구미 각 도시 중에서도 운임 회수율이 높았던 (〈표 4-4〉 참조) 런던 트랜스포트(지하철부문)의 수송밀도(여객 영업거리 1km당 1일 평균 철도 여객수송인원, 2012년~2013년)가 약 7만 명인 것에 비해 일본의 대다수 대기업민간철도는 이를 넘어서고 있으며, 실제로 도큐(東急), 오다큐(小田急), 게이오(京

---

23. 이전은 겸업을 동일 기업 내에서 했지만 그룹회사로서 독립되어 행하는 것에 대해 각사의 역사적 경위 및 전략에 의해 다양한 차이가 있다(예를 들면 2001년도에는 80%를 넘는 회사가 6개사였는데 50%대의 기업도 6개사였다). 하지만 연결재무제표의 작성이 의무적으로 부여되는 등 회계 규칙의 변경도 있어 최근엔 각사 모두 같은 값을 가지게 되었다.

王) 등 3개 회사는 20만 명을 넘고 있다. 다만 모두 고밀도 수송시장의 혜택을 받고 있는 것은 아니다. 같은 대규모 사철이라도 난카이(南海), 게세(京成), 긴테쓰(近鉄), 메이테쓰(明鉄), 니시테쓰(西鉄)처럼 런던 트랜스포트와 같은 수준 혹은 그에도 미치지 못하는 기업도 존재한다.

〈표 4-5〉에서 알 수 있듯이 거의 대부분의 기업들이 100여 년 전부터 영업을 개시한 전통을 가진 회사이다. 현재 일본에서 운영 중인 철도, 특히 사철의 대부분은 19세기 말에 시작되어 1912년~1925년 사이 최고조의 '철도건설 붐' 시기에 영업을 개시하였다. 1906년 철도 국유화 이후 사철기업은 수송분야를 '지방 수송'에 한정하였다. 그 인가 노선은 후발이었지만 기존의 간선철도(국철)의 권익을 침해하지 않았고, 수송시장은 비교적 크지 않았다. 이른바 철도노선 주변이 미개발된 지역에 한정된 경향이 있었다. 그럼에도 불구하고 다수의 사철은 그 환경을 극복하고 독립채산제 하에서도 현재까지 발전해 왔다.

이른바 경제 선진국은 정도의 차이는 있지만 한결같이 철도기업이 난립했던 시기가 있었다. 그러나 그렇게 설립된 지역철도의 대부분이 경영 곤란에 빠지는 등 각종 문제를 발생시켜 거의 예외 없이 공적 조직으로 통합되던가, 영업 정지의 위기에 몰렸다. 현존하는 사철 중 미국의 장거리 철도의 예도 있지만, 도시 공공교통기관 혹은 지역 수송기관으로 일본의 사철은 매우 드문 경우라고 할 수 있다.

일본의 경우도 자동차의 발전이 진행 중인 가운데 철도 수송시장은 서서히 축소되었다. 그 가운데에서도 거대도시권을 제외한 지역 여객수송은 매우 힘든 상황에 직면하였다. 실제로 적자 때문에 폐업한 경우가 다수 존재하였다. 지방도시권 혹은 대도시권의 외곽지역 등 자동차에 비해 철도의 경쟁 우위성이 낮은 지역에서 영업하고 있는 중소사철의 총 영업거리는 1965년에 2,842km였던 것이 20년 후인 1985년에는 2,147km로, 4분의 3 규모로 감소되었다.

더욱이 2014년도 자료를 보더라도 홋카이도, 시코쿠, 규슈 등 수요 조건에서 혜택을 받지 않은 지역에서 영업을 하고 있는, 이른바 JR 3도 회사의 철도부문은 영업 적자를 보이고 있다. 수요 조건이 엄격한 중소사업자에게 있어서도 같은 영업 적자가

〈표 4-6〉 중소사철의 수송밀도와 채산성(2013년도)

수송밀도 인·km/일 /영업·km	회사 수	철도부문의 영업 수지율					감가상각 전 흑자로 계상되는 회사 수
		~70%	70~80%	80~90%	90~100%	100% 이상	
10,000~20,000	8	0	0	1	1	6	8
8,000~10,000	1	0	0	0	0	1	1
6,000~8,000	5	0	0	1	0	4	5
4,000~6,000	10	0	0	1	2	7	9
2,000~4,000	14	2	1	2	3	6	8
1,000~2,000	19	4	2	6	5	2	8
0~1,000	29	20	2	4	2	1	2
합계	86	26	5	15	13	27	41

*주 : 1) 수송밀도가 2만 명 이하의 중소사철 중 제3종 철도사업자를 제외한 표이다.
　　 2) 여객수송사업보다 화물수송사업이 매상고를 상회하는 미즈시마(水島)나 상하분리에 의해 제3종 사업자
　　 로부터 인프라 보수를 수탁하는 경우 정비신칸센의 평행 재래선으로서 철도선로 수입이 있는 경우 등도
　　 존재한다.
*자료 : 2013년 《철도통계연보》를 참고로 하여 작성

되고 있는 현실이다. 〈표 4-6〉은 운송밀도별로 비교적 수송시장의 혜택을 보고 있지 못하는 중소사철[24](수송밀도 2만 명 이하)의 채산상황을 보여주고 있다. 여기서 채산성의 지표로 철·궤도부문의 영업 수입을 영업비용으로 나눈 영업 수지율로 사용하고 있다. 즉, 영업 수입이 영업비용으로 넘으면 이 수치는 100%를 넘는 것이다. 또한 부대사업부문을 합하여 사업 전체로서 채산성이 있는가를 나타내고 있다. 〈표 4-6〉에서 알 수 있듯이 명백하게 낮은 밀도의 기업체는 어려운 경영 상황이다. 운송밀도가 8,000명~20,000명인 기업은 9개사 중 7개사, 4,000명~8,000명이라도 15개사 중 11개사만 영업 흑자를 달성하고 있다. 더욱이 상각(償却) 전에 적자가 된 것은 후자의 1개사밖에 없다. 4,000명을 끊으면 적자 기업의 수는 늘어나고 있지만, 그래도 2,000명~4,000명에서는 14개사 중 6개사가 흑자로(상각 전이라면 8개사), 5개사가 영업 수입으로 그 경영비용(감가상각비를 포함)의 80% 이상을 차지하고 있다. 운송밀도가 1,000명~2,000명의 그룹 가운데 영업 흑자를 달성하고 있는 기업은 19개사 중 2개사밖에 없지만, 상각 전 흑자라면 8개사이다. 영업 수입이 영업비용

---

24. 신교통·모노레일의 운행사업자 및 주로 노면전차사업을 행하는 사업자를 제외한다.

의 80% 이상을 차지하고 있는 회사는 흑자 회사를 포함해 13개사이다. 로컬선 문제가 도마에 올라 국철의 경영 악화 때 운영 개선을 위해 적절한 조치를 강구하더라도 운송밀도 기준이 8,000명/일·km 미만이었다. 그리고 이러한 영업 노선을 지방 교통선이라 불렀는데 그 중 운송밀도 4,000명 미만의 노선 중 버스 전환이 적당한 노선(선로장이 긴 곳 등이 대상에서 제외되었다)을 특정 지방 교통선(83개 노선)으로 했다. 그 점을 보면 2,000명~4,000명이라도 많은 기업이 흑자를 달성한 것은 중소 사철의 경영 노력이 결실로 나타나고 있다고 할 수 있다.

4. 사철에 대한 '오해'

철도사업의 운영비뿐만 아니라 시설비까지를 운송 수입으로 조달하고 있는 것은 일본 사철의 특징이다. 100% 민간자본의 기업으로서 사철이 존재하고 대기업사철을 시작으로 그 다수가 철도사업에서 흑자를 기록하고 있는 것, 그것도 공공계의 사업자에 대해서 예외적으로 주어지고 있는 건설비 보조제도가 적용되지 않음에도 불구하고 이들을 유지, 달성하고 있는 것은 구미 각국에서는 상상할 수도 없는 일일 것이다.

킬린(Killeen, 1999)은 이러한 사철 기업의 운영이 가능하게 된 이유에 대해서 그 대부분이 인구밀도가 높은 도시권을 중심으로 운영하고 있는 것과 경쟁 원리에 따라 시장경쟁 안에서 운영하고 있는 것, 그리고 통근·통학과 같이 안정적인 수요층이 존재하고 있는 것 등의 세 가지를 지적하고 있다. 그러나 역사를 돌아보면 많은 사철은 사업 초기부터 충분한 수요가 존재하고 있던 지역에서 사업을 시작하지 않았고, 국유 철도 노선과의 경합을 피하기 위해서 비교적 개발이 진행되지 않은 지역에서 사업을 시작하게 된 경우가 적지 않음에도 현재 이러한 경영 성적을 올리고 있는 것 역시 주목할 만하다.[25]

---

25. 예를 들면 사이토(1993), Killeen(1999), 쇼지(2001) 참조

① 철도에 대해서 새로운 설비투자가 이루어지고 있지 않다.

확실히 일본 사철의 경우 그 영업거리는 거의 증가하지 않고, 네트워크는 이미 오래 전에 형성되었다. 또한 통근시의 혼잡상황은, 특히 도쿄권에 있어서 심각한 상황인데 이를 보더라도 설비투자에 태만하게 하고 있는 것이 아닌가 하는 의문을 가질 수 있다.

그러나 운송력 증가에 대해서 사철은 성실히 노력해 왔다. 그 결과 대기업사철 15개사(89년까지는 소테쓰를 제외한 14개사)의 주요 구간 최고 혼잡 1시간 평균에서의 혼잡률 추이를 보면 1965년 혼잡률이 238%였지만, 1975년에는 204%, 1985년에는 184%, 1995년에는 168% 그리고 2000년에는 155%까지 낮아졌다. 국토교통성이 목표로 설정해온 혼잡률 150%[26]에 근접해 왔다. 더욱이 도쿄메트로를 포함한 대기업민간철도 16개사라도 2014년도에는 152%가 되었다. 특히 게이한신이 도시권에 노선망을 가진 간사이 5개사의 평균에서는 129%가 되어 각 노선의 수치를 보더라도 일본의 정책 목표인 150%를 거의 달성할 정도까지 되었다.

물론 이 수치는 피크시라고 하더라도 전원 착석을 목표로 하는 경우와 비교해 보면 큰 차이일지도 모른다. 그러나 운행에 관한 완벽한 신뢰성, 더욱이 단위의 정확성을 생각해 보면 일본 사철의 서비스 수준은 낮은 것이 아니다.

실제로 사철기업의 설비투자 규모는 기업 규모에 비하면 매우 크다. 예를 들면 2014년도의 대기업민간철도(大手私) 15개사의 설비투자액 실적 합계는 2,332억 엔이다. 15개사의 철·궤도부문 영업 수입 합계의 20% 정도의 액수를 기존 노선의 개량을 중심으로 한 운송력 증강에, 그리고 건널목과 운전안전공사, 서비스 개선사업 등에 각각 투입하였다. 이는 같은 해 15개 회사의 감가상각비의 합계인 2,400억 엔을 상회하고 있다.

더욱이 감가상각비나 이자지불액이 총비용에서 점하는 비율이 증가하고 있는 것은 사철 비용구조의 경직화로 인해 문제시되고 있는 상황이다. 연결선을 포함한 신선 건설이나 복복선화에 소극적인 면이 있다고 한다면 이는 그 여유가 없는 것을 나타내는

---

26. 혼잡률 100%란 전원이 좌석에 앉던가, 손잡이 내지 문 부근의 기둥을 잡는 것이 가능한 상태고, 150%란 서 있는 사람끼리 어깨가 닿는 정도(차내에서 신문을 충분히 읽을 수 있다)이다.

것이며, 이것이 사회적으로 문제가 된다면 도시철도정비제도의 재검토 필요성을 나타내고 있는 것에 불과하다.

② 또한 일본 사철은 본업인 철도사업 이외 다른 사업 분야에서 다각화 전략을 전개하고 있기 때문에 공표된 사철 수지는 부대사업을 포함하고 있다. 부대사업의 비용 혹은 수입의 배분에 대하여 자의적인 조치를 취하고 있다.

사철의 회계처리는 국토교통성의 규제 하에 있다. 구체적으로는 철도사업법 제20조에 철도사업자는 국토교통성령에 의해 정해지고 공표된 회계처리방법에 따라야 한다고 규정하고 있다. 그래서 국토교통성령인 철도사업회계규칙 제14조에는 각 사업에 사용되는 고정자산의 배분에 대하여, 제20조에는 철도사업과 철도회사가 운영하는 다른 부대사업의 수입과 비용의 배분에 대한 그 기본 원칙이 정해져 있다. 그리고 별표에는 일반관리비, 법정 복리비, 안내 선전비, 제세, 감가상각비 등의 비용 배분 그리고 잡수익 항목 등 배분원칙에 관한 구체적인 기준이 명기되어 있다.

이처럼 사철은 그 배분방법을 자의적으로 변경할 수 있는 입장이 아니다. 확실히 부대사업이 철도사업의 수익성이 떨어졌을 경우에 'Shock Absorber(충격환화장치)'로서 기능하는 것은 이론적으로 가능하다. 위험 분담이라는 관점에서 그러한 형식으로 복수의 사업을 운영하는 것은 기업으로서 합리적인 행동이라고 분석될 수 있다. 그러나 이러한 부대사업부문의 수익은 철도부문의 수익 계산과는 기본적으로 관계가 없다.

한편, 철도사업을 행하는 경우 거의 추가비용을 계산하지 않고 제공할 수 있는 재화와 서비스가 실제로 존재할 것으로 예측할 수 있다. 이러한 철도사업을 행하는 데 필요한 경영 자원을 대부분 그대로 사용하여 운송서비스 생산의 부생산물로 제공 가능한, 이른바 결합 생산으로서 취급하는 상품에 대하여 운수부문의 운수 잡수입 혹은 영업 외 수익으로 취급하는 것이 정해져 있다.[27] 회계규칙 별표에 표시된 잡수입 항목 이

---

27. 회계규칙 별표 제1에 나타나 있는 운송 잡수입의 예로서는 역 공동 사용료, 철도사업 고정자산에 속한 시설 내 광고료, 구내매점 등 구내 영업자에게 징수하는 영업료, 입장요금, 승차권 환급 수수료, 휴대품 일시 보관 요금, 소지품 요금 등의 여객 잡수입 등이 있다. 영업 외 수익과 금융 수익 외의 철도사업 및 겸업에 속하지 않은 토지, 건물, 기계 등의 대부 요금 등 영업활동 이외에서 발생하는 경상적 수익을 가리킨다.

외의 이러한 철도시설에 부수하는 각종 사업을 부대사업이라고 부르며, 이 외의 부동산·자동차사업 등의 이른바 겸업과 구별하고 있다.

이렇게 사철에 대하여 부대사업규칙제도는 크게 두 가지 특징을 가지고 있다. 첫 번째는 철도사업과 기타 부대사업, 겸업과 구별하여 그 처리를 명문화하고, 공표하는 것에 의해 불합리한 내부 보조가 발생하지 않도록 하고 있다. 이런 의미에서 앞에서 서술한 인식은 틀린 것이다.

또 결합 생산적인 사업(운수 잡수입에 계산된 것)을 철도사업과 일괄 처리하는 것을 인정하였는데, 이는 총괄 원가의 대상을 확대하여 다각화의 이익을 합리적인 범위에서 직접 운임에 반영시키는 것으로, 이용자에게 환원하는 제도를 함께 가지고 있다. 예를 들면 2014년 대기업사철 15개사 전체를 보아도 철·궤도부문의 영업수입에서 점하는 잡수입의 비율은 10% 정도이다.

거의 모든 사철은 본업인 철도사업 이외의 사업 분야에서 다각화 전략이 전개되고 있고, 그것도 철도차량 제조라는 직접적인 수직통합분야뿐만 아니라 철도로의 고객 유치, 더욱이 승객의 요구에 부응하는 사업(본업이 철도 운송이라는 것을 생각해 보면 이것도 수직적인 관련으로 설명하는 편이 좋을지 모른다)도 적극적으로 전개하고 있다.

철도사업은 총괄원가방식에 기초해 운임규제 하에 있기 때문에 제한된 수입밖에 기대할 수 없고 규제로부터 비교적 자유로운 분야인 사업범위를 확장시키는 것은 시장경제원리에 기초해서 생각해 보면 민간기업으로서 자연스러운 행동이라고 할 수 있다(正司·Killeen, 1998). 대도시권으로의 인구 집중에 의한 충분한 수요의 존재가 사철의 흑자경영에 크게 공헌한 것도 물론 생각할 수 있지만 사철의 역사를 생각해 보면 오히려 수요를 증대시키기 위해 추진해 왔던 선로 주변의 부동산개발과 역 개발, 소매업 등의 다각적인 사업의 전개를 주목해야 한다.[28]

---

28. 통근 운송이란 역방향이나 평일 주간, 더욱이 주말의 수송수요를 창출하는 것은 단순히 승객 증가라는 효과뿐만 아니라, 승객 수 변동의 평준화에 공헌하는(양방향, 일 단위, 주 단위 등) 것으로 이어지는 점에도 주의할 필요가 있다.

5. 사철의 다각적인 사업 전개

일본 사철의 경우 경영에 있어서 중요한 요소의 하나가 다각화 전략이다. 이른바 분할 민영화에 의해 JR이 발족한 국철 개혁 때에도 다각화에 대한 규제 완화가 언급되어 JR이 다각화 사업 전개에 힘을 쏟고 있는 것도 그러한 증거라고 하겠다. 그래서 국유화 이전에 개업한 것을 포함한다면 대부분의 사철은 개통 당시부터 철도여객의 다른 수입원을 발굴하여 각종 여객유치시설 제공(백화점 등), 주택 공급, 전등, 전력과 같은 사업을 함께 시작하였다. 예를 들면 철도 선로 주변의 관광지개발과 택지개발을 시작한 한신(阪神)철도(1905년 4월 개업)의 경우 개업 초년도 7월 우치다시하마(打出浜)의 해수욕장 개설을 시작으로, 1907년 유원지 개설, 1909년 니시노미야(西宮) 정류장 앞 임대주택(30호)건설 등 임대사업에도 손을 댔다.

더욱이 이 회사는 1908년 10월 전등사업 개시와 함께 1911년 2월 고베(神戸)전등과

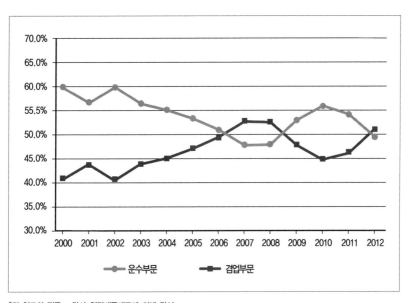

*각 연도의 평균 : 각사 연결재무제표에 의해 작성

〈그림 4-5〉 대기업사철의 운수부문과 그 이외의 겸업부문의 영업비율

급전계약을 체결하였다. 이것은 한신(阪神)만의 특이한 경우는 아니다. 예를 들면 효고전궤(兵庫電軌, 현재는 산요(山陽))는 개업한 1910년 7월에 스마우라(須磨浦) 해수욕장을 개장하였으며, 그 후에도 스마데라(須磨寺) 유원지(영업 개시는 1922년) 등 소규모이면서 승객의 유치를 의도로 한 레저사업을 시작하였다. 더욱이 1920년에는 전기공급 사업, 또한 철도 주변의 토지 건물의 판매사업도 개시하였다.

그리고 자동차의 발전과 함께 버스사업을 겸업으로 하는 것이나 터미널 역에서 백화점을 비롯한 사람을 모이게 할 수 있는 시설을 건설하려고 하는 것도 일반적이었다. 그 후에도 다양한 사업을 전개해서 현재에 이르고 있는데 철도 선로 주변에 사람을 모으고, 여러 사람들이 철도로 이동하는 목적으로 하는 시설을 선로 주변에 만들어 철도 이용자나 선로 주변 주민의 요구에 부응하는 사업을 전개하는 것이 그 예라고 할 수 있다.

이러한 철도사업을 축으로 한 다각적인 사업 전개를 통해 현재 많은 이익을 얻고 있다. 실제로 최근 운수부문 이외의 다각화사업부문 이익의 비중이 서서히 높아지거나 때에 따라서는 상회하고 있는 상황이다. 더욱이 그 중기 경영계획 등에서 다각화부문의 확대를 중장기전략의 하나의 축으로 삼는 경우도 많아지고 있다. 이러한 다각화부문은 단순히 철도사업으로의 공헌을 의도한 사업 이상으로 사철에 의해 보다 중요한 위치를 점하는 것으로 받아들여지고 있다.

다각화의 주된 장점으로는 다음과 같은 점을 생각할 수 있다. 즉, ① 다각화는 사업 전개에 의해 철도사업의 승객을 증가시킨다. ② 승객 수 변동의 평준화에 공헌한다(일평균, 주평균, 연평균, 양방향). ③ 철도 이용을 위해 모인 사람들을 상대로 사업을 하고, 철도 부설에 의한 개발 이익의 내부화를 도모하며, 사업 전체의 채산성을 향상시켜 서비스 개선의 여력을 만들어 낸다. ④ 피규제산업이 아닌 사업을 경험함으로 인해 시장 지향적이 된다. ⑤ 본사 비용으로 되는 공통적인 비용으로, 철도사업의 부담비율을 감소시킨다. ⑥ 인재를 보다 유용하게 활용 가능하게 하는 것과 각종 경영자원의 유효 활용을 통해 철도사업의 비용 삭감에 공헌한다. ⑦ 피규제산업이 아닌 사업을 경험하는 것으로 보다 시장 지향적으로 된다 등이다

사철사업의 다각화 전략의 유형화에 관한 선행연구로는 Killeen(1999), 正司

(2001), 鎌田·山內(2010)의 연구가 있다. Killeen(1999), 正司(2001)의 연구를 보면 큰 사업 15개사를 대상으로 각 기업의 전략적인 포지셔닝은 비교적 안정적인 수준이며, 간사이 지방의 경우에는 5개사 중 4개사가 관련형으로, 수도권 기업과 비교해서 관련형의 비율이 높은 것을 알 수 있다. 또한 샘플 중에서도 관련형 기업이 매우 높은 수익률을 보이고 있고, 관련형 이상의 다각화 전개는 생산성 향상에는 연계되어 있지 않다는 루멜트(Rumelt, 1982)의 결론에도 일치하는 결과를 도출하고 있다.

한편, 鎌田·山內(2010)는 15개사의 대기업에는 완전 민영화된 JR 3사(JR히가시니혼, JR니시니혼, JR도카이)를 샘플에 더해 연결재무제표를 이용해서 분석했다. 그 결과 각 기업이 전략적인 위치에서 안정된 것은 이전의 2개의 선행연구와 일치하지만 수익률에 대해서는 전업형의 수지율이 높았고, 이것은 루멜트의 결론과는 일치하는 않는다.

수익률에 관해서는 3개의 선행연구의 결론과 일치하지 않지만 다각화를 너무 확산한 비관련형의 성과보다는 본업을 중심으로 한 전업형, 본업과의 연관성을 최대한으로 활용하고 있는 연관형의 성과가 높다는 것과 일치하는데, 그 점은 주목할 만하다.

〈표 4-7〉은 대기업사철(大手私鉄)의 사업 내용에 대해 각사의 연결재무제표로부터 얻어진 정보를 정리한 것이다. 이 표에서 보는 바와 같이 각 기업은 부동산업과 소매업을 포함한 유통업 그리고 철도 이 외의 운수업을 전개하고 있는 것과 함께 이외에도 다양한 업종에 진출하고 있는 것을 알 수 있다. 더욱이 상세한 것을 보면 광의의 서비스 산업으로 분류된 사업의 대부분이 포함된 것을 알 수 있다.

또한 이들 사철은 터미널 내부에서의 백화점, 편의점, 슈퍼마켓 등과 같은 소매업에 활발히 진출하고 있고, 다각화 사업이 전체 구분매출고에서 차지하는 비율이 높다. 부동산사업은 철도 선로 주변의 토지를 활용하고, 소매업은 선로 주변 토지뿐만 아니라 역 빌딩을 활용하는 경우가 많기 때문에 철도사업에서도 중요한 자산으로 활용되고 있다. 이들 대기업사철은 이러한 물리적 자산을 적극적으로 활용함으로써 다각화 전략을 전개할 수 있는 것이다. 그러나 이러한 단순한 자산의 적극적인 활용이라는 측면과 더불어 대기업사철은 부동산, 특히 역 터미널을 상업시설로 개발하여 판매와 오락으로서의 이용을 촉진하는 것으로 철도수요를 증진시키고 있다. 이렇듯 철도사업으로

〈표 4-7〉 연결재무제표로 본 대기업사철의 다각화 사업현황

기업명	연결재무제표에 의한 사업 분류				
도부(東武)	운수	레저	부동산	유통	기타(건설)
세이부(西武)	도시교통·연선사업	호텔·레저	부동산	건설	하와이 사업	기타
게이세(京成)	운수	유통	부동산	레저·서비스	건설	기타(유지·보수), 건설
게이오(京王)	운수	유통	부동산	레저·서비스	기타(빌딩유지·보수, 건설)	
오다큐(小田急)	운수	유통	부동산	기타(호텔, 레스토랑, 여행, 유지·보수)		
도큐(東急)	교통	부동산	생활서비스	호텔·리조트	비즈니스 서포트	
게이큐(京急)	교통	부동산	레저·서비스	유통	기타(철도차량의 유지·보수)	
소모(相模)	운수	건설	유통	부동산	기타(빌딩사업, 호텔)	
메이테쓰(名鉄)	교통	운송	부동산	레저·서비스	유통	기타
긴테쓰(近鉄)	운수	부동산	유통	호텔·레저	기타(케이블TV)	
난카이(南海)	운수	부동산	유통	레저·서비스	건설	기타(회계, 정보처리)
게이한(京阪)	운수	부동산	유통	레저·서비스	기타(신용카드)	
한큐·한신(阪急·阪神)	도시교통	부동산	엔터테인먼트·커뮤니케이션	여행·국제운송	호텔	유통
니시테쓰(西鉄)	운수	부동산	유통	물류	레저·서비스	기타(IC카드, 철도차량의 유지·보수)

*출처 : 각 기업의 유가증권보고서, 2012

형성된 고객 자산을 다른 사업부문에도 유효하게 활용하는 것을 꾀하고 있다는 점이 주목할 만하다.

　이들 기업의 다각화사업으로는 부동산이나 소매업 이외에도 레저·서비스업을 들 수 있다. 대부분의 대기업사철이 철도사업을 행하고 있는 지역을 중심으로 호텔사업도 하고 있지만, 그 가운데에서는 전국적으로 호텔·리조트사업 그리고 여행업을 하는 기업도 있다. 예를 들면 한큐·한신홀딩스의 한큐교통사의 국내·외 여행상품, 항공권 판매 등의 사업과 도쿄 도큐전철의 전국적인 리조트나 스포츠시설 운영 등이다. 이러한 사업은 그 지리적인 위치가 철도사업의 영업지역 이외에도 전개하고 있는 상황이기 때문에 물리적인 자산의 활용이라고 말하기는 어렵고, 철도서비스 제공으로부터 얻어진 고객서비스 노하우를 활용한 사업이라 할 수 있다.

외국의 경우에도 과거에는 영국의 메트로폴리탄철도와 같이 스스로 적극적으로 철도 선로변 개발을 행한 것으로 유명한 철도가 있다. 이 회사는 1919년에 부동산회사를 설립하기도 했는데, 영국에서 철도회사에 의한 이러한 부대사업이 금지되어, 결국 1933년에 설립된 런던여객수송공사에 최종적으로 흡수되고 말았다. 그러나 일본에서는 사철의 부대사업을 규제하는 법률은 결국 성립되지 않았고, 철도 선로변의 서비스시장을 모두 독점한다는 비판의 소리도 없었다. 오히려 국철 분할 민영화 때의 논의에서 상징되듯이 사철 경영은 철도사업 경영의 하나의 모범으로 자리 잡고 있을 정도이다.

다각화 사업 전개의 양상은 토지, 건물, 고객이라는 자원을 공유한 시너지 효과를 목표로 전개되고 있다고 말할 수 있다. 그러나 자원의 공유에 의한 다각화로서만이 아니라, 다각화사업의 대부분이 제조업 등의 영역이 아니고 서비스업이라는 점에서 이용객과의 관계를 중시하는 철도사업의 경험을 활용하고 있는 것이다. 즉, 오랜 시간에 걸쳐 철도서비스 제공에 의한 고객과의 관계형성, 접객 경험, 철도 주변 주민과의 애착관계가 사철의 중요한 자원으로 형성되어 이를 활용했다고 할 수 있다.

그 결과 이러한 철도 선로 주변 주민들에 의해 사철기업은 그들의 도시생활의 여러 가지 면에서 깊은 관련을 가지고 있다. 원래 철도로 인해 지역에 뿌리를 둔 기업이 주변지역과의 장기적인 거래관계를 중요시하는 경향은 건전한 기업의 판단으로 충분히 이해가 되는 부분이다. 그래서 일본의 철도영업지역을 중심으로 철도와 일체적인 개발, 레저·오락사업에 의한 주변지역의 가치 상승은 기업의 이미지 향상에 연결되어 주변지역의 브랜드라는 전략적인 자산을 형성시키고 있다고 할 수 있다. 실제로 일본의 대도시 주민들에게 사철 각사는 매우 친근한 존재이다. 이러한 다각화 사업으로 형성된 기업의 이미지와 브랜드 효과는 본업인 철도사업의 수요창출에도 긍정적인 영향을 미칠 가능성이 높다.

이렇듯 완전한 민간에 의한 철도서비스의 실현을 제공한 사철의 존재는 중요하다. 일반적으로 민간섹터는 공공섹터보다 효율적이라고 말한다. 사철도 민간기업이기 때문에 고객만족 가치 향상에 높은 의식을 가지고 수요 확보와 채산성을 확보하는 측면에서 보면 유연한 생각과 전략적인 행동을 취하는 것이 가능하고, 앞으로도 더 다채로운 서비스를 생산해 고객의 수요에 다양한 형태로 대응해 나갈 것으로 기대된다.

제5장

일본 철도의 해외 진출과
한국 철도의 미래

타이완 신칸센 T700계

일본 철도의 해외 진출

이용상

1. 일본 해외철도기술협력회의 발전과정과 활동

(1) 해외철도기술협력회의 출범

철도의 위상과 기술을 배경으로 세계적으로 높은 평가를 받는 일본 철도는 철도기술협력을 바탕으로 해외 진출에 많은 힘을 기울이고 있다. 특히 사단법인인 '해외철도기술협력회(Japan Railway Technical Service, 약칭 JARTS)'는 운수성(현재 국토교통성)의 협력과 일본국유철도, 일본철도건설공단과 제도고속도교통영단 등의 지원을 받아 철도에 관한 모든 기술을 축적하는 기관으로, 1965년 9월 1일 운수대신의 허가를 받아 설립되었다.

출범 당시 이 협회는 소규모 조직이었지만 운수성으로부터의 위탁 연구와 (사)일본트럭협회, (재)일본선박진흥회 등의 보조금에 의한 연구사업을 수행하면서 발전의 기틀을 마련하였다. 그 후 한국의 지하철건설과 철도전철화계획 그리고 아르헨티나국철의 전철화계획, 이란국철의 전철화계획 등 해외프로젝트에 참여하면서 비약적으로 발전하였다.

그런데 '해외철도기술협력회'의 주요 업무인 기술컨설팅이 상대국의 사정이나 국제 사정 등에 의해 수차례 어려움을 겪었다. 먼저 1975년 전후에 현지사무소까지 설치한 콩고공화국(당시 자이르공화국) 철도건설계획이 석유 위기에 의한 콩고의 국가적인 경제 악화로 인해 당초 계획이 변경되어 거액의 부채를 떠안게 되었다. 또한 1987년 일본국철 민영화에 의해 '해외철도기술협력회'의 조직과 인원은 확충된 반면, 해외프로젝트는 감소하여 경영이 악화되었다. 그러나 운수성, (재)일본선박진흥회, 철도업계와 재계 등의 협력에 의해 협회에 기금이 설치되고, 기금의 증액에 의해 재정이 안정되었다.

'해외철도기술협력회'는 사단법인으로서 해외 철도에 관한 조사와 정보 수집, 철도 전문가의 파견과 영입, 외국 철도산업에 대한 소개 등의 홍보활동과 외국 철도와 도시철도에 관한 컨설턴트업무 등을 실시하여 왔다. 이러한 업무와 관련 운수성, 국제협력사업단(JICA), 해외경제협력기금(OECF), (재)일본선박진흥회 등으로부터 많은 수탁연구를 받았고, 업무 수행에 있어서도 국철(현재 JR그룹), 일본철도건설공단, 제도고속도교통영단 등의 적지 않은 지원과 협조를 받았다. 그 결과 일본 '해외철도기술협력회'는 60여 국가의 프로젝트를 실시할 수 있었고, 기술협력은 400건을 넘고 있다.

(2) 발전과정

1) 해외철도간담회 발족

일본은 1960년 12월 국민소득배가계획이 각의에서 결정되면서 고도 경제성장기를 맞이하게 되었다. 당시 해외와의 경제나 교통분야의 교류가 활발해지면서 철도 관계의 유력자와 전문가가 모여 철도산업의 해외 진출과 철도기술의 해외협력에 대한 의견 교환의 장으로서 '해외철도간담회'를 1961년 6월에 발족하였다. 이 회의는 매월 1회씩 회합을 하고, 해외기술협력 경험자의 의견을 듣기도 하고, 자료를 수집, 검토하는 일을 수행하였다.

한편, 일본 정부는 수출 촉진과 자원 확보, 평화 등을 목표로 개발도상국에 대해 경제 및 사회개발의 원조프로그램을 추진하였다. 초기 정부 차원에 의한 자금협력은 식민지시대의 과오에 대한 배상의 형태였지만, 1958년부터는 정부의 직접 차관이라는 새로운 형태로 자금협력이 진행되었다.

정부 직접 차관의 실시기관으로서 일본수출입은행 이외에 1961년 3월 해외경제협력기금이 설치되고, 기술협력에 대해서는 1962년 6월 해외기술협력사업단(OTCA)이 발족되어 정부 차원의 기술협력을 일원화하였다.

그런가 하면 국철에서는 소고(十河) 국철 총재의 주장으로 1957년~1958년에 걸쳐 개최된 네 번의 아시아철도수뇌회의의 영향으로 철도기술의 필요성이 높아져 1962년 4월 '해외철도간담회'를 개칭하여 '해외철도협의회'로 명칭을 바꾸고, 정보 교환과 강연회 등을 활발하게 진행하였다.

한편, 1964년 10월 도카이도(東海道)신칸센의 개통은 개발도상국뿐만 아니라 선진국에도 그 기술의 우수성이 알려져 수출 진흥을 추진하였던 정부 관계자는 이 기회에 철도컨설팅에 관한 상설기관을 설치하여 우수한 철도기술을 기반으로 관련사업의 시장 개척과 적극적인 수출을 추진하고자 하였다. 또한 국철은 철도기술의 해외 진출을 위한 단체가 없었기 때문에 이러한 단체의 설립을 바라고 있었다.

이러한 상황에서 '해외철도협의회'는 프랑스 등을 참고로 하여 기술협력을 추진하기 위해 공공과 민간부문이 일체가 된 철도컨설턴트의 설립을 목표로 정하고, 이 협의회를 법인 격의 해외기술협력 실시기관으로 발전시키기 위해 관계기관에 진정서를 제출하였다. 그리고 운수성과 국철의 지도에 기초해 정관의 검토, 회원의 선정, 기존 컨설팅회사와의 조정을 통하여 1965년 4월 발기인대회와 같은 해 7월 7일 창립 총회를 개최하였다. 총회에서는 '해외철도기술협력회의'의 설립이 결정되어 회장으로 전 운수장관인 나가노(永野) 씨가 임명되었다.

법인 격으로서는 운수성으로부터 1965년 9월 1일 사단법인으로의 설립 허가를 받았다. 피로연은 총리, 운수장관, 국철 총재, 해외기술협력사업단 이사장, 경단련 부회장 등의 축사를 받는 등 성황리에 개최되었다.

2) 초기 성장기(1965년~1970년)

초기 사무국은 사무국장 아래에 총무부와 기술부를 두고 사무국원 7인, 회원 85인, 찬조 회원 12개 회사로 출발하였다.

최초의 해외조사사업은 (사)플랜트협회가 실시한 멕시코시 지하철계획 기초조사에 참여한 것이었다. 이 조사에 전문가를 파견하였고, 이와는 별도로 매년 해외조사사업을 실시하였다. 초기에는 협회 독자적으로 전문가를 파견하여 조사를 수행하였다.

초창기 활동에 있어 중요한 위치를 점한 것은 운수성으로부터 위탁된 1967년~1971년까지의 연구로, 연구 테마는 '아시아 간선철도망계획에 관한 예비조사(조사대상국 : 태국, 말레이시아, 싱가포르, 인도네시아, 방글라데시, 파키스탄, 아프가니스탄, 이란)'와 해외철도기술협력연구(태국, 대만, 이란의 속도 향상, 말레이시아의 낙뢰대책)가 실시되었다.

그 후 1970년 1월에 나가노(永野) 회장의 서거로 신칸센의 전 사장이었던 시마(島) 당시 부회장이 회장으로 취임하였다. 시마 회장은 해외로부터의 기술협력 요청이 점점 더 증가하자 협회체제의 강화를 확신하고, 상근 임원과 사무국 인원의 증원, 기획위원회 등을 설치하였다. 자금 면에서는 회비만으로는 부족하여 해외기술협력사업단으로서의 수주, (사)일본플랜트협회, (재)일본선박진흥회 등으로부터의 수탁사업, 보조사업을 좀 더 적극적으로 요청하게 되었다.

이 결과 (재)일본선박진흥회로부터는 1970년 12월부터, 그리고 해외기술협력사업단으로부터는 1971년 11월부터 수탁을 받아 연구가 시작되었다.

이렇게 진행된 이 협회의 해외기술협력은 정부의 개발도상국 원조정책의 강화와 관계기관의 이해와 협력에 의해 급증하게 되었다. 창립 후 10년간(1965년~1975년)에 해외 협력은 100건에 이르렀다. 그 가운데에서 서울지하철건설과 국철전철화계획의 컨설턴트업무(64명 파견) 등에 참여하게 되었다.

1974년 8월 해외기술협력사업단이 기관 통·폐합을 통해 국제협력사업단(JICA)으로 개편되었다. 또한 1975년에는 해외경제협력기금(OECF)과 일본수출입은행과의 업무 조정에 의해 신규 차관에 대해서는 원칙적으로 해외경제협력기금이 업무를 수행하도록 되었다. 이러한 변화와 함께 협회는 성장을 거듭하게 되었다.

3) 재정 위기의 극복(1975년~1985년)

1971년 콩고공화국(당시 자이르공화국)에 대해 일본 정부는 철도건설협력을 약속하고 150km 구간의 신선 건설을 계획하고 있었다. 약 345억 엔의 차관이 공여되는 사업을 위해 이 협회는 사전조사단을 파견하고, 1974년에 현지사무소를 설치, 계약 교섭의 촉진과 조사활동을 시작하였다. 그러나 중동전쟁에 의한 오일쇼크는 비산유국인 콩고공화국의 경제를 심각한 국면으로 몰아 결국 철도건설계약은 파기되었다. 이로써 협회는 콩고로부터 철수하였고, 이 결과 많은 손실을 입게 되었다. 이러한 심각한 국면에서 (재)일본선박진흥회와 국철관련업계, 경제계로부터 협력을 얻어 3년 만에 15억 엔의 기금을 마련하게 되었다. 재정적인 기반이 마련된 후 가장 중요한 사업은 이란 철도사업이었는데, 약 30명의 전문가가 상주하여 철도컨설팅업무를 수행하였다.

석유 위기 이후 세계 각국은 전철화를 서둘러 진행하였다. 이와 함께 협회는 조직을 정비하였으며, 사업 실시에 있어 국철과 일본철도건설공단, 제도고속도교통영단 그리고 회원사들의 참가 하에 기술진 보강을 꾀하였다.

이러한 노력의 결과 사업 규모는 1982년 23억 엔으로 1981년 7.5억 엔의 3배에 이르게 되었으며, 1983년에는 25억 엔, 1984년에는 20억 엔으로 안정적인 성장을 계속하였다. 이는 1978년 2억 3,000만 엔에 비하면 놀라운 성장이었다.

그 후 JICA의 수주와 OECF의 차관에 따른 상대국과의 계약이 늘어남과 동시에 민간의 요구도 늘어 업무량이 증가하였다. 직원 수도 1983년 35명에서 1985년에는 정부기관으로부터의 파견을 포함해서 70명으로 두 배로 증가하였다. 기금 또한 1984년 말 현재 21억 엔으로 증가하였고, 회원 수는 개인이 39명, 단체회원이 133개 회사로 증가하였다.

4) 조직 및 활동

'해외철도기술협력회'는 사단법인의 형태로 운영되며, 회원 수가 2003년 3월 31일 현재 단체 120개 회사, 개인 67명이다. 임직원은 회장 1명, 이사장 1명, 상무이사 4명, 이사 33명(회장, 이사장, 전무이사 포함), 감사 3명이며, 직원은 90명(국토교통성 등으로부터 직원 파견 포함)에 이르고 있다.

임원의 구성은 2004년 3월 31일 현재 회장에 이마이(今井) 일본경제단체연합회 회장, 전무이사는 마쓰모토(松本) 전 국토교통성 심의관, 이사는 각 철도회사와 철도건설공단, 철도관련협회 등에서 참여하고 있다. 구체적으로 JR히가시니혼 등 JR 각 회사와 철도건설운수시설정비지원기구, 일본통신주식회사, (사)일본철도기술협회, 정보통신네트워크산업협회, (사)일본철도차량공업회, (사)일본철강연맹, (재)철도종합기술연구소, (사)일본전기공업회, (주)도쿄지하철, (사)일본건설업단체연합회, (사)일본철도전기기술협회, 일본교통기술주식회사, (사)일본무역회, (사)해외운수협력협회, (사)일본민영철도협회 등이 참여하고 있다. 단체회원은 철도 운영업체와 관련기업이 참여하고 있으며, 개인회원의 경우에도 일반인이 아닌 철도 관련 기업이나 관련 단체의 장이 참여하고 있는 특징을 가지고 있다. 단체회원의 경우는 이사회의 승인을 얻어 가입이 가능하며, 입회비는 12만 엔, 그리고 연간 1구좌당 12만 엔의 회비를 내도록 규정되어 있다.

재정 규모를 보면 2003년 현재 기금이 25억 8,687억 엔, 당기수입이 23억 8,085억 엔이다. 수입내역을 보면 사업금 수입이 91.8%로 대부분을 차지하고 있으며, 회비 수입이 2.4%, 단기차입금이 2.1%를 차지하고 있다.

정부로부터의 수의계약에 의한 보조금 성격의 사업비는 59,123천 엔으로 전체 수입 중 2.48%를 차지하고 있다. 보조금의 선정 이유는 해외 철도에 관한 기술협력을 70개국 이상과 실시하는 등 기술과 노하우를 가진 유일한 기관으로 인정되고 있기 때문이다.

2003년에 실시한 주요 사업을 보면 국제협력사업단(JICA)의 개발조사사업으로 인도네시아 '자바 간선철도전철화 실시 설계조사', 폴란드 '국철 민영화계획 조사' 등 3건

(단위 : 천 엔)

과목	수입	비율(%)
기본자산운용 수입	41,287	1.7
입회금 수입	480	0
회비 수입	56,253	2.4
사업 수입	2,184,876	91.8
부담금 수입	34,724	1.5
잡수입	8,813	0
특정예금 수입	4,416	0
단기차입금	50,000	2.1
합계	2,380,851	100

*자료 : 해외철도기술협력회(2003), 〈2003년도 사업보고〉를 참조하여 재작성

에 참여하였다. 국제협력은행(JBIC) 차관 공여사업으로는 인도, 인도네시아, 태국 등의 간선철도 개량사업과 중국 '중경시의 모노레일건설사업' 등 6건, 국제협력은행의 조사사업으로는 인도네시아, 이란 등의 사업, 경제통산성사업으로는 인도네시아 '자카르타 MRT고가화계획 조사'를 수행하였다. 일본무역진흥회(JETRO)와 관련된 사업으로는 '베트남의 철도와 물류망 정비사업', (사)해외운수협력협회(JTCA)의 보조사업으로는 인도네시아와 터키 철도 정보 수집에 참여하였다. 그리고 대만 고속철도건설계획 참여와 중국 고속철도건설계획 협력, 국제협력사업단의 위탁에 의해 외국의 철도 관련 요인과 연수생을 6건에 44명을 초청하여 시찰과 연수업무를 수행하였다. 또한 단기전문가를 3개국에 5명을 파견하고, 홍보책자 발간(JARTS : 격월간 발행), 국제회의 출석 등 다양한 해외 철도업무 활동을 전개하였다. 특히 해외 철도로부터의 요청에 의한 연구가 눈에 띄는데 '미국 캘리포니아 고속철도계획 조사'를 캘리포니아 주정부가 설치한 캘리포니아고속철도위원회로부터 위탁을 받고 과제를 수행하고 있으며, 영국 '런던~글레스고우 간 고속철도계획 조사'는 영국 정부인 SRA로부터 요청을 받고 조사업무를 진행하고 있다.

2. 해외철도기술협력회의 활동 : 일본 철도의 대만 진출

대만의 고속철도는 1985년부터 계획이 수립되어 2000년 3월에 토목공사가 착수되었는데 2000년 12월에 일본연합(컨소시엄)이 차량과 전기설비를 수주하였으며, 2002년 7월에는 일본연합이 궤도와 역의 건설도 수주하여 2005년 10월 개통을 목표로 공사를 진행하였다. 건설 경위를 간단히 살펴보면 다음과 같다.

대만의 타이베이~카오슝 345km 구간의 고속철도는 현재 4시간이 소요되는 운행시간을 최고 속도 300km/h로 1시간 30분에 주행하여 무려 2시간 30분을 단축하게 된다. 차량 편성은 12량, 좌석은 986석, 차량 길이는 최장 300m, 회전 가능한 좌석 900석, 최소 곡선반경은 R=6,250m, 축중은 25.5톤, 터널 단면적은 90m²로 일본의 신칸센 60.4m²보다 크다.

〈표 5-2〉 대만 고속철도에 대한 일본의 진출 경위

시기	추진 내용
1990년 3월	교통부에 의해 타당성조사 완료
1997년 9월	대만고속철도연맹이 BOT사업으로 우선 교섭권을 받음.
1998년 7월	대만고속철도연맹 사업권 계약 체결 (대만고속철도연맹은 사업권 계약 체결 후 채용시스템을 재검토하였고, 일본연합은 JR, 해외철도기술협력회 등의 협조를 받아 대만고속공사에 신칸센의 기술 설명)
1999년 12월	대만고속철도연맹이 일본연합에 우선 교섭권 부여
2000년 12월	일본연합 차량, 전기시설에 대하여 대만철도공사와 계약 체결
2002년 7월	일본연합 궤도2공구계약(전체 5공구 중)
2003년 1월	일본연합 궤도2공구 추가 계약

*자료 : 해외철도기술협력회(2003), 〈2003년도 사업보고〉를 참조하여 재작성

이 구간은 1일 수송인원이 개통시에 17만 명, 2033년에 35만 명으로 예상하고 개통되었다. 차량운행 간격은 피크시 10분, 수요 유발시 6분 간격으로 운행할 예정이다. 영업시간은 오전 6시부터 24시까지이다. 차량은 신칸센 700계 차량으로 신호방식은 ATC, 동력분산방식을 채택하고 있다. 열차운행 횟수는 개통 시점에 편도 약 88회이

며, 약 30편성이 운행될 예정이다.

대만의 인구밀도는 620인/km²로 일본 338인/km², 우리나라 467인/km²보다 높아 수송효율성이 매우 높을 것으로 판단된다.

대만의 고속철도는 총 345km에 16조 원이 투자되고 있는데, 일본 기업연합이 차량 부문 등을 포함해서 5조 3천억 원을 수주하였다. 일본 기업은 미쓰비시중공업과 가와사키중공업, 미쓰이물산 등 7개 기업 등 서로 경쟁관계에 있는 회사가 결속하여 수주하였다.

운영은 BOT방식으로 대만의 5개 기업(전기, 해운, 보험회사 등)과 일본 기업 등이 투자한 대만고속철도공사에서 35년간 고속철도를 운영하고, 50년간 역세권을 개발·운영하게 된다.

이러한 대만고속철도에 일본 신칸센이 진출한 경위를 자세하게 살펴보면 다음과 같다.

1990년 6월 대만 교통부 교통연구소의 타당성 조사를 바탕으로 교통부는 대만 서부고속철도 건설을 정식으로 인가하였다. 원래 1992년 7월경 착공하여 1999년에 완성할 예정으로 계획을 수립하였으나, 1992년도 예산에 조사비용만 포함되어 있었던 관계로 본격 착공은 지연되었다. 1994년 12월, 대만 정부는 자국의 재정 상황을 감안하여 고속철도 프로젝트를 BOT방식에 의해 추진하기로 결정하고 교통시설에 대한 BOT사업법을 제정하였다.

1996년 10월 BOT사업자의 사전 자격심사가 고시되었으며, 1997년 3월 중화고속철도연맹과 대만고속철도연맹 등을 후보자로 선정하였다. 중화고속철도연맹은 중화개발신탁을 간사로 하고 영민(榮民), 중화강철(中華鋼鉄), 중화공정(中華工程), 원동항공(遠東航空) 등과 같은 대만의 주요 기업과 일본의 미쓰이(三井)물산, 미쓰비시(三菱)중공업, 가와사키(川崎)중공업, 도시바(東芝) 등이 일본의 신칸센시스템을 공급하는 형태로 참여하였다.

한편, 대만고속철도연맹은 대륙공정(大陸工程)과 장영해운(長榮海運), 부방산보(富邦産保), 동원전기(東元電氣), 태평양전선전기(太平洋電線電氣)의 5개 기업으로 구성되었고, 여기에 GEC Alstom과 Siemens가 TGV와 ICE시스템을 공급하는 형태로 참여하였다. 1997년 8월 두 그룹은 투자계획서를 대만 교통부에 제출하였다. 1997년 9월 평가조사 결과 정부 부담을 줄이는 방식으로 계획서를 제출한 유럽연합(대만고속철도연맹) 시스템이 우선 교섭대상으로 선정되었으며, 1998년 7월 사업권에 대한 교섭이 진행된 후 대만 교통부와 유럽연합간에 사업권 계약이 성립되었다.

〈표 5-3〉 JR과 '해외철도기술협력회'의 참여 내용

시기	주요 내용
1999년 1월 7일	일본과 대만의 기술교류회
1999년 4월 20일	일본차량수송협회 주관으로 타이베이에서 기술교류회 개최, JR도카이(東海) 다나카 부사장이 강연
1999년 8월	대만의 6개 신문사 기자를 일본으로 초청하여 신칸센 시승
1999년 12월 1일	대만 지진 이후 지진 세미나 개최, JR도카이(東海) 가사이 회장과 다나카 부사장이 이등휘 총통과 회담
2000년 7월 7일	일본연합과 해외철도기술협력회는 도쿄에 대만신칸센프로젝트 사무소 개설
2002년	해외철도기술협력회의 전 회장 시마히데오가 컨설턴트로서 참여

*자료 : 〈요미우리신문(読売新聞)〉 중부사회부(中部社会部)(2001), 《바다를 건너간 신칸센(海を渡る新幹線)》, 주코신쇼(中公新書) 61을 참조하여 작성

그 후 일본 측은 대만고속철도연맹이 채용예정인 시스템에 대해 다시 교섭에 들어갔고, 그 결과 일본 측 시스템도 선택에서 배제하지 않겠다는 의향을 얻어내는 데 성공하였다. 이후 신칸센 건설·운영 관계자인 JR회사와 '해외철도기술협력회' 전문가들의 참여로 대만에서의 기술 교류회 및 세미나를 개최하고 대만 측 고속철도 관계자 및 언론 관계자들에 대한 신칸센 시찰 등을 통해 대만 측의 신칸센 기술력에 대한 이해도 제고에 심혈을 기울였다. 이와 더불어 일본연합에 미쓰비시상사와 마루베니, 스미토모상사 등을 가세시켜 수주를 위한 다각적이며 전략적인 노력을 시도하였다. 이러한 노력의 결과 1999년 4월 대만 정부(대만고속철도주식회사)로부터 유럽연합 및 일본연합 양측에 정식으로 제안서를 제출해 달라는 요청서가 발부되었다. 1999년 12월 28일 대만 정부(대만고속철도주식회사)는 일본연합에 우선 교섭권을 부여하여 2000년 12월 대만 정부와 일본연합 측이 최종 계약서를 체결하였다. 2003년 1월 일본연합 측은

궤도공사부문에 있어서도 전 5공구 중 타이베이 지하 구간을 제외한 4공구를 수주하는 데 성공하였다.

한편, 이러한 과정에서 JR 관계자와 '해외철도기술협력회'의 참여가 매우 큰 역할을 하였는데, 기술 교류회뿐만 아니라 신칸센 시승식 그리고 기술자로서 대만의 이등휘 총통과의 회담 등에 참여하는 등 적극적인 홍보가 수주에 큰 힘이 되었다.

일본 철도를 통해 본 한국 철도의 발전 방안

이용상

1. 철도를 통해 본 동아시아의 교훈

19세기 말, 20세기 초반에 걸쳐 세계 여러 곳에서 변화의 파고가 밀려왔다. 특히 1830년 초 수운과 마차를 대신하여 출현한 철도혁명은 속도 면에서 교통의 패러다임을 완전히 바꾸어 버렸다. 말과 수운에 의존하였던 운송이 이제 증기라는 새로운 동력으로 빠른 속도를 통해 원하는 곳으로 이동할 수 있었다. 경제활동의 영역도 하루에 이동할 수 있는 거리 등의 제한으로 자급자족경제에 머물렀지만, 이제 활발한 물자 교류를 통해 가격도 저렴해지면서 새로운 시장이 개척되었다. 1862년 미국의 대륙횡단철도 건설의 시작도 그러한 예의 하나이다. 철도를 통해 공간과 시간의 지도는 다시 작성되었다.

철도의 출현은 근대 서구에 있어서는 산업혁명에 더욱 박차를 가하는 계기가 되었고, 동양사회에서는 근대화를 견인하였다. 유럽에서 시작된 근대화와 산업화는 서구 문명의 우월주의, 새로운 시장의 개척, 미개한 지역의 개화라는 제국주의 명분을 통해 급속하게 동양사회에 영향을 미치게 되었다.

중국은 1840년 아편전쟁을 통해 강력한 서구의 힘을 경험하게 되면서 큰 충격에 빠지게 되었다. 유럽 각국은 앞을 다투어 동양에 진출하게 되었고, 철도는 첨병 역할을 하게 되었다. 인도에서의 영국의 철도건설이 그러한 예이기도 하다.

그 주요한 예로 유라시아를 횡단하는 시베리아철도는 1905년에 완성되었는데, 구간은 모스크바로부터 블라디보스토크까지 9,289km였다. 궤간은 1,520mm의 광궤로 모스크바로부터 폴란드, 슬로바키아, 독일, 프랑스까지 연결되었고, 당시 동청철도를 통해 하얼빈과 당시 만주 그리고 한반도, 일본까지 철도로 연결되었다.

당시 동아시아 정세는 1894년의 청일전쟁으로 타이완이 일본의 식민지가 되었고, 1905년 러일전쟁으로 일본은 한반도를 시작으로 대륙으로 진출하는 계기가 되었다. 철도는 그 중심의 하나였다. 시베리아철도와 동청철도와 만주철도를 둘러싼 치열한 각축전이 전개되었다. 러시아와 중국, 미국, 일본 그리고 영국, 프랑스 등이 동아시아의 철도 주도권을 놓고 경쟁하였다.

그러나 이때에도 우리나라에서는 철도를 우리 손으로 건설하려는 노력이 있었다. 유길준은 호남철도주식회사, 박기종은 대한철도주식회사, 이용익은 경의선 철도를 우리 자본과 기술로 건설하려고 하였다.

호남철도주식회사의 취지문을 보면 다음과 같이 기술하고 있다.

"철도는 전신, 체신, 신문, 기선과 함께 국가의 5대 기관이며, 문명과 강한 나라를 만드는 데 중요한 수단이다. 그간 외세가 우리나라의 주권을 빼앗고 있어 우리의 독립을 찾기 위해서는 우리 스스로 철도를 부설하여야 하므로 이에 호남철도를 우리 손으로 만들어야 한다. 1908년 2월 3일 대표 장박, 유길준, 최문식"

후에 우리는 제국주의의 힘을 경험하게 되고, 이후 철도는 전쟁 수송에도 이용되었다. 냉전의 시기를 지나 이제 경제협력과 최근 각국 간의 경쟁이 치열해지는 시기가 이어지면서 동아시아는 19세기 말의 모습이 재현되고 있는 느낌이다.

동아시아와 우리나라를 둘러싸고 미국과 러시아, 중국, 일본 등의 견제와 균형 그리고 주도권을 잡으려는 노력이 치열해지고 있다. 각국은 특히 대륙을 연결하는 철도의 이니셔티브(Initiative)를 잡으려고 하고 있다.

역사는 모든 것이 의미가 있으며, 이를 통해 우리는 현재를 진단하고 미래를 함께 전망해 볼 수 있다. 특히 19세기 말과 유사하게 전개되는 최근의 상황을 볼 때 더욱 그러하다. 당시의 상황을 조명해 보면 우리는 현재 다음과 같은 교훈을 얻을 수 있다.

첫째, 가장 중요한 것이 국력이기는 하지만 당시 국제정세를 볼 때 각국의 철도를 둘러싼 구체적인 정책과 이를 추진하기 위한 조직, 연구 등이 체계적으로 진행되었다. 상대국의 정세를 철저히 분석하여 조사 자료를 축적하고 경쟁우위에 있는 새로운 기술을 개발하려고 하였다. 예를 들면 최고속력을 가진 차량을 개발하였고, 항만과 철도를 연결하는 인프라를 건설하는 노력을 기울였다.

둘째, 해외자료 등도 입수하여 분석하고 '관련된 사전'을 만들 정도로 지식을 축적하고, 이를 집적하였다. 당시 자료를 살펴보면 최소한 30년 이상의 향후 전망 시나리오를 작성하여 여러 가지 상황을 가정하고, 분석하고, 이를 신중하게 추진하였다.

셋째, 정부와 학자, 기업 간의 끊임없는 공동 논의와 모임 등을 가지고 대비하였다. 여러 가지 연구회라는 이름으로 수시로 접촉하면서 이해의 폭을 넓혀갔다.

마지막으로는 구체적인 이니셔티브의 구현을 위한 노력을 기울였다. 예를 들면 국제 열차운행을 통해 각국을 연결하는 노력을 계속 시도하였다.

이제 우리는 역사의 검증을 통해 당시 상황을 철저하게 분석하고 객관적으로 이해해야 한다. 우리가 현재 간과하고 있는 것은 없는지를 살펴보고 후손들이 볼 때 부끄러움이 없는 현재를 만들어가야 한다.

2. 철도 발전에 대한 다양한 접근 필요

우리나라 철도는 1899년 9월 18일 최초의 기적이 울린 이후 2017년을 기해 118주년을 맞이하였다. 우리나라 철도의 역사를 보면 경인선이 개통된 이후 1905년~1945년까지 약 41년간 일본 식민지 하에서 철도는 타율적으로 운영되었다. 연대별로 보면

1905년~1910년까지는 통감부 철도관리국, 1911년~1917년까지는 조선총독부 철도국, 1917년~1925년까지는 만주철도 경성관리국, 그 후 다시 1945년 해방까지 조선총독부에서 우리 철도를 운영하였다. '식민지시대' 우리나라 철도는 러일전쟁 수행을 위해 경부선이 약 4년, 경의선이 약 2년 만에 건설되었다. 이에 따라 선로 조건도 단선에다 곡선반경도 각각 300미터, 150미터로 전쟁 수행을 위한 임시적인 철도에 불과했다. 그 후 1927년부터 '조선철도 12년 계획'에 의해 만들어진 전라선, 중앙선, 평원선, 만포선, 혜산선 등도 대륙으로의 물자수송에 주로 이용되었다.

해방 이후 우리나라 철도는 남북 분단으로 인해 전체 영업거리 42%, 기관차 42%만을 소유하게 되어 수송능력이 절반 이하로 줄어들게 되었다. 그 후 6·25전쟁으로 영업거리의 12%, 기관차의 26%, 객차의 78%, 화차의 48%가 파괴되었으며, 수송능력은 다시 절반 정도가 감소하게 되었다.

1960년 이후에는 도로 중심의 교통정책으로 도로에 대한 많은 투자가 이루어졌다. 이로써 철도는 동해안지역의 약 170km의 산업선과 경전선 일부 철도건설 그리고 기존선의 전철화 이외에는 별다른 철도시설의 향상이 이루어지지 못하였다. 이에 따라 그간 철도로 계획된 대전~진주, 동해안의 삼척~포항, 양양~북평 구간에는 철도 대신 도로가 건설되었다.

한편, 철도의 속도는 1920년 서울~부산 구간의 평균 속도가 36.4km/h에서 해방 이후인 1945년 69km/h, 1969년 92km/h, 1985년 107km/h로 각각 향상되었다. 이 결과로 볼 때 1945년 이후 약 40년간 속도는 약 38km/h만이 향상되었을 뿐이다.

그간 100년 이상의 역사를 가진 우리나라 철도는 타율적인 철도 운영과 함께 해방 이후에도 제대로 성장하지 못하고, 남북 분단으로 인해 또다시 침체를 거듭하였다. 그러던 철도는 1990년 이후 계획되어 건설된 고속철도로 새로운 시대를 맞이하고 있다.

속도만으로 보더라도 최고 속도 140km/h에서 300km/h로 2배 이상이 향상되었다. 시간 또한 4시간 10분이 소요되던 서울~부산 구간의 운행시간이 이제 2시간 40분으로 운행되고 있다. 또한 우리의 힘으로 곡선반경 7,000m의 새로운 철도를 과거 '식민지시대'의 경부선 구간에서 건설했다는 사실은 귀중한 결실이다.

이러한 철도는 최근 새로운 전기를 맞이하고 있다. 세계적으로도 그 중요성이 날로 높아지고 있는 지구환경문제에 대처하는 방법에서 교통수단을 대중교통 중심으로 전환하고, 특히 철도의 역할에 대한 새로운 인식을 하고 있다. 이러한 논의는 구체적으로 지속가능형 교통체계(EST : Environmentally Sustainable Transport)에서 논의되고 있는데 주요 내용은 자동차의 수요 억제와 대중교통의 활성화, 경량전철, 노면전차 등 궤도교통의 활성화 등이 중점적으로 토의되고 있다. 우리나라도 급격한 자동차 증가로 도로 지체나 환경오염 등 여러 가지 문제에 직면하고 있다. 우리나라 도로의 km당 자동차 대수는 160대로 일본의 44대에 비해 매우 높은 숫자를 보이고 있다. 이 때문에 발생하는 물류비는 2013년 기준으로 GDP의 10.2%를 차지하고 있다.

이제 더 이상 자동차 위주의 교통체계로는 변화·증가하는 교통수요와 환경문제에 적절하게 대응할 수 없으며, 저공해형 자동차개발도 한계가 있다. 이에 따라 철도교통의 활성화가 절실하게 요구되는 시점이다. 우리가 가지고 있는 국가 교통망계획 가운데 2020년까지 5,000km의 철도망 건설은 매우 시의적절한 계획이라 할 수 있다. 이를 위한 재원조달과 중앙정부와 지방정부의 역할체계 정립 등의 실행계획이 실현되어야 하며, 효율적인 건설과 운영을 위한 필수적인 철도기술의 장기개발계획 등도 필요한 시점이다.

이를 위해서는 그간의 철도 발전과정에 관한 다양한 연구와 성과를 평가하는 노력이 필요하다. 예를 들면 일제시대 철도의 다양한 영향력, 만주철도에의 위탁경영체제, 대만, 인도 등 다른 식민지 철도와의 비교연구, 남북 분단과 6·25에 따른 철도 발전의 연속성과 불연속성, 1960년대의 철도 역할, 1970년대 이후 도로 중심의 미국식 교통정책의 성과 등에 대한 다양한 검증이 필요하다. 아울러 최근 유럽의 친환경교통정책, 동아시아의 철도 역할과 계획, 대륙철도와의 연결계획 등에 대한 비교연구 등도 철저하게 분석될 필요가 있다.

이러한 검증과 고찰을 통해 현재 우리의 교통문제는 더욱 분명해질 것이며, 앞으로 우리나라의 새로운 교통모델과 철도 발전모델이 정립될 수 있는 이론적인 기반이 구축될 것이다. 아울러 이를 토대로 한 심층적인 논의 속에서 사회적인 합의도 쉽게 도출될 수 있을 것으로 보인다.

(1) 철도 발전 청사진 마련 : 운영의 효율성과 인프라의 중요성

철도 구조 개혁의 목표는 의사 결정에서 정치적인 개입을 줄이고 경영의 자율성을 확보하는 것이다. 이미 구조 개혁을 실현한 일본과 영국의 사례 검증을 통해 이를 살펴보고자 한다.

일본은 1987년 4월 분할 민영화 이후 현재 JR 4개 회사는 주식시장에 상장되었고, 다른 회사도 현재 안정적인 수지를 보이고 있다. 국철 경영이 파탄되고 붕괴되는 과정에서 철도망의 정비와 근대화 투자의 길이 같이 진행되었다. 운임 인상에 의한 자기자본 확보가 정치적으로 억제되어 외부 경제효과에 맞는 지원이 없었고, 설비투자는 자금 운용에 있어 차입금으로 충당하였다. 금리의 누적에 의해 적자가 23년에 걸쳐 확대되었는데 그 경영이 붕괴된 해는 수도권 노선 증설계획이 종료되고 더욱이 도호쿠(東北)신칸센과 조에쓰(上越)신칸센이 완성된 시기, 즉 철도망의 정비 목표가 거의 완성된 시기였다. 누적된 국철 부채는 37.1조 엔으로 JR 발족 이후, 그 중 14.5조 엔을 본토 3개 회사가 부담하고 나머지는 경영 부담에서 제외되었다.

정부는 본래 투자해야 하는 철도건설 자금을 분할 민영화 이후에 지불하는 형태가 되었다. JR 각사는 부담능력 한도 내의 채무와 보다 정비된 근대적인 철도망을 승계하였다.

완성된 철도망의 건전 경영은 민영화가 최적이었다. 상장된 것은 국철 채무변제를 위한 재원으로 충당하기 위해서였으며, 도로망이 국가의 간선적인 인프라로서 존재하기 때문에 국철은 부가적인 수단이라는 인식이 강했다.

한편, 영국 BR의 경우 철도망은 1960년대에 거의 완성되어 이미 선로 폐지 등이 추진되고 있었다. 매년 적자를 정부에서 보전하는 체계였기 때문에 일본국철과 같이 채무가 누적되는 경우는 없었지만, 경비나 설비투자는 엄격하게 억제되어 민영화 시점에서는 설비의 노후화가 진행되었다. 일본국철과 영국 BR의 병에 대한 증상은 정반대였다.

BR은 1993년에 전 인프라와 유휴지를 승계하여 경영하는 레일트랙, 차량보유회사 (3개 회사), 여객운송회사(25개 회사) 등으로 기능이 분할되었다. 레일트랙사는 철도 망을 효율적으로 경영함과 동시에 재생, 근대화하는 것으로 기대를 모았다.

그렇다면 구 BR의 여유 용지와 주식매각 이익은 먼저 철도망의 근대화 투자에 충당 되어야 했다. 그렇지만 영국 정부는 주식매각 수익을 재정자금의 부족한 부분에 충당 하고, 경영자는 설비투자나 유지보수를 억제해 당면한 이익을 배당으로 돌려 주주의 신임을 얻는 것에 우선하였다.

한편, 일본국철은 지역분할 혹은 노선분할방식을 채택하여 인프라, 차량, 열차운행 을 일원적으로 관리·운영하는 방식인 것에 비해 BR은 수평적으로 기능이 분할되어, 동일 노선상에 복수의 운송회사가 경쟁적으로 열차를 운행하는 것이었다. 이 방식은 전국의 인프라망을 버스, 트럭, 자가용차 등 다수의 민간소유 차량이 자유롭게 이용하 는 고속도로의 모델을 철도에 적용한 구조로 궤도, 차량, 운행을 종합적으로 근대화하 는 투자나 효율적인 운영이 어려운 것으로 판단되고 있다.

이렇듯 수면 하에서 설비의 노후화가 진행되고 노선보수의 기술이 분산되어 사고와 연결되는 데에는 10여 년도 걸리지 않았다. 2000년 10월 레일의 파손에 의해 탈선사 고가 발생하였고, 2001년 10월에는 가장 안정적이라고 판단되었던 레일트랙사가 파 산하였다. 이 이후의 업무는 정부의 자금 부담으로 남고 말았다.

상장된 레일트랙사의 주가는 당초 1주당 3.8파운드였지만 그 후 17파운드까지 상승 하였다. 그러나 사고의 발생과 함께 하락, 파산에 의해 최후에는 휴지조각이 되었다. 이에 대해 국가는 1주당 2.5파운드의 보상을 하게 되었고, 이러한 가운데 철도는 더욱 약체화되어 서비스의 질도 떨어지고 말았다. 결국 이용자도, 주가도, 납세자도 손실을 입는 결과가 되었던 것이다.

이러한 영국철도와 일본국유철도의 교훈은 우리에게 시사하는 바가 많다.

(2) 고속철도의 지속적인 발전

고속철도는 1964년 일본이 신칸센을 개통한 이후 세계 교통시장에서 성장을 거듭하여 프랑스와 독일을 중심으로 한 유럽의 교통에서 중추적인 역할을 수행해 왔다. 유럽지역은 2000년 15,350km의 고속철도망을 보유하고 있는데 2010년까지 41,350km로의 노선 확장을 하였다.

우리나라의 고속철도와 최근에는 아시아지역에서 2005년 10월 개통된 타이베이와 카오슝 345km 구간의 대만고속철도, 2008년 북경올림픽과 2010년 상해만국박람회에 맞추어 추진된 1,330km의 북경과 상해 간의 중국고속철도가 본격적으로 추진되었다.

고속철도는 미국 대륙의 고속철도 건설 추진이 본격화된다면 이제 보편적으로 세계를 연결하는 대량 교통수단으로 성장할 것이 분명하다.

현재 우리나라는 고속철도 개통에 따라 아시아에서 2번째의 고속철도 운영국으로서 세계 교통시장에서 큰 주목을 받고 있다. 그러나 개통에 따른 문제점의 해결과 함께 고속철도 개통 이후에 대한 새로운 계획이 함께 추진되어야 할 것으로 보인다. 우선 시급하게 추진되어야 할 과제로는 수요 확충과 정시율, 그리고 무엇보다도 안전성의 확보 등이다.

먼저 수요 측면에서 살펴보면 우리나라의 경우 개통 초기의 일본과 비교해 볼 때 수요가 아직 본격적으로 확대되고 있지는 않았다. 2005년에 들어서면서 1일 수송객이 80,000명 선을 넘고 있어 수요는 계속적으로 증가하고 있다. 2013년에는 1일 15만 명에 육박하였다. 2004년에 조사된 교통개발연구원의 고객만족도 보고서에 의하면 5점 만점에 고속철도의 고객만족도는 3.29로 나타났는데, 특히 문제점으로 지적된 것은 연계교통 3.41점, 요금 수준 2.97점, 승차감 3.00으로 나타났다. 그 후 조사에서는 속도에 따른 시간단축효과 등이 높게 평가되었다. 따라서 앞으로 수요 확충을 위해서는 역에서 목적지까지의 버스나 지하철, 렌터카 등 연계교통의 정비와 다양한 요금체계 그리고 터널 내의 소음, 승차감 면에서 보다 세심한 배려가 필요할 것이다. 현재 고속철도의 이용자들을 보면 주중에는 직장인, 주말에는 여행이나 친지 방문 등이 주된 여행 목적인 것을 알 수 있다. 이를 감안하여 주중에는 직장인들이 고속철도를 이용할 수 있는 보다 제도적인 장치의 마련과 여유 좌석을 이용, 통근이나 관광 목적의 수요도 끌어들이는 노력이 필요할 것으로 보인다. 그리고 주말의 경우는 가족 단위 혹은 단체 여행임을 감안하여 좀 더 과감한 할인제도 등의 도입과 이에 따른 홍보가 뒤따라야 할 것이다.

두 번째로 정시율 면에서 보면 개통 초기 우리나라 고속철도는 매우 불안정적인 출발을 보였으며, 일본의 경우도 초기의 불안정성을 극복하고 매우 빠르게 정시율을 높여갔다. 우리도 일본의 경우를 참고하여 정시율을 높이는 노력을 게을리 하지 말아야 할 것이다.

정시운행 확보를 위해서는 다음과 같은 철학이 있다.

① 늦지 않는 철도를 만드는 것이다. 열차운행을 지연시키는 요인을 미리 예측하여 정시운행을 확보하는 것인데, 즉 차량과 선로, 교량 등의 시설을 안전하게 설계하고 건설하여 철저한 정비를 통해 고장을 줄여야 한다. 더불어 승무원의 실수를 줄이기 위해 사소한 실수라고 해도 절대 발생하지 않도록 규칙을 만들고, 항상 훈련을 통해 실수를 감소시켜야 한다. 하드웨어의 경우에도 사람의 실수를 허용하지 않는 체제를 만들어야 한다. 승객에 대해서도 열차 플랫폼에서 순서대로 탑승하도록 유도하는 등 탑승 시간을 최대한으로 줄여 정시운행뿐만 아니라 안전운행을 확보하여야 할 것이다.

② 늦더라도 회복이 가능한 철도를 만들어야 한다. 아무리 확실하게 준비한다고 하더라도 미래를 100% 예측할 수는 없다. 태풍이나 홍수, 대설 등 자연재해의 대비를 위해 얼마만큼의 비용을 부담하는가 등의 문제, 자연재해를 어느 정도 예상할 수 있느냐 등의 문제가 있지만, 이러한 제약 가운데에서도 최상의 열차운행이 되도록 더 많은 노력을 해야 한다. 또한 승객의 갑작스런 선로 투신, 건널목 사고 등도 바로 예측할 수 없는 제약조건들이 되고 있다. 이러한 상황이 발생할 경우 가장 이상적인 방법은 열차 지연을 확대시키지 않고 축소시켜 승객이 납득할 만한 상황 안에서 이러한 문제를 자연스럽게 처리해 나가는 것이다. 예를 들면 지연이 되더라도 후속 열차로의 환승, 버스

등 다른 대체교통수단의 마련, 지연정보의 신속한 제공 등을 통해 승객이 납득할 만한 범위로 운행한다면 열차를 이용하는 승객은 다음 번에도 철도를 이용하게 될 것이기 때문이다. 이를 위해서는 수정 다이어그램의 작성과 승객에의 정보 제공, 환불 등의 사후 조치 등이 미리 마련되어 있어야 한다. 일본의 경우 정시운행 확보를 위해서 이미 오래 전부터 많은 노력을 기울였다. 예를 들면 1920년에 이미 정시운행을 목표로 열차계획과 운전사령의 기능 강화, 지령전화의 증설, 기관사의 기술 향상 등이 이루어졌다. 그 후 경제성장과 인구가 증가하면서 열차의 빈도 증가에 맞추어 열차의 정시운전은 철도 운행에 있어 가장 중요한 요소가 되었다. 기관사들도 단 1초라도 소중하게 여기고 운전하는 풍토가 정착하게 되었다. 이를 위해 기관사는 미리 열차 선로조건을 전부 암기하여, 열차 운행 전에도 수차례에 걸쳐 머릿속으로 운전을 행하는 이미지훈련을 계속해 왔다. 이 결과 정시운행은 철도가 지켜야 하는 철칙이 되었으며 상식으로 통하고 있다. 이러한 정확한 운전을 배경으로 하기 때문에 6개의 여객회사와 1개의 화물회사로 분할이 되어도 정확한 운행이 가능했던 것이다. 이러한 노력을 바탕으로 철도 민영화가 성공을 거두고, 철도가 성장의 밑거름으로 작용하고 있다. 최근 일본 철도는 더욱 새로운 모습으로 발전해 가고 있다. 이제까지의 정시운행을 기초로 더욱 유연한 다이어그램 편성과 휴대용 전화를 통한 차량의 운행정보 전달, 자동정산제의 도입, 시스템 전체의 안정성 향상 등의 새로운 노력을 지속적으로 펼치고 있다.

세 번째로는 안전성의 확보다. 고속철도의 안정성을 확보하기 위해서는 개통 초기인 지금부터 여러 가지 노력을 경주하여야 한다. 특히 그동안 나타난 운전장애의 요인을 철저하게 분석하여 사고를 사전에 방지해야 한다. 2011년 2월 11일 오후 1시 5분경 광명역 전방 500미터 상행선 일직터널에서 KTX-산천열차의 선로 이탈 사고가 발생하였다. 사고 원인은 작업자의 부주의로 너트 탈락, 신호설비유지보수자의 안전규정 불이행, 관제사의 선로전환기 장애 대응 미흡 등으로 밝혀졌다. 다행히 인명 피해는 없었지만 대형 사고로 이어질 수도 있었던 사고였다. 이 사고는 인재이면서도 조직에서 대응할 수 있는 문제로 향후 철도 안전 조직의 책임이 더욱 강화되어야 할 것이다.

앞으로 고속철도의 영향력은 매우 증대될 것으로 전망되며, 고속철도를 통해 나타난 시간과 공간의 변화는 앞으로 그 영향력이 매우 커질 것이다. 고속철도는 서울~부산 구간의 운행시간이 2시간 40분으로 단축되어 고속철도 개통 이전과 비교해 보면 서울 기점으로 부산이 김천 정도로 가까워져 약 200km나 거리상으로 단축된 셈이다. 특히 대전의 경우는 서울에서 운행시간이 50분이 소요되어 이전 새마을호를 고려할 경우 거리로 보면 평택 정도로 가까워졌다. 이러한 변화를 통해 이동이 더욱 촉진되고, 비즈니스 기회가 증대되며, 역세권을 중심으로 한 상권형성 그리고 교류 확대를 통해 지역경제도 활성화될 것으로 전망된다.

경부고속철도 2단계 구간이 완성된 지금 모든 구간이 신선으로 고속철도가 운행되고 있다. 서울~부산 구간은 1시간 58분에 운행함으로써 그 영향력이 더욱 커지고 있다. 나아가서 운영 경험과 계속적인 기술개발로 고속철도를 해외로 수출하여 우리 철도의 영향력을 해외까지 확대할 수 있을 것이다.

아울러 우리나라 고속철도의 해외 진출을 위한 구체적인 실천전략을 몇 가지 언급해 보고자 한다.

첫 번째로는 차세대 고속철도에 대한 본격적인 추진이다. 현재 시험 중인 한국형 고속철도 차량의 실용화를 위한 노선 및 차량제작 등의 본격적인 개발과 함께 고속철도의 보다 새로운 기술개발이 함께 추진되어야 할 것이다. 현재 실용화에 어려움을 겪고 있지만, 일본은 1964년 고속철도 개통과 함께 리니어신칸센의 계획이 착실하게 추진되어 현재까지 꾸준히 시험을 계속해 오고 있다.

두 번째는 고속철도의 국제화다. 이제 우리 고속철도는 한반도 철도망에서 달리는 것은 물론 고속철도 차량과 기술을 해외에 수출할 수 있도록 제도적인 기반을 갖추어야 할 것이다. 일본은 재단법인인 '해외철도기술협력회'를 만들어 이곳을 기술과 정보의 창구로 하여 그간 미쓰이물산 등 자국 재벌기업의 자금지원 등으로 대만에 신칸센 700계를 수출하였고, 동남아 철도시장에도 적극적으로 진출하고 있다.

세 번째로는 아시아 국가와의 협력 강화다. 이제 고속철도 기술은 보편적인 기술로 발전되고 있어 앞으로의 과제는 네트워크의 효과를 극대화하는 방향으로 추진될 것이다. 이에 따라 각국은 고속철도망을 연결하여 상호운전이 가능하도록 노력할 것인데 일본, 중국 등과 상호운전이 가능하도록 지금부터 본격적으로 준비를 추진하여야 한다. 그리고 앞으로 고속철도 혹은 철도망이 계획 중인 동남아시아 국가와의 본격적인 기술 교류와 정보 교환 등도 시급하게 추진되어야 할 과제이다.

(3) 철도기술의 발전과 해외 진출

국내 철도기술은 1984년까지 최고 속도 140km/h 수준에 머물렀지만, 2004년 고속철도의 개통과 한국형 고속철도의 개발로 비약적인 발전을 하였다. 철도기술의 대표라 할 수 있는 한국형 고속철도는 독일, 프랑스에 이어 세계에서 3번째의 1,100KW급의 유도전동기를 개발하였고, IGCT 소자를 적용한 2.5MW급 대용량 전력변환장치를 개발하였다. 또한 독자적인 전두부 및 공력설계에 의해 공기저항과 터널 통과시의 외부 압력을 각각 15%, 8% 감소시켰다. 또 하나의 특징으로는 디자인에서 핵심장치까지 고유 모델로 개발하였으며 부품 수 대비 92%의 국산화를 이룩하였다.

각 분야별 기술 수준을 살펴보면 다음과 같다.

시스템 엔지니어링 기술분야는 고속열차의 성능에 대한 시험·평가 절차와 기준 등을 제시하고 각 장치별 성능을 시험, 검증하는 기술까지 확보하였다고 평가된다. 따라서 향후 철도시스템 엔지니어링분야의 시스템 신뢰성 및 안정성 평가기술을 확보할 경우 시스템 엔지니어링분야의 기술 완성도가 더욱 높아질 것으로 예상된다.

차량시스템 기술은 경부고속철도 차량의 국내 생산과 한국형 고속철도기술개발사업 등 국가적인 대형 국책사업을 통하여 많은 기술들을 축적, 응용할 수 있는 단계로 발전하였다. 시제차량의 개발에 성공한 2002년을 기점으로 비약적인 발전을 보이고 있다. 그러나 독자 기술로 고속철도 차량시스템을 구성하는 각 부품간 인터페이스 및 일부 하위 기술분야, 즉 핵심 차량제어시스템 소프트웨어기술분야 등에 있어서는 아직도 선진 외국에 비해 다소 기술적인 완성도가 부족한 수준인 것으로 평가된다.

전기신호시스템분야는 자체 기술로 고속열차의 열차제어장치(ATC, CTC)와 전자연동장치(IXL)를 개발하였으며, 단품 성능시험과 사용 환경에 대한 적응능력 검증시험을 실제 선로에서 수행하는 수준까지 도달해 있다.

선로 구축물 시스템분야는 300km/h 속도까지 고속열차의 운행이 가능한 선로 구축물 시스템의 성능 해석 및 속도 향상에 따른 궤도 성능 향상 기술, 고속철도 환경소음에 대한 방음설계 기술, 열차 주행안전성 확보를 위한 교량설계 기술, 고속철도 교량 안전성 확보 및 유지관리 효율화 기술 등을 확보한 것으로 평가된다.

이러한 분야별 현재 수준을 평가해 볼 때 한국형 고속철도 차량의 개발 전후에 따라 특히 우리 철도기술의 성장이 두드러진다는 사실을 알 수 있다. 1999년 우리나라는 세계 철도기술의 50%~60% 수준이었으나, 우리나라에서 개발한 한국형 고속철도 차량의 개발로 세계 철도기술 수준의 80% 수준까지 성장하였다.

최근 개통한 경부고속철도, 한국형 고속철도 차량의 개발 성공 그리고 환경문제에 대처하기 위한 수송수단으로서 철도 역할 증대 등의 여건 변화로 철도산업의 활성화와 수출 확대 가능성에 대한 논의가 활발하게 전개되고 있다.

그간 우리나라의 수출산업으로는 반도체와 자동차, 컴퓨터, 조선산업 등이 그 주종을 이루고 있었다. 이러한 산업은 정부의 산업육성정책과 높은 기술력을 바탕으로 세계적인 수준에 도달하였다. 예를 들면 우리나라 조선산업의 경우는 2001년 세계시장 선박 건조량 점유율 중 32.4%를 차지하고 있는 세계 1위의 산업이며, 자동차의 경우에도 2001년을 기준으로 세계 5위의 생산국 위치를 자랑하고 있다.

이렇듯 타 산업에 비해 철도산업은 전통산업으로 분류되고, 철도에 대한 투자 또한 자동차 수송에 밀려 그리 높지 못하였다. 이에 따라 여객의 경우 수송분담률은 2001년에 인·km 기준으로 12.6%, 화물의 경우 톤·km 기준으로 8.5%에 불과하였다. 아울러 국내 철도 차량의 시장 규모는 연간 약 3,000억 원에 불과하며, 전동차는 300량 수준으로 영세한 형편에 있다.

그러나 다음과 같은 면에서 철도는 성장 동력산업으로서의 발전 가능성이 높다고 하겠다.

첫째는 산업 면에서 철도 차량의 경우 부품이 20,000개로 구성되어 자동차 부품이

10,000여 개인 점에 비교하여 제조부문의 생산유발효과는 더 큰 것으로 나타나 있다. 아울러 시설부문의 생산유발효과도 도로시설에 비해 높은 것으로 나타나 있다. 이에 따라 장차 철도부문에 대한 투자가 상당 부분 이루어질 경우 철도로 인한 총 수요, 부가가치, 생산유발효과는 도로건설 부문보다도 더 클 것으로 전망된다.

둘째는 높은 수요시장이 존재한다는 점이다. 국내에서는 물론 해외의 고속철도 건설 연장이 유럽의 경우 2010년에 2000년의 약 2.69배, 아시아의 경우도 2.20배나 확대되었다. 아울러 동남아시아나 서아시아의 경우 도시화의 진전에 따라 지하철시장이 점점 확대되고 있다. 이는 우리나라의 차량 업체인 (주)로템의 해외 전동차 수주 실적을 보아도 쉽게 알 수 있다. 이 회사의 해외 전동차 수주 실적은 1998년 홍콩 전동차, 2001년 인도 전동차, 터키 이스탄불 전동차, 2002년 아테네 전동차, 2003년 필리핀 전동차, 시리아 전동차, 브라질 살바도르 전동차 등으로 수출이 다변화되고 있다.

셋째는 우리나라의 수송밀도는 세계적으로 상당히 높은 수준이다. 우리나라의 수송밀도는 24,604명·km/영업 km로 일본 다음으로 높은 수준이다. 이러한 현상은 각국의 인구밀도와 깊은 관련이 있는데, 우리나라는 세계에서 2번째로 높은 인구밀도인 467명/km²으로, 일본 338명/km², 프랑스 108명/km², EU 평균 119명/km²에 비해 1.3배~4배에 이르고 있다.

우리나라 차량산업은 2001년 현재 세계 차량시장의 2.5%를 점유하고 있으나 2005년의 세계 철도시장 규모는 324억 달러 수준이다. 이에 따라 우리나라가 고속철도 기술력 등을 바탕으로 정부의 법적·제도적인 철도산업육성정책이 수립되고 수출 경쟁력을 강화한다면 세계 철도차량 공급의 빅3인 봄바르디아, 알스톰, 지멘스 등의 평균 매출액 수준인 16%를 점유하는 것도 가능할 것이다. 그렇게 되면 연간 50억 달러의 수출효과가 발생하는 새로운 우리나라의 성장 동력산업으로의 육성이 충분히 가능하다.

철도기술 해외 진출의 대표적인 사례로는 일본을 들 수 있다. 일본의 사례를 살펴보고 우리가 나가야 할 방향을 조명해 보고자 한다.

일본은 1960년대 초반부터 '해외철도기술협력회'라는 조직을 만들어 이를 중심으로 철도의 해외 진출을 체계적이고 지속적으로 추진해 왔다. '해외철도기술협력회'에 대해서는 정부와 범 철도계, 경제계에서 이 조직에 대해 협력과 지원을 아끼지 않았다. 이는 25억 엔이 넘는 기금과 매년 관련단체에서 사업비로 20억 엔을 지원하고 있는 것에서 증명되고 있다. 특히 정부에서도 수의계약으로 일정부분의 사업비를 지원하고 있다. 이러한 지원과 육성의 결과 대만고속철도 건설과 운영에 역사적으로 의미있는 해외 진출이 가능하게 되었다.

일본의 신칸센시스템이 채택되게 된 배경에는 첫째, 기본적으로 40년 동안에 축적된 신칸센시스템의 신뢰성과 사상사고 제로(0)의 실적이 입증해 주는 안전성, 엄격한 환경기준 채택 등이 작용하였다. 둘째, 지진 등 자연재해가 많은 대만의 독특한 특성과 역의 배치 및 환경 조건이 일본과 유사하다는 점 등이 일본 신칸센시스템 채택에 큰 영향을 미쳤다. 이는 결정적으로 1999년 9월 21일 대만을 강타한 대지진으로 인해 지진에 대한 안전설비의 중요성이 새삼 부각되어 신칸센이 급부상하게 되었고, 상대적으로 지진 발생이 희박한 유럽계 고속철에 대한 막연한 불안감을 갖게 하는 계기가 되었다. 셋째, 기술적인 측면 외에 각종 기술설명회 및 지진 세미나 등을 지속적으로 개최하고, 대만 측 고속철도 관계자 및 언론 관계자들을 초청하여 일본 국내 신칸센 시찰 등을 통한 홍보 노력도 결코 무시할 수 없는 것으로 평가된다. 이러한 모든 과정에는 '해외철도기술협력회'의 주도적인 참여가 있어 가능하였다. 마지막으로 일본 정부도 초기 유럽연합에 비해 1.5배나 불리한 융자조건에 의해 패배한 것을 교훈 삼아 마지막에 금융지원을 제시(2.5%의 저금리 건설자금 융자 제의 등)함으로써, 일본이 유럽계를 제치고 대만고속철도를 수주하는 데 성공할 수 있었다.

이러한 일본의 성공은 우리에게 많은 시사점을 제시해 주고 있다. 특히 일본 철도의 해외 진출에는 자국 철도의 발전이 그 기초가 되었다는 사실을 간과해서는 안 된다.

우리나라의 경우도 앞으로 철도의 환경과 안전, 대량 수송, 고속성의 높은 편익을 고려하여 철도에 대한 투자를 좀 더 확충하여야 할 것이다. 국가 기간교통망계획에서 제시된 2020년까지의 영업거리 목표인 5,000km를 법정계획화하여 이를 달성해야 한다. 아울러 철도산업과 기술의 해외 진출을 위해서 먼저 철도기술에 대한 R&D 종합계획의 수립으로 매년 1,500억 원 이상이 투자되어야 할 것이다(일본철도종합기술연구소의 1년 R&D 예산이 1,500억 원). 이와 함께 체계적인 해외 철도조사와 컨설팅, 홍보 등을 위해서는 가칭 '국제고속철도재단'이 마련되고 이에 대하여 범 철도계의 지원이 이루어져야 한다. 재정적인 안정을 위해서는 기금이 마련되어야 할 것이며, 한국국제협력단(KOICA) 등의 수탁연구와 전경련, 무역협회 등의 수탁연구 등이 제도적으로 추진될 필요가 있을 것이다.

아울러 정부에서도 해외 진출을 위한 창구로 이를 적극 활용, 육성하는 법적·제도적인 지원 장치를 마련하여야 한다. 예를 들면 남북철도와 대륙철도의 연결이라는 차원에서도 남북교류협력기금으로부터의 지원과 저리융자 등의 재정적인 지원이 함께 이루어져야만이 우리 철도의 해외 진출이 가능할 것이다.

이 외에도 몇 가지 철도기술 발전을 위한 정책 제안을 하고자 한다.

첫 번째로는 우리나라의 철도기술 발전을 위해 국토교통부 내에 철도기술심의회를 설치하고 개발한 고속철도와 경량전철, 도시철도 차량 등에 대한 실용화평가위원회를 설치하여 국산 차량의 실용화를 적극적으로 추진하여야 한다. 이러한 과정을 통해 자국 제품의 상용화가 촉진되고, 검증된 신뢰성을 바탕으로 해외 진출은 더욱 촉진될 수 있을 것이다.

두 번째로는 철도기술 트리와 로드맵 작성이다. 이는 철도기술종합발전계획의 수립과 함께 추진되어야 할 내용으로, 이를 통해 철도기술의 발전 목표와 추진 기술이 명확해지고 장기적인 발전전략 수립이 가능할 것이다.

세 번째로는 기술 발전의 장 마련이다. 예를 들면 우리나라에서 열린 2008년 WCRR(세계철도연구학술대회)처럼 매년 국제 수준의 기술교류의 장으로 가칭 'Rail Korea'를 범 철도계에서 마련하여 추진하여야 한다.

마지막으로 가장 중요한 기술 발전의 재원 마련이다. 재원 마련을 위해서는 매년 교통세의 일부나 철도건설 비용의 일부를 재원으로 하여 지속적인 기술개발을 위한 제도적인 장치를 마련해 나가야 할 것이다.

3. 철도 화물의 활성화

우리나라의 경우 철도 화물의 활성화를 위해 다음과 같은 점이 추진되어야 할 것으로 보인다.

첫 번째로는 경쟁력 제고를 위해 철도 화물수송 시간의 단축이 필요하다. 차량의 고속화로 100km/h 이상 주행하는 열차를 도입하고, 열차의 도착과 발착시간에 맞추어 소운송차량의 배치, 역 구내의 환적작업 시간 절약을 위한 기계화, 역 개량 등이 필요하다. 일본은 최근 120km/h 속도의 컨테이너 화물차량(컨테이너 슈퍼 카고)를 개발하여 운영 중에 있다.

두 번째로는 경쟁력 있는 운임체계의 구축이 필요하다. 현재의 운임체계를 본선 수송뿐만 아니라 소운송구간의 운임을 고려하여 경쟁력 있는 운임체계가 되도록 소운송사업자와의 공동 운임 인하 노력을 할 필요가 있다. 아울러 현재 20피트와 40피트 컨테이너의 운임 차가 있으므로 20피트 중심의 운송체계를 구축하고, 비용 절감 등을 통한 운임 인하를 유도하기 위해 아웃소싱도 확대되어야 한다. 실제로 철도공사에서는 현재 수출입 컨테이너에 대한 기본 운임의 20% 할인, 사유 화차에 대한 17%~21% 할인 등이 이루어지고 있지만, 이것만으로는 유인이 부족하다. 따라서 할인제도를 좀 더 적극적으로 도입할 필요가 있다. 특히 의왕 ICD의 경우 사유 화차를 보유하는 운송회사의 철도 컨테이너 수송물량이 전체 물량의 98%로서 철도 수송의 대부분을 차지하고 있으므로 할인제도를 더욱 확대할 필요가 있는 것이다.

세 번째로는 영업활동의 강화가 필요하다. 현재 철도공사는 고객과의 직접 영업보다는 포워더(Forwarder)를 통한 영업이 많은데, 독일 철도의 경우처럼 직접적인 영업활동을 강화하여야 한다. 아울러 장기 고객과 대형화주의 고객 확보가 수송량의 파동을 줄일 수 있다는 점을 감안하여 대량 화주에게는 물량에 따라 할인 혜택 도입 등의 마케팅을 강화하여야 한다. 그리고 영업전략 품목인 컨테이너와 시멘트, 일반화물 중심으로 화물수송체계를 대폭 개편하고, 정보화를 통한 인원 감소와 비용 절감을 도모하여야 한다. 특히 철도는 고정비용이 높기 때문에 도로 운송에 비해 경쟁력이 떨어진다. 따라서 규모의 경제성을 발휘하기 위해서는 대량 수송이나 도로 수송이 어려운 폐기물수송, 위험물수송 등의 새로운 영역을 개척해 나가야 할 것이다. 또한 현재의 거리비례제의 운임체계도 거리체감제로 바꾸어 장거리 물량을 더욱 유치하는 전략이 필요하다고 하겠다.

네 번째로는 일관수송체계의 구축이 필요하다. 현재 철도 운송과 도로 운송이 분리되어 있는 상황에서 철도 운송이 일관수송체계를 갖추어야만 경쟁력이 있다고 판단된다. 이를 위해 트럭운송회사와의 적극적인 제휴가 필요하고 중규모 이상의 운송사업자와 계약하여 철도사업자와 해운사업자가 공동으로 참여하는 육상운송회사 설립도 고려해야 할 대목이다.

다섯 번째로는 물류거점 역의 육성과 CY 확충이 필요하다. 현재 의왕과 부산, 광양 중심의 터미널 체계를 다원적인 체계로 육성하기 위해 거점 역을 중심으로 한 물류시설의 정비 확충과 트럭과의 연계수송을 강화하여야 한다. 거점 역은 복합물류터미널로서의 기능을 할 수 있도록 복합기능과 인터모달(Intermodal)기능을 효율적으로 수행할 수 있도록 다원화되어야 하고, CY의 충분한 영업시간 확보와 시설도 확충되어야 한다.

여섯 번째로는 환경 편익을 고려한 정부의 지원이 필요하다. 영국은 현재 철도운송 사업자에게 환경적인 편익을 고려하여 정부로부터 철도 화물수송의 촉진을 위해 시설 개량이나 선로 사용료 등에 대한 보조금이 지급되고 있다. 아울러 인프라를 소유하고 있는 네트워크레일(Network Rail)에 화물수송 보조가 행해져 소비자와의 연계 네트워크개발이나 화물터미널 개량 등에 중점 투자되고 있다. 우리나라의 경우는 특히 광양항, 평택항, 인천항 등 철도 인입선시설이 부족하여 이를 중심으로 한 항만까지의 철도망 확충이 시급한 실정이다.

일곱 번째로는 트럭 등 도로 수송에 대한 사회적인 규제가 강화되어야 한다. 트럭의 과당경쟁으로 인한 각종 안전 등의 문제와 덤핑 운임 등으로 인한 사회적 비용의 낭비를 줄이기 위해 운전시간, 휴식시간 등의 적절한 확보 등 사회적인 규제 강화가 필요하다. 아울러 환경 편익이 높은 철도로 전환하는 기업에 대한 보조금 지급 등도 적극적으로 검토되어야 한다. 독일의 경우는 2003년 8월부터 12톤 이상의 트럭에 대해 1km

당 평균 15센트의 도로 부담금을 부과하여 환경 친화적인 철도로의 화물을 유도하고 있다. 이와 함께 일본도 고속도로에서 90km/h 이상의 속도 제한과 8톤 이상의 화물자동차 중 매연정화장치를 부착하지 않은 차량의 통행을 제한하고 있다.

여덟 번째는 화물운송의 부가적인 서비스가 실현되어야 한다. 보세수송에 관한 소비세의 면제와 보세창고 등의 시설을 포함한 역의 내륙항으로의 개발, 왕복 실차화를 위해 내륙 수송과의 연계 등이 강화되어야 한다. 우리나라는 2004년 4월 경부고속철도 개통으로 선로 여유 용량이 30% 정도 증가하였는데, 이상의 여러 가지 조치를 통해 철도 화물수송을 활성화한다면 과거의 화물 연대파업과 같은 여러 가지 문제점을 해결할 수 있다. 또한 이는 물류비용 감소 등으로 이어져 높은 사회·경제적인 편익 창출도 기대할 수 있을 것으로 보인다.

4. 국가 철도망의 완성과 해외 진출

한국 철도는 앞으로 국토 이용계획을 고려한 철도 수송체계(우리나라는 스위스, 이탈리아, 영국, 일본과 유사함)의 구축이 필요하다. 이를 실현하기 위해서는 장기적인 목표 설정과 투자 확대가 필요한데, 2020년까지 현재 정부는 일본 등 선진국과 동일한 수준으로 향상되는 목표를 수립하고 있다. 이를 보면 영업거리는 약 5,000km(2001년 기준 3,125km), 복선화율은 75%(2000년 30.0%)를 목표로 하고 있다. 이와 함께 적정 분담률은 여객이 35.17%(인·km 기준 2000년 12.6%), 화물이 29.4%(톤·km 기준 2000년 8.5%)의 철도 발전 목표를 가지고 있다.

이를 주요 내용별로 보면 전국 주요 도시를 3시간 이내에 연결하는 고속간선철도망의 구축과 경부고속철도에 대한 합리적인 운영, 경전선을 복선화하여 영남~호남 간의 복선 철도망 구축, 포항~삼척을 연결하는 동해선 철도망 구축(일자형 네트워크), 강원지역과 호남지역의 새로운 철도망 구축(일자(一)형 → 목자(目)형 네트워크), 지역간 철도와 지역 내 철도의 합리적인 연계운행, 도시철도의 운영합리화로 인한 대중교통서비스의 개선, 통일을 대비한 철도망 구축 및 국가간 연계네트워크 구축과 TSR·TCR·TAR과의 연계 추진 등이라고 할 수 있다. 이러한 목표를 위해 현재의 국가철도망계획이 법정계획으로 되어 매년 예산 배정에 연결될 수 있도록 법적인 장치가 보완되어야 할 것이다.

이와 같은 철도망체계 구축의 효과를 보면 다음과 같다.

첫 번째로는 철도의 수송분담률을 높여 도로 혼잡비용을 줄일 수 있고, 철도 화물의 수송량 확보로 물류비를 감소시킬 수 있다. 아울러 환경비용과 사고비용을 줄일 수 있어 국민 경제적으로 높은 편익을 가져다 줄 수도 있을 것이다. 또한 2030년경 한국 철도는 아주 다른 모습으로 변해 있을 것이다. 우선 예상해 볼 수 있는 것이 다양한 궤도 교통수단의 등장이다. 지역 간 이동은 최고 속도 400km/h의 고속철도를 통하여 전국 주요 거점간 이동시간이 약 1시간 이내로 단축되어 말 그대로 '전국은 1일 비즈니스생활권'에 들어갈 것이고, 전국을 연결하는 철도망은 약 6,000km가 되고 고속철도 이외에도 시속 200km의 고속열차가 전국 어느 곳이나 쾌적한 서비스를 제공할 것이다. 지역 내에도 지역 특성에 맞게 경전철과 노면전차, PRT, 자기부상열차 등 다양한 궤도 교통수단이 자리매김하여 역에서 목적지까지 편리한 이동을 보장할 것이다. 서울의 강남이나 여의도 내에서도 궤도교통을 통하여 목적지까지 편리하게 이동하게 될 것이며, 특히 제주도에도 관광철도가 생겨 국내외 관광객이 철도여행을 만끽할 수 있게 될 것이다.

두 번째로는 역이 지역 발전의 거점이자 문화 발신지가 될 것이다. 이제 역은 각 지역의 특색에 맞게 건설되어 지역을 대표하는 문화 거점으로 자리매김할 것이다. 시민들은 출·퇴근시에 쇼핑과 문화생활을 역에서 즐길 것이며, 역은 지역 번영의 상징으로 자리매김할 것이다. 서울역 주변과 용산역 주변에 대형백화점과 문화센터가 입주해 서울 시민에게 질 높은 서비스를 제공하고 있는 것이 한 예이다.

세 번째로는 철도 운영도 다양한 운영 주체에 의해 경쟁적이며 다양한 서비스를 제공할 것이다. 대도시 주변에는 사철이 등장하여 지역주민에게 밀착된 서비스를 제공할 것이며, 다양한 서비스개발을 통하여 시민의 만족을 극대화시킬 것이다.

네 번째로는 국제 철도가 빈번하게 운행될 것이다. 서울을 출발한 열차는 평양을 거쳐 신의주를 통해 베이징까지, 그리고 모스크바를 거쳐 파리까지 매일 수많은 관광객을 운송할 것이다. 그리고 우리 손으로 제작한 고속철도가 미국과 동남아에서 운행될 것이다. 국제 열차를 통해 서울에서 파리까지 약 2일이면 운행이 가능하고, 서울에서 도쿄까지도 해저터널을 통해 약 5시간만에 도착이 가능할 것이다. 철도는 무엇보다도 비행기를 대신하는 국제적인 운송수단으로 자리매김하여 고객들에게 질 높은 서비스를 제공할 것이다.

다섯 번째로는, 철도회사는 국내에서 취업경쟁률이 가장 치열한 회사로 자리매김할 것이며, 철도회사에 근무하는 직원들은 미국과 유럽의 증권시장에서 주주를 상대로 한 투자설명을 위해 매월 뉴욕과 파리, 런던을 빈번하게 다니게 될 것이다. 자라나는 어린이들의 제일의 꿈은 세련되고 멋있는 기차를 운전하는 것이 될 것이며, 철도를 사랑하는 동호인들이 약 500만 명으로 늘어나 철도는 결국 국민의 삶에서 가장 중요한 역할을 담당하게 될 것이다.

마지막으로 철도는 우리나라의 수출산업으로 자리매김되어 국내 산업의 중추적인 성장 동력이 될 것이다. 자동차, 조선에 이어 우리나라의 주력산업으로 자리를 잡아 연말 수출의 날에 철도인들이 대거 표창을 받고, 철도의 날인 9월 18일은 국민적인 축제의 날로 자리매김하게 될 것이다.

5. 철도의 미래

철도는 계속 변해야 한다.

최근 철도의 변화를 보면서 여러 가지 생각이 들었다. 고속철도 개통 이후 발전을 거듭해 오고 있지만 계속 변화, 발전해야 한다는 생각이다. 이를 몇 가지로 나누어서 정리해 보았다.

(1) 안전에 대한 새로운 패러다임

철도의 생명은 안전이다. 불특정 다수를 수송하는 공공교통수단인 철도는 안전을 가장 우선하는 철학이 필요하다. 2015년 자료를 보면 우리나라 철도는 안전운행서비스(고객 피해 건수 / 백만 km)는 1.803, 휴먼에러(취급부주의 건수 / 백만 km)는 0.624건, 재해 건수(산업재해자 수 / 상시근로자 수)는 0.260으로 매년 감소하고 있지만 아직도 선진국에 비해 높은 편이다.

철도 안전을 확보하기 위한 과제로는 열차사고(충돌, 탈선, 화재)의 제로(0)화, 건널목사고의 감소, 사상사고의 감소, 자연재해에 대한 적절한 대응, 악의적인 사건 등에 대한 철저한 대응체계 등이 달성되어야 한다.

철도 안전 확보를 위해서는 가장 중요한 것이 원칙을 준수하는 것이다. 안전의 원칙에는 하인리히 법칙이 적용된다. 1:29:300의 법칙이 그것이다. 하나의 대형 사고에는 29번의 작은 사고와 300번의 피해를 동반하지 않는 사고, 즉 고장이 발생한다는 것이다. 잦은 고장이 있으면 이를 바로 시정하려는 의식이 필요하며, 잦은 고장인 인시던트(Incident)에 대한 원인분석을 끊임없이 수행해야 한다.

1927년 영국의 워커(Walker) 경의 "철도사고는 우연히 일어나지 않는다"는 교훈이 매우 중요하다.

철도 안전을 확보하기 위한 방안으로는 첫째, 휴먼에러에 대한 새로운 생각과 대처가 필요하다. 철도사고 원인에 있어 그동안 인적책임(Human Error)의 중요성이 증대하였다. 과거에는 기계고장이나 미지의 현상 때문에 사고가 많이 났지만 현재는 기계고장보다는 휴먼에러에서 발생하는 사고가 많이 있다. 휴먼에러에 대한 대응단계는 처음에는 실수를 범한 개인에 대한 책임 추궁을 하는 단계였지만, 이제는 새로운 매뉴얼과 규칙을 만들고, 보다 많은 훈련을 실시하고, 개인의 책임 추궁뿐만 아니라 에러를 발생시킨 배경이나 원인에 집중해야 한다. 철도사고 제로화에 있어 중요한 것은 조직의 책임을 강화하는 것이다. 개인적인 책임과 함께 대부분의 사고는 조직의 시스템, 예를 들면 규정이나 목표, 관리 등의 문제로 발생하는 경우가 많이 있어 조직의 책임을 강화하는 방향으로 나아가야 한다.

두 번째로는 안전의 과학화가 필요하다. 수명주기를 예측하고 이를 미리 진단(리스크 평가)하여 사고 가능성을 줄여가야 한다.

세 번째로는 철도 안전을 가치와 문화단계로 성숙시켜야 한다. IAEA의 권고에 따르면 철도문화의 발전단계를 고려해서 현재 안전을 규칙에 의존하고, 규칙을 준수하는 조직에 역점을 둔 조직을 만들고, 안전을 조직의 목표로 생각하여 항상 안전을 개선하는 조직으로 변화시켜야 한다.

안전문화의 관점에서 본 점검 항목은 크게 3가지로 나눌 수 있다.

첫째는 안전에 대한 전념(Commitment)이다. 주요하게 생각해야 하는 것은 안전이 최우선의 가치로 확립되어 있는가, 안전에 관한 조직의 권한과 책임이 명확하게 되어 있는가, CEO의 생각과 이념이 현장에 이해되고 실천되고 있는가, 자원투입과 자원배분이 적절한가 등을 점검해 보아야 한다.

두 번째는 의사소통(Communication)이다. 경영층과 안전담당부서는 현장의 불합리한 현상 등을 충분히 파악하고 있는가, 조직 내의 횡적 유대는 양호한가, 외부협력회사와의 의사소통이나 연계는 양호한가, 외부로부터 소리에 귀를 기울이는가를 모니터링해 보아야 한다.

세 번째로는 학습하는 조직이 되어야 한다. 안전을 확보하기 위해 교육·훈련은 충분히 행해지고 있는가, 기술력이 향상되고 있는가, 규정이 준수되고 있는가, 위험도 평가나 조직 전체의 위험감지능력의 향상이 도모되고 있는가, 위험도 저감을 위한 노력이 일상화되고 있는가, 외부 의견이나 다른 조직의 사례를 적극적으로 검토, 분석하고 있는가이다.

향후 선진적인 철도 안전시스템 구축을 위해서는 항공 수준으로 향상시켜야 하는데 좀 더 힘써야 하는 부문은 다음과 같다. ① 사전 예방형체계 구축 ② 과학적인 위험평가와 관리 ③ 안전관리에의 경영간부의 참가 ④ 불합리한 상황도 보고하는 비징벌적인 환경 조성 ⑤ 현장사원의 안전훈련 등이다.

이에 대한 구체적인 실천을 위해서는 PDCA(Plan-do-check-action)를 체질화하고, 특정한 위험평가와 예방에 중점을 둔 위험 저감대책 그리고 안전의 목표를 명확히 하고, 독립적인 안전관리활동과 책임권한과 활동, 달성상황을 명시·공표하고 관리해야 한다. 이를 위해 Risk Management, Risk Communication과 관련된 이러한 분야가 연구되고 확립되어야 한다.

마지막으로 강조하고 싶은 것은 비상시에 안전서비스가 나온다는 의식이다. 철도교통의 최고의 서비스는 안전서비스이다. 끊임없는 교육과 의식훈련으로 이루어지는 것이다. 특히 서비스는 이례적인 상황에서 그 빛을 발하는 것이다. 비상상황, 최악의 상황에서 승객을 최우선으로 하는 서비스 정신이 필요하다. 서비스의식의 출발은 자신감과 조직에 대한 애정에서 출발한다. 이를 바탕으로 고객에 대한 서비스가 나오는 것이다. 이를 위해서 조직구성원의 자존감을 세워주는 프로그램이 구비되어야 한다. 2013년 샌프란시스코의 아시아나 사고시에 여승무원들이 비상시 보여준 침착하고 민첩한 구조 행동은 바로 끊임없는 기본에 충실한 훈련의 결과였다. 비상시 작동하는 서비스는 훈련에 따른 행동 변화의 결과이다. 2003년 대구지하철사고의 교훈과 2007년 일본 후쿠치야마 사고의 교훈도 바로 비상시 서비스 정신과 직원훈련프로그램의 중요성을 알려주고 있다. 아울러 사고수습과정과 언론대책 그리고 대피 매뉴얼과 훈련, 범부처의 사고처리협조 등도 미리 마련해 두어야 할 것이다.

(2) 철도 경쟁력 극대화를 위한 전략

철도공사의 경우 2015년 영업흑자 1,053억 원으로 이를 지속하기 위한 저비용 고효율 구조로 사업을 개선해야 한다. 2015년 실적을 보면 수입 증가는 호남고속철도와 동해선 KTX의 개통으로 영업수입이 2,606억 원 증가하였다. 광역전철 운임 조정과 수요에 대한 탄력적인 운영으로 광역수입이 528억 원 증가하였다. 이를 통해 알 수 있는 교훈은 철도의 경쟁력은 속도와 새로운 영업 전략이라는 것이다. 지속적인 경영수입 증대를 위해서는 다양한 노력이 적극적으로 경주되어야 한다.

이를 위해서는 첫 번째, 새로운 마케팅이 도입되어야 한다. 최근에 시사적인 사례가 있어 소개해 보고자 한다. 프랑스의 파리~마르세이유 구간의 운임이 비싼 것에 착안하여 새로운 서비스인 '위고'를 개시하였다. 이 서비스는 이른바 저가의 TGV고속열차로 20년 된 차량을 운행하면서 최소한 서비스를 제공하고, 출발역도 외곽 역에서 출발하되 동일한 시간에 운행하면서 일반TGV 요금의 약 50%의 저렴한 운임으로 호평을 받고 있다. 비용절감을 위해 열차표 구입은 모두 인터넷으로 하고 있다. 향후 우리나라도 다양하고 특정 층을 겨냥한 상품개발 등이 필요하다. 예를 들면 노년층, 청년층, 여성층이 바로 그것이다. 최근 연간 1,000만 명 이상의 외국관광객이 우리나라를 찾고 있다. 이들을 철도로 유인하는 전략이 필요하다. 관광열차와 함께 지역축제, 특산물 등을 연계하여 운영하는 노력이 필요하다. 우리문화를 재현하는 열차, 역사적인 인물의 재현, 한류열차, 외국인이 즐겨 탈 수 있는 열차가 필요하다. 아울러 차량에 대한 아이디어가 필요하며, 디자인을 새롭게 하여 이미지 쇄신을 하여야 한다.

두 번째는 흑자가 되는 사업만 해야 한다. 이를 위해서는 철도의 부대사업이 좀 더 활성화되어야 한다. 과거 독점사업으로 인해 철도의 부대사업이 활성화되지 못하였는데, 이제는 모든 회계처리 등이 투명화되어 부대사업이 활성화될 필요가 있으며, 민간자본도 적극 유치해야 한다. 특히 연계교통사업인 버스 사업 등은 적극적으로 검토해야 할 것이다. 우리나라는 철도의 수송밀도가 높고 인구밀도가 높아 철도가 발전할 수 있는 매우 유리한 상황이다. 이른바 철도의 동아시아 모델의 성립이 가능한 것이다. 일본의 경우 '흑자가 되는 사업만 유지한다'는 평범한 진리를 실천하고 있다. 우리나라도 수익성이 높은 역세권 개발과 광고, 특성사업 등을 선택과 집중 원칙에 의해 수행해야 한다. 아울러 지역축제와 연계 등 지역과의 협력프로그램을 강화하여야 한다.

세 번째로는 철도 화물의 활성화이다. 현재 물류부문은 2015년 수입이 3,804억 원으로 낮은 수준이다. 흑자경영을 위한 주요한 사업전략으로는 열차단위의 Block Train, 물류 거점화, 인건비 절감, 사유화차 운임의 현실화, 컨테이너화, 탄력운임의 확대, 특수화물 등 수요처 개발, 대량 계약 수송처의 발굴, 국제화물수송의 추진, 경영개념의 화차관리시스템, 국가의 철도 화물 보조금의 증대 등이 추진되어야 한다. 또한 고속화물열차와 기존의 KTX의 특송 화물칸의 배치 등 다양한 서비스를 통해 경영을 합리화해야 한다. 비용 감소를 위해서 2014년의 철도 화물운송사업의 소요비용은 6,584억 원으로, 이 중 철도화차 운영관리비용이 35%인 2,300억 원에 달한다. 따라서 회귀율 관리를 위한 화차에 사물인터넷 도입 등을 통해 비용절감이 가능하다.

네 번째로는 동일노선 경쟁 등에 대한 연구 강화이다. 우리나라도 이제 SR이 설립되어 동일노선에 대한 두 개 회사의 경쟁이 시작되고 있다. 현재 이와 유사한 사례 등에 검토가 필요하다. 이탈리아가 그러한 사례이다. 밀라노~로마~나폴리 구간에서 2012년 4월에 동일노선에 대한 경쟁이 시작되었다. 국영기업과 민간기업이 동일 고속철도노선에 대한 경쟁을 하고 있다. 기본적으로 2개 회사는 운임을 자유롭게 설정하고 있다. 1년간 실적을 보면 한 개 회사가 운영할 때보다 비용이 20%, 수요는 16% 증가하였다. 문제점으로는 국영기업이 운영하고 있어 과도한 운임 할인으로 신규 진입 민간회사의 불만이 있다는 것이다. 이에 민간회사는 1년간 적자를 기록했다. 또한 오스트리아의 경우 비엔나~잘츠부르크 약 200km 구간에 국영인 OBB와 민간회사가 동일 선로를 동시에 운영하고 있다. 민영철도 사장은 OBB 사장 출신으로 차량도 리스하고 마치 저가 항공처럼 최소한의 투자를 통해 운임을 약 10% 저렴하게 운영하여 어느 정도 성과를 거두고 있다. 최근 스페인에서는 2016년 여름부터 마드리드에서 발렌시아 고속철도노선에 민간회사가 참여하고 있다. 이러한 해외사례는 지속적으로 모니터링되어야 하며, 우리가 타산지석으로 삼아야 한다. 관련된 해외사례를 예로 들면 2015년 프랑스가 지주회사화하는 것의 배경에 대해 해석이 다르다. 영국 측은 독일식으로 가는 것이라고 해석하고 있으며, 다른 편에서는 프랑스식의 운영이라고 주장하고 있다.

(3) 차량설계 등의 핵심적인 기술개발

우리 철도기술 수준은 최근 많이 발전하였다. 고속철도를 우리 기술로 만들고 있다. 그러나 아직도 일부 핵심부품인 감속기와 신호기 전체 부품의 10% 정도는 수입하고 있다. 최근에는 일반철도 차륜까지 중국으로부터 수입하고 있다. 물론 시장성 등을 고려할 때 수입이 유리할 경우도 있지만 기초기술을 가지고 수입하는 것과는 구별되어야 한다. 따라서 향후 현재 개발이 필요한 핵심부품 기술은 민간기업의 경우 수익성 때문에 개발에 어려움이 있어 어느 정도 기초기술은 정부 주도형으로 이루어질 필요가 있다.

아울러 수송량의 증대를 위해서는 그동안 추진되었던 2층 고속열차, 화물 고속열차 등도 개발이 추진되어야 할 것이다. 2층 고속열차는 이미 프랑스, 일본 등에서는 단위수송량이 45% 증가하는 이점을 가지고 있으며, 축중도 프랑스의 경우 량당 13톤을 가볍게 하여 효율성을 높이고 있다. 이와 함께 소음 저감과 동력비 절감, 분산형 기술 등을 함께 개발하여야 한다.

그런가 하면 미래기술로서 지역 간 자기부상열차의 기술개발도 필요하다. 기술개발을 위해서는 핵심조직이 필요한데 SNCF의 차량연구소(CIM)는 300명의 고급인력이 근무하면서 알스톰 등의 차량제작회사에 대해 사양을 정해줄 정도로 높은 실력을 갖추고 있다.

이러한 기술개발체계의 구축과 함께 핵심기술 인재의 육성체계 구축, 과학적인 유지보수체계의 구축 등도 필요하다.

(4) 구조 개혁과 의사소통 채널의 강화

2004년 구조 개혁의 목표는 철도투자 확대, 철도 경쟁력 향상, 철도 운영의 정상화(흑자) 등이었다. 아직도 세 가지는 완전히 달성되지 않고 있다.

최근의 해외동향을 참고해 보면 SNCF의 경우 RFF와 통합하면서 SNCF는 부대사업권을, RFF는 관제권과 유지보수권을 가지는 변화를 가져왔다. 최근 프랑스의 경우 SNCF와 RFF의 통합의 주요한 내용은 양 기관의 의사소통과 협력 강화와 영업 활성화를 위해 공동이사회를 통해 의사소통을 원활하게 한 것이 주요한 내용이 되고 있다.

우리나라도 의사소통 채널의 강화를 위한 철도공사와 철도시설공단, 외부전문가가 참여하는 협의체를 구성해야 한다.

세계적으로 상하 분리에 대한 경제적인 효과에 대해서 아직 일치된 의견은 없다. 중요한 것은 상하 주체간의 협조에 대한 건이 관건이 되고 있다. 협조관계를 유지하기 위해 상하 기관 간에 일관된 업무 책임자를 두고 업무를 하게 하거나 조정기구를 두고 있다. 아울러 주주회사를 통해 조정하는 방법 등도 있겠다.

(5) 지방자치단체의 역할과 책임체계 구축

우리 철도는 이제 선진적인 철도교통체계로 나아가야 한다. 현재 철도에 대한 투자와 운영 모두를 중앙 중심으로 하는 체제는 변해야 한다. 철도가 건설되고 운영되는 단계에서 실제적으로 지방자치단체와의 협력과 참여 등이 매우 중요하다. 이에 지방자치단체가 적절한 책임과 역할을 수행해야 한다.

선진국도 초기에는 중앙정부가 철도를 건설하고 운영하였지만, 점차 지방화를 추진해서 지방철도에 대해서는 지방의 책임이 강화되고 있다. 여기서 문제가 되는 것이 지방의 재원인데, 이는 중앙 재원의 이전 혹은 도로에 투자하는 재원을 철도에 투자하도록 재원 사용을 다변화하도록 법과 제도를 개정해야 한다. 향후 지방자치단체는 건설에 있어 재원(지방교부세의 교통비 항목) 부담과 운영에 있어 일정한 책임(지방 적자선 운영)을 져야 한다. 이와 관련하여 해외 사례를 살펴보면 독일과 프랑스, 일본의 사례가 있다.

독일의 공공 근거리 여객수송을 위한 철도 정비는 1971년에 제정된 '지역의 교통사정 개선을 위한, 연방에 의한 조성에 관한 법률'에 근거하고 있다. 조금 지난 자료이기는 하지만 지금도 시행되고 있는 제도라 인용해 보고자 한다.

지역교통조성법(Gemeinde Verkehrs Finanzierungs Gesetz: GVFG)에 기초하는 것과 지방분권화법에 따른 조성의 2가지가 있으며, 모두 재원은 유류 세금이다. 이들 2개의 법률에 근거하여 2001년에는 합계 83억 유로의 교부금이 연방정부로부터 주정부에 지원되었다.

지역교통조성법은 다음과 같은 내용을 담고 있다.

'공공 근거리 여객수송'의 이용을 촉진하여 도로 혼잡을 해소하고, 도시 기능의 개선을 도모하기 위해 수송시설의 확충 도모 필요(지역교통조성법 제2조)

① 교통상 중요한 지역 내 도로(거주자용, 개발용 도로를 제외한다)

② 버스를 위한 특별 레인

③ 간선도로로의 접근 도로

④ 미개발 지역 내의 교통상 중요한 지역 간 도로

⑤ 철도 폐지와 관련된 도로

⑥ 자가용 교통을 감소시키기 위한 교통 유도시스템 및 Park & Ride용 주차장

⑦ 화물센터를 위한 공공교통 공간

⑧ 노면전차, 고가철도, 지하철

⑨ 공공여객교통용으로 제공하는 비연방철도

⑩ 공공여객교통용으로 제공하는 버스터미널, 정류소, 영업소 및 정비장소

⑪ 전산 제어 운행시스템, 신호시스템 등 근거리 공공교통수송의 속도 향상 시설

⑫ 철도, 내륙 수로와의 교차로

⑬ 노선버스의 유지 개선에 필요한 버스 차량, 근거리 공공교통수송용으로 제공하는 철도 차량의 조달

지방분권화법은 1996년에 DB AG(철도 운영체)의 근거리 여객수송의 운영책임이 주정부로 이관됨에 따라 투자 및 운영비 보조로서 석유세 수입 중 일정액을 주정부에 교부하게 되었으며, 2001년에는 66.5억 유로가 교부되었다. 이 제도에 근거하는 조성금의 용도에 대해서는 주정부에서 맡고 있다.

다음으로는 프랑스이다. 지방철도 운영은 지방과 철도 운영자와의 맺은 계약에 근거한다. 근거법은 LOTI(프랑스 국내 교통기본법, 1982. 12. 30. 법률 제82−1153호) 제21−4조(신설 2000. 12. 13.)이다.

주요한 내용을 보면 지방 차원의 철도서비스의 활용 및 재정 조건은 지방과 SNCF 사이에 맺은 협약으로 규정한다. 국가는 지역권에 대하여 ① 지역권 철도 여객수송서비스의 운영, ② 차량의 갱신, ③ 역의 개량, ④ 사회적 운임의 보상에 대하여 보조금을 교부한다.

다음은 일본의 사례이다. 지방철도는 1960년경부터 시작된 자동차의 증가 및 인구의 도시 집중에 따른 과소화 등에 의해 이용자수가 계속 감소하고 있으며, 그중 2006년에는 약 3분의 2가 적자(2006년 기준으로 지방철도사업자는 121개, 그중 흑

자는 47개사, 적자는 74개사)이다. 구 국철의 적자 지방선의 경영을 인계한 제3섹터 철도 등 및 지방철도 신선에 대해 개업으로부터 5년간에 걸쳐 손실의 2분의 1 또는 10분의 4를 보조하고 있으나, 지방철도의 경영에 대한 직접적인 보조제도는 없다(지방자치체제에서 손실을 보전하기 위한 기금을 마련한 사례나 단독으로 결손을 보전하고 있는 사례는 없음).

그러나 지방철도는 극히 어려운 경영 환경 하에 있기 때문에 안전성의 향상, 업무운영의 효율이나 여객 편리성 향상을 도모하기 위해 실시하는 개량공사에 대하여 정부와 지방자치체에서 각각 3분의 1, 5분의 2 또는 10분의 2를 조성하고, 그 외에 대규모 재해를 입었을 경우에는 정부와 지방자치체에서 각각 복구비의 4분의 1을 지원하고 있다. 우리나라의 경우는 이를 위해 지방교부세 중 교통부문에 사용되는 금액을 철도에도 사용될 수 있도록 하는 방안을 생각할 수 있다.

지방교부세법에 의하면 다음과 같은 규정이 있다.

지방교부세의 내용

제3조(교부세의 종류) 지방교부세(이하 '교부세'라 한다)의 종류는 보통교부세 · 특별교부세 · 분권교부세 및 부동산교부세로 구분한다.

제4조(교부세의 재원) ① 교부세의 재원은 다음 각 호로 한다.

1. 해당 연도의 내국세(목적세 및 종합부동산세와 다른 법률에 따라 특별회계의 재원으로 사용되는 세목의 해당 금액은 제외한다. 이하 같다) 총액의 1만 분의 1,924에 해당하는 금액
2. '종합부동산세법'에 따른 종합부동산세 총액
3. 제5조 제2항에 따라 같은 항 제1호의 차액을 정산한 금액
4. 제5조 제2항에 따라 같은 항 제2호의 차액을 정산한 금액

교부세의 종류별 재원은 다음 각 호와 같다.

1. 보통교부세 : (제1항 제1호의 금액 + 제1항 제3호의 정산액 − 분권교부세액) × 100분의 96
2. 특별교부세 : (제1항 제1호의 금액 + 제1항 제3호의 정산액 − 분권교부세액) × 100분의 4
3. 분권교부세 : (해당 연도의 내국세 총액 + 제5조 제2항 제1호의 내국세 예산액과 그 결산액의 차액) × 1만 분의 94
4. 부동산교부세 : 제1항 제2호의 금액 + 제1항 제4호의 정산액

최근 5년간의 지방교부세의 총규모를 보면 2010년에 263,459억 원, 2011년에 291,223억 원, 2012년에 319,664억 원, 2013년에 344,469억 원, 2014년에 345,590억 원의 예산이 책정되어 있다.

지방교부세의 경우 내국세 총액의 법정률이 내국세의 19.24%로, 이 중 매년 약 2조 원 이상이 교통부문에 투자되고 있다. 특히 이 중 보통교부세 중에서 2005년에서 2011년까지 매년 약 8,500억 원의 도로사업보전분이 사용되었다.

우리나라도 이제 지방 재원 중 도로에 투자하는 것을 철도로 전환할 필요가 있다.

(6) 철도의 국제화와 대륙철도사업의 실행 틀 마련

철도는 이제 글로벌 경쟁시대에 놓여 있다. 외국관광객의 증대에 따라 외국인 응대를 위한 직원의 외국어교육 강화와 외국에서도 우리나라 철도 티켓을 살 수 있고, 철도 이용티켓을 선박 등 어느 곳에도 살 수 있도록 추진한다. 최근 말레이시아·싱가포르 노선의 철도 진출을 위해서 노력하고 있는데, 이를 위해서는 선제적인 전략과 장기적인 수주전략이 함께 이루어져야 한다.

대륙철도 운행을 위해서는 OSJD의 가입이 필수적이다. 현재 폴란드에 본부를 둔 이 조직은 정식회원국이 22개국, 독일과 프랑스가 후원국으로 되어 있고, 우리나라는 현재 협력회원사의 위치에 있다. 정식회원국이 되려면 회원국 전부의 찬성이 있어야 하는데, 현재 북한이 반대하고, 중국이 기권의사를 표시하고 있어 향후 국가 차원의 외교적인 노력이 필요하다. 해외 진출을 위해서는 철도기술 전수 매뉴얼을 만들고 영문화해야 한다.

또한 중국, 러시아, 일본과 철도협력을 강화하고 정책결정자와 연구자 모임을 활성화하고 우리나라가 해외 진출에 강점이 있는 건설부문과 운영부문, O&M부문 등에 집중하여 참여할 필요가 있다. 참고로 SNCF의 경우 기술력과 마케팅력을 바탕으로 매출액의 약 15%는 해외수주이다.

(7) 철도조직 내부 문화의 건전한 정착(인재양성과 조직문화, 노사문화 개선)

철도 발전계획에 맞추어 계획에 부합하는 인재양성과 인력수급계획이 필요하다. 특히 통일과 대륙철도시대에 부합하는 인재양성프로그램이 필요하다. 아울러 운영효율과 안전, 물류분야 등의 인재 등이 시급하게 요청되는바, 이러한 인재를 중심으로 기술 및 운영 인재양성프로그램을 운영해야 한다. 조직 내부적으로는 미래지향적인 조직문화 혁신과 경영관리시스템의 선진화, 성과 중심의 책임경영제를 체질화하여야 할 것이다. 특히 철도 운영기관과 코레일 등에서는 2016년 1,700명 충원 등 향후 5년 내에 퇴직인력을 감안할 경우 많은 인원을 채용할 것이 예상되어 기술과 운영노하우 등의 전수체계가 필요하다. 평생학습과 소통, 상호이해, 연구회 활성화, 신뢰의 문화, 칭찬과 격려문화가 필요하다. 노동자를 동반자로 인식하고 서로 상생하는 범위 내에서 협조체계를 구축해야 한다.

철도는 내부의 청렴과 새로운 의식의 틀 도입과 함께 국민 공감 활동 강화와 대외 이미지 개선 등에 대해서도 노력해야 한다. 이렇게 되어야만 내부 직원의 의식 수준과 문화도 한층 변화할 것이다.

(8) 철도의 청사진 제시와 철도 120년의 자주적 역사 정리

'제3차 철도망계획(2016-2025)' 내에 정부는 철도에 총 74조 원을 투자하여 2014년 기준 철도망 3,828km에서 2025년 5,517km까지 확장할 예정이다.

다른 나라의 1인당 GDP 시기를 통해 선진국과 비교해 볼 때 우리의 국토면적당 철도 연장은 아직 선진국 수준에 미달하고 있다.

비전은 국민의 행복과 지역발전을 실현하는 철도이며, 목표는 효율적이고 경쟁력 있는 철도, 지역발전을 선도하는 철도, 안전하고 편리한 철도의 구현이다.

추진방향으로는 ① 철도 운영효율성 제고, ② 주요 거점 간 고속 이동서비스 제공, ③ 대도시권 교통난 해소, ④ 안전하고 이용하기 편리한 시설 조성, ⑤ 철도물류의 경

구분	연도	1인당 GDP (달러)	인구 (천명)	총면적 (1,000㎢)	국토계수당 도로 연장	국토계수당 철도 연장	한국 대비 비율		
							국토계수	국토계수당 도로 연장	국토계수당 철도 연장
한국	2007	20,045	48,456	99.7	1.48	0.05	1.00	1.00	1.00
룩셈부르크	1990	23,656	378	2.6	5.15	0.27	0.01	3.47	5.61
덴마크	1987	19,945	5,117	43.1	4.75	0.17	0.21	3.20	3.42
아일랜드	1996	19,927	3,644	70.3	5.78	0.12	0.23	3.90	2.50
네덜란드	1992	21,207	15,156	41.5	4.18	0.11	0.36	2.82	2.25
오스트리아	1990	20,634	7,729	83.9	4.21	0.22	0.37	2.84	4.53
노르웨이	1987	19,890	4,184	323.9	2.36	0.11	0.53	1.59	2.35
핀란드	1988	20,978	4,952	338.2	1.87	0.14	0.59	1.26	2.95
스웨덴	1987	19,196	8,413	450.0	2.13	0.18	0.89	1.44	3.73
영국	1996	20,539	57,897	242.9	3.11	0.14	1.71	2.10	2.88
이탈리아	1991	20,463	56,811	301.3	2.33	0.12	1.88	1.57	2.52
독일	1991	22,127	79,914	357.0	3.77	0.25	2.43	2.54	5.04
프랑스	1990	21,072	56,735	551.5	4.55	0.20	2.55	3.07	4.03
일본	1987	19,731	122,052	377.8	5.12	0.10	3.09	3.45	2.01
호주	1995	19,887	18,072	7741.2	2.40	0.10	5.38	1.62	1.98
캐나다	1989	20,946	27,327	9970.6	1.68	0.17	7.51	1.14	3.50
미국	1988	19,997	250,663	9629.1	4.01	0.17	22.36	2.70	3.50

*자료1) 한국 자료 : 통계청
  2) 외국 자료 : 한국교통연구원, '국제 비교를 통한 적정 SOC 스톡 및 투자지표 개발 연구', 2004
*주 : 국토계수 = $\sqrt{국토총면적(㎢) \times 인구(천명)}$

쟁력 강화 ⑥ 통일시대를 대비한 한반도 통합철도망 구축 등이다. 이러한 계획이 차질 없이 추진되도록 노력해야 하고, 가능하면 법제화 등의 노력이 필요하다. 이를 통해 전 국민에게 철도의 선택권을 주어야 한다. 아울러 철도망을 더욱 확대할 필요가 있다.

역사적으로 우리 철도는 1894년 의정부의 공무아문 산하에 철도국을 만들어서 경인선을 건설하여 1899년 철도가 첫선을 보였다. 2019년이면 철도 운영도 120년을 맞이한다. 일제강점기를 지나고 해방 이후 우리 철도는 많이 발전하였다. 이제는 본격적으로 철도 역사에 대한 정립과 고속철도 역사에 대한 정립이 필요하다.

철도 개통 초기의 서울역 전경(철도공사 소장)

아울러 이를 지속적으로 추진하기 위해서는 국립철도박물관 건립도 적극적으로 추진되어야 하며, 우리나라의 철도 위상 제고를 위해 '철도의 날' 즈음에 매년 국제철도회의를 개최하고 철도동호회 육성 등을 추진하는 것도 철도산업 발전을 위한 좋은 계기가 될 것이다.

근·현대 우리 철도와 과제

우리나라 철도는 1899년 9월 18일 노량진에서 인천 간에 첫선을 보였다. 원래 철도 부설권을 미국의 모스가 획득해서 건설을 시작했으나, 건설자금이 모자라 권리를 일본에 양도하였다. 일본은 경인철도합자회사를 통해 은행과 민간을 통해 자본을 조달하였다. 이 회사는 물론 일본 정부가 보증하였다. 이후 일본 자본으로 경부철도주식회사가 설립되어 부산과 서울 간의 철도건설이 시작되었다. 이즈음에 일본과 러시아 간에 전쟁이 일어나고 경부선을 통해 전쟁이 수행되었다. 승리한 일본은 1906년에 일본 철도의 국유화를 단행하고 본격적인 만주 경영을 위해 남만주철도주식회사(이하 만철)를 만들고, 경부철도 국유화에 대한 법률을 통과시켰다. 같은 해에 일어난 세 개의 사건은 동아시아에 있어 중요한 사건이 되었다. 일본 철도 국유화로 사철이 합병되어 일본 정부의 통일적인 철도 경영으로 대륙 진출의 기초가 마련되었다. 경부철도는 합병에 의한 국유화의 길을 걷게 되었고, 만철은 대륙경영의 핵심적인 조직이 되었다. 일본은 영국의 인도 경영에서 동인도회사의 경험을 참고하여 '반관반민'의 남만주철도 주식회사를 부설한 것이다. 만철은 그 후 동아시아 역사에 큰 영향을 미치게 되었다.

한편, 우리나라는 일본에 합병되고 철도는 일본의 식민지 경영의 수단으로 전락하게 되었다. 일본은 토지와 재정, 철도의 3개 분야에서 철저히 식민지적 경영을 수행하였다.

합방 후 일본은 철도를 대륙과 연결시키는 데 주력하였다. 우리 철도는 1911년 만주 철도와 연결되었고, 철도는 일본과 만주를 연결하는 통로가 되었다. 1917년 일본은 만주와 우리나라의 일체적인 경영을 위해 우리 철도를 만철에 위탁 경영을 시키고 1925년까지 만철이 운영하게 되었다. 그동안 우리나라 철도는 대륙전쟁을 위한 군사적인 목적으로 사용되었고, 일본 군부의 대륙정책에 이용되었다. 1925년 다시 조선총독부에 철도가 환원되지만 1927년 '조선 철도 12년 계획'을 통해 북쪽의 함경선과 두만강을 통해 만주철도와 연결되는, 이른바 동해의 일본 호수화 정책이 실현되었다. 이를 위해 철도는 만철 쪽에서 길회선이 부설되고, 항만으로 나진항이 개발되고, 청진, 나진항이 만철에 위탁 경영되었다. 이러한 과정에서 동아시아는 국제적인 분쟁지가 되었다. 만주를 둘러싸고 중국과 러시아, 미국 그리고 일본의 치열한 각축전이 벌어지고, 그 중심에 철도가 있었다. 교통로를 확보하는 것이 전쟁과 자원, 사람 이동의 필수조건으로, 이를 확보하기 위해 각국은 치열한 경쟁을 하게 되었다. 1931년 만주사변과 1937년 중일전쟁으로 철도는 전쟁 수행의 수단이 되었고, 드디어 제2차 세계대전을 통해 그 소용돌이에 들어가게 되었다. 우리나라 철도는 전쟁 수행을 위해 이용당하게 되고, 이러한 과정을 거쳐 우리나라는 해방을 맞이했다. 일제강점기 우리 철도는 대륙과의 연결 그리고 만주와 일체적인 경영전략, 동해의 호수화 전략, 전쟁 수행의 도구로 이용되었다.

당시 철도는 제국주의 수단으로 운영되었는데 가장 먼저 식민지화된 타이완과 사할린, 만주, 우리나라 등이다. 동아시아에 있어서 철도가 가져온 변화, 그 역할에 대해 좀 더 조명해 볼 필요가 있다. 그리고 각국의 비교를 통해 공통점과 차이점, 제국주의가 가져온 영향을 구체적으로 볼 필요가 있다. 또한 토지와 자본, 철도와 관련성 그리고 지역에의 영향력도 살펴볼 필요가 있다.

해방 이후 철도가 다시 어려움에 처하게 된 것이 1950년 한국전쟁이다. 이를 통해 철도는 기관차 26%와 화차 78% 이상이 파괴되었다. 한국전쟁으로 철도는 큰 어려움을 겪게 되었고, 철도는 부흥을 위해 몸부림치게 되었다. 당시 철도 부흥을 위해 많은 사람들이 노력하였는데 향후 이들에 대한 연구와 평가도 함께 이루어져야 할 것이다.

교통부 내의 조직으로 출발한 철도는 1963년 철도청으로 독립된 외청으로 출범하게 되었다. 특별회계로 자립이 요구되는 상황이었다. 철도는 초기 대량의 투자비가 소요되고 수익성을 확보하기 어렵기 때문에 정부에서 주도적으로 건설하는 것이 일반적인 현상이다. 이러한 공공성의 경제학적인 근거는 시장의 실패와 사업의 자연 독점, 도로와의 동등 경쟁 등의 요인이 있었다. 정부 주도형 건설과 운영이 세계적으로 일반적인 현상이었다. 다만 사철이 발달한 일본만이 예외였다. 이러한 공공성과 함께 효율적인 경영의 요구는 그 후 우리나라 철도의 쟁점이 됐다. 1960년부터 1970년 중반까지 철도는 우리나라의 고도 경제성장에 크게 기여하였다. 효율성이 높은 전철이 산업선에 부설되어 석탄과 시멘트 등 원료수송과 통근·통학으로 철도는 어느 정도 수익성 확보가 가능했다. 철도 경영에 있어 수익성 확보는 보통화물 3, 여객 1의 비율로 수입이 확보되면 어느 정도 경영이 정상화된다. 당시 철도는 이러한 수준을 어느 정도 만족시켰다고 할 수 있는데, 앞으로 철도가 가져온 사회경제적인 영향력 등에 대한 연구와 함께 자료와 흔적 등을 발굴할 필요성이 있다.

이 시기인 1974년에 서울의 지하철이 개통되었다. 이는 서울 인구의 급격한 증가 및 도시화와 그 맥락을 같이한다. 도시철도도 우리나라 도시교통에 큰 역할을 담당하게 되었다. 원래 우리나라 전차는 19세기 말 서울에 등장하여 1968년까지 운행되었는데 자동차교통이 발달하기 전까지 어느 정도 역할을 했다. 전차는 최근 각국에서 부활하여 환경문제를 해결하는 수단이 되고 있다. 그러나 우리나라에서는 아쉽게도 1968년도부터 전차는 자취를 감추었다.

1980년 중반부터 자동차의 급격한 증가로 교통 지체가 사회적인 문제가 되었고, 물류비도 국가 경제에 큰 부담이 되었다. 이때부터 경부 축의 물류비를 절감하기 위해 경부고속철도건설에 대한 논의가 시작되었다. 문제는 경제성의 확보였다. 막대한 투자비에 비해 편익과 국가적 경제성을 확보하는 것이 관건이었다. 경제성 확보의 주요한 논리는 고속철도를 통해 도로교통의 원활화와 물류비 절감이 가능하다는 것이었다. 경제성을 확보하기 위해 기존선을 일부 활용하고 안정성과 기술 자립을 위한 여러 가지 노력을 통해 경부고속철도 1단계 구간은 2004년 개통되었고, 전국은 1일 생활권시대에 들어가게 되었다. 초기 이용실적이 예상수요 예측보다 낮아 어려움을 겪었지만 빠른 속도를 통해 시간단축 효과로 이제 1일 탑승객이 12만 명에 이르는 세계에서도 수송밀도가 매우 높은 구간이 되었다. 2015년 4월에는 서울에서 광주까지 호남고속철도가 개통되어 국토의 균형발전과 함께 고속철도시대를 맞이하게 되었다. 고속철도의 개통으로 우리나라는 큰 변화를 겪게 되었다. 고속철도의 최고속도 300km/h라는 속도를 통해 지역 간에 빈번한 교류와 이동에도 변화가 생겼다. 예를 들면 천안은 통근권으로 변화하였고 주요 거점 간에 2시간이면 이동이 가능하기 때문에 지역 간의 경쟁력, 특히 문화적으로 경제력이 우위에 있는 지역이 그렇지 못한 지역을 흡수하는 현상도 생기게 되었다. 고속철도는 분명 우리 사회를 변화시켰고, 향후 동서축의 고속철도 건설 등으로 앞으로 철도를 통한 사회 변화는 매우 클 것으로 전망된다. 특히 우리나라는 작은 국토와 높은 인구밀도로 경제력이 집중되어 있어 철도가 가진 대량 수송 등의 효과가 발휘되기 쉬운 여건을 가지고 있다. 일본과 타이완 등에서도 같은 현상을 발견할 수 있다.

여기서 철도가 110년 이상 발전해 오면서 논란이 되었던 쟁점과 과제를 소개하고, 현재에 대한 평가 그리고 향후를 생각해 보고자 한다.

첫 번째로는 우리나라 철도사를 재정립할 필요가 있다. 일제강점기 철도를 어떻게 볼 것인가, 다른 나라와의 비교를 통해 우리 철도를 어떻게 볼 것인가이다. 해방 후 철도가 가져온 사회적인 변화는 무엇인가, 혹시 간과하고 있는 것이 없는가를 새롭게 검증해 보아야 한다. 사회간접자본은 가치 중립적인 것이다. 누가 어떤 목적으로 어떻게 사용하느냐에 따라 그 결과가 달라진다. 또한 우리가 간과해서는 안 되는 것 중의 하나가 인물이다. 물론 인물로 현상이 모두 설명될 수는 없지만 중요한 역사적인 고비에서 큰 족적을 남긴 사람들이 있다. 이제 우리가 해야 할 일들 중의 하나는 우리나라 초창기의 인물 등에 대한 자료 발굴과 소개 등이다. 예를 들면 유길준은 철도를 우리나라에 소개하고 호남철도주식회사를 장박, 최문식 등과 함께 설립해 우리 손으로 호남선을 건설하려는 노력을 하였다. 박기종은 자신의 돈으로 부하철도회사, 대한철도회사, 영남지선철도회사를 설립하여 철도건설을 추진한 인물이다. 이용익은 1902년 8월

경의철도 부설 허가권을 정부로부터 받고 이를 추진한 인물이다.

또한 철도사에서 중요한 점의 하나는 구체적인 효과분석과 함께 너그러움의 확보이다. 아직 연구가 좀 더 진행되어야 할 분야로 철도 부설에 따른 지역의 영향과 정책결정 과정 그리고 이를 둘러싼 갈등, 정책의 일관성과 변화, 투자된 자본, 수익을 통한 사회적인 변화 등 다양한 측면과 철도와 다른 학문과의 대화가 필요하다. 철도는 그 시기에 있어 사회를 변화시키고 또한 영향을 받으면서 발전하였다. 철도는 다양한 분야와 이제 대화를 나누어야 한다. 건설과 기술 분야뿐만 아니라 다른 교통수단과 역사, 문화, 법과 경제, 건축과 예술 등 다양한 시각과 각도에서 이를 바라볼 필요가 있다. 또한 철도를 통해 역사와 사회를 조명해 보는 노력도 필요하다. 철도라는 사회 변화의 매체를 통해 근현대사를 조명해 보고 해석하는 작업이 그것이다. 이 경우 항상 생각해야 하는 것이 과거를 볼 때 객관성과 자료 발굴 그리고 생략되는 것, 없어진 것을 어떻게 볼 것인가를 해석할 공간으로 남겨두는 여유와 너그러움일 것이다.

두 번째로는 철도와 관련된 정책과 논의들이다. 특히 그동안 철도 운영에 쟁점이 된 것이 철도를 어떻게 볼 것이냐로 귀결된다. 공공재로 볼 것인가, 아니면 수익성 확보를 위한 어느 정도의 사적재로 볼 것인가의 논쟁이다. 철도가 독점적인 교통수단일 경우에는 이것이 별로 문제가 되지 않았다. 철도가 높은 수송분담률을 차지한 1950년대~1960년대에 철도는 공공재로 인식되는 경우가 많았고, 수익성도 확보되어 크게 문제되지 않았다. 후에 과도하게 철도망이 부설되지 않았는가에 대한 논의가 있을 정도였다. 문제가 발생한 것은 바로 자동차와의 경쟁과 철도 수송량이 감소한 이후이다. 이 시기는 1960년대 말부터 시작되었다. 이 시기 각국은 철도사업이 적자로 들어서게 된다. 이를 만회하기 위해 각국은 경쟁 개선 노력과 함께 국유철도가 가진 문제점 등을 이야기하기 시작하였다. 1980년대 신자유주의 흐름과 함께 철도는 새로운 국면을 맞이하게 된다. 규제 완화와 민영화의 흐름이다. 이를 반영한 것이 일본과 영국이다. 각국은 자국의 정치적인 여건에 따른 철도문제를 다르게 해석하고 처방책을 내놓았다. 프랑스는 중앙집권적인 자국의 정치 환경에 따라 공영화의 길을 걸었다. 유럽은 유럽 통합의 운영이라는 명분으로 상하분리 정책을 채택하고 선로와 하부시설은 자국이 건설하지만, 운영에 대해서는 열차 상호운행이 가능한 시스템으로 바뀌어 각국은 어느 정도 자유로운 운영 참여가 가능하게 되었다. 이른바 오픈 액세스의 가능성을 열어놓고 있다. 최근의 이탈리아와 스페인이 이를 적극적으로 검토·운영하고 있고, 우리도 2017년 말이면 이러한 시대에 들어가게 된다. 항상 이러한 논의를 진행함에 있어 생각해야 하는 것은 '철도가 무엇인가'라는 철학이다. 시간이 지나도 변하지 않는 철도의 의미는 무엇인가를 간과해서는 안 된다. 여기에는 우리나라의 역사와 문화, 정치적인 환경이 함께 작용함은 물론이다. 이제라도 늦지 않았다. 이러한 논의의 장이 필요한 시기이며, 본격적인 철도정책에 대한 연구가 필요한 시기라고 생각된다. 이를 통해 우리 철도에 대한 특징과 정체성 확보가 가능하다고 하겠다. 아울러 교통시스템 전체를 통해 철도정책을 보는 노력이 필요하다. 아울러 철도가 가진 안전성, 에너지와 환경문제에 대한 사회경제적 우위성을 어느 정도 반영한 교통정책과 시각이 필요하다.

세 번째로는 철도라는 사회간접자본을 통한 지역과 세계와의 연결이다. 최근 남북철도연결과 대륙철도연결 그리고 이를 통한 경제와 평화의 확보가 논의되고 있다. 최근 중국의 '일대일로 정책'에서도 보듯이 육상 실크로드를 통한 동아시아와 유럽 연결은 가시화되고 있다. 그동안 철도는 역사의 현장을 목격하고 또한 사용되어 왔다. 이는 19세기 말부터 러시아와 미국, 중국, 영국, 프랑스, 독일, 일본 등이 철도를 통해 각축을 벌인 역사적 사실의 현재진행형이다. 그 당시에는 제국주의가 있었다. 전쟁과 아픔이 얼룩진 철도였다. 철도는 번영과 함께 많은 상처를 입었다. 이제 철도는 경제와 협력 평화의 열차가 되어야 한다. 이러한 것을 담보하려는 노력이 필요하다. 여기서 간과해서는 안 되는 것이 우리 철도의 경쟁력과 국제화이다. 이제 머지않아 국제열차에 대한 논의가 될 것이다. 이제 폐쇄성을 지닌 각국 철도는 상호간에 평가를 받고 상호운행이라는 논의가 진행될 것이다. 이때 운영 수준, 기술 수준, 각국이 가진 철도정책의 수준은 재평가 받을 것이다. 이 또한 후발 개도국이 이를 지켜보고 자국시스템으로 채용할 것이 분명하다. 고속철도를 개통하고 이제 10년이 더 지났고, 각국은 고속철도와 도시철도를 개발도상국에 수출하려는 치열한 노력을 기울이고 있다. 이제 우리 철도도 객관적인 평가를 받을 날이 멀지 않았다.

2017년은 제2차 세계대전이 끝나고 광복 72년이 되는 해이다. 이러한 역사성을 다시 한 번 철도를 통해 해석해 볼 필요가 있다. 그 중심의 키워드는 이 글에서 살펴본 역사성과 산업화, 도시화, 지역발전과 국제화라는 단어가 될 것이다. 이는 우리나라의 근·현대사가 안고 있는 문제였고, 현재에도 고민해야 할 명제들이다.

이제 글을 맺고자 한다. 철도는 지역성과 세계성, 독자성과 보편성, 연속성과 단절을 함께 가지고 있는 사회간접자본이다. 또한 물건이면서 기술과 사회성을 가진 존재이다. 우리나라에 철도가 부설된 지 올해로 118년이 되는 해이다. 철도를 통해 역사가 재해석되고, 철도의 창으로 다시 사회를 조명해 볼 필요가 있으며, 현재의 문제 등을 역사적 사전을 통해 찾아보면서 그 해답을 찾는 진지함과 차분함이 요청되는 시기이다.

연표

일본 철도의 주요 역사

연도 및 날짜	주요 사항
1868년	막부 붕괴, 신정부 수립
1872년 10월 14일	신바시(新橋)~요코하마(横浜) 29km 철도 개통
1873년 9월 15일	신바시(新橋)~요코하마(横浜) 화물수송 개시
1881년 12월	일본철도주식회사 설립(사철)
1884년	일본철도주식회사의 우에노(上野)~마에바시(前橋) 개업
1875년 5월	관설철도 고베(神戸)공장, 객화차 제작 개시
1882년 6월 25일	마차철도 신바시(新橋)~니혼바시(日本橋) 개통
1887년 5월 18일	사철철도 조례 공포
1889년 7월 1일	도카이도(東海道)선 전선 개통 – 신바시(新橋)~고베(神戸) 605.7km
1891년 9월 1일	우에노(上野)~아오모리(青森) 간 도호쿠(東北) 전선 개통(일본철도주식회사)
1892년 6월 21일	철도부설법 공포, 7월 21일 철도청, 내무성으로부터 통신성으로 이관
1893년 11월 10일	철도청을 철도국으로 개칭, 통신성의 내국으로 위치
1895년 2월 1일	교토(京都)전기철도 개업(최초의 전기철도이며 노면전차)
1900년 3월 16일	사설철도법, 철도영업법 공포
1903년	도쿄(東京), 오사카(大阪) 노면전차 개업
1906년 3월 31일	철도국유법 공포, 주요 사철 17개 철도노선 국유화 국영철도의 노선건설 계속 건설, 그 해에 제국철도회계법 공포
1908년 12월 5일	내각에 철도원 설치
1910년 4월 21일	경편(軽便)철도법 공포(8월 3일 시행)
1911년 4월 6일	광궤철도 개축 준비위원회 발족
1912년	철도원에서 영국, 독일, 미국으로부터 수입한 급행용 대형 증기기관차 배치 (이때부터 이를 모방한 차량이 일본에서 국산화 시작)

연도 및 날짜	주요 사항
1914년 12월 20일	도쿄(東京)역 개업
1919년 2월 24일	하라(原) 내각 광궤개축계획 중지 발표
1919년 4월 10일	지방철도법 공포(사설철도법, 경편철도법 폐지)
1920년	철도성 설치, 철도원 폐지
1921년 4월 14일	궤도법 공포
1921년 10월 14일	국유철도건설규정 제정
1922년 4월 11일	철도부설법 공포
1924년 12월 24일	도쿄(東京)역 내 신호기를 처음으로 색신호식으로 채용
1925년 7월 1일	객차의 연결기를 자동연결기로 교체
1925년 12월 30일	도쿄(東京)지하철 아사쿠사(浅草)~우에노(上野) 간 개통(최초의 지하철도)
1930년	자동 브레이크의 채용(화차), 10월 1일 특급 쓰바메(つばめ, 燕)의 운행 개시
1931년	만주사변 발발, 자동차교통조정법 제정(정기자동차 노선면허도 철도대신의 면허가 필요), 자동 브레이크의 채용(객차)
1934년 12월 1일	단나(丹那)터널의 완성
1938년 4월 1일	육운교통사업조정법 공포(교통조정 실시)
1939년 7월 12일	철도간선조사위원회 설치(광궤신칸센)
1940년 2월 1일	육운통제령 공포(교통통제 1941년 11월 15일 전면 개정)
1942년 6월 11일	간몬(関門)터널의 개통, 화물영업 개시, 11월 15일 여객영업 개시
1945년 8월 15일	종전
1949년 6월 1일	공공기업체 일본국유철도 발족
1951년 4월 24일	사쿠라기초(桜木町)역에서 63형전차 소실 사고
1956년 11월 19일	도카이도(東海道) 본선 전선 전철화, 침대특급 아사카제(あさかぜ) 운행 개시
1957년 4월 1일	제1차 장기계획(1957년에서 1961년) 실시, 11월 1일 도쿄(東京)~고베(神戶)간 전차특급 고다마(こだま) 운전 개시
1958년 5월 20일	이토(伊東)선에서 열차집중제어장치(CTC) 사용 개시
1959년 4월 20일	도카이도(東海道)신칸센 건설 착공
1960년 12월 10일	우에노(上野)~아오모리(青森) 간 특급 하쓰카리(はつかり) 직통운전 개시
1961년 4월 1일	제2차 장기계획(1961년에서 1965년) 실시, 5월 2일 신칸센 건설비의 일부 8,000만 달러(288억 엔)를 세계은행으로부터 차입
1961년 10월 1일	특급망 전국으로 확대(제2차 장기계획 실시)
1964년 10월 1일	도카이도(東海道)신칸센 도쿄(東京)~신오사카(新大阪) 개업, 일본철도건설공단 설립, 1964년부터 국철 영업이 적자로 전락

연도 및 날짜	주요 사항
1965년 4월 1일	제3차 장기계획(1965년에서 1971년) 실시
1966년 4월 20일	국철 전 차량에 열차자동정지장치(A.T.S) 정비 완료
1967년 10월 1일	신오사카(新大阪)~하카다(博多)침대특급 전차 月光 운전 개시(세계 최초의 침대 특급전차 운전)
1968년 10월 1일	제3차 장기계획 전반의 성과를 기초로 해서 전국 다이어그램 개정
1969년 5월 9일	국철 재정 재건계획 실시
1970년 3월 14일	오사카(大阪)에서 일본 만국박람회 개최, 5월 18일 전국신칸센정비촉진법 공포
1972년 3월 15일	산요(山陽)신칸센 개통(신오사카(新大阪)~오카야마(岡山))
1975년 3월 10일	산요(山陽)신칸센 개통(岡山~博多), 11월 26일부터 12월 3일까지 공로협(公勞協)이 주관이 되어 통일 스트라이크 실시
1979년 12월 21일	미야자키(宮崎) 시험선에서 리니어모터카 ML500, 517km/h의 세계 기록 수립
1980년 4월 1일	국철 경영 개선계획 수립, 12월 27일 일본국유철도경영재건촉진특별조치법 공포, 시행
1981년 6월 10일	특정지방교통선 제1차 40선구 지정
1982년 6월 23일	도호쿠(東北)신칸센(大宮~盛岡) 개통, 11월 15일 조에쓰(上越)신칸센(大宮~新潟) 개통
1983년	국철재건감리위원회 설치법 제정
1984년	일본 최초의 제3섹터철도 산리쿠(三陸)철도 개업
2005년 4월 25일	JR니시니혼철도주식회사 후쿠치야마(福山)선 탈선사고
2006년 4월 5일	정부 소유의 JR도카이 주식 완전 매각
2007년 1월 5일	일본의 신칸센시스템을 최초로 수출한 대만고속철도 개통
2008년 6월 19일	교통정책심의회에서 '환경 신시대를 여는 철도의 미래상' 발표
2009년 3월 20일	한신전기철도주식회사 한신 난바선(오사카 난바에서 니시구죠(西九条) 간) 개통
2010년 12월 4일	도호쿠신칸센 하치노헤(八戸)~신아오모리(新青森) 간 개통
2011년 5월 26일	중앙신칸센의 정비계획 결정
2012년 10월 1일	도쿄역 마루노우치(丸の内) 역사 보존 복원 원형 완성
2013년 10월 15일	JR규슈철도 관광열차 나나쓰 보시 운행 개시
2014년 10월	도카이도신칸센 개통 50주년
2015년 3월	산요신칸센 개통 40주년
2016년 3월 26일 4월 29일	홋카이도 신칸센 개통－신아오모리(新青森)에서 신하코다테(新函館) 구간 교토철도박물관 개관

참고문헌

‖ **제1장 제4절** ‖ ───────────────────────────

● 角本良平,《この国鉄はどうするか》,東洋経済新報社, 1977年

● 中西健一,《戦後日本国有鉄道論》,東洋経済新報社, 1985年

● ジュリスト増刊総合特集,《国鉄－公企業と公共交通》,有斐閣, 1983年

● 原田勝正,《日本の鉄道》,岩波新書, 1984年

● 経済評論増刊,《国鉄再建を考える》,日本評論社, 1985年

● 運輸経済研究センター編,《鉄道政策論の展開－鉄道政策研究の変遷い関する調査－》,運輸経済研究センタ, 1988年

● 草野厚,《国鉄改革－政策決定ゲームの主役たち》,中公新書, 1989年

● 角本良平,《鉄道政策の検證－JRの未來を探る》,白桃書房, 1989年

● 運輸経済研究センター編,《戦後日本の交通政策－経済成長の歩みとともに－》,白桃書房, 1990年

● 角本良平,《国鉄改革をめぐるマスメディアの動向》,交通新聞社, 1992年

● 運輸政策研究機構,《日本国有鉄道民営化に至る15年》,成山堂, 2000年

‖ **제2장 제1절** ‖ ───────────────────────────

● EST研究会(2003),《和が国における持続可能な交通の導入に関するFS研究》

● 交通運輸政策研究会(2003),《交通問題研究集会資料集》

- 運輸政策研究機構(2003),《数字でみる鉄道》, p.73

- 環境省(2002),《2000年度の溫室効果ガス排出量について》

- 経済企画庁 経済研究所(2000),《県民経済計算年報》

- 国土交通省(2003),《交通経済統計要覧》, p.24

- 交通新聞社(1991)(1996)(2001),《交通年鑑》

- 総務庁 統計局(2003),《日本の統計》, pp.8〜10, 58, 160, 218〜219

- 総務庁 統計局(2003),《世界の統計》, p.216

- 航空振興財団(2003),《数字でみる航空》, p.115

- 全国道路利用者会議(1992)(1997)(2003),《道路統計年報》

- 近畿運輸局(1990)(2000),《第3回, 第4回 京阪神都市圏パーソントリップ調査》

- 朝日新聞(2003. 12. 09.)

- 朝日新聞(2003. 12. 12.)

- 이용상 외(2005),《일본 철도의 역사와 발전》, 북갤러리

- 하라다 가츠마사 외(1986),《일본의 철도》, 일본경제평론사

- 국토교통성(2010),《숫자로 보는 일본 철도》

‖ 제2장 제4절 ‖

- 박홍순 외(2009), '철도 역세권 개발제도의 문제점과 개선방안', 한국철도학회 춘계학술대회 논문집

- 이용상 외(2005),《일본 철도의 역사와 발전》, 북갤러리, pp.121−125

- 이태식 외(2006), '도시철도 역세권 개발방안', 한국철도학회 논문집 Vol.9 No.2

- 위정수 외(2009), '역세권 활성화 방안에 관한 국내·외 사례 비교 연구', 한국철도학회 가을학술대회 발표 논문집, pp.636−647

- 정봉현(2009), '호남고속철도 개통에 대비한 광주권 고속철도역의 운영 및 역세권 개발방향', 지역개발연구, 전남대학교 지역개발연구소, pp.123-144

- 김신(2007), '고속철도의 역세권 개발과 그 영향에 관한 연구', 서울과학기술대학교 철도전문대학원 석사학위논문

- 조남건 외(2005), '일본의 고속철도 역세권 개발사례', 국토연구원, pp.114-123

- 추준섭 외(2007), '고속철도 역세권 개발방향에 관한 연구, 한국철도학회 춘계학술대회 논문집

- 大宮市(1980), '大宮の昔と現在', pp.12-13

- 서일본철도주식회사 자료(교토역 개발, 오사카역 개발)

- 동일본철도주식회사(1991), '鉄道ルネッサンズ', 丸善

- 일본정책투자은행(2006), '今日の注目指標' No.101-1, p.1

- www.dft.gov.uk

- http://www.georgetowntrainstation.org/TrainStationHIstory.htm

‖ 제3장 제1절 ‖

- 安部誠治 監修, 《鉄道事故の再發防止を求めて－日米英の鉄道事故調査制度の研究》, 日本経済評論社, 1998年

- 久保田博, 《鉄道重大事故の歴史》, グランプリ出版, 2000年

- 佐 木富泰・網谷りょういち, 《事故の鉄道史》, 日本経済評論社, 1993年

- 佐 木富泰・網谷りょういち, 《続事故の鉄道史》, 日本経済評論社, 1995年

- 柳田邦男, 《事故調査》, 新潮社, 1994年

- 山之內秀一郎, 《なぜ起こる鉄道事故》, 東京新聞出版局, 2000年

- 井口慶一郎(2005年),'整備新幹線の建設過程と地域振興効果',〈立命館法政論集〉第3号, 406～448頁.

- 石井昌平(2015年),'整備新幹線 新規着工3区間の開業時期の前倒しについて',〈運輸政策研究〉Vol.18 No.1, 40～43頁.

- 今橋隆(1996年),'新幹線鉄道保有機構の成立と沿革',〈経営志林〉, 33(3), 69～78頁.

- 久野万太郎(1992年),《リニア新幹線物語》, 同友館.

- 臧世俊(2014年),'中国の高速鉄道建設の発展と世界的展開',〈千葉商大論叢〉, 52(1), 355－388.

- 鯉江康正(2011年),'新幹線整備が地域経済に与えた影響事例',〈長岡大学地域研究センター年報〉11号, 51～83頁.

- 交通協力会(2015年),《新幹線50年史》, 交通新聞社.

- 交通新聞社(2016年),〈JR時刻表〉6月号.

- 国土交通省鉄道局監修,'建設を開始すべき新幹線鉄道の路線を定める基本計画',〈鉄道六法〉, 平成23年版, 第一法規, 1893頁.

- 高速鉄道研究会(2003年),《新幹線－高速鉄道の技術のすべて－》, 山海堂.

- 角一典(2007年),'国鉄改革と整備新幹線',《北海道教育大学紀要(人文科学・社会科学編)》, 第57巻第2号, 87～102頁.

- 高田直樹・奥村誠・塚井誠人(2009年),'支社配置モデルによる整備新幹線ストロー効果の検討,〈日本機械学会 鉄道技術連合シンポジウム講演論文集〉, 第16回, 453～456頁.

- 地田信也(2014年),《弾丸列車計画》, 成山堂書店.

- 鉄道・運輸機構(2008年),'北陸新幹線(高崎・長野間)事業に関する事後評価 対応方針.'

- 鉄道・運輸機構(2012年),'北陸新幹線(長野・金沢間)事業に関する対応方針.'

- 鉄道総合技術研究所(2006年),《ここまで来た! 超電導リニアモーターカー》, 交通新聞社.

- 中村泰之(2010年), 'FASTECH360による技術開発',〈JR EAST Technical Review〉No.31, 5~10頁.

- 原禎幸(2014年), '九州新幹線開業から10年のあゆみ',〈JR gazette〉2014-10, 27頁.

- 前間孝則(2014年), 戦前の広軌新幹線,《弾丸列車》, 計画から学ぶもの,《鉄道がつくった日本の近代》, 成山堂書店, 129~141頁.

- 三石剛弘(2014年), '東海道新幹線開業50周年~輸送の50年~',〈JR gazette〉2014-10, 13~18頁.

- ミニ新幹線執筆グループ(2003年), 'ミニ新幹線誕生物語-在来線との直通運転', 交通研究協会.

- 宮越宏幸(2014年), '北海道新幹線の開業に向けた取り組み',〈JR gazette〉2014-10, 6頁.

‖ 제3장 제3절 ‖

- 일본 국토교통성(각 연도),《数字でみる鉄道》

- 일본 국토교통성(각 연도),《交通経済統計要覧》

- 일본 국토교통성(각 연도),《鉄道統計年報》

- 일본 총무성,《産業連関表》

- 일본 국토교통성 홈페이지(www.mlit.go.jp), 총합정책국 정보정책과, 2010년 기준,〈교통관련통계자료집〉

- 일본 국토교통성(2000),《1998年全国物動量調査》

- 일본 국토교통성(2006),《貨物旅客地域流動調査分析資料》

- 일본운수시설정비사업단(2003),《先進国の鉄道整備と助成制度》

- 交通エコロジー.モビリティ財団(1998),《モーダルシフトモデル事業》

- 일본화물철도주식회사(각 연도),《JR Freight》

- 일본화물철도주식회사(각 연도),《JR貨物要覧》

- 교통협력회(각 연도),《交通年鑑》

‖ 제4장 제2절 ‖

- Allen, J.E.,(1982),《Public Transport: Who Pays?》, in Young, T. and Cresswell, R. (eds), The Urban Transport Future, Construction Press

- House of Commons(1983), Fifth Report from the Transport Committee, Session 1981−82, Transport in London, Vol.1, (ordered by HoC to be printed July 1982), HMSO, 127−1

- Mizutani, F.(1994), Japanese Urban Railways: A Private-Public Comparison, Avebury, Ashgate Publishing

- Mizutani, F. and Shoji, K.(1997),《A Comparative Analysis of US−Japanese Urban Railways: Why are Japanese Railways more Successful?》, International Journal of Transport Economics, 24(2), 207−239

- Pucher, J. and C. Lefevre(1996), The Urban Transport Crisis in Europe and North America, Macmillan Press(木谷他譯,《都市交通の危機》, 百桃書房, 1999)

- Shoji, K.(2001b),《Lessons from Japanese Experience of Role of Public and Private Sectors in Urban Transport》, Japan Railway & Transport Review, 29, pp.12−18

- Shoji, K. and Killeen, B.J.(2002), The Japanese Experience with Non−Verticalised Urban Private Railways: An Analysis of Strategy and Performance of the 'Minor' Companies, Transporti Europei, Ⅷ(20/21), 2002, 89−95, (2003)

- Van de Velde, D. ed.(1999), Changing Trains-Railway Reform and the Role of Competition: The Experience of Six Countries, Ashgate Publishing

- 森谷秀樹(1991),《私鉄運賃の研究 : 大都市私鉄の運賃改正1945−1995年》, 日本

経済評論社

● 中西健一(1979),《日本私鉄鉄道史研究(増補版)》, ミネルブァ書房

● 斎藤峻彦(1991),《交通市場政策の構造》, 中央経済社

● 斎藤峻彦(1993),《私鉄産業:日本型鉄道経営の展開》, 晃洋書房

● 正司健一(1986), '都市交通事情の運輸をめぐる議論', 〈国民経済雑誌〉, 153(4), pp.97-122

● 正司健一(1995),《鉄道輸送》, 金本良嗣・山内弘隆 編, '講座：公的規制と産業・交通〉, NTT出版, pp.97-150

● 正司健一(2001a),《都市公共交通政策：民間供給と公的規制》, 千倉書房

● 正司健一・Killeen,B,J.(2001a), '大手私鉄の多角化戰に関する一考察：多角化の程度と收益性の関係', 日本交通学會,《交通学研究2000年研究年報》, pp.185-194

● 正司健一・Killeen,B,J.(2001b), '中小私鉄の多角化戰略について：予備的考察', 〈国民経済雑誌〉, 184(5), pp.1-16

● 吉原英樹・佐久間昭光・伊丹敬之・加護野忠男(1981),《日本企業の多角化戰略》, 日本経済評論社